상투적인 해석의 틀에 갇힌 성경은 더 이상 우리 삶에 충격을 주지 않는다. 익숙함은 모든 것을 낡게 만든다. 어떻게 하면 성경이 다시 가슴 뛰는 구원 이야기가 될 수 있을까? 비크너는 텍스트의 이면, 즉 텍스트가 말하지 않는 것을 간파하는 능력이 뛰어나다. 그는 문학적 상상력을 통해 인물들과 사건을 생생하게 재현한다. 그리고 성경 속에 내장된 전복적 메시지를 넌지시 드러내 보인다. 비크너의 해석을 통해 성경의 이야기는 지금 여기서 생동하는 우리의 이야기가 된다.

김기석(청파교회 담임목사)

성경은 상상력을 통해 하늘의 세계를 보도록 사람들을 초대하고 있습니다. 그래서 눈으로 글자만 보면 그 세계를 온전히 맛볼 수 없게 됩니다. 설교자로, 설교학자로, 기독교 작가로 평생을 살았던 저자는 그의 탁월한 신학적, 문학적 상상력을 통해 성경과 하나님의 세계를 선명하게 볼 수 있도록 독자를 초대하고 도와줍니다. 그의 책이 이제 국내에도 본격적으로 소개되는 것을 크게 기뻐하며 일독을 권합니다. 김운용(장로회신학대학교 예배 · 설교학 교수, 목회전문대학원장)

누군가의 글을 읽으면서 눈물을 훔친 적이 있던가요? 계속되는 미로에서 예측할 수 없는 미래에 대한 생각으로 눈을 지그시 감았을 때, 인간 내면에 자리 잡고 있는 갈망과 그리움이 긴 여운으로 눈앞을 가릴 때, 사각을 통해 들어오는 예기치 않은 은혜의 순간들에 말을 잊게 되었을 때, 삶의 발자국들에서 순례자의 이야기들이 들려올 때, 신성의 처연함에 목젖이 뭉클할 때, 나는 비크너의 얼굴을 떠올립니다. 언어의 매력과 단어의 마법을 아는 작가, 사소하기 그지없는 삶의 이야기들을 시적 언어로 풀어내는 설교자, 사람의 근원적 목마름을 졸졸 흐르는 경건의 옹달샘 생수로 적셔주는 마법사, 그가 전복적 작가 비크너입니다. 본문을 천천히 곱씹어 마음에 두는 연습을 나는 비크너의 글을 통해 배웠습니다. 지난 30년 동안 나의 영적 순례의 길에 고귀한 멘토가 되어주신 그분을 여러분에게 마음을 다해 소개합니다. 류호준(백석대학교 신학대학원 구약학 교수, 평촌 무지개교회 설교자)

비크너의 설교와 다른 일반적 설교의 차이는 셰익스피어의 희곡과 평범한 교회의 성탄절 성극에 비할 수 있을 정도였다. 전혀 새로운 방식으로 그가 들려주는 오래된 이야기의 극적 효과에 나는 푹 빠져들었고, 비크너를 스승으로 삼아 내게 너무 친숙해져버린 복음을 재발견할 수 있었다. 그는 복음의 기본 내용들을 마치 서남아시아의 도자기 안에서 방금 꺼내든 듯 신선하게 만든다. 그는 더할 나위 없이 정직하게, 진부한 종교적 언어가 아닌, 자신의 신앙을 표현할 새로운 어휘를 찾아내고자 부심했다. 그러한 신선한 스타일이 비크너의 글을 감칠맛 나게 만든다. 성경 인물에 대해 쓰건 추상적 신학에 대해 쓰건, 그는 진부함과 지나친 경건함을 배제하려 애쓴다. 그 모든 작품에는 비크너의 육성과, 하나님의 숨겨진 메시지를 찾아 땅을 파내는 그의 노력이 담겨 있다. 필립 얀시

단어의 힘을 망각한 나를 발견할 때, 나는 프레드릭 비크너를 읽는다. 진실을 말하는 것이 주는 깊은 안도감을 잊어버린 나를 발견할 때, 나는 프레드릭 비크너를 읽는다. 주위에서 거룩함을 찾기를 잊어버린 나를 발견할 때, 나는 프레드릭 비크너를 읽는다. 복음이 왜 중요한지 잊어버린 나를 발견할 때, 나는 프레드릭 비크너를 읽는다. 바바라 브라운 테일러

이 책에 수록된 일련의 설교와 에세이에서 비크너는 자기 자신을 솔직히 드러내 보여주길 마다하지 않는다. 비크너의 세계의 지형이 아름답게 그려진 지도이다. 제임스 패커

태초에 말씀이 계셨다, 라고 우리는 들었지요. 이따금 이 행성에는 말씀에 사로잡히고 언어에 재능을 지닌 이가 출현합니다. 그러면 빛과 어둠이 다시금 이름을 얻지요. 이 시대에는 비크너가 바로 그 사람입니다. 존 오트버그

비크너는 아주 변혁적인 힘을 지닌 어휘를 쓰는지라 이에 대한 어떤 논평도 태양빛을 희미하게 반사하는 달의 처지에 그치고 만다. 월터 부르그만

비크너는 우리 시대에 언어를 다루는 일에 가장 뛰어난 장인 중 하나다. 이제 이 탁월한 선집에서 우리는 그의 최고의 작품들과 조우한다. 경이로운 언어들이 여기서 펼쳐진다. 윌리엄 윌리몬

저는 1982년부터 비크너의 글을 읽었습니다. 그러고 깨달은 게 있지요. 고루해 보이는 생각을 새롭게 이해하고 싶다면, 익히 안다고 생각했던 것을 과감히 재고하고 싶다면, 정직한 마음속을 투명하게 바라보고 싶다면, 프레드릭 비크너를 읽으라는 것입니다. 맥스 루케이도

탁월하다! 이 책에 흘러넘치는 이미지와 질문들과 정직함과 통찰들이 며칠 동안 뇌리에서 떠나지 않을 것 같다. 방금 이 책을 다 읽었는데 읽는 내내 손이 떨렸다. 비크너는 설교를 어떻게 해야 하는지 보여주는 대가이다. 랍 벨

비크너를 처음 접하는 사람들에게 이 책은 그의 작품세계로 들어가는 완벽한 입구가 되어줄 것이다. 그는 언어의 아름다움, 인간으로서 맛보는 기쁨과 고통, 인간의 경험과 성경에서 볼 수 있는 어둠, 그리고 복음의 소망을 유려한 필치로 탐구해나간다. 비크너는 우리가 눈과 귀와 마음을 열어 세상과 그 안에 계신 하나님을 보도록 도와준다. 그는 우리에게 진리의 신비로움을 기뻐하는 법을 가르쳐준다. 〈댈러스 모닝 뉴스〉

비크너는 끝내 독자에게 항복 선언을 받아낸다. 독자를 웃게 함으로써, 때로는 경악한 나머지 거의 기도하게끔 함으로써. 가장 좋을 때는 둘 다 하게 함으로써. 〈뉴욕타임스 북리뷰〉

우리 시대의 가장 통찰력 있는 영성작가 중 한 사람. 비크너 독자라면 필독할 것. 〈캔사스시티 스타〉

그의 저작은 모든 새로운 세대에 하나의 계시로 다가온다. 스토리텔링을 구사하는 능력과 세부를 들여다보는 시선의 힘이 최고로 발휘된 선집. 〈루터란〉

감동적이고 실제적이면서 깊이 철학적이다. 힘있는 작품! 〈라이브러리 저널〉

삶에 숨어 있는 미묘한 진실을 끄집어내는 재능의 소유자. 〈오레고니언〉

비크너는 성경 본문을 전혀 새로운 방식으로 바라보게 하는 드문 재능을 지녔다. 〈렉싱턴 해럴드 리더〉

비크너만의 어휘, 그만이 표현해낼 수 있는 묘사를 독자들은 얻어갈 수 있다. 〈크리스채너티 투데이〉

영혼을 새롭게 해주는 설교집. 읽기 즐겁고 영감을 주는 책으로 강력 추천한다. 〈캐너디언 메노나이트〉

읽는 이는 영감을 얻거나, 자극받고 도전받을 것이다. 〈시카고 선 타임스〉

우아하다. 생기를 불어넣어준다! 〈퍼블리셔스 위클리〉

어둠 속의 비밀

SECRETS IN THE DARK: A Life in Sermons
by Frederick Buechner

Copyright © 2006 by Frederick Buechner
All rights reserved.
Korean translation copyright © 2016 by POIEMA, an imprint of Gimm-Young
Publishers, Inc.
This Korean edition published by arrangement with Frederick Buechner Literary
Assets, LLC
www.frederickbuechner.com.

어둠 속의 비밀

SECRETS IN THE DARK

프레드릭 비크너 ㅇ 홍종락 옮김

포이에마
POIEMA

일러두기
본문의 성경 인용은 대한성서공회에서 펴낸 개역개정판을 따랐으며, 다른 번역을 사용한 경우에는 따로 표기하였습니다.

어둠 속의 비밀

프레드릭 비크너 지음 | 홍종락 옮김

1판 1쇄 발행 2016. 2. 15. | **1판 2쇄 발행** 2016. 3. 11. | **발행처** 포이에마 | **발행인** 김강유 | **편집** 강영특 | **디자인** 이은혜 | **등록번호** 제 300-2006-190호 | **등록일자** 2006. 10. 16. | 서울특별시 종로구 북촌로 63-3 우편번호 03052 | 마케팅부 02)3668-3260, 편집부 02)730-8648, 팩시밀리 02)745-4827

값은 뒤표지에 있습니다. ISBN 979-11-5809-042-5 03230 | 독자의견 전화 02)730-8648 | 이메일 masterpiece@poiema.co.kr | 좋은 독자가 좋은 책을 만듭니다. | 포이에마는 독자 여러분의 의견에 항상 귀를 기울이고 있습니다.

이 도서의 국립중앙도서관 출판시도서목록(CIP)은 서지정보유통지원시스템 홈페이지(http://seoji.nl.go.kr)와 국가자료공동목록시스템(http://www.nl.go.kr/kolisnet)에서 이용하실 수 있습니다.(CIP제어번호: CIP2016002269)

| 차례 |

설교와 글쓰기라는 쌍둥이 열정에 시달리는 사람들은 두 가지가 서로에게 유익을 준다는 데 동의할 것입니다. 예를 들어 글쓰기에서 천천히 공들여 구문 안에 영리한 주름을 접어나가고, 대구(對句)적 표현들을 켜켜이 쌓아올리고, 'indeed(참으로)', 'however(하지만)', 'for example(예를 들어)' 같은 견고한 연결사로 논리적 연결 관계의 신호를 보내는 법을 배울 때 익히게 되는 기술들은 설교할 때도 배어나올 가능성이 높습니다. 그렇게 되면 본인은 깜짝 놀라고 청중은 즐거워하게 되지요.

이와 비슷하게, 설교를 할 때도 글쓰기에 대해 뭔가를 배울 수밖에 없습니다. 우선 문장의 리듬을 느끼는 법을 배우게 됩니다. 제가 쓴 글을 실시간으로 만나는 실제 독자들을 상상하게 됩니다. 쉽게 표현하는 법을 배우는데, 이것은 생각보다 어려운 일입니다. 때로는 속삭임으로 글을 쓰고 작은 구두점 하나로 독자의 마음을 사로잡는 법을 배우기도 합니다. 설교할 때 손짓과 한숨으로 청중의 눈길을 사로잡는 것처럼 말이지요. 사실, 글쓰기와 설교를 충분히 연습한 사람이 천부적인 소질까지 타고났다면, 탁월한 수준에 이를 가능성이 있습니다. 심지어 그 수준도 넘어서서 프레드릭 비크너 같은 작가와 설교자가 될 수도 있지요.

무엇이 비크너의 글쓰기와 설교를 그토록 비범한 것으로 만드는지 분석할 생각은 없습니다. 밥 딜런의 탁한 목소리가 주는 신비로움, 여울에서 헤엄치는 무지개 송어의 독특한 아름다움, 뇌우가 가져다주는 전율스러운 공포를 설명하고 싶지도 않습니다. 저는 그저 이것들을 누리고 싶습니다. 이 모두가 저를 강타하여 분석 따윈 잊게 만들고, 저를 후려쳐 즐거움과 경이에 사로잡히게 합니다.

그러니 비크너에 대해서도 바라건대 분석의 부담은 벗고 한마디 건네는 즐거움만 가졌으면 합니다. 차를 몰고 먼 길을 가는데 시디에서 좋아하는 음악이 흘러나올 때, 휴가지에서 오후의 하늘이 잔뜩 찌푸리며 어두워질 때, 시냇물에 발을 담글 때, 배우자나 절친한 친구에게 건넬 법한 한마디 말이지요. "〈모든 모래알 하나하나(Every Grain of Sand)〉(밥 딜런의 노래—옮긴이)에 나오는 그 가사 들었어?" "이야, 저기 번쩍거린 번개 봤어?" "저기 저 바위 아래 잔잔한 물속을 들여다봐. 보여?"

우리가 공원 벤치에 나란히 앉아서 비크너의 이 설교들을 읽고 있다면 저는 이와 비슷한 짜증스런 질문으로 당신의 독서를 자꾸만 방해할 것입니다. "두 이야기"에서 비크너가 이야기를 풀어가는 방식이 요점의 사례를 제시하기 위해 일화를 들려주는 것과 전혀 다르다는 것을 알겠습니까? "이야기의 진리"에서 이야기가 오렌지 껍질과 어떻게 다른지 감 잡았어요? 이야기는 그 자체가 요점이거나, 하다못해 자기 너머 그보다 큰 어떤 것을 가리킨다는 사실을 파악했어요?

"탄생"에 나오는 목자의 독백에서 비크너가 사르트르의 《구토》에 나오는 로캉탱의 뒤집기를 시도하고 있다는 사실을 포착했습니까? 로캉탱이 공원 벤치에 앉아 발밑에 튀어나온 나무뿌리를 응시하다 실존을 꿰뚫어보고 허무, 즉 본질의 부재를 깨닫게 되는데, 이 깨달음 뒤에 그가 구역질하는 장면을 기억해요? 비크너의 목자가 실존을 (꿰뚫어보는 것이 아니라) 들여다보고 영광과 조우하여 황홀해하는 것을 보았어요? 그리고 비크너가 자신이 봤던 하나님의 영광을 소개할 때, 예를 들어 "하나님의 나라"에서 뉴욕으로 들어가던 광경이나 "거대한 춤"에서 (하고많은 곳 중에서도) 씨월드의 범고래를 구경하는 대목에서 당신도 그것을 거의 함께 느끼지 않았어요? 당신은 그 모습을 이미 수도 없이 보았지만 그 글을 읽은 순간에야 자신이 이전에 하나님의 영광을 보았었다는 사실을 깨닫지 않았습니까?

"희망의 잔가지"를 읽고 난 후에 노아의 이야기를 그 이전과 동일하게 읽을 수 있을까요? 어린이용이 아닌 그 이야기의 어둠과 악취를 배경으로 하여 비크너가 어떻게 평화와 사랑에 대해 진실하게 말하는지 보았습니까? 그보다 더 상투적인 내용이 도대체 어디 있겠습니까? 하지만 그의 말은 전혀 진부하게 들리지 않습니다. 그의 소박하고 수수한 제목 "희망의 잔가지"는 "홍수의 깊이"나 "노아의 절망 탈출"보다 훨씬 더 크고 강력하게 다가옵니다. 왜 그럴까요?

비크너는 근본주의자들과 자유주의자들이 늘 다투는 문제들을 훌쩍 넘어서도록 독자를 이끕니다. 당신은 그것을 보았습니까? "가봅시다"나 "보는 마음"이 그런 설교입니다. 혹시 당신이 설교자라면 최고의 설교는 대체로 가장 짧은 설교라는 것을 눈치챘는지 물어보고 싶네요. 혹시 너무나 자주 장황하게 설교를 늘어놓았던 것이 부끄럽고 바보같이 느껴졌나요? 저는 분명히 그랬습니다. "성서는 양서(良書)"보다 더 나은 성경 개론을 읽은 적이 있습니까? "바울이 사랑을 전합니다"보다 성경의 한 책을 더 잘 개관한 글을 읽어본 적이 있습니까?

뭐라고요? 입 좀 다물라고요? 비크너의 설교에서 제가 주목하고 즐겁게 읽은 내용을 그만 좀 말하라고요? 이제 혼자서 읽어나가게 좀 내버려두라고요? 괜찮습니다. 저 기분 상하지 않았습니다. 여러분의 심정을 정확히 이해합니다.

새롭게 등장하는 신세대 설교자들이 즐겁게 읽고 본으로 삼을 만한 인물로 비크너만 한 이가 없습니다. 그들은 두꺼운 안경을 쓰고 극장에서 팝콘을 먹는 노파를 창조해내는 비크너의 기술에 주목해야 합니다. 총 거치대를 갖추고 '예수님은 당신을 사랑하십니다'라고 적힌 범퍼스티커가 붙은 픽업트럭을 탄 뚱뚱한 남자는 어떻습니까("교회"). 대단히 간략하게 그려진 이 등장인물들이 우아한 요점이나 추상적인 논리로는 해낼 수 없었을 결과를 이루어내는 것을 숙고할 필요가 있습니다. 비크너가 설교 뒷부분에 그들을 다시 등장시켜 각 인물에 대해 치명적인 세부사항을 추가할 때 더욱 그렇습니다. 다음 세대의 설교자들은 비크너의 이런 방식 및 열 가지가 넘는 다른 방식에서 귀중한 것을 배울 수 있을 것입니다. 그것을 분석하거나 그것에 대해 말할 수 있어야 한다는 것이 아니라, 그의 기술, 그의 눈, 그의 마음의 어떤 부분을 잘 포착하여 그들도 무의식적으로 몇 가지 요점과 추상적 논리들을 내어놓고, 담배를 피우는 여드름투성이 십 대 소녀나 아버지와 팔짱을 끼고 불안한 걸음으로 식장으로 들어서는 어린 신부를 얻을 수 있다면 좋겠습니다.

이 신세대 설교자들은 비크너에게 자연적인 친화성을 느낄 것입니다. 그는 '빛의 화가'로 알려진 인기 화가('빛의 화가'는 토머스 킨케이드(1958-2012)의 별명—옮긴이)와 달리 그림자와 빛을 동시에 그리기 때문입니다. 비크너의 믿음에서 중량감이 느껴지는 이유는 쉽게 주어진 것이 아니기 때문입니다. 그것은 춤을 추는가 하면 때로는 의심과 맞붙어 싸웁니다. 그는 자신을 "회의적인 늙은 신자, 믿음을 가진 늙은 회의주의자"라고 부릅니다. 제가 아는 젊은 설교자들은 쉬운 해답들과 단순한 해결책들, 차분한 현관 불빛과 말뚝 울타리가 있는 아늑한 장면들을 아주 지긋지긋해합니다. 그들은 그런 세상에 살지 않습니다. 두꺼운 안경과 총 거치대, 여드름, 암의 세계에 살지요. 그들의 설교를 듣는 사람들도 그렇습니다.

이것이 바로 비크너가 그의 설교에서 축하하는 세상입니다. 이 세상은 그가 살아 계신 하나님과 자꾸만 마주치거나 하나님이 그와 마주치시는 세상입니다. 그렇기 때문에 젊은 설교자들은 이 설교들을 읽어야 합니다.

"믿음과 픽션"에서 비크너는 글쓰기를 어둠 속의 휘파람으로 묘사합니다. 물론 그는 설교도 그와 비슷한 것이라고 말합니다. 부분적으로는 둘 다 "어둠이 존재하는 전부가 아니"라고 스스로에게 확신을 심어주려는 시도일지도 모릅니다. 그러나 둘 다 더 분명한 목적이 있습니다. 고드릭(비크너의 소설 《고드릭》의 주인공—옮긴이)이 차가운 물에 몸을 담그는 것과 같은 훈련이라는 것입니다. 모든 어둠 너머에는 반짝이는 빛의 강이 있고 "지금까지의 모든 죽음을 생명 옆에 놓으면 컵 하나 채우기에도 부족할 것"임을 상기시키는 훈련 말입니다.

브라이언 D. 맥클라렌

이 설교집에 실린 설교 중에서 가장 먼저 작성한 것은 "찬란한 패배"입니다. 1959년경 필립스엑시터 아카데미에서 전한 설교였는데, 당시 갓 신학교를 졸업한 저는 신임 교목으로 활동을 시작했습니다. 당시만 해도 엑시터는 남자 고등학교였고(남성대명사와 호칭이 많이 등장하는 것은 그 때문입니다) 저의 설교를 들으러 온 학생들은 대부분 채플이 의무라서 그 자리에 있었습니다. 그들 뜻대로 내버려두었다면 학생들은 침대에 머물러 있었을 것입니다. 대다수의 학생들은 그들이 속한 시대와 세대의 정신에 부응하여, 베트남 전쟁, 정부, 부모를 포함해 30세가 넘은 모든 사람, 학교, 종교 등 거의 모든 것에 반기를 들었습니다. 특히 종교는, 그들이 달갑지 않게 여기는 모든 사람이 좋은 것이라고 말했기 때문에 반대했습니다. 그들은 자신들의 원칙을 어긴 채 마지못해 그 자리에 있었습니다.

학생들은 설교자가 설교를 시작하기도 전에 모든 설교는 시시한 것이라고 여기며 무시했습니다. 그들은 회중석에 축 늘어져서 천장을 멀뚱멀뚱 쳐다보았지만, 가끔은 자기도 모르게 귀를 기울일 때도 있었습니다. 제가 얍복 강에 있던 야곱을 그린 창세기의 위대한 장면을 설명해나갈 때 그들이 그렇게 듣던 기억이 납니다. 저는 그들을 사로잡은 것이 저의 말이라기보다는 성경 이야기 자체의 잊히지 않는 힘이라 생각합니다. 어둠 속에서 튀어나오는 낯선 사람, 그와 강둑에서 벌인 씨름, 축복을 구하는 숨 가쁜 외침. 그리고 그 이야기는 어떤 깊은 방식으로 저의 뇌리에서도 떠나지 않았던 모양입니다. 이 이야기는 그로부터 30년 후에 제가 야곱에 대해 쓴 소설, 《웃음의 아들(The Son of Laughter)》의 기원이 되기 때문입니다.

이 책에는 엑시터 시절 초기에 전했던 다른 설교들도 많이 있습니다. 그중 하나인 "탄생"에는 크리스마스의 독백 세 개가 들어 있습니다. 1965년 캘리포니아 주 비벌리힐스의 한 교회에서 그것으로 낭독회를 열었는데, 영화배우 레이먼드 매시와 에드워드 G. 로빈슨이 각각 동방박사와 목자를, 영국인 배우 프레드릭 워록(그는 정말 최고였습니다)이 여관주인 역을 맡았습니다. 이후 제가 그 독백들을 다시 읽을 때마다 제 머릿속에는 그 세 사람의 놀라운 목소리가 들려옵니다.

꼼짝없이 제 설교를 들어야 하는 학생들이 엑시터를 떠나면 대부분 다시는 교회에 발도 들여놓지 않을 거라는 생각이 강하게 들었기에, 저는 제가 하는 일에 강한 절박감을 느꼈습니다. 종교적 믿음은 그들이 생각하는 것처럼 지루하고 진부하고 부적절하고 시대에 뒤떨어진 것이 아니라고 설득할 마지막 기회일 수도 있었기에, 제가 그 일을 제대로 못해내면 그것으로 끝장일 터였습니다. 저는 그들의 관심을 끌고 그들이 듣도록 하기 위해 제가 생각할 수 있는 모든 방법을 시도했습니다. 전통적인 종교적 언어와 이미지는 최대한 피했고, 설교자들이 이도 저도 안 될 때 의지하는 경향이 있는 모호함과 허세와 감상주의도 피하려고 노력했습니다. "희망의 잔가지", "별들에 담긴 메시지", "고속도로변 메시지", "공중의 얼굴" 같은 설교에서 저는 지나치게 흥분하지 않는 선에서 최대한 극적이고 생생하게 이야기를 들려주거나 장면을 제시하여 그들의 상상력을 사로잡으려 했습니다. 저는 제가 다음번에 어디로 갈지 그들이 예상하지 못하게 하고, 긴장을 늦추지 못하게 하려고 노력했습니다. 제가 도대체 어디로 가려는 것인지 알 수 없게 하다가 운이 좋으면 뜻밖에 우리 모두가 같은 목적지에 도달하게 하려고 했습니다. 저는 체계적이거나 교리적이거나 권위적으로 말하지 않았고, 암시적으로 모호하게 뜻밖의 방식으로 말하려 했습니다. 저는 학생들이 하나님과 예수님, 죄와 구원 같은 문제들에 대해 기독교 신앙의 가장 기본적인 교리 정도는 당연히 받아들였을 거라고 전제하지 않았습니다. 언제나 그들의 회의주의와 대화를 시도하고 그들의 의심을 존중하려 했습니다. 제가 믿지 않는 내용은 어떤 것도 그들에게 강요하지 않았습니다. 학생들과 다를 바 없이 제가 이해할 수 없고 확신할 수 없는 부분은 그렇다고 말했습니다. 실제의 저와 다른 모습으로 가장하지 않으려 했습니다. 정직해지려 했습니다.

이런 설교는 몇 년 동안 이어지다 1962년 쿠바 미사일 위기에서 막을 내렸습니다. 당시에는 열핵무기에 의한 대학살이 당장이라도 벌어질 것 같은 분위기가 이어졌기 때문에 사람들은 방사능낙진 대피소를 건설하고 물자를 비축했습니다. 학교는 적국의 공격이 있을 경우 학생들이 피할 곳을 지정했습니다. 그런 분위기 속에서 저는 미소 군비경쟁, 문명의 종말을 가져올 수 있는 전쟁의 어리석음, 죽음도 우리를 하나님의 사랑으로부터 끊을 수 없다는 기독교의 소망 같은 주제들을 더 많이 다루었습니다. 저는 믿음 치유자 애그니스 샌퍼드에게 들은 강연 내용에 많이 기대어 기도의 핵심적 중요성에 대해 말했고, 우리 모두 우리 안에 있는 회의주의자의 목소리를 무시하고 계속 기도하는 법을 배워야 한다고 가르쳤습니다. 우리의 기도가 응답받지 못할 거라는 두려움에 눌려 기도를 멈추어서는 안 된다고 했습니다. "*Adeste fidelis*"(믿는 자들이여 가 봅시다). 저는 그들에게 말했습니다. 기도가 정말 능력이 있는지 없는지 알고 싶다면, 직접 기도해보는 수밖에 없다고 했습니다.

1967년에 엑시터를 떠난 후, 저에겐 고정된 강단이 없었습니다만 설교 요청을 받아 여러 다양한 곳에서 설교를 했습니다. 버몬트주 루퍼트의 작은 회중교회에서 했던 설교가 "종탑의 광대"입니다. 워싱턴 국립대성당에 처음 갔을 때는 제가 마이크를 켜는 것을 잊는 바람에 축구경기장 규모의 회중석에서 맨 앞쪽 몇 줄에 앉은 사람들만 제 목소리를 들을 수 있었습니다. 제가 "짧은 두 단어"를 설교한 웨스트민스터 대성당에서는 마이클 메인 주임사제가 설교 전날 저녁식사 후에 우리 부부를 데리고 영어권 세계의 중심 성지와 같은 그곳의 묘지를 둘러보게 해주었습니다. 그 시간에 그곳은 우리 세 사람뿐이었고 위인들의 유령과 아치형 천장까지 가득 채운 어둠만이 있었습니다. 지금까지 말씀드린 설교는 이미 저의 여러 설교집에 실려 출간된 바 있습니다만, 이 설교집에 처음 실린 설교들도 있습니다. "보는 마음", "예수님이 안 보이잖아", "야이로의 딸", "기다림", "생명의 말씀", "250번째 생일 감사기도"입니다.

윌리엄 제임스는 '그 이상(the More)'이라는 용어를 써서 시공간 너머의 신비를 가리켰습니다. 우리가 그 존재를 인정하건 아니건 우리 모두 그 신비 안에서 살아가고 움직이고 존재합니다. 보다 최근에 전한 이 설교들에서 저는 정의상 말로 표현할 수 없는 것을 표현하려 했다기보다는, 우리가 가끔 일상에서 조우한 신비를 엿보고 그 속삭임을 듣고 때로 그로 인해 깊이 감동할 때 그것이 어떻게 보이는지 말로 표현하려 했습니다.

이제 한 가지만 덧붙이고 싶습니다. 온갖 다양한 회중을 상대로 온갖 다양한 강단에서 전했던 설교를 돌이켜보면, 저는 지금부터 40년쯤 전에 제가 상대해야 했던 첫 번째 회중을 늘 기억하고 있었습니다. 그들은 대체로 기독교라는 종교가 통째로 말도 안 된다고 생각했고, 저 역시 가끔 더 어두운 시기를 겪을 때는 정말 그런 것이 아닐까 믿고 싶은 유혹을 받습니다. 우리 각 사람 안에는 엑시터 고등학생 같은 녀석이 있는 것 같습니다. 심지어 우리 중에서 가장 교회에 충실하고 겉으로 그 가르침에 가장 순응적인 이들 안에도, "그것이 정말 사실일 수 있을까?"라는 궁극적인 질문을 던지는 그 녀석이 있는 것 같습니다. 저는 설교를 할 때마다 그 질문에 대답하려고 시도했습니다. 영광스럽게 그렇다고 선포하기 위해서만이 아니라, 아닐 가능성도 이런저런 식으로 인정하고 그것을 정당하게 다루고자 했습니다. 다시 말해 50년이 넘도록 제가 설교단에서 했던 일의 본질은 제 삶의 이야기를 하는 것이었습니다.

이 설교집에는 설교가 아닌 글들도 들어 있습니다. 뉴욕 공립도서관의 초청을 받아 "믿음과 픽션"을 주제로 강연을 하면서, 저는 첫눈에 서로 모순되는 것처럼 보이는 둘 사이의 중요한 공통요소를 밝히려 했습니다. "성서는 양서"는 제가 리랜드 라이큰의 책《문학적 성경안내서(A Literary Guide to the Bible)》의 한 장으로 기고한 글입니다. 이 글에서 저는 성경 일반과 제가 파악한 그 기본 플롯에 대해 몇 마디 하려고 했습니다. "바울이 사랑을 전합니다"는 원래 《성육신(Incarnation)》이라는 책에 실린, 고린도전서를 다룬 일종의 논문입니다. 그 책은 존 업다이크, 애니 딜라드, 존 허시, 레이널즈 프라이스 같은 여러 문학가들이 신약성경의 23권의 책에 대해 기고한 에세이를 모은 책입니다. "250번째 생일 감사기도"과 "만물의 새로움"은 모두 학교 행사를 위해 쓴 것입니다. 첫 번째 것은 프린스턴의 개교 250주년 기념 강연이고, 두 번째 것은 제 친구 더글라스 헤일의 머서스버그 아카데미 교장 취임을 축하하는 강연이었습니다. 끝으로, "청소년과 고통의 청지기"는 세인트폴 스쿨에서 소수의 교육자들을 상대로 강연한 원고입니다. 그 자리에는 저의 오랜 친구 빌 코핀도 있었는데, 예언자와 기독교 활동가로 비범한 경력을 쌓은 그의 앞에 서면 제가 평소보다 더 우둔하고 어설프게 느껴집니다.

그러니까 이 책에 실린 글들은 대체로 연대순으로 배열되었습니다. 《찬란한 패배(The Magnificent Defeat)》, 《굶주린 어둠(The Hungering Dark)》, 《방 이름, 기억하라(A Room Called Remember)》, 《종탑의 광대(The Clown in the Belfry)》, 《집을 향한 갈망(The Longing for Home)》에 실린 글들을 몇 편씩 뽑았고, 보다 최근에 전하고 지금까지 출간되지 않았던 설교들을 추가했습니다. 저의 서른 살 자아의 목소리가 여든이 된 자아의 목소리에 묻히는 일이 없어야 하겠기에, 옛날 설교들은 대부분 원본 그대로 남겨두었습니다. 좋은 점도 있고 나쁜 점도 있겠지요.

말할 것도 없이, 저는 지난 세월 동안 많이 변했습니다. 제가 다루는 주요 주제들도 달라졌고, 말하는 방식과 보는 방식과 느끼는 방식도 달라졌습니다. 그러나 이 책의 지면에 제가 기꺼이 서명을 남기기가 주저되는 내용은 하나도 없습니다. 이 책에 담긴 내용이 독자들이 마음으로 받을 만하고 은혜롭기를 바랄 뿐입니다.

찬란한 패배

1

그 밤에 야곱은 일어나서, 두 아내와 두 여종과 열한 아들을 데리고, 얍복 나루를 건넜다. 야곱은 이렇게 식구들을 인도하여 개울을 건너보내고, 자기에게 딸린 모든 소유도 건너보내고 난 다음에, 뒤에 홀로 남았는데, 어떤 이가 나타나 야곱을 붙잡고 동이 틀 때까지 씨름을 하였다. 그는 도저히 야곱을 이길 수 없다는 것을 알고서, 야곱의 엉덩이뼈를 쳤다. 야곱은 그와 씨름을 하다가 엉덩이뼈를 다쳤다. 그가, 날이 새려고 하니 놓아달라고 하였지만, 야곱은 자기에게 축복해주지 않으면 보내지 않겠다고 떼를 썼다. 그가 야곱에게 물었다. "너의 이름이 무엇이냐?" 야곱이 대답하였다. "야곱입니다." 그 사람이 말하였다. "네가 하나님과도 겨루어 이겼고, 사람과도 겨루어 이겼으니, 이제 네 이름은 야곱이 아니라 이스라엘이다." 야곱이 말하였다. "당신의 이름이 무엇인지 가르쳐주십시오." 그러나 그는 "어찌하여 나의 이름을 묻느냐?" 하면서, 그 자리에서 야곱에게 축복하여주었다. 야곱은 "내가 하나님

의 얼굴을 직접 뵙고도, 목숨이 이렇게 붙어 있구나!" 하면서, 그곳 이름
을 브니엘이라고 하였다. 그가 브니엘을 지날 때에, 해가 솟아올라서
그를 비추었다. 그는, 엉덩이뼈가 어긋났으므로, 절뚝거리며 걸었다.

창세기 32:22-31(새번역)

목사가 성경의 어떤 부분을 낭독할 때, 그 자리에 있는 사람들이
듣는 것은 실제로 낭독되는 내용이 아니라 각자 예상하는 내용입
니다. 열에 아홉은 그렇습니다. 그리고 제가 볼 때 대부분의 사람들
은 성경 낭독에서 유익한 이야기, 고상한 생각, 도덕적 교훈을 예상
합니다. 좋은 말씀, 뻔하고 지루한 말씀입니다. 그래서 그들은 자주,
정확히 그런 내용을 듣습니다. 안타까운 일이 아닐 수 없습니다. 정
말 귀를 기울인다면, 그러니까 낭독되는 책이 성경이고 읽는 사람
이 목사라는 사실을 잊는다면, 전혀 예상할 수 없는 내용을 듣게 될
테니까요.

얍복 강가에 있는 야곱 이야기를 예로 들어봅시다. 야곱은 밤중
에 갑자기 나타난 낯선 사람과 영문도 모른 채 힘겨운 씨름을 벌입
니다. 그의 이름을 알려달라고 외치지만 답을 얻지 못합니다. 야곱
은 씨름에 지고 다리를 절면서도 물에 빠진 사람처럼 상대를 움켜
쥐고 간신히 말합니다. "저를 축복해주시지 않으면 보내드릴 수 없
습니다." 그런데 낯선 사람은 날이 새기 전에 떠나려고 합니다. 그
는 유령일까요? 악마? 이스라엘의 신앙은 거의 5천 년 전 아브라함
의 시대까지 거슬러 올라가지만, 이 이야기에는 아브라함이 태어나

기 전보다 훨씬 오래된, 거의 인류의 역사만큼이나 오래된 요소들이 있습니다. 오래되고 날이 비뚤비뚤한 이야기, 돌칼처럼 위험하고 다듬어지지 않은 이야기입니다. 여기에 과연 어떤 의미가 있을까요? 아주 깔끔하거나 교화적인 의미가 있을 거라고 생각하지는 맙시다. 교화보다는 오히려 공포나 영광이 있을 겁니다. 그러나 어쨌건, 출발점은 야곱이어야 합니다. 이삭의 아들이었고, 라헬과 레아의 연인이었으며, 형 에서의 절망이었던 야곱. 이스라엘 열두 지파의 아버지 야곱. 그는 누구였을까요? 어떤 사람이었을까요?

한 노인이 천막에 홀로 앉아 있습니다. 하루가 다 가서 천막 안의 빛은 희미합니다만, 노인에게는 큰 문제가 되지 않습니다. 거의 눈이 멀었거든요. 그가 알아볼 수 있는 것은 하늘로 열린, 밝은 천막의 지붕 부분뿐입니다. 그는 지금 그쪽을 바라보고 있습니다. 세월의 무게가 힘겨워 머리는 흔들리고, 보이지 않는 눈 주위로 주름살이 거미줄처럼 얽혀 있습니다. 고요한 공기 중에 파리가 윙윙거리다 어딘가에 내려앉습니다.

노인에게는 더 이상 삶과 죽음의 차이가 없습니다. 하지만 가족과 그들의 운명을 위해 마지막 날이 오기 전에 해야 할 일들이 있습니다. 끝부분을 모아서 어떻게든 매듭지어야 할 긴긴 인생의 미완성 가닥들이 있습니다. 그중에도 끝내기 전에는 결코 잠들지 못할 일이 한 가지 있습니다. 맏아들을 불러다가 축복하는 일입니다. 그 일은 경건한 형식적 절차나 누군가 여행을 떠날 때 "하나님의 축복이 함께하시길"이라고 말하는 막연한 선의의 표현이 아닙니다.

노인에게 축복은 큰 능력을 가진 말을 진술하는 것입니다. 영혼의 에너지와 활력의 일부를 전달하는 것이지요. 맏아들을 위한 이 마지막 축복은 가장 강력한 축복이며 한번 입에서 흘러나가면 절대로 취소할 수 없습니다. 지금 우리에게도 이와 비슷한 것이 남아 있습니다. 깊은 사랑이나 증오를 담아서 말을 하면 듣는 사람의 영혼 안에서 결코 되돌릴 수 없는 움직임이 시작된다는 것을 우리도 압니다.

그래서 노인은 지금 맏아들 에서를 기다리고 있습니다. 얼마 후 누군가 들어와서 말합니다. "아버지." 그러나 어둠 속에서는 이 목소리와 저 목소리가 비슷하게 들립니다. 어둠 속에서만 사는 노인이 묻습니다. "아들아, 네가 누구냐?" 소년은 자기가 에서라고 거짓말을 합니다. 대담하기 짝이 없습니다. 에서의 옷을 입어 변장을 하고 무심하고 무뚝뚝한 형의 말투를 감쪽같이 흉내 냅니다. 어쩌면 스스로도 자신이 에서라고 믿었는지도 모릅니다. 그러나 소년의 대답에 이어지는 침묵은 너무나 고요하고, 두 사람 사이에는 그늘 같은 것이 내려앉습니다. 노인은 보이지 않는 아들의 얼굴을 만지려는 듯 손을 앞으로 내밀고 다시 묻습니다. "네가 정말로 나의 아들 에서냐?" 소년은 두 번째로 거짓말을 합니다. 이번에는 처음만큼 자신이 없었을지도 모릅니다. 아버지가 속임수를 알아차리기를 바라는 마음에서 목소리를 굳이 꾸미지 않았을 수도 있습니다. 눈먼 사람이 무엇을 보고 무엇을 보지 못하는지 판단하기는 어렵습니다. 노인이 자기가 믿었던 것과 믿고 싶었던 것을 명확히 구분하기 어려웠을 수도 있습니다. 어찌되었건, 검은 염소가죽으로 만든 천막의 침묵 속에서 노인은 두 손을 뻗어 이렇게 말합니다. "나의 아들아, 이리 와서, 나에게 입을 맞추어다오." 소년은 다가가서 아버지에게 입 맞추고, 노인은 아들 옷의 냄새를 맡고 그에게 축복합니다. "아, 나의 아들에게서 나는 냄새는 주님께 복 받은 밭의 냄새로구나"(창 27:18-27). 이처럼 철저히 계산된 잠행으로 축복을 도둑질한 소년은 물론 야곱입니다. 그의 히브리어 이름은 '남의 자리에 대신 들어앉는 자'이고 보다 구어적으로 번역하면 '수완가'라고 할 수 있습니다.

썩 교화적인 이야기는 아닌 듯합니다. 이 사건의 여파를 생각하면, 교화적인 요소는 더욱 줄어듭니다. 만약 야곱이 눈먼 고령의 아버지를 속인 결과로 어려운 시기를 보냈다거나, 가족과 친구들에게 배척당하고 광야 어딘가로 쫓겨나 양심의 가책에 시달렸다거나 잘못을 뉘우쳤다면, 도덕주의자들은 이 이야기를 상대적으로 쉽게 받아들일 수 있었을 것입니다. 뿌린 대로 거둔다. 정직이 최선의 방책이다. 이런 말이 가능했을 것입니다. 그러나 이 이야기는 전혀 그런 식으로 풀리지 않았습니다.

오히려 정반대입니다. 야곱의 거짓이 폭로되고 진실이 드러난 뒤에도 정말 놀랄 만큼 별다른 반응이 없습니다. 고령의 이삭은 그 소식에 너무나 의연하게 대처한 터라 어쩌면 그가 복을 받으러 온 상대가 야곱이라는 사실을 직관적으로 알고도 복을 빌어준 것은 아닌지, 마음속으로는 야곱이 더 가치 있는 후계자가 될 거라고 믿었던 것은 아닌지 의아해질 정도입니다. 어머니 리브가는 처음부터 둘째를 더 좋아했으니 그를 탓할 리 없습니다. 사실, 예상대로 행동한 사람은 에서뿐이었습니다. 그는 속아 넘어간 것에 분개했고 기회만 나면 바로 야곱을 죽이겠다고 맹세했습니다. 그러나 그렇게 분노할 만한 에서를 정말 안됐다고 생각하는 사람은 없는 듯합니다. 에서는 정말이지 어리석은 자로 보이거든요.

동생에게 속아서 축복을 빼앗기기 전, 그는 들판에서 힘든 하루를 마치고 굶주린 상태로 집에 돌아왔다가 야곱이 때맞추어 내놓은 빵과 팥죽을 받고 장자권을 팔아버렸습니다. 든든한 식사라는 향기로운 현실에 비할 때 장자권은 실체가 불분명하고 손에 잡히지 않는 것처럼 보였던 것입니다. 그래서 우리는 에서가 부당한 대우를 받았다는 사실을 알면서도, 다 자업자득이 아닐까, 그가 정당한 대우를 받았다 해도 그것을 제대로 활용하지 못하지 않았을까 하는 느낌을 받습니다.

다시 말해, 야곱은 부정직 때문에 어려움을 겪기는커녕 오히려 이득을 보았습니다. 장자권은 말할 나위도 없고 축복까지 그의 것이 되었습니다. 그의 행동 때문에 그를 안 좋게 생각하는 사람도 없는 것 같고, 그가 양심의 가책을 느꼈다는 암시조차도 찾아볼 수 없습니다. 그가 지불해야 했던 대가라고는 에서의 분노가 가라앉을 때까지 한동안 집을 떠나 있는 것이 전부였습니다. 그것이 쉬운 일은 아니었겠지만, 가는 길에 벌어진 일은 그 고생을 보상하고도 남았습니다.

이 이야기에서 교훈을 찾아내려고 애쓰는 사람에게 진짜 절망적인 대목은 따로 있습니다. 아버지를 속인 이 배신자는 형의 분노를 피하려고 도망치다가 북쪽의 산지에서 야영을 하게 됩니다. 그는 돌멩이를 베개 삼아 누웠다가 꿈을 꾸는데, 죄인의 악몽이 아니라 왈칵 눈물이 쏟아질 것처럼 아름다운 꿈입니다. 그 상황의 의외성이 놀라울 따름입니다. 사실, 삶 자체가 그렇고 하나님이 그렇습니다. 꿈속에서 야곱은 땅 위에 거대한 사닥다리가 있고 그 꼭대기가 하늘에 닿은 것을 보았습니다. 하나님의 천사들이 그 위에서 오르락내리락하고 있었습니다. 사닥다리 위로 번쩍이는 별빛 가운데 주 하나님이 친히 서서 야곱에게 큰 축복과 위로의 말씀을 하셨습니다. "네가 지금 누워 있는 이 땅을, 내가 너와 너의 자손에게 주겠다. 너의 자손이 땅의 티끌처럼 많아질 것이며, … 내가 너와 함께 있어서, 네가 어디로 가든지 너를 지켜주…겠다"(창 28:3-15, 새번역).

도덕주의자들에 대한 저의 입장을 오해하지 마시기 바랍니다. 제가 목사로 속한 교파는 "도덕주의자 반대!"라는 구호를 좋아하지 않을 것입니다. 저는 그런 구호를 외치고 싶지도 않고, 그렇게 생각하지도 않습니다. 도덕주의자들은 일리가 있습니다. 정직이 최선의 방책이라는 말은 참으로 심오한 의미에서 결국 옳습니다. 그러나 여기서 기억해야 할 것이 있습니다. 그렇게 말하기 위해 먼저 해야 할 말이 있다는 것입니다. 그것은 바로, 실용적으로 말하자면 부정직이 그렇게 나쁜 방책은 아니라는 것입니다.

저는 절도, 갈취, 위증 같은 극도의 부정직을 말하는 것이 아닙니다. 그것은 실용적인 면에서 볼 때 나쁜 방법입니다. 그 방법을 쓰는 사람은 감옥에 들어가거나 감옥행을 피하려고 애쓰느라 손에 넣은 부당한 이익을 즐길 시간이 거의 없으니까요. 제가 말하는 것은 야곱이 보여준 것과 같은 부정직입니다. 여러분과 저의 부정직도 그런 것이지 싶습니다. 이것을 적절히 구사하면 우리가 속한 세계에서 상당히 앞서나갈 수 있는데, 이 사실을 잊거나 외면하고 부정한다면 어리석은 일이 아닐까요?

이것이 삶에 대한 아주 고상한 진실은 아닙니다만, 진실이긴 하다고 생각합니다. 그러므로 이 고대의 이야기를 기록한 이들이 냉철한 지혜로 이것을 직시했던 것처럼 우리도 그래야 합니다. 이것은 아주 단순하게 진술할 수 있습니다. 영악하고 야심만만한 사람, 배짱이 두둑하고 양심적이지 못하며 자신이 원하는 바를 분명히 알고 그것을 얻기 위해 모든 힘을 동원할 줄 아는 이 세상의 야곱 같은 사람들은 대체로 상당히 잘살아간다고 말입니다. 다시 말하지만 저는 원하는 것을 얻기 위해 기꺼이 법을 어기고 필요하다면 남의 목숨까지 빼앗는 범죄자를 말하는 것이 아닙니다. 법의 테두리 안에 머물고 남의 생명을 빼앗을 생각은 결코 없지만 가끔 자기 목적을 위해 다른 사람을 살짝 조종하거나 그들에게 무관심할 수 있는 사람을 말하는 것뿐입니다. 다른 사람의 어리숙함을 이용하는 것을 금지하는 법은 없습니다. 세상에는 에서 같은 호구들이 가득하고, 호구를 봐주거나 염려해야 할 필요는 없습니다. 자신이 무엇에 당한 줄도 모르고 계속 당하고 살 사람들이니까요. 우리가 아니라도 어차피 다른 누군가에게 당할 텐데, 우리만 봐줄 이유가 어디 있을까요?

세상에는 이삭 같은 사람들도 많습니다. 우리가 무슨 일을 해도 우리를 사랑할 수밖에 없는 사람들입니다. 그들은 어쨌거나 우리를 계속 사랑할 것이므로 우리는 그들의 사랑을 내키는 대로 마음껏 이용할 수 있습니다. 그런다고 그들이 상처를 받거나 하지는 않습니다. 우리에 대해 각별한 마음을 갖고 있으니, 적어도 큰 상처를 받지는 않을 것입니다. 이렇게 산다고 해서 정도가 지나친 일을 하게 되지는 않을 것입니다. 적어도 세상 사람들이 반대하는 일은 하지 않을 것입니다. 적절한 감수성만 발휘한다면 누구에게도 배척당하지 않을 테고, 크게 비판받지도 않을 것입니다. 오히려 정반대로, 우리는 세상 사람들이 말하는 '좋은 사람'으로 머물 수 있습니다. '좋은 사람'이라는 말을 꼭 반어적으로 쓴 것은 아닙니다. 일반적인 경우보다는 '더 좋은' 사람을 말한 것이니까요. 무한히 자비로운 하나님이 여전히 복된 꿈으로 그 사람의 마음을 만지실 수 있을 정도로 좋은 사람 말입니다.

그런데 말입니다. 이런 식으로 살 때 우리는 무엇을 얻게 될까요? 이다음에 설교자가 무슨 말을 할지는 다들 아실 것입니다. 아무것도 얻지 못한다고 말하겠지요. 그러나 설교자들도 정직해져야 합니다. 제가 볼 때는 필요할 때 적절하게 부정직을 구사하면 많은 것을 얻을 수 있습니다. 초청을 받거나 승진을 할 수 있고 일자리를 얻을 수도 있습니다. 중요한 사람이 등을 두드려준다거나 감탄의

윙크를 보낼 수도 있습니다. 매우 의미 있는 일들이지요. 그리고 이런 것들은 대체로 우리가 행복이라고 말하는 것들입니다. 이런 것들을 과소평가하지 마십시오.

세월이 흘러 야곱이 집으로 돌아갈 때가 찾아옵니다. 그는 북쪽 산지에서 충분히 오래 살았습니다. 결혼도 하고 부자도 될 만큼 오랜 세월이었습니다. 그는 성공한 사람이고 흔히 하는 말로 행복한 사람입니다. 고령의 아버지 이삭은 죽은 지 오래였고, 에서가 지난 일을 기꺼이 잊어줄 거라고 생각할 만한 이유도 충분했습니다. 그리운 에서 형. 야곱은 고향으로 돌아가고 싶습니다. 하나님이 아브라함과 이삭, 그리고 이제 그에게 선물로 약속하신 땅으로 말입니다. 그 땅은 선물입니다. 하나님의 선물. 자신이 원하는 것과 얻을 수 있는 것, 그것을 얻을 방법까지 아는 야곱은 그 선물을 챙기기 위해 돌아갑니다. 말 그대로 '챙긴다'는 뜻입니다. 야곱은 분명 그렇게 생각했을 것입니다.

그는 얍복 나루에 이르렀습니다. 약속의 땅을 가로막는 것은 이제 얍복 강뿐입니다. 그는 가족과 종들을 먼저 얍복 강 너머로 건너보내고 강가에 혼자 남아 밤을 지새웁니다. 그 이유가 궁금합니다. 어쩌면 그는 가장 큰 성취를 앞둔 순간을 만끽하고 싶었는지 모릅니다. 그때까지 달려온 인생의 모든 순간이 바로 그때를 위한 준비였고, 이제 강 하나만 건너면 그 순간을 맞이하게 됩니다.

바로 그때 그 일이 벌어집니다. 칠흑 같은 밤, 어둠 속에서 낯선 사람이 튀어나옵니다. 그는 야곱에게 달려듭니다. 두 사람은 바닥에 쓰러지고, 두 몸뚱이가 어둠 속에서 뒹굽니다. 상대의 얼굴이 보이지 않는 것도 끔찍한 일인데, 상대의 힘은 더욱 끔찍합니다. 그것은 사람의 힘을 능가합니다. 그들은 밤새도록 침묵 속에서 씨름을 합니다. 그러나 동트기 직전, 기적이 벌어질 것만 같습니다. 야곱이 이기고 있습니다. 낯선 사람은 해가 뜨기 전에 놓으라고 소리를 칩니다. 그러다 갑자기, 모든 것이 뒤집어집니다.

상대가 야곱의 허벅지 관절을 살짝 건드리자 야곱은 힘을 못 쓰고 쓰러집니다. 우리도 그렇지만 야곱도 이 씨름이 처음부터 이렇게 마무리될 운명이었다는 것을 느꼈을 것입니다. 낯선 사람은 그때까지 힘을 다 쓰지 않고 있었습니다. 그는 야곱이 온 힘을 발휘하게 만들었고, 거의 이길 것처럼 생각했다가 패배하게 만들어 자신의 패배를 실감하게 했습니다. 그가 짜낸 모든 영악함, 의지, 폭력이 역부족이었음을 알게 하려는 것이었지요. 야곱은 잡은 손을 놓지 않습니다. 이번에는 폭력의 움켜쥠이 아니었습니다. 물에 빠진 사람이 지푸라기를 잡는 것 같은 필요의 움켜쥠이었습니다.

어둠이 살짝 걷히며 적수의 얼굴이 처음으로 희미하게 보입니다. 그런데 야곱이 본 것은 죽음의 얼굴보다 더 끔찍합니다. 그것은 사랑의 얼굴입니다. 드넓고 강하고 고통으로 반쯤 망가졌으며 기쁨으로 가득합니다. 온갖 어두운 나날 동안 피해 다니던 사람이 마침내 그 앞에서 이렇게 외치게 되는 얼굴입니다. "저를 축복해주시지 않으면 보내드릴 수 없습니다." 그가 가진 교활함이나 의지력으로 얻을 수 있는 축복이 아니라, 오로지 선물로만 받을 수 있는 축복입니다.

세상이 아는 권력, 성공, 행복은 그것을 얻기 위해 힘껏 싸우는 사람에게 돌아갑니다. 그러나 평화, 사랑, 기쁨은 오로지 하나님만 주십니다. 그리고 야곱이 얍복 강가에서 씨름했던 적수는 바로 하나님이십니다. 사랑하는 적수, 하나님. 그분이 우리의 적수인 이유는, 우리에게 모든 것을 주시기 전에 모든 것을 요구하시기 때문입니다. 그분은 우리에게 생명을 주시기 전에 우리의 생명을 요구하십니다. 우리의 자아, 우리의 의지, 우리의 보물을 요구하십니다.

여러분과 저는 그것들을 내어드리게 될까요? 저는 모릅니다. 우리가 봤던 야곱의 마지막 모습을 기억하라고 말씀드릴 뿐입니다. 큰 불처럼 환하게 타오르는 동녘 하늘을 배경으로 절뚝거리며 고향으로 돌아가는 그의 모습을. 나사렛 예수를 기억하십시오. 상한 발을 딛고 휘청거리며 무덤에서 나와 부활로 걸어가는 그분의 모습을 기억하십시오. 그분의 몸에는 패배의 자랑스러운 훈장이 새겨져 있습니다. 그것은 승리입니다. 인간의 영혼이 하나님의 손에서 받은 찬란한 패배입니다.

탄생

2

여관 주인

마리아가 첫 아들을 낳아서, 포대기에 싸서 구유에 눕혀두었다. 여관에
는 그들이 들어갈 방이 없었기 때문이다.

누가복음 2:7(새번역)

여관 주인이 말했습니다. "아주 오래전 일이네. 멀고 먼 곳에서
있었던 일이지. 하지만 사람의 기억도 그만큼 오래가는지라 사람들
은 그때 내가 맡았던 서글프고 괴이한 역할을 도무지 잊을 줄을 모
르네. 그러면서도 정작 그 역할에 대한 진실은 잊어버리곤 하더라
고. 하지만 그런다고 사람들을 나무랄 수는 없네. 진실이란 놈이 원

래 그렇게 미묘하고 미꾸라지 같거든. 따지고 보면 진실과 거짓의 차이는 결국 눈꺼풀의 떨림이나 목소리의 어조에 불과한지도 몰라. '난 믿어!'라고 힘주어 말한다면 거짓말이지만, 담담한 어조의 '난 믿어'는 사실일 수 있거든. 그러니 이런 미묘한 문제를 망각한 채 그 사건 속의 나를 시커먼 악당으로 여기는 후대 사람들을 탓할 수는 없겠지. 그들은 나를 '방 없어요! 방 없어요!'라고 말한 무정한 사람으로 취급한다네. 그래, 내게 악당 같은 모습이 조금 있었을지도 몰라. 하지만 온전한 진실을 말하려면, 나를 악당이라 부를 때도 머뭇거림이나 떨림, 주저함 정도는 있어야 하고, 눈에는 눈물이 어른거려야 할 걸세. 알다시피, 시커멓기만 한 것은 없잖나. 사람의 마음도 다를 바 없다네."

여관 주인이 말을 이어갔습니다. "나는 산전수전 다 겪은 사람이네. 이상주의자가 아니라 현실주의자란 말이지. 여관을 운영하는 게 어떤 건지 아나? 아니, 거기까지 갈 것도 없어. 사업이 됐건 가족이 됐건 인생이 됐건 이 세상에서 뭐라도 꾸려가는 게 어떤 건지 아느냔 말이네. 백만 그루 나무가 있는 숲에서 길을 잃는 것과 같아." 여관 주인의 말이 이어졌습니다. "각각의 나무는 내가 해야 할 일이라네. 모든 침대에 깨끗한 아마포가 깔려 있는가? 아이들이 겉옷은 챙겨 입고 밖에 나갔나? 편지는 썼나, 책은 읽었나? 은행에 남은 돈은 충분한가? 오늘은 배 속에 음식을 채워 넣고 몸에 옷가지라도 걸치고 있지만, 내일도 그럴 수 있을까? 백만 그루의 나무. 백만 가지의 일거리.

그러다 보면 어느 순간 다른 것은 보이지 않게 되지. 눈에 보이는 것은 다 물건이 되어버린다네. 발밑 땅바닥에 쓰러진 참새는 죽음의 신비가 아니라 발로 차버려야 할 물건이지. 창문 밖에서 아이들이 떠드는 소리는 정신 사납고 아무 짝에도 쓸모없는 것일 뿐, 생명도 아니고 놀라운 기적도 아니라네. 어디서 오는지 알 수 없게 갑자기 공기 중에 실려 오는 부드러운 속삭임은, 그저 바람, 바람일 뿐….

그 사람들이 왔던 저녁은 물론 또렷이 기억한다네. 장부 정리를 하다가 고개를 들었는데 때마침 그 여자가 문으로 들어오는 거야. 막달의 임산부 특유의 느리고 묵직한 걸음이었네. 그 모습이 마치 꿈속에서 걷거나 바다 밑바닥을 걷는 것 같았네. 조금 뒤편에 남편이 서 있었는데, 말을 잘 못하는 무력한 사람 같았지. 두 사람 중 누군가가 무슨 말을 했는지 기억나진 않지만 말을 하기는 했을 거야. 어쨌건 대체로 입을 다물고 있더군. 가난한 사람들의 어색한 침묵. 내 말뜻 이해할 거라 믿네. 그 사람들이 원하는 건 분명했어.

별들은 이미 나와 있었네. 여관 안에 앉아 있던 내가 무슨 수로 기억하는지는 모르겠지만 나는 그날의 별들을 똑똑히 기억한다네. 아내의 고양이가 내가 앉아 있던 탁자로 뛰어올라왔지. 물론 나는 그 사람들 때문에 일어서지 않았지. 한동안 침묵이 흘렀어. 그다음부터는 자네들이 이미 들었던 것과 다르지 않아. 남은 방이 없다는 말은 거짓말이 아니었네. 정말 방이 없었으니까. 아니, 어쩌면 방이 하나 있었을 수도 있겠군. 내가 거짓말을 했을 수도 있겠어. 하지만 그건 그들을 위한 배려이기도 했네. 여관의 형편만 생각한 것이 아니었어. 그런 치들은 마구간에서 더 편안해한단 말일세. 그게 전부야. 나는 그렇게까지 몰인정한 사람은 아니라네. 하나님은 아시지."

여관 주인이 말했습니다. "그날 밤 늦게 아기가 태어났을 때, 나는 그 자리에 없었네. 숲 속 어딘가에서 길을 잃었거든. 백만 그루의 나무가 있는 현실의 숲에서 말이지. 지하 저장고까지 열다섯 계단, 아래로 내려갈 때는 머리 조심. 왼쪽에는 장작. 불이 꺼지면 심장이 얼어붙는다고. 바람만 불어, 바람만. 나는 산전수전 다 겪은 사람이네. 그래서 아기가 태어났을 때 그 자리에 없었고 아무것도 보지 못했다네. 없던 존재가 생겨난 바로 그 순간에 내가 들은 것이 있지 않느냐고? 글쎄, 내가 무엇을 들은 것인지 잘 모르겠어.

하지만 이것은 분명히 안다네. 나의 진정한 사랑 말일세. 사람은 진정한 사랑이 찾아오기를 평생 기다린다네. 누구나 그렇지. 우리의 운명, 우리의 기쁨, 마음의 소원을 기다리는 거지. 이 말을 어떻게 해야 할까? 그가 왔을 때 나는 그를 놓쳐버렸어.

나를 위해 기도해주게나, 형제자매들이여. 여관 주인을 위해, 우리 모두를 위해 기도해주소서, 나의 진정한 사랑이시여."

동방박사

헤롯 왕 때에, 예수께서 유대 베들레헴에서 나셨다. 그런데 동방으로부터 박사들이 예루살렘에 와서 말하였다. "유대인의 왕으로 나신 이가 어디에 계십니까? 우리가 동방에서 그의 별을 보고, 그에게 경배하러 왔습니다."

마태복음 2:1-2(새번역)

현인이자 점성술사인 동방박사 중 한 사람이 말했습니다. "'아름다운 낯선 자들을 조심하십시오. 금요일에는 배를 타지 마십시오. 태양이 금성의 집으로 이동하고 있으니 마음의 일들이 잘될 것입니다.' 우리는 헤롯에게 이렇게 말했소. 어쨌든 비슷한 취지의 말이었소. 물론 아무 의미도 없는 말이었지. 그에게 뭔가 가치 있는 말을 해주려면 몇 주, 어쩌면 몇 달에 걸쳐 연구하면서 그가 태어난 때는 물론이고 그의 부모와 그 위로 4대에 이르는 조상들이 태어난 정확한 순간의 행성들의 위치를 계산해야 했을 거요. 하지만 헤롯은 그런 것을 전혀 몰랐소. 그저 우리가 되는 대로 던지는 허튼소리를 배고픈 개처럼 넙죽넙죽 받아먹고 고마워할 뿐이었소. 그는 왕이었지만 길 잃은 사람이었던 거요. 유대인도 로마인도 아니었기에 어디에서도 편안함을 느끼지 못했소. 그는 아무것도 믿지 않았소. 올림포스의 제우스도, 이름을 부를 수 없는 이스라엘의 거룩한 자도. 그래서 오히려 아무것이나 받아들일 준비가 되어 있었소. 우리가 내놓은 몇 가지 점괘도 송두리째 집어삼키더군. 그러나 그가 우리에게 원하는 것이 그런 점괘가 아니라는 것은 너무나 분명했소.

'가서 아이를 잘 찾아보시오.' 그렇게 말하는 왕의 손이 떨리는 걸 보았소. 그래서 이가 부딪치듯 에메랄드 반지들이 서로 부딪쳐 달그락 소리가 났소. '찾거든 나에게 알려주시오. 나도 가서, 그에게 경배할 생각이오.' 그 말을 마치자 그의 손은 죽음처럼 움직임을 멈추었소. 죽음처럼. 하나 물어봅시다. 세상의 어떤 왕도 다른 왕에게 엎드려 절하지 않는다는 것을 별에게 물어봐야 알겠소? 그 교활하고 길 잃은 늙은 여우가 우리를 어린아이 취급한 거요. 그래서 우리는 아이들처럼 대답했소. '네, 알겠습니다.' 그리고 길을 떠났소. 그의 두 손은 나방처럼 파닥거리며 그의 목으로 날아갔소.

'우리는 어쩌자고 그렇게 멀리까지 찾아가 그때 그 자리에 있었을까? 직접 그 장소를 찾아가 목도하지 않더라도 비밀을 아는 것으로 충분하지 않았을까?' 이 물음에는 별들도 답해주지 않았소. 별들은 그가 태어날 거라고만 말했을 뿐이오. 우리에게 가라고 했던 것은 전혀 다른 목소리였소. 하늘 저편 깊숙이 있는 별처럼 우리 안에 깊숙이 자리 잡은 목소리였소.

그런데 우리는 왜 갔을까? 지금도 그 이유를 알 수가 없소. 그때도, 심지어 그리로 가면서도 알 수 없었소. 우리에게 동기가 없었던 것은 아니오. 동기야 너무 많아서 문제였지. 우리에겐 호기심이 있었소. 지혜롭다는 것은 영원히 호기심을 갖는 것이고, 우리는 대단히 지혜로웠으니까. 우리는 별들도 그 앞에서 절한다는 분을 직접 보고 싶었소. 별들이 말하는 바가 사실인지 보고 싶었소. 지혜로운 자들에게도 의심은 있는 법이니까. 그리고 갈망이 있었소. 갈망. 목말라 죽어가는 사람이 왜 물이 있을지 모른다는 가능성만 믿고 불처럼 뜨거운 모래를 몇 킬로미터씩 기어가겠소? 그런데 우리에겐 받고 싶은 마음뿐 아니라 뭔가 드리고 싶은 갈망도 있었소. 떠나기 전에 사랑하는 사람에게 줄 뭔가를 갖춰놓으려고 평생 힘들게 일하고 분투하는 사람의 마음은 어디에서 온 것일까?

그러다 마침내 우리는 별이 가리키는 장소에 도착했소. 밤이었소. 지독히 추웠소. 안내가 필요하지 않았지만 여관 주인은 길을 알려주었소. 경솔하고 바쁜 사람이었지. 건초 냄새는 향긋했고 가축의 입에서는 입김이 나왔소. 남자와 여자. 둘 사이에 왕이 있었소. 우리는 오래 머물지 않았소. 그런데 몇 분에 불과했을 그 시간이 천만 년처럼 느껴졌소. 우리는 준비해 간 어리석은 선물들을 지푸라기 위에 내려놓고 나왔소.

두 가지 끔찍한 것을 말해주리다. 우리가 신생아의 얼굴에서 봤던 것은 죽음이었소. 바보라도 그것을 알아봤을 거요. 그가 맞이하게 될 죽음이 면류관처럼, 박쥐처럼 그 머리 위에 있었소. 그리고 우리는 발밑의 땅처럼 확실하게 깨달았소. 그와 함께 머무는 것은 그 죽음에 함께하는 일이 될 것임을. 그래서 우리는 떠난 거요. 선물만 드리고 나머지는 다 갖고 나온 셈이오.

이제, 형제들이여, 질문 하나 하십시다. 무서운 질문이오. 하나님은 아시지만, 이것은 내가 스스로에게 던지는 물음이기도 하오. '모든 진실 너머, 별들 너머의 진실은 바로 이것, 그분 없이 사는 것이 진짜 죽음이요 그분과 더불어 죽는 것이 유일한 생명 아닐까?'"

목자

그 지역에 목자들이 밤에 밖에서 자기 양 떼를 지키더니 주의 사자가 곁에 서고 주의 영광이 그들을 두루 비추매 크게 무서워하는지라. 천사가 이르되 무서워하지 말라. 보라, 내가 온 백성에게 미칠 큰 기쁨의 좋은 소식을 너희에게 전하노라. 오늘 다윗의 동네에 너희를 위하여 구주가 나셨으니 곧 그리스도 주시니라. 너희가 가서 강보에 싸여 구유에 뉘어 있는 아기를 보리니 이것이 너희에게 표적이니라 하더니 홀연히 수많은 천군이 그 천사들과 함께 하나님을 찬송하여 이르되 지극히 높은 곳에서는 하나님께 영광이요 땅에서는 하나님이 기뻐하신 사람들 중에 평화로다 하니라. 천사들이 떠나 하늘로 올라가니 목자가 서로 말하되 이제 베들레헴으로 가서 주께서 우리에게 알리신 바 이 이루어진 일을 보자 하고 빨리 가서 마리아와 요셉과 구유에 누인 아기를 찾아서 보고 천사가 자기들에게 이 아기에 대하여 말한 것을 전하니 듣는 자가 다 목자들이 그들에게 말한 것들을 놀랍게 여기되

누가복음 2:8-18

목자가 말했습니다. "밤이 오고 있었지. 날은 추웠어. 정말 겁나게 배가 고팠지. 자루에 담아 온 빵은 다 먹은 지 오래였어. 먹을 것을 더 내놓으라고 배 속이 성화였어. 그런데 나와 같은 목동 친구가 빵 껍질을 안 먹고 버리려는 게 눈에 들어온 거야. 그래서 말했지. '친구, 빵 껍질은 내게 던지게!' 그런데 친구가 내게 던진 빵 껍

질이 그만 우리 사이, 양들이 엉망으로 만들어놓은 진흙탕에 떨어진 거야. 하지만 어쨌거나 난 빵 껍질을 집어 먹었어. 거기 묻은 진흙까지 다 입에 넣었지. 그런데 그걸 먹고 있으려니 갑자기 내 자신이 보이는 거라. 내가 먹는 사람일 뿐 아니라 먹는 사람을 지켜보고 있는 사람인 것처럼 말이지. 이런 생각이 들더라고. '이게 나야. 진흙투성이 빵을 먹는 사람이야.' 그리고 이런 생각을 했어. '빵이 정말 좋군.' 그리고 이런 생각도 했어. '아, 진흙도 너무 좋구나.' 그래서 나는 한가득 빵이 든 진흙투성이 입을 열어 친구들에게 외쳤어. '하나님 맙소사, 아주 좋아, 형제들이여!' 그들은 내가 바보 천치라고 생각했지만, 그래도 내 말뜻을 알아들었어. 그날 밤 우리는 모든 것을 봤거든. 모든 것 말이야. 모든 것!

내 말을 이해할 수 있겠어? 이런 일을 겪어본 적이 있나? 하루 종일 열심히 일했단 말이야. 기진맥진, 녹초가 되었어. 그래서 잠시 일을 쉬기로 한 거지. 나무 아래나 바위나 어떤 물체에 기대 축 늘어져 멍한 채로 그렇게 앉아 있는 거야. 그 시간이 삼십 분인지 백만 년인지는 몰라. 하여간 그 시간 내내 눈을 뜨고 정면 어딘가를 보고 있기는 한데 눈이 너무 피곤하고 흐릿해서 아무것도 보이지 않아. 아무것도. 죽은 사람 비슷한 상태야. 그러다 조금씩 몸이 회복되기 시작하고, 눈도 제대로 보인다 싶다가 갑자기 깨닫게 되는 거야. 그동안 줄곧 뭔가를 보고 있었고 이제야 그것이 눈에 들어온다는 사실을. 그것은 바위 아래에 다리가 낀 새끼 암양일 수도 있고, 구름을 뚫고 얼굴을 드러낸 달일 수도 있을 거야. 그것은 줄곧 거기 있었고 나도 줄곧 그것을 보고 있었지만, 그때까지는 눈에 들어오지 않았던 거야.

어쨌거나 그날 밤이 그랬어. 마침내 정신을 차린 것 같다고 할까. 전에는 거기에 없다가 난데없이 나타난 것이 아니라, 거기 늘 있던 것들이 초점이 맞춰지며 분명하게 보이는 것 같았어. 대단한 광경이었지! 허공은 더 이상 그냥 비어 있지 않았어. 살아 있었어. 환한 빛이 사방에 있었고 새 떼처럼 오르락내리락했어. 고요라고 생각했던 것이 더 이상 고요하지 않았고 수많은 날개들의 날갯짓 소리로 바뀌었어. 날갯짓 소리만이 아니었어. 점점 더 감각이 또렷해지면서 목소리들도 들려왔어. 나팔소리처럼 높고 거침없는 소리였지. 어떤 말이었는지 나중에 도무지 기억나지 않았지만 아마 내가 입에 한가득 빵을 넣고 소리쳤던 것과 비슷한 말이었을 거야. '하나님 맙소사, 너무 좋다, 형제들아! 빵 껍질. 진흙. 전부. 전부 다!'

그래, 그래. 우리가 정신이 나갔던 거라고 생각한다면, 물론 그 생각이 옳아. 그런데 있잖아, 그건 감옥에 갇혀 있다 나오는 것과 비슷했어. 그때 같이 있던 친구들의 모습이 아직도 눈에 선해. 발이 아프다고 늘 투덜대던 사팔뜨기. 로마인보다 욕을 잘하는 땅꼬마. 소녀처럼 얼굴을 붉히던 젊은 친구. 우리 모두 진흙탕 들판을 부리나케 달려갔어. 꼭 축제 때 술 취한 사람들처럼 말이야. 그런데 우리는 취한 것 맞았어. 지독히 취한 채 날개들의 바다와 달빛과 양들의 은빛 털을 헤치면서 갔어. 그때가 밤이었나? 낮이었나? 우리 발이 땅에 닿기는 했나?

'쉿, 쉿. 당신들 때문에 손님들 다 깨겠어.' 양팔에 장작을 잔뜩 들고 반대쪽에서 오던 여관 주인이 우리를 보고서 그러더군. 우리가 여관 뒤쪽의 헛간으로 갔더니 거기 있던 세 명의 외국인 중 하나가 입술에 손가락을 갖다 댔어.

있잖아, 폭풍의 눈에는 바람이 불지 않아. 아무것도 움직이지 않지. 아무것도 숨을 쉬지 않아. 침묵도 입을 다문다고. 그러니 이제 조용히 해. 조용. 저기 그분이 계시는군. 그분이 보이나? 그분이 보여? 전능하신 하나님 맙소사, 형제들아. 눈을 뜨게나. 귀를 기울여봐."

별들에 담긴 메시지

3

내가 이미 얻었다 함도 아니요 온전히 이루었다 함도 아니라. 오직 내
가 그리스도 예수께 잡힌 바 된 그것을 잡으려고 달려가노라. 형제들
아 나는 아직 내가 잡은 줄로 여기지 아니하고 오직 한 일, 즉 뒤에 있
는 것은 잊어버리고 앞에 있는 것을 잡으려고 푯대를 향하여 그리스도
예수 안에서 하나님이 위에서 부르신 부름의 상을 위하여 달려가노라.
… 그러므로 나의 사랑하고 사모하는 형제들, 나의 기쁨이요 면류관인
사랑하는 자들아, 이와 같이 주 안에 서라. … 주 안에서 항상 기뻐하
라. 내가 다시 말하노니 기뻐하라. 너희 관용을 모든 사람에게 알게 하
라 주께서 가까우시니라. 아무것도 염려하지 말고 다만 모든 일에 기
도와 간구로, 너희 구할 것을 감사함으로 하나님께 아뢰라. 그리하면
모든 지각에 뛰어난 하나님의 평강이 그리스도 예수 안에서 너희 마음
과 생각을 지키시리라.

빌립보서 3:12-4:7

하나님이 정말로 존재하신다면, 도대체 왜 자신의 존재를 증명하시지 않고 우리를 이렇게 끔찍이 불확실한 상태로 내버려두신단 말입니까? 어찌하여 하나님은 그분의 얼굴을 드러내시어 절망하는 세계가 마침내 소망을 갖도록 해주시지 않는 것일까요? 누구나 한 번쯤은 해보는 질문입니다. 모종의 객관적으로 검증 가능하고 확실한 방식으로 하나님이 자신의 존재를 보여주시기를 바라는 것입니다. 이것은 마음 깊은 곳에서 우리 모두가, 신자들뿐 아니라 불신자들도 원하는 바가 아닐까 합니다. 그래서 저는 하나님이 정말 그런 일을 하신다면 어떤 일이 벌어질지 가끔은 궁금해집니다. 하나님이 반박할 수 없는 극적인 방식으로 자신의 존재를 입증하신다면 어떤 일이 벌어질까요?

예를 들어 생각해봅시다. 여기 아래서 보면 밤하늘을 가로질러 흐르는 크고 흐릿한 은하수가 눈에 들어오지요. 하나님이 은하수를 좀 더 밝게 빛나게 만드신 후 그 배열 순서를 바꾸신다고 해봅시다. 그래서 어느 날 갑자기 세상 사람들이 밖으로 나가 하늘을 올려다봤을 때 흔히 보던 제멋대로 흩어진 별들이 아니라 수 광년 크기의 글자로 적혀 있는 이런 문장을 보게 된다고 합시다. '나는 정말 존재한다(I REALLY EXIST).' 또는 '하나님은 있다(GOD IS).' 제가 이런 사건에 대한 이야기나 희곡을 쓰게 된다면 당연히 첫 장면을 이렇게 시작할 것입니다. '어느 날, 이 거대한 신학적 선언이 표제처럼 별들 속에 나타났다. 해와 달들이 i의 점을 이루고 여러 혜성의 꼬리들이 t의 가로줄을 이루었다.' 그리고 그 광경을 본 사람들의 여러 반응을 상상해서 보여줄 것입니다. 그중에는 무릎을 꿇는 사람들도 있을 것입니다. 딱히 종교적인 부류로 설정된 사람들이라서가 아니라 그런 상황이라면 그런 행동이 너무나 자연스러울 테니까요. 그들은 이것저것 생각할 겨를도 없이 차고 뒤의 키 큰 풀밭에 허물어지듯 무릎을 꿇을 것입니다. 공포에 사로잡혀 집으로 뛰어 들어가는 사람들도 등장할 것입니다. 죄 지은 사람들은 심판이 두려워서 그럴 테고, 세련된 사람들은 그 삭막하고 끔찍한 단순함이 무서워서 그러겠지요. '하나님은 있다'라는 문장이 반짝이는 별들 가운데 떡하니 적혀 있으니까요. 갑자기 자신을 알린 미지의 존재, 그 엄청나고 어마어마한 광대함을 본 사람들은 아마도 상당한 두려움을 갖게 될 것입니다.

그리고 많은 이들이 후회의 눈물을 흘릴 겁니다. 이제 알게 된 사실을 전에 알았더라면 전혀 다르게 살았을 거라고 생각하는 사람들이겠지요. 또 많은 사람이 불쑥 솟아오르는 희망을 느낄 것입니다. 병들어 침대에 누운 채 잠 못 이루며 침실 창으로 하늘을 올려보는 노인이 그럴 겁니다. 얼마 안 남은 그의 시간이 탁자 위에 놓인 시계의 똑딱거림과 함께 흘러가고 있지만, 그는 하늘에서 시간을 넘어선 현실의 증거를 봅니다. 그리고 저는 설교자들과 신학자들이 느낄 특이한 놀라움에 대해서도 짧게나마 다룰 것입니다. 그들은 평생을 하나님에 대해 이야기하며 많은 시간을 보냈기 때문에, 대단히 주의하지 않으면 그들의 하나님은 현실성을 잃어버리고 그저 형이상학적 사변의 한 가지 주제로 전락해버릴 수 있기 때문입니다. 밤중에 일어난 이 일은 그들에게도 엄청난 확증이 되어줄 테고, 결국 자신들이 옳았음을, 이제껏 그들이 믿어온 것보다 훨씬 더 옳았음을 발견하게 될 것입니다. 그리고 그 기이함에 놀라겠지요.

이 이야기에서 저는 하나님이 세상에 그분의 존재에 대한 객관적 증거를 보여주실 때 찾아올 초기의 놀라운 충격을 보여주려고 시도할 것입니다. 교회를 찾는 사람들이 너무 많아 축구경기장과 노지에서 예배를 드릴 테고, 전쟁이 그치고 범죄도 중단되고 으스스한 침묵이 세상에 내려앉을 것입니다. 그러나 이야기가 끝나갈 무렵에는 반전이 될 만한 내용을 암시해야 정직한 글이 되지 않을까 합니다.

몇 년이 지나가고 하나님을 알리는 증거는 여전히 매일 밤 모두가 볼 수 있게 빛날 것입니다. 그 메시지가 백만분의 일 확률로 우연히 만들어진 자연적 산물이 아니라는 확신을 사람들에게 심어주기 위해, 저는 하나님이 다른 언어로 그것을 계속 다시 쓰시고 때로는 원색으로 빛나게 하시거나 천상의 기운이 가득한 음악을 곁들이신다고 설정할 것입니다. 그래서 결국 가장 완고한 회의주의자조차도 하나님이 참으로 존재하신다고 믿게 되는 것이지요. 그리고 이야기의 막바지에 이르면 저는 이런 식으로 끝맺고 싶습니다. 어느 날 한 아이가 하늘을 바라보고 있습니다. 볼에 풍선껌을 잔뜩 집어넣고 씹는 흔해빠진 아이입니다. 이것이 영화가 된다면 저는 별들이 반사된 아이의 눈을 클로즈업할 테고, 아이가 하늘의 메시지를 한 음절씩 발음하게 만들 것입니다. 그날 밤에는 하늘의 문구가 마침 프랑스어로 적혀 있다고 해봅시다. "J'existe quand-même. C'est moi, le bon Dieu." 하늘 저 멀리서는 늘 들리던 숭고한 음악이 흘러나오고 있을 것입니다. 그때 저는 아이가 아버지를 쳐다보거나 아이 특유의 말도 안 되는 용기를 발휘해 하나님을 쳐다보게 만들 겁니다. 그리고 아이의 입에서는 천사도 숨이 턱 막히게 만들 말이 나올 것입니다. "하나님이 존재하시는 게 어떻다는 거예요? 그런다고 뭐가 달라지나요?" 그리고 메시지는 눈 깜짝할 사이에 영원히 사라지고 천상의 음악은 더 이상 들리지 않을 것입니다. 아니, 어쩌면 이후 몇 세기 동안 계속될 수도 있겠지만, 그것 때문에 달라지는 것은 더 이상 없을 것입니다.

우리 모두는 확신을 갖기를 바라고, 그래서 증거를 원합니다. 그러나 우리가 바라는 그런 증거, 모든 의심을 일순간 잠재워줄 과학적, 철학적으로 입증 가능한 증거는 결국 무섭도록 깊고 깊은 우리의 필요에 답해주지 못할 것입니다. 우리가 알 필요가 있는 것은 단순히 하나님이 존재하신다는 사실이 아닙니다. 별들의 차가운 빛 너머에 우주의 운행을 책임지는 모종의 우주적 지성이 존재한다는 것이 아닙니다. 우리가 알아야 하는 것은 바로 여기 매일매일의 치열한 삶 가운데 하나님이 계시다는 사실입니다. 그 하나님은 저 멀리 별들 속에 그분에 대한 메시지를 적지는 않으시지만, 여기 아래서 세상의 향기로운 혼란과 비참함과 경이에 무릎까지 빠져 살아가는 눈먼 우리에게 이런저런 식으로 메시지를 전달하십니다. 우리가 원하는 것은 하나님의 존재에 대한 객관적 증거가 아니라, 하나님의 임재에 대한 경험입니다. 그 경험을 종교적 언어로 표현하고 말고는 중요하지 않습니다. 이것이 우리가 정말로 추구하는 기적입니다. 그리고 제 생각에는 우리가 정말 목도하게 되는 기적이기도 합니다.

저는 우리가 스스로 인정하는 정도보다, 어쩌면 우리 모두가 생각하는 정도보다 하나님에 대해 훨씬 많이 안다고 믿습니다. 하나님은 우리에게 말씀하십니다. 우리가 깨닫는 것보다, 우리가 깨닫기로 선택하는 것보다 훨씬 자주 말씀하신다고 말하고 싶습니다. 매일 저녁 해가 지기 전에, 하나님은 우리 각 사람에게 대단히 인격적이고 모를 수 없는 방식으로 말씀하십니다. 그분의 메시지는 별빛으로 드러나지 않습니다. 그런 메시지로는 아무것도 달라지지 않습니다. 그분의 메시지는 매일매일의 단조롭고 혼란스러운 사건들 안에 우리 각 사람을 위해 적혀 있습니다. 그 메시지야말로 결국에 가서 모든 것을 바꿔놓게 될 것입니다.

하나님이 오늘 저나 여러분에게 무슨 말씀을 하실지, 어떤 순간을 선택하여 그 말씀을 하실지 누가 알겠습니까? 알지 못하기 때문에 오늘은 거룩한 신비가 됩니다. 매일이 거룩한 신비입니다. 그러나 저는 하나님이 우리 각 사람에게 늘 말씀하시는 몇 가지가 있다고 믿습니다. 예를 들면, 모든 사람 안에는 일종의 공허함이 있지요. 뭔가가 빠진 느낌, 동요, 우리 안의 모든 것이 엉망이 된 듯한 심각한 느낌입니다. 심리학자들은 그것을 불안이라 부르기도 하고 신학자들은 소외라고 부르기도 하지만 어떻게 부르건 그 경험 자체를 이해하지 못하는 사람은 별로 없을 것입니다. 불안의 시대, 잃어버린 세대, 패배의 세대, 외로운 군중 등 다양한 명칭으로 불린 우리 시대에는 더더구나 다들 그 경험을 이해할 것 같습니다. 모든 사람의 내면에 이런 공허하고 불편하고 불완전한 느낌이 자리 잡고 있는데, 저는 이것 자체가 하나님이 주신 말씀이라고 생각합니다. 하나님을 배제하는 설명을 받아들인 세상에 울려 퍼지는 하나님의 음성이라고 말입니다. 이런 세상에서 하나님은 그분의 침묵, 그분의 부재를 통해 가장 분명하게 말씀하실지도 모릅니다. 우리가 하나님을 그리워함으로써 그분을 가장 잘 알게 하시려고 말입니다.

하나님이 우리에게 하시는 말씀은 또 있습니다. 하나님은 우리 자신에 대해, 그리고 우리가 무엇을 행하고 어떤 존재가 되기를 바라시는지에 대해 말씀하십니다. 저는 바로 이 영역에서 우리가 스스로 인식하는 것보다 하나님에 대해 훨씬 더 많이 알고 있으며, 하나님을 믿지 않는 사람들도 그분이 하시는 말씀을 듣는다고 믿습니다. 거리에서 한 얼굴이 우리를 향해 다가옵니다. 우리는 그 사람을 쳐다봅니까, 아니면 못 본 체하고 말없이 지나갑니까? 어떤 사람이 다른 누군가에 대해 말을 하는데, 그 말이 잔인하고도 재미있어서 모두가 웃습니다. 우리는 같이 웃습니까, 아니면 진실을 말합니까? 친구가 우리에게 상처를 주면 그를 증오하는 데서 즐거움을 느낍니까? 사랑뿐 아니라 증오에도 즐거움이 따라오니까요. 아니면 어설프지만 다시 작은 다리를 놓으려 시도합니까? 때로 우리가 혼자 있을 때, 머릿속으로 생각들이 벌 떼처럼 밀려듭니다. 그중에는 파괴적이고 추하고 자멸적인 생각들이 있고, 창조적이고 기쁜 생각들도 있습니다. 그때 우리는 어떤 생각을 선택합니까? 오늘 하루 용감하게 살아갈까요, 겁쟁이가 될까요? 뭔가 거창한 방식이 아니고 어리숙해도 용기는 용기입니다. 오늘 하루 정직하게 살아갈까요, 거짓말쟁이가 될까요? 아주 작은 정직도 분명 정직입니다. 오늘 하루 누군가의 친구가 될까요, 아니면 얼음장처럼 차가운 사람이 될까요?

온갖 별 볼일 없는 만남, 결정, 내면의 싸움들이 모여 우리의 하루하루를 구성합니다. 그것들을 다 합쳐봐야 대단치는 않지만 한편으로는 큰 의미가 있습니다. 우리의 나날들은 보잘것없는 일들로 가득하지만, 하나님은 바로 그 보잘것없는 나날들 속으로 대단히 의미심장한 말씀들을 들려주십니다. 별들 사이에 쓴 말씀이 아니라 날것 그대로이자 보잘것없는 일들로 가득한 우리의 나날 속에 적어주시는 말씀입니다. 하나님이 우리가 살아가는 매일의 한복판에 말씀하시므로 그 하루하루는 허튼 나날이 아닙니다. 하나님이 우리에게 하시는 말씀, 각 사람에게 다르게 들려주시는 말씀이 있습니다. "담대하여라. … 긍휼을 베풀어라. … 내 어린양들을 먹여라. … 푯대를 향하여 달려가라."

그러나 우리의 나날이 모두 사소하고 일상적이고 보잘것없는 것은 아닙니다. 가끔은 위기도 찾아옵니다. 여러 나라로 이루어진 거대한 세계와 개인의 작은 세계 모두를 토대까지 뒤흔드는 위기입니다. 하나님은 위기상황들을 통해서도 다양한 말씀을 전하십니다. 때로는 다른 말씀들과 확 구분되는 말씀도 있습니다. 제 머리에 떠오르는 것은 세계를 소멸시킬 것 같은 거대한 국제적 위기입니다. 개인적 위기로 말하자면 사랑하는 사람의 죽음과 실패와 배신과 우리 내면의 평화를 위협하는 모든 것을 생각할 수 있습니다.

사도 바울은 죽음이 기다리는 로마로 가는 길에 감옥에서 써 보낸 편지의 끝부분에서 이렇게 말합니다. "주 안에서 항상 기뻐하라. 내가 다시 말하노니 기뻐하라. … 주께서 가까우시니라. 아무것도 염려하지 말고 다만 모든 일에 기도와 간구로, 너희 구할 것을 감사함으로 하나님께 아뢰라. 그리하면 모든 지각에 뛰어난 하나님의 평강이 그리스도 예수 안에서 너희 마음과 생각을 지키시리라." 저는 이것이 우리 시대의 큰 위기와 개인의 작은 위기를 통해 하나님이 우리에게 주시는 강한 말씀이라고 믿습니다. 그렇습니다. 우리 시대를 진지하게 받아들여야 합니다. 그렇습니다. 우리 시대의 끔찍한 죄들로 인해 우리도 심판을 받게 될 것입니다. 그렇습니다. 세상에 닥칠 일들로 인해 두려움과 불길한 예감에 떨다가 기절할 지경이 될 수 있습니다. 하지만 기뻐하십시오. 기뻐하십시오. 주께서 가까이 계십니다. 염려하지 마십시오. 기도하십시오.

하나님이 우리 인생 가운데 들려주시는 말씀들이 진정한 기적입니다. 이 말씀들은 우리가 별들 가운데 적힌 메시지에 대해 기대하는 것처럼 믿음을 만들어내는 기적은 아닙니다. 이 말씀들은 믿음이 있어야 보이는 기적입니다. 개방성이라는 믿음, 이 세상 속, 우리 가운데 임하시는 놀라운 하나님을 고대하며 기꺼이 기다리고 지켜보고 귀 기울이는 자세라는 믿음 말입니다.

공중의 얼굴

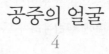

4

그 지역에 목자들이 밤에 밖에서 자기 양 떼를 지키더니 주의 사자가 곁에 서고 주의 영광이 그들을 두루 비추매 크게 무서워하는지라. 천사가 이르되 무서워하지 말라. 보라, 내가 온 백성에게 미칠 큰 기쁨의 좋은 소식을 너희에게 전하노라. 오늘 다윗의 동네에 너희를 위하여 구주가 나셨으니 곧 그리스도 주시니라. 너희가 가서 강보에 싸여 구유에 뉘어 있는 아기를 보리니 이것이 너희에게 표적이니라 하더니

누가복음 2:8-12

이탈리아 영화 〈달콤한 인생(La Dolce Vita)〉은 헬리콥터 한 대가 그리 높지 않게 천천히 하늘을 날아가는 장면으로 시작됩니다. 헬리콥터에서 달아 내린 줄에 가운을 입은 실물 크기의 사람 조각상

이 매달려 있는데, 두 팔을 벌리고 있어서 혼자 힘으로 날아가는 것처럼 보입니다. 가끔 화면에 헬리콥터가 나오지 않고 목에 밧줄을 두른 조각상만 보일 때는 특히 그렇습니다. 헬리콥터가 몇몇 사람이 트랙터를 타고 일하고 있는 현장 위로 날아가자 사람들은 크게 흥분합니다. 그들은 모자를 흔들고 팔짝팔짝 뛰며 소리를 지릅니다. 그러다 그중 한 사람이 조각상을 알아보고 이탈리아 말로 이렇게 외칩니다. "우와, 예수님이야!" 그 말에 그들 일행 중 일부가 헬기를 따라 달리면서 손을 흔들고 소리칩니다. 그러나 헬리콥터는 계속 날아갑니다. 얼마 후 헬리콥터는 로마의 외곽에 이르고 한 건물의 옥상을 지나갑니다. 그곳에는 수영장이 있고 비키니 차림으로 일광욕을 하는 아가씨가 여럿 보입니다. 물론 그들도 위를 쳐다보고 손을 흔들기 시작하는데, 이번에는 헬리콥터가 속도를 늦추고 거기 탄 청년들이 아가씨들을 열심히 쳐다보다가 기체를 선회합니다. 청년들은 수영장 위를 맴돌며 엔진의 소음을 뚫고 아가씨들의 전화번호를 얻으려고 시도합니다. 조각상을 바티칸으로 가져간다고 설명하면서 아가씨들이 원한다면 임무가 끝나는 대로 돌아오겠다고 밝힙니다.

저는 작은 대학도시에서 이 영화를 보았는데, 이 장면이 펼쳐지는 동안 청중은 뭔가 따로 노는 듯한 광경에 웃음을 참지 못했습니다. 화면 한쪽에는 신성한 조각상이 하늘에 매달려 있었고, 다른 쪽에는 불경한 이탈리아 젊은이들과 수영복 차림의 가슴이 큰 미녀들이 있었습니다. 하나는 돌로 만들어져 너무나 무심하고 밧줄 끝에 매달려 생뚱맞게 하늘에 떠 있었고, 육체로 이루어진 나머지는 터질 듯한 생명으로 가득했습니다. 둘 중 어느 쪽이 승자가 될 것인지, 누구 때문에 웃는 것인지 청중 가운데 누구도 의심하지 않았습니다. 헬리콥터는 가던 길을 계속 갔고 아래에서 성베드로성당의 거대한 돔이 모습을 드러냈습니다. 그때 처음으로 카메라가 두 팔을 벌린 조각상을 확대해 보여주기 시작합니다. 그리고 마침내 수염 달린 그리스도의 얼굴이 화면을 가득 채웁니다. 그 순간, 극장에서는 웃음이 사라졌습니다. 학생들, 그들의 데이트 상대들, 버터향 팝콘이 든 종이컵, 대학 스타일의 달콤한 인생이 가득한 극장에서 말이지요. 그 순간에는 누구도 웃지 않았습니다. 화면에 몇 초 동안 비친 공중에 떠 있는 얼굴과 쭉 뻗은 두 팔에는 그들을 침묵하게 만든 무엇인가가 있었던 것입니다. 그리 길지 않은 시간 동안, 아무 소리도 나지 않았습니다. 그 얼굴이 자기들의 얼굴처럼 느껴졌기 때문일까요? 만약 그렇다면 이전에는 본 적이 없었지만 그 순간에는 알아본 그들의 숨겨진 얼굴이었을까요? 아니면 이전에 본 적이 없었지만 그 순간에는 알아본 주인의 얼굴 같았을까요?

저는 기독교 신앙이 이와 상당히 비슷하다고 봅니다. 한순간, 짧게나마 그 얼굴을 보고 가만히 있는 것, 그것이 전부입니다. 기독교라는 집합체에는 노쇠하고 부적절해 보이는 면모, 어울리지 않게 공중에 떠 있던 고풍의 조각상처럼 우리 시대에 어울리지 않는 면모가 너무나 많습니다. 그러나 크리스마스 같은 어떤 순간만큼은 모두가 입을 닫고 침묵합니다. 그때에는 어떤 정신, 어떤 희망 같은 것이 살아나거든요. 너무나 이상하고 새롭고 귀중한 어떤 것이 세상에 다시 태어나거든요. 그때는 냉소가조차도 웃을 수 없습니다. 다만 울고 싶어질 뿐이지요.

공중에 떠오른 얼굴. 밤중에 동물들 사이에서 태어난 아이. 동물들의 상큼한 입김과 김이 모락모락 나는 똥. 그 후로는 어떤 것도 이전과 같아질 수 없습니다.

하나님을 믿는 사람들은 어떤 면에선 다시는 그분에 대해 확신할 수 없게 되었습니다. 그분을 마구간에서 보았으니, 앞으로 그분이 인류를 거침없이 추적해 어디에 나타나시고 어떤 일까지 해내시며 터무니없이 자기를 낮추는 자기비하를 얼마나 감수하실지 결코 확신할 수 없게 되었습니다. 하나님의 거룩함과 엄청난 능력과 위엄이 전혀 상서롭지 못한 이 사건, 농민의 아이가 태어난 현장에 함께했다면, 거룩함이 자리하지 못할 만큼 천박하고 세속적인 장소나 시간은 없는 것입니다. 이것은 우리가 결코 안전하지 않다는 뜻이고, 하나님을 피해 숨을 곳은 없다는 뜻이며, 인간의 마음을 둘로 쪼개고 재창조하는 그분의 능력이 미치지 못할 곳 역시 없다는 뜻입니다. 하나님은 가장 무력해 보이는 곳에서 가장 강하시고, 우리가 전혀 예상치 못하는 곳에 가장 온전하게 임하시기 때문입니다.

이 탄생은 또한 하나님도 그분을 믿는 우리로부터 결코 안전하시지 않다는 의미가 됩니다. 어쩌면 그것이 성탄절의 어두운 면, 침묵의 공포일 것입니다. 하나님은 늘 우리가 거절할 수 있는 방식으로 찾아오십니다. 우리는 그 아기의 두개골을 계란껍질처럼 깨뜨릴 수 있고, 그러기에 너무 커버렸다면 나무에 못 박을 수 있습니다. 하나님은 여러 모습으로 우리를 찾아오십니다. 굳이 우리가 먹이지 않아도 되는 배고픈 사람들, 굳이 우리가 위로하지 않아도 되는 외로운 사람들, 우리가 언제든 자유롭게 등을 돌릴 수 있는 사람들의 절박한 필요의 모습으로 찾아오십니다. 하나님이 우리의 처분에 자신을 맡기신다는 뜻입니다. 그것은 우리가 무분별과 냉정함과 잔인함으로 하나님께 고통을 가할 수 있다는 의미이자 우리가 고통을 당하는 것만으로 하나님을 고통스럽게 할 수 있다는 의미입니다. 사랑은 원래 그런 것입니다. 그래서 사랑하는 사람이 고통을 겪으면 우리도 그와 함께 고통을 겪고 그것을 피하려 하지 않습니다. 고통과 사랑은 하나니까요. 우리를 향한 하나님의 사랑도 그와 같습니다.

그날 밤 아이가 태어났습니다. 어머니의 몸은 녹초가 되었고, 아버지는 주먹 쥐듯 입을 꽉 다물고 있었습니다. 그리고 그 이후 모든 것이 달라졌습니다. 하나님을 믿는 이들에게 모든 것이 달라졌고 하나님을 믿지 않는 이들에게도 모든 것이 달라졌습니다. 그 탄생이 이루어진 이상, 이제 그들은 하나님만 거부하면 되는 것이 아니라 그 사건도 거부해야 하기 때문입니다. 믿지 않는 사람들도 이제 막 태어난 아기 앞에 서면 침묵할 수밖에 없습니다. 그러나 그들의 침묵 속에는 눈물만 있을 뿐입니다. 그들이 볼 때는 모든 아이가 그렇듯 이 아이도 그저 죽기 위해 태어난 또 하나의 생명일 수밖에 없기 때문입니다. 그가 아무리 용감하게 잘 산다고 해도 그의 인생에는 그가 스스로 부여하는 의미 이상의 의미가 있을 수 없습니다. 그리고 모든 인생이 그렇듯 그의 인생도 지나고 나면 꿈처럼 허망할 것이 분명합니다. 믿지 않는 자들에게는 그 탄생에 담긴 온갖 시, 즉 천사들과 별과 밤중에 찾아와 선물을 바치는 세 명의 동방박사가 그 아름다움에도 불구하고 모래에 쓴 글자들과 같을 뿐입니다. 자기 자신 너머, 시간과 변화의 힘에 영향을 받지 않는 실재의 핵심을 가리키는 시가 아닌 것입니다.

그러면 믿으면서도 믿지 않는 사람들, 믿을 수 없는 사람들은 어떨까요? 어떤 사람들은 늘 믿지 못하고, 누구나 때로는 믿음이 사라지기도 하지요. 두 팔을 벌린 조각상이 공중에 떠서 표정 없는 얼굴로 아래를 내려다보자 사람들은 그 얼굴을 알아보고 이름을 부릅니다. 그들은 손을 흔들고 고르지 못한 땅을 달려 어느 정도 따라갑니다. 밤은 깊어지고 고요해져서 들리는 소리라곤 아이가 태어나 우는 소리뿐입니다. 새 생명이 세상에 나오는 작은 고통을 알리는 소리이지요. 어쩌면 기쁨에 겨워 터져 나오는, 보이지 않는 수많은 목소리가 있을지도 모릅니다.

믿는 불신자들에게도 모든 것이 달라지기는 마찬가지일 것입니다. 그 고요한 순간에 그들이 보고 들은 것이 어쩌면, 어쩌면 세상의 소망일 수도 있기 때문입니다. 그의 이름을 부르기만 한다면 큰 확신도 없이 한 손만 살짝 흔든 것이라도 괜찮습니다. 그들이 손을 흔들 때 마음속으로 느끼는 것은 그분이 태어나듯 나올 준비를 하는 새 생명, 새 용기, 새 기쁨의 태동입니다. 그들도, 우리도, 넓은 세상도 그 두 팔을 향해 두 팔을 뻗고 공허한 얼굴을 들어 당혹감을 주는 그 얼굴을 바라보기만 한다면 그것으로 족할 것입니다.

—

주 예수 그리스도, 가장 높으신 자의 아드님, 평화의 왕이시여, 우리 세상에 다시 태어나소서. 어디든 전쟁이 있는 곳, 고통이 있는 곳, 외로움이 있는 곳, 소망이 없는 곳에, 오소서, 오랫동안 기다린 당신이여. 당신의 날개에 치유를 품고 오소서.

목자들과 동방박사들과 말 못하는 짐승들이 흠모했던 거룩한 아이시여, 다시 태어나소서. 어디든 지루함이 있는 곳, 실패의 두려움이 있는 곳, 저항할 수 없는 강한 유혹이 있는 곳, 쓰라린 마음이 있는 곳에 오소서, 복된 분이시여, 당신의 날개에 치유를 품고 오소서.

구세주여, 우리 각 사람 안에 태어나소서. 우리의 얼굴을 들어 당신의 얼굴을 바라보나이다. 우리는 우리가 누군지 당신이 누구신지도 잘 알지 못합니다. 당신의 사랑이 우리의 앎을 뛰어넘고 오로지 당신에게만 우리를 온전하게 만들 능력이 있음을 알 뿐입니다. 오소서, 주 예수여, 우리는 당신의 이름을 잊었으나 당신을 갈망하는 모든 이에게 오소서, 속히 오소서. 아멘.

고속도로변 메시지

5

또 다른 두 행악자도 사형을 받게 되어 예수와 함께 끌려가니라. 해골
이라 하는 곳에 이르러 거기서 예수를 십자가에 못 박고 두 행악자도
그렇게 하니 하나는 우편에, 하나는 좌편에 있더라. 이에 예수께서 이
르시되 아버지 저들을 사하여주옵소서. 자기들이 하는 것을 알지 못함
이니이다 하시더라. 그들이 그의 옷을 나눠 제비 뽑을새 백성은 서서 구
경하는데 관리들은 비웃어 이르되 저가 남을 구원하였으니 만일 하나
님이 택하신 자 그리스도이면 자신도 구원할지어다 하고 군인들도 희
롱하면서 나아와 신 포도주를 주며 이르되 네가 만일 유대인의 왕이면
네가 너를 구원하라 하더라. 그의 위에 이는 유대인의 왕이라 쓴 패가
있더라. 달린 행악자 중 하나는 비방하여 이르되 네가 그리스도가 아
니냐. 너와 우리를 구원하라 하되 하나는 그 사람을 꾸짖어 이르되 네
가 동일한 정죄를 받고서도 하나님을 두려워하지 아니하느냐. 우리는
우리가 행한 일에 상당한 보응을 받는 것이니 이에 당연하거니와 이 사

람이 행한 것은 옳지 않은 것이 없느니라 하고 이르되 예수여, 당신의 나라에 임하실 때에 나를 기억하소서 하니 예수께서 이르시되 내가 진실로 네게 이르노니 오늘 네가 나와 함께 낙원에 있으리라 하시니라.

누가복음 23:32-41

어떤 사람이 자동차나 버스를 타고 고속도로를 달립니다. 기차를 타고 고속도로와 나란히 달릴 수도 있습니다. 그는 달리면서 이런저런 표지판과 광고판을 봅니다. 버마 쉐이브(면도용 크림). 어린이 보호 서행. 프린스 오브 피자. 집 뒤쪽에 널려 있는 빨래를 보고, 창에 비친 자기 얼굴을 전봇대나 먼지 낀 나무들이 치고 지나가는 것도 봅니다. 그러다 가끔 고개를 들면 누가 저렇게 높은 데까지 올라갔을까 싶은 절벽이나 다리의 콘크리트 교대(橋臺)에 크고 서툰 글자로 적힌 문구가 눈에 들어옵니다. 흔히 하얀색 페인트로 그려 분해되거나 녹아내리는 것처럼 글자 밑부분이 흘러내린 그 문구의 메시지는 이렇습니다. "예수께서 구원하신다(JESUS SAVES)." 온갖 말들이 적힌 표지판들 사이에서 딱 그렇게, "예수께서 구원하신다"라고 적혀 있습니다. 그 문구를 보는 사람이 저 자신을 포함해 제가 아는 대부분의 사람들과 비슷하다면 그 메시지에 움찔할 것입니다. 그런데 그것은 매우 이상하고도 흥미로운 일입니다. 메시지도 그렇고 움찔하는 반응도 그렇습니다.

도대체 어떤 사람이 페인트통과 붓을 들고 그리로 기어 올라가 그런 문구를 적었는지는 하나님만 아실 겁니다. 남자인지 여자인지, 나이가 많은지 적은지, 술 취한 상태였는지 맨정신이었는지, 대낮에 그랬는지 어두울 때였는지도 하나님만 아시겠지요. 그가 거기다 그런 식으로 문구를 적은 이유 역시 하나님만 아실 겁니다. 그러나 이 이상한 시대를 사는 우리와 비슷한 사람들 사이에서 '예수께서 구원하신다'라는 말이 어떤 영향을 미치는지는 우리도 알 것 같습니다. 정도 차는 있겠지만 우리는 그 문구 앞에서 움찔하게 됩니다. 어떤 식이 되었건 우리가 그런 반응을 보이는 것은 민망하기 때문입니다. 민망한 데는 여러 이유가 있겠지요.

우선 그 문구는 구식 종교와 순회 부흥집회를 다니며 설교단을 주먹으로 내리치던 콘벨트 지역 목사들과 근본주의 색채가 강하고 감정에 호소하는 전도 방식을 떠오르게 합니다. 우리가 움찔하는 이유는 '예수'라는 이름에 사람을 민망하게 만드는 요소가 있기 때문입니다. 충격을 완화시킬 직함 없이 그냥 예수로, 그렇게 홀로 적나라하게 있을 때 그렇습니다. "그리스도께서 구원하신다"라는 말이었다면 우리는 절반도 신경 쓰지 않았을 것입니다. 그 말은 뭔가 객관적이고 신학적인 느낌을 주니까요. 그러나 "예수께서 구원하신다"는 말에는 민망하고 거북할 만큼 사적인 느낌이 있습니다. 하고 많은 이름 중에 예수라는 이름을 가진 사람이 다른 이름을 가진 누군가를 구원한다니. 아주 공적인 장소에 아주 사적인 내용이 적혀 있는 것이지요. 공원 벤치 뒤쪽이나 옥외화장실 벽에 새겨진 연인들의 이름처럼 말입니다.

절벽이나 다리의 교대에 적힌 '예수께서 구원하신다'가 민망함을 느끼게 하는 또 다른 이유는 종교 일반이 사람을 민망하게 하는 것이 되어버렸기 때문입니다. 종교가 없는 사람이 그 문구 앞에서 민망한 이유는 더 이상 종교를 믿지 않는데도 영혼에서 완전히 뿌리 뽑지는 못한 탓에 종교가 영혼의 치욕으로 버젓이 남아 있기 때문입니다. 종교를 믿는 사람들이 그 문구를 보며 민망함을 느끼는 이유는 그가 아직 어떤 형태로건 종교를 믿고 있지만 차들이 시속 120킬로미터로 내달리는 환하고 어수선하고 시끄러운 세상 옆에 종교를 갖다놓으면 더없이 엉뚱하고 케케묵은 내용처럼 보이기 때문입니다. 세상의 상징과도 같은 고속도로를 "예수께서 구원하신다"가 떡하니 내려다보고 있으니 민망할 수밖에요.

그런데 이 문구가 민망한 이유는 이보다 더 깊은 차원에 있을지도 모릅니다. 이 문구는 그 길을 지나는 모든 사람, 그중에서도 바로 여러분에게 구원이 필요하다고 말한다는 것이지요. 움찔거리는 와중에도 여러분이 그 메시지를 듣고 그것이 말하려는 메시지의 일부라도 전달이 된다면 말이지요. 매우 중요하고도 용서할 수 없는 메시지입니다. 이 메시지는 빈부, 노소, 교육 정도, 종교의 유무와 상관없이 모두의 신경을 건드립니다. 우리 모두에게 사실상 이렇게 말하는 것이니까요. "당신의 내면에는 평화가 없습니다. 당신은 행복하지 않아요. 온전하지 않아요." 사실이건 아니건 용서할 수 없는 말입니다. 이 말이 사실일 경우는 더더욱 용서할 수 없습니다. 행복과 내면의 평화를 찾기 위해 열심히 노력하고 있고, 상황을 고려할 때 썩 나쁘지 않게 버텨가는 사람에게, 아니 우리 모두에게 사실상 이렇게 말하는 것이니까요. "당신은 절대 성공하지 못할 겁니다. 지금까지도 그랬고 앞으로도 그럴 것입니다. 도움을 받아야 합니다." 심리적으로 보나 인간적으로 보나 이보다 더 심한 말이 어디 있겠습니까?

게다가 싸구려 붓과 흰색 페인트 한 통을 가진 어느 가련한 바보가 그 도움을 줄 사람이 바로 예수라고 주장하니, 참으로 주제넘고 터무니없고 한심한 일이 아닙니까? 도움을 줄 존재가 하나님이라고 말한다면 하나의 개념을 말하는 것이 되니, 그것을 거부한다 해도 지적 근거를 가지고 하나의 개념을 거부하는 일이 될 것입니다. 그러나 그가 "예수"라고 말해버림으로써 우리가 받아들이거나 거부할 대상이 하나의 개념이 아니라 사람이 되어버렸습니다. 아무리 흐릿하고 멀리 떨어져 있고 시간이 흘러 흉하게 되었다 해도 어떻게든 알아볼 수 있는 사람 얼굴을 하고 있습니다. 페인트 통을 든 가련한 바보 뒤에는 언제나 바보들의 왕께서 서 계십니다. 복된 그분은 나름의 방식으로 이후의 그 누구보다 더 주제넘고 터무니없고 한심한 모습으로 서 계십니다.

예수께서 구원하신다…. 전승에 따르면 예수의 왼쪽에 매달려 있었다는 악한 강도가 간신히 뱉은 말이 있는데, 이후 수많은 이들이 세상에 배반당했다고 느낄 때마다 이런저런 형태로 내뱉게 되는 말입니다. "네가 그리스도가 아니냐? 너와 우리를 구원하라." 물론 '우리'에 힘을 주어 말했겠지요. 당신이 구원자라면, 그 의미가 무엇이건 간에, 우리가 처한 상황에서 우리를 구원해주시오. 우리가 끝장나기 전에 우리 모두를 사로잡고 있는 것에서, 우리 모두를 짓누르는 바깥세상과 내면의 세상에서 우리를 구해주시오. 우리 모두가 다니는 시속 120킬로미터의 세상, 네온불빛이 환한 십자로 안에 있는 우리를 그곳을 위해서라도 거기서 구원해주시오. 그러자 예수의 오른쪽에 달려 있던 착한 강도는 성난 말을 늘어놓는 악한 강도를 꾸짖고는 간청조로 사실상 같은 말을 했습니다. "예수여, 당신의 나라에 임하실 때에 나를 기억하소서." 마침내 예수께서 이렇게 말씀하십니다. "내가 진실로 네게 이르노니 오늘 네가 나와 함께 낙원에 있으리라." 그 대답은 절벽에서 흘러내리는 글자들 못지않게 투박합니다. 표현방식도 이에 못지않게 주제넘고 터무니없고 한심합니다. 그것은 추상적인 신학적 개념을 표현한 말이 아니라 살로 된 입으로 말하고 살로 된 귀로 듣는 말이었습니다. 처형이 제대로 이루어지는지 확인하기 위해 그 자리에 배치된 경비병들이 민망함 비슷한 것을 느끼고 그 정신 나간 장면에서 눈을 돌리는 모습이 상상이 됩니다.

저런 사람이 나를 구원한다고? 자신이 하나님의 아들이라고 생각하고 고문으로 눈이 충혈되고 고통스러워하는 저 다리 길쭉한 괴짜가? 여느 어머니의 아들처럼 배반당하고 인생이 끝장난 사람이? 그런 사람, 추잡한 말들과 연인들의 이름들 사이로 콘크리트 벽에 휘갈겨 써놓은 이름, 예수가? 그런데 그렇게 묻고 보니 조금씩 민망함의 깊은 비밀이 드러나기 시작합니다. '과연 저런 사람이 나를 구원할 수 있을까?'가 아니라 '저런 사람이 과연 나를 구원할 수 있을까?'의 문제라는 것이지요. 여기서 우리가 불편해지고 움찔 거리게 되는 것은 '예수께서 구원하신다'는 주장이 터무니없기 때 문이라기보다, 우리 같은 사람들이 구원받을 수 있다는 주장이 터 무니없게 느껴지기 때문입니다. 우리가 너무나 악독한 죄인이라 구 원받을 자격이 없다는 말이 아니라, 우리는 그야말로 꼼짝없이 우 리 자신이고 우리가 아닐 가망이 전혀 없이 그저 우리인지라 이런 우리가 구원받는 것이 과연 가능할까 의아해집니다. '예수'라는 이 름이 적나라하게 등장할 때 민망해지는 이유는, 막연하게나마 그 이름이 불가피하게 우리 자신의 이름을, 우리의 발가벗음을 떠올리 게 하기 때문입니다. 예수께서 구원하신다… 누구를? 조를, 찰리를, 엘렌을 구원하십니다. 저를 구원하십니다. 여러분을 구원하십니다. 뒤에 무슨 씨, 무슨 부인, 학위나 직함, 사회보장번호가 붙지 않는 그냥 이름. 더도 말고 덜도 말고 있는 그대로의 우리. 결국 우리는 스스로의 벌거벗음에 움찔하게 되는 것이 아닌가 싶습니다.

어쨌거나 우리는 어떤 의미에서 그 말이 옳다는 것을 아는 것 같 습니다. 그것이 예수건 아니건, 우리 삶에 중요한 의미가 있는 어 떤 것이 빠져 있다는 말이지요. 그리고 빠져 있는 그 한 조각이야말 로 다른 모든 조각들이 제자리를 잡게 해주고 우리가 누구인가 하 는 전체 그림이 맞춰지고 온전하게 만들어줄 핵심이라는 뜻입니다. 그렇게 보자면 그 말이 옳다는 생각도 듭니다. 이름을 모르는 그 무 엇이 빠져 있습니다. 친구들과 함께 있는 방에서 그 자리에 있어야 할 누군가가 없다, 그 자리에 있으면 좋겠고 없으면 안 되겠다 싶은 누군가가 빠져 있다, 이런 느낌과 비슷하다고 할까요. 그럼에도 우리는 그 사람이 누구인지 생각나지 않고 그의 부재로만 그를 알 수 있습니다.

절벽의 메시지는 우리의 이름을 부릅니다. 그리고 제가 볼 때 우리가 더없이 고통스럽게 움찔하게 되는 것은 우리의 이름 때문입니다. 우리가 이름보다 못한 존재임을 알기 때문입니다. 우리는 우리 이름에서 뭔가 중요한 것이 빠진 존재입니다. 사람이 인생의 가장 암울한 순간에 묻게 되는 질문은 '자기 이름보다 못한 사람에게 어떤 구원이 있을 수 있겠는가?'입니다.

제 친구가 꿈을 꾸었습니다. 제가 볼 때 그 꿈은 이 질문에 관한 것이었습니다. 꿈속에서 그는 하늘 아래 트인 어떤 공간에 서 있었습니다. 거기에는 삼베 같은 거친 직물로 짠 옷을 입은 여자도 서 있었습니다. 얼굴을 또렷이 볼 수는 없었지만 그녀가 아름답다는 인상을 받은 친구는 그녀에게 다가가 질문을 했습니다. 자신이 '믿는 불신자'라고 말한 적이 있는 친구입니다. 그의 질문은 본디오 빌라도가 예수께 물었던 것과 같습니다. 하지만 차이가 있었습니다. 눈을 가늘게 뜨고 세련되게 그 질문을 던졌을 빌라도와 달리, 그는 대단히 절박하게 물었습니다. 그 대답에 목숨이라도 달린 것 같은 기세였는데, 실제로 그럴지도 모릅니다. 꿈속에서 그는 여자에게 다가가 "진리가 무엇입니까?"라고 물었습니다. 그다음 그는 그 여자의 손을 향해 팔을 뻗었고 여자는 그의 손을 잡았습니다. 그런데 여자의 손이 있어야 할 자리에 새의 발톱이 있었고, 여자는 친구의 질문에 대답을 하면서 발톱으로 그의 손을 세게 움켜쥐었습니다. 그 바람에 그는 견딜 수 없는 고통에 사로잡혀 답변을 듣지 못했습니다. 그래서 그는 "진리가 무엇입니까?" 하고 다시 물었습니다. 여자는 다시 그의 손을 움켜쥐었고 고통에 사로잡힌 그는 이번에도 대답을 듣지 못했습니다. 세 번째로 같은 일이 벌어진 후 꿈은 끝났습니다. 믿기는 하지만 궁극적 진리의 존재를 믿지 못하는 사람에게 온전해진 진정한 자신의 모습을 알려줄 진리는 무엇일까요?

크리스마스이브나 생일 전날의 아이는 다음 날 열어보게 될 선물이 삶의 이유입니다. 이런 의미에서 우리 모두는 아이들과 같습니다. 다음 날, 다음 달, 다음 해, 열어봐야 할 선물은 아직 너무나 많습니다. 어떤 면에서 우리는 그런 선물에 대한 기대에 힘입어 계속 나아갑니다. 뜻밖의 우정, 새로운 직장, 신문에 이름이 실리는 경험, 사랑에 빠지는 일, 아이의 출생, 이 모두가 우리가 간절히 바라고 운이 좋을 경우 얻게 되는 인생의 선물입니다. 새롭게 펼쳐지는 하루는 우리가 열어봐야 할 선물입니다. 어제가 그러했고 내일이 그럴 것처럼 말이지요. 생명이 있는 곳에 희망이 있다는 옛말이 있지만, 제가 볼 때 존재하는 희망은 내일이나 그다음 날, 아니면 앞으로 어느 좋은 날, 삶이 마침내 우리에게 선물을 줄 거라는 희망입니다. 그날이 되어 그 선물을 열어보면 그것이 우리가 그토록 오랫동안 기다렸던 것이자 우리 안의 빈자리를 마침내 채워줄 선물임이 드러날 것입니다. 그 정체는 도무지 헤아릴 수 없는 평화(빌 4:8)이며 진리, 구원입니다. 이 외에도 얼마든지 다른 이름으로 부를 수 있습니다. 그러나 삶이 건네는 선물들을 하나씩 열어볼 때, 그것들이 아무리 비싸고 멋진 것이라 해도, 우리는 그중 어느 하나도, 심지어 그 모두를 다 더해도 우리의 가장 깊은 갈망의 대상은 아니라는 것을 알게 될 것입니다. 인생의 얼굴이 아무리 아름답고 아무리 매혹적이어도, 인생 자체는 그 최종적 선물을 갖고 있지 않습니다. 그 사실을 아는 것이 인생의 고통입니다. 우리가 가장 절실히 필요한 것을 얻고자 인생에 자꾸만 손을 뻗으나 끔찍한 손아귀에 붙들리고 마는 까닭입니다. 제 친구는 꿈속에서 "진리가 무엇입니까?"라고 물었습니다. 그 대답은 다름 아닌 고통이었을지도 모르겠습니다. 궁극적 진리가 없음을 발견하는 고통이야말로 궁극의 진실입니다. 그러나 그 고통 너머에는 그가 고통 때문에 들을 수 없었던 해답이 있습니다.

진리가 무엇입니까? 제 손을 잡아보세요. 진리는 제 손에 있지 않습니다. 그것은 저나 인생이 줄 수 있는 것이 아닙니다. 진리가 무엇입니까? 진리는 우리가 물어볼 수 있는 질문에 대한 답이 아닙니다. 인생에서 구원을 믿지 않게 된 사람들에게 구원을 주는 진리가 있을 수 있을까요, 구원이 있을 수 있을까요? 제 친구의 꿈에 따르면, 진리는 고통의 건너편에만 존재합니다. "예수께서 구원하신다"는 말이 주는 고통스러운 민망함, 그 핵심이 되는 우리 자신의 발가벗음과 불완전함에 대한 고통스러운 민망함의 건너편에. 꿈꾸는 사람에게 눈물을 안겨준 새 발톱의 고통, 희망에 배신당한 고통의 건너편에. 선한 강도의 고통, 항복의 고통, 자신을 구원할 힘이 없는 철저한 무력함을 마침내 인정하는 고통의 건너편에 말입니다. 착한 강도는 깊은 고통 속에서 이렇게 말했습니다. "예수여 당신의 나라에 임하실 때에 나를 기억하소서." 나를 기억하소서. 나를 기억하소서.

"기억하리라." 예수께서 터무니없는 말씀을 하셨습니다. "오늘 네가 나와 함께 낙원에 있으리라." 다리가 길쭉한 괴짜, 마리아의 아이, 하나님의 아들, 절벽의 한 면에 이름이 적힌 사람, 추잡한 말들과 연인들의 이름들을 헤치고 거미처럼 기어 올라가 칠해놓은 터무니없는 주장, "예수께서 구원하신다". 우리를 움찔하게 만드는 그 말의 터무니없음과 천박함은 결국, 하나님의 천박함입니다. 천박하게도 하나님은 동틀 녘과 해질 녘의 하늘을 점잖은 화가라면 결코 하나의 캔버스에 넣지 않을 색상들로 꾸미셨고, 천박하게도 하나님은 반은 원숭이 반은 사람인 우리 같은 잡종들로 가득 찬 세상을 만드셨으며, 천박하게도 하나님은 지저분한 이 세상으로 자꾸만 침입하십니다. 천박하게도 하나님은 시골뜨기들과 김이 모락모락 나는 짐승들의 배설물이 있는 동굴에서 태어나고 성장하여 고작 십자가 위에서 악당들과 함께 죽으셨습니다. 천박하게도 하나님은 나와 같은 악당들, 광대들의 삶에 참견하여 하얀 페인트와 붓을 들고 여러분과 같은 악당들과 광대들 사이로 가서 대단히 심오해 보이지도 않고, 딱히 귀중하고 중대할 것도 없어 보이는 이런 말을 하게 만드십니다. "그렇습니다, 사실입니다. 예수께서 참으로 구원하십니다. 그분이 생명을 주십니다. 그분이 온전하게 하십니다. 당신이 그분께 구하기만 하면, 그분과 함께 낙원에 있게 될 것입니다."

만약 이것이 사실이 아니라면 우리의 모든 종교 활동은 무익하고 무의미한 일일 뿐입니다. 하지만 만약 이것이 사실이라면, 구원하시는 분께 가까이 나아가지 않는 사람들이야말로 괴짜요 지구상의 터무니없는 존재들이 될 것입니다. 어떻게 그분께 가까이 갈 수 있을까요? 모릅니다. 제가 아는 것은 하나뿐. 그분께 가까이 가고 싶어 하는 것만으로 이미 한 걸음 가까이 다가갔다는 것입니다. 그분의 진리와 생명의 일부가 우리 삶으로 뚫고 들어와 이런 일이 이루어지는 순간들이 있습니다. 고속도로의 그 문구를 보고 움찔할 때. 전봇대들이 치고 지나가는 기차의 창에 비친 얼굴을 보며, 답을 찾고 있지만 구원과는 한없이 먼 자신의 모습을 깨달을 때. 가끔 거룩한 꿈을 꿀 때. 이런 순간들을 통해 구원하시는 분께 다가가는 일이 일어납니다.

어떻게 그분께 가까이 다가갑니까? 교회에서 드리는 기도를 통해서도 하나님께 다가가지만 언제 어디서나 하는 기도를 통해서도 다가갑니다. "나는 당신을 기억하지 못하오나 나를 기억하소서." "진리가 무엇입니까?" 이런 것들도 다 기도니까요. 내키지 않는 서툰 걸음으로 그분을 따름으로써, 그분을 따르는 것이 어떤 일에 말려드는 것인지 거의 모른 채 차들이 시속 120킬로미터로 질주하는 네온불빛 가득한 세상의 고통에 들어섬으로써 그분께 가까이 다가갑니다.

만약 그분이 진리이고 생명이라면, 우리는 머지않아 그 사실을 직접 깨닫게 될 것입니다. 그리고 그 사실을 확신하게 될 것입니다.

정말 알고자 한다면, 거리낌과 의심에도 불구하고 어리숙하게나마 그분께 가까이 갈 마음이 있다면 알게 될 것입니다. 그분이 계신 곳에 있고 그분이 가시는 곳에 가고 그분의 눈으로 보고 그분의 손으로 일하는 것이 마침내 우리 자신답게 느끼는 일이요, 마침내 온전한 우리 자신이 되는 일이요, 마침내 서로의 것이 되고 마침내 그보다 더한 존재가 되는 일임을, 그리고 마침내 온전히 그분의 소유가 되는 일임을 조금씩 깨닫게 될 테니까요.

—

전능하고 영원하신 하나님, 우리가 들을 수 있게 말씀해주소서. 다시 말씀하시고 또다시 말씀하셔서 우리가 마음속으로 '아니오'라고 대답할 때, 우리가 대답하는 상대가 누구인지 알 수 있게 하소서. 우리의 대답으로 인해 우리와 우리 형제들과 당신이 어떤 대가를 치르게 되는지 알게 하소서. 우리가 '예'라고 대답하지 못하고 망설이는 순간에는 그 어정쩡한 태도를 용서하시고 우리를 있는 그대로 받아주소서. 우리 안에 기적을 일으키시고, 당신의 은혜에 힘입어 사랑이 이끄는 곳으로 따라갈 수 있도록 힘을 주소서.

우리에게 길을 보여주시고 길이 되시며 바라건대 모든 길의 목적지가 되실 분을 허락해주시니 감사합니다. 비틀거리며 가더라도 그분을 따라 지독히 가난한 사람의 마음속으로 들어가게 하소서. 우리를 기억하소서. 우리를 기억하소서. 긍휼을 베푸사 우리를 기억하소서. 아멘.

목소리들의 부름

6

웃시야 왕이 죽던 해에 내가 본즉 주께서 높이 들린 보좌에 앉으셨는데 그의 옷자락은 성전에 가득하였고 스랍들이 모시고 섰는데 각기 여섯 날개가 있어 그 둘로는 자기의 얼굴을 가리었고 그 둘로는 자기의 발을 가리었고 그 둘로는 날며 서로 불러 이르되 거룩하다 거룩하다 거룩하다 만군의 여호와여 그의 영광이 온 땅에 충만하도다 하더라. 이같이 화답하는 자의 소리로 말미암아 문지방의 터가 요동하며 성전에 연기가 충만한지라. 그때에 내가 말하되 화로다 나여 망하게 되었도다. 나는 입술이 부정한 사람이요 나는 입술이 부정한 백성 중에 거주하면서 만군의 여호와이신 왕을 뵈었음이로다 하였더라.

그때에 그 스랍 중의 하나가 부젓가락으로 제단에서 집은바 핀 숯을 손에 가지고 내게로 날아와서 그것을 내 입술에 대며 이르되 보라 이것이 네 입에 닿았으니 네 악이 제하여졌고 네 죄가 사하여졌느니라 하더라. 내가 또 주의 목소리를 들으니 주께서 이르시되 내가 누구를 보내

며 누가 우리를 위하여 갈꼬 하시니 그때에 내가 이르되 내가 여기 있
나이다 나를 보내소서 하였더니 여호와께서 이르시되 가[라]….

이사야 6:1-9

사람이 떡으로만 살 것이 아니요 하나님의 입으로부터 나오는 모든 말
씀으로 살 것이라.

마태복음 4:4

밤늦게 전화벨이 울리고 당신은 화들짝 놀랍니다. 한동안 전화
소리를 못 들은 척해보지만 결국 전화를 받습니다. 그렇지 않으면
누구 전화인지 알 수 없을 테고 상대는 누구라도 될 수 있으니까요.
누구라도. 그리고 목소리가 들려옵니다. "잘 들어요, 일이 터졌어요.
뭔가 조치를 취해야 해요. 바쁘다는 거 알고 머릿속에 생각할 거리
가 많다는 것도 알아요. 하지만 와야 해요. 하나님을 위해서."

저녁 무렵, 당신은 아무도 없는 해변을 걷고 있습니다. 잿빛 바
람이 불어오고 홍합을 부리에 문 갈매기가 퍼덕퍼덕 날아오르더
니 그것을 저 아래 바위로 떨어뜨립니다. 그 모습이 얼마나 야성적
이고 용감하고 아름다운지 그것으로 시를 쓰거나 그림을 그리거나
노래를 지어 불러야 할 것 같습니다. 그런 일들에 재주가 없다면 적
어도 그날 하루 남은 시간은 어떻게든 그때 본 경이의 조각에 충실
하게 살아야겠다는 생각을 합니다.

제가 한동안 교목을 맡았던 학교 교회 생각이 납니다. 그 교회
에서는 정신지체 아동 시설을 위해 매주 헌금을 드렸는데, 예배에

꼭 참석해야 한다는 사실에 분개한 일부 학생들은 헌금접시를 돌릴 때 동전 몇 닢만 넣거나 아무것도 넣지 않았습니다. 그러던 어느 날, 한 친구가 그런 학생 중 하나를 해당 시설로 데려갔고, 학생은 그곳에 사는 아이와 안면을 트게 됩니다. 그 후에 그 학생이 시설을 다시 방문했는데 그 아이가 학생을 향해 뛰어옵니다. 허겁지겁 뛰어오는 아이의 모습을 본 학생은 문득 깨달았습니다. 그 아이에게 자기를 만나는 것은 성탄절 아침이나 달나라로 가는 로켓, 눈 오는 날 아침 휴교를 알리는 호각소리만큼이나 반가운 일이라는 것을 말입니다. 학생은 기겁을 합니다. 그 상황은 밤중에 울리는 전화벨이이나 잿빛 바람을 타고 나는 갈매기와 비슷합니다. 그것은 그가 어떻게든 대답해야 할 호출이었고, 답하지 않는다면 큰 대가를 치러야 할 것이었습니다.

웃시야 왕이 죽던 해, 혹은 존 F. 케네디가 죽던 해, 혹은 사랑하는 사람이 죽었던 그해. 성전에 가는 사람도 있겠고, 두 손을 받쳐 만든 작은 성전에 얼굴을 파묻는 사람도 있겠지요. 그런데 목소리가 들려옵니다. "사람들이 죽어간다. 세상의 고통 속으로 내가 누구를 보낼까?" 이때 조심하지 않으면 자기도 모르게 이렇게 대답할지도 모릅니다. "나를 보내소서." 그러면 이렇게 말하는 목소리를 듣게 될 것입니다. "가라." 그냥 가라.

'소명(vocation)'이라는 단어는 '의무'나 '율법'이나 '종교'처럼 따분한 느낌이 있습니다만, 그 의미를 따져보면 전혀 그렇지 않습니다. 어원인 'vocare'는 '부르다'는 뜻이고, 우리의 소명은 받은 부름

(calling)입니다. 우리는 이 세상에서 그 일을 감당하도록 부름을 받았습니다. 그 일을 하는 데 인생을 쓰라고 호출을 받은 것입니다. 우리가 자신의 소명을 선택한다고 말할 수 있지만, 우리의 소명이 우리를 선택하고, 부름 받은 우리는 들은 대로 혹은 듣지 못한 대로 그것을 실천한다고 말하는 것 역시 옳습니다. 출발점은 바로 그것인지도 모릅니다. 귀를 기울이고 듣는 것. 우리의 삶에는 온갖 방향에서 우리를 부르는 온갖 목소리들이 가득합니다. 그중에는 내면에서 들려오는 목소리도 있고 외부에서 오는 목소리도 있습니다. 우리가 더 깨어 있고 정신을 바짝 차릴수록 삶은 더 떠들썩해집니다. 우리는 어떤 소리를 경청합니까? 어떤 목소리에 귀를 세웁니까?

사람이 어떤 나이가 되면 하게 되는 서글프고 위험한 놀이가 있습니다. 혼자 하는 카드놀이와 비슷하지요. 졸업앨범을 꺼내놓고 잘 알고 지내던 같은 반 친구들 사진을 보면서 오래전 그들을 처음 만났던 시절을 회상합니다. 친구들이 관심을 가졌던 신나고 말도 안 되고 개성만점의 멋진 일들과 학교를 졸업하면 해야지 했던 꿈들, 몇몇 친구들에 대해 우리가 품었던 기대 등을 떠올립니다. 그리고 그동안 친구들이 실제로 무엇을 하며 살아왔는지, 10년, 20년이 지난 지금 우리는 무엇을 하며 살고 있는지 생각합니다. 저는 그 놀이가 늘 서글프다거나 서글프게 느끼는 우리 판단이 늘 옳다고 말하는 것이 아닙니다. 제가 한두 번 그 놀이를 해봤더니 서글픔이 크게 다가오더라는 것입니다. 어느 학교 어느 반이나 그렇겠지만, 제가 속한 반, 제가 다니던 학교에도 끼와 재능이 있는 학생들이 있었습니다. 어떤 학생은 글쓰기나 연기나 스포츠에 재능이 있었을 것입니다. 공통의 목표를 이루기 위해 사람들과 함께 일하는 데서 흥미와 기쁨을 느끼는 학생도 있었을 것이고, 어떤 식으로건 자기보다 덜 가졌거나 자기보다 못한 사람들에 대해 책임감을 느끼는 친구도 있었을 것입니다. 활력이 넘쳐서 주위 사람이 덩달아 활력을 얻게 해주는 재주를 가진 친구도 있었을 것이고요. 하지만 오랜 세월이 흐른 지금, 그들 중 상당수는 그런 재능이 전혀 쓰이지 않는 일을 하며 살고 있고, 일을 하며 별다른 즐거움이나 성취감도 얻지 못하는 것 같습니다. 이것이 그 놀이의 서글픔입니다. 위험이라면 우리도 그들과 다를 바 없다는 것을 알게 되거나, 눈이 멀어 그 사실을 보지 못할 수 있다는 점입니다.

어렸을 때는 여러 면에서 향후 그 어느 때보다 청력이 좋습니다. 이 일이나 저 일에 자신을 바치라고 인생에서 들려오는 목소리들을 나이 든 대부분의 사람들보다 더 잘 알아듣습니다. 어렸을 때, 여러 책임질 일들이 쌓이기 전에는 나이 든 대부분의 사람들보다 더 자유롭게 온갖 목소리들 사이에서 하나를 선택하고 자신의 됨됨이와 살면서 정말 하고 싶은 일에 가장 힘차게 공명하는 목소리에 대답하게 됩니다. 그런데 문제가 있습니다. 세상에는 너무나 많은 목소리가 있고 모두가 나름의 방식으로 그럴듯하게 들린다는 점입니다. 그래서 잿빛 바람을 타고 날아오르는 갈매기나 성전의 환상을 통해 말씀하는 목소리에 귀를 기울이지 않고, 내면의 목소리는 물론이고 인생의 특정 사건들을 통해 구체적으로 들려오는 외부의 목소리에도 귀를 기울이지 않으며 대중문화가 쏟아내는 요란하고 지루하고 진부한 목소리에만 귀를 기울일 위험이 있습니다. 귀가 멀어버릴 것처럼 무지막지하게 울려대는 대중문화의 목소리가 전하는 메시지가 무엇입니까? 일에서 정말 중요한 것은 그것이 보장해주는 수입과 지위이고, 기쁨을 얻고 싶으면 주말로 미뤄야 한다는 것입니다. 여기에 청교도 선조들로부터 물려받은 우울한 생각이 더해집니다. 일이란 원래 기쁨을 느끼며 하는 것이 아니라 고행의 일종이며 일하지 않는 시간에 쌓은 죄를 털어내는 과정이라는 생각이지요.

세상의 수많은 사람들이 잘못된 목소리에 귀를 기울여 아무 즐거움도 목적도 발견할 수 없는 일에 종사하고 있으며, 그대로 계속 간다면 자신들이 이 세상에서 소유한 유일한 세월을 자신이나 다른 누구에게도 큰 의미 없는 일을 하면서 보내버렸다는 사실을 어느 날 문득 깨닫게 될 것입니다. 저는 외부에서 볼 때 매력이 없거나 따분한 일을 하는 사람들을 말하는 것은 아닙니다. 그와 같은 일도 사회에 핵심적인 서비스를 제공하는 일이자 대단히 창의적인 일이 될 수 있으니까요. 제가 걱정하는 것은 인간에게 꼭 필요한 욕구들과 우리 시대의 문제들을 해결하는 데도, 인간으로서 자라고 성장해야 할 본인의 필요를 해결하는 데도 도움이 안 되는 일을 하는 사람들입니다.

존 마퀀드의 소설《돌아올 수 없는 지점》에는 뉴욕의 작은 은행에 다니는 찰리 그레이라는 사람이 나옵니다. 그는 부행장이 되려는 목표를 세우고 여러 해 동안 아침도 마다않고 모든 노력을 쏟아부은 끝에 마침내 목표를 이룹니다. 그런데 끔찍한 순간이 찾아옵니다. 그 목표가 실은 그가 원했던 일이 아님을 깨닫게 된 것입니다. 그가 평생 추구했던 상이 갑자기 손 안에서 재로 변해버렸습니다. 그의 승진으로 그와 그의 가족은 그가 늘 추구하던 안정과 지위를 얻게 되었지만, 그의 모습을 보노라면 찰리 그레이가 가족을 부양하는 최선의 방법은 그가 가족에게 정말 필요한 든든한 존재가 되는 방식으로 자기 표현과 자아 성취가 가능한 일을 하면서 사는 것이 아니었을까 하는 생각이 듭니다.

사복음서에는 예수께서 광야로 들어가 40일 동안 밤낮으로 마귀에게 유혹을 받으시는 모습이 나오는 대목이 있습니다. 마귀가 예수님을 어떻게 유혹했습니까? 예수께서 오랫동안 금식하여 아주 배가 고파질 때까지 기다렸다가 돌멩이로 떡을 만들어 먹으라고 했습니다. 예수께서는 "사람이 떡으로만 살 것이 아니요"라고 대답하시는데, 이것은 그분의 여러 말씀처럼 옳을 뿐 아니라 찰리 그레이가 너무 늦게 깨닫게 된 진실과 상당히 유사합니다. 찰리 그레이는 자신이 지위와 급여만으로 사는 것이 아니며 그의 인생에는 정말 중요한 것이 빠져 있다는 사실을 깨닫지만 그것이 무엇인지는 확신하지 못했습니다. 그 점에서는 저자 마퀀드도 별다를 바가 없는 것 같습니다.

이 진실에는 도덕주의적이거나 감상적인 요소가 없습니다. 그저 우리에게 인생을 신중하게 살아야 한다고 말할 뿐입니다. 이 혼란스럽고 위태로운 세상에서 우리에게 다른 인생은 주어지지 않을 테니까요. 그래서 우리 인생은 대단히 귀중하고 그것으로 무엇을 하는가는 헤아릴 수 없을 만큼 중요합니다. 누구나 이 사실을 압니다. 굳이 이 말을 해줄 필요가 없습니다. 하지만 어떤 면에서 우리는 늘 이 말을 들을 필요가 있습니다. 우리가 이 세상의 모든 시간을 가졌다고 믿게 만드는 유혹이 늘 있기 때문입니다. 그러나 실상 그렇지 않습니다. 우리의 인생은 한 번뿐이고 그 인생을 어떻게 살 것인지는 우리가 선택해야지 세상에 맡겨서는 안 됩니다. 누구에게나 돌아올 수 없는 지점이 있으며, 그 지점을 벗어나면 돌이켜서 다시 시작할 여력이 없어진다는 마퀀드의 말이 옳기 때문입니다.

이사야에게 하나님의 목소리가 말했습니다. "가라." 우리 각자에게도 많은 목소리가 그렇게 말합니다. 우리가 어떤 목소리에 순종할 것이며, 어떤 목소리에 대답할 것인가, 이것이 문제입니다. 물론 그것은 각 사람 본인만 말할 수 있는 것이지만, 우리 모두에 대해 공통적으로 적용할 수 있는 점이 있습니다. 우리는 가장 가야 할 곳, 우리를 가장 필요로 하는 곳으로 가야 한다는 것입니다.

우리가 가장 가야 할 곳으로. 이 말은 우리가 소명을 선택할 때 가장 귀 기울여야 할 목소리는 우리가 귀 기울여선 안 된다고 생각할 만한 목소리라는 뜻입니다. 그것은 우리의 기쁨이라는 목소리입니다. 어떤 일을 해야 가장 큰 기쁨을 얻을 수 있습니까? 기쁨의 핵심은 올바로 가고 있다는 느낌과 평안인데, 어떤 일을 해야 그렇게 느낄 수 있을까요? 손을 써서 나무나 돌로 물건을 만드는 일입니까, 캔버스에 그림을 그리는 일입니까? 진실처럼 우리가 소망하는 바를 담아내는 글을 쓰는 일입니까? 사람들을 웃기고 울려 영혼을 정화시키는 일입니까? 그것이 우리를 참으로 기쁘게 만드는 일이라면 좋은 일이고 우리가 할 일이며 우리를 부르는 그 목소리에 응답해야 한다고 저는 믿습니다.

우리가 가장 필요한 곳으로. 고역과 슬픔, 공허함과 두려움과 고통이 너무나 많은 이 세상에서 일을 하며 기쁨을 얻는 것은 꼭 필요합니다. 우리도 기쁨을 맛보아야 하니까요. 눈과 귀를 열고 마음을 열어놓으면, 그 자리를 분명히 찾게 될 것입니다. 전화벨이 울릴 것이고 우리는 깜짝 놀라 정신이 나가는 대신 정신이 번쩍 들 것입니다. 우리 삶을 활짝 열어놓으면, 올바른 자리가 우리를 찾을 것입니다.

예수께서 말씀하셨습니다. "사람이 떡으로만 살 것이 아니요 하나님의 입으로부터 나오는 모든 말씀으로 살 것이라." 결국 하나님의 입에서 나오는 모든 말씀은 같은 말씀이고, 그 말씀은 바로 그리스도입니다. 그리고 그것은 우리 모두의 소명, 우리 모두가 받은 부름, 곧 그리스도가 되라는 부름입니다. 어떤 식이건 우리가 할 수 있는 방식으로 그리스도가 되는 것. 무엇이 되었건 우리에게 있는 기쁨을 가지고, 어디건 우리가 부름을 받은 자리에서, 누가 되었건 우리가 부름 받은 형제에게 그리스도가 되는 것입니다. 그것이 소명입니다. 우리 모두는 세상의 기초가 만들어지기 전부터 그 운명으로 부름을 받았습니다.

—

오, 당신을 사랑하는 이들의 하나님이시며 당신을 알지 못하는 자들의 하나님이시여, 시간이 멈추고 앞뒤에 놓인 모든 것이 순간의 신비에 사로잡히는 선택의 시간에 우리와 함께하소서. 여러 목소리들 사이에서 선택해야 하는 젊은이들과 더더욱 함께하소서. 낡은 세상에 그들의 젊음과 기쁨이 얼마나 필요한지 알도록 도우소서. 그들이 말하지 않으면 침묵이 되어버릴 진실한 말과 치유의 말들이 있고, 그들이 행하지 않으면 현실이 되지 못할 자비롭고 용감한 행동이 있음을 알도록 도우소서. 그들이 성공을 승리로, 실패를 패배로 오인하지 않도록 도우소서. 세상이 주는 그 어떤 상에도 안주하지 않게 하소서. 그들이 행복이 아니라 기쁨을 누리도록 창조되었으며, 그 기쁨은 때로 눈물을 머금고 사랑으로 하나님과 이웃에게 헌신하는 이들만 누릴 수 있음을 알게 하소서. 모든 사람은 하나이고 모두가 기쁨을 얻을 때까지는 누구도 진정한 기쁨을 얻을 수 없음을 그들과 온 세상이 알도록 이끄소서. 그리스도의 이름으로 기도합니다. 아멘.

희망의 잔가지
7

하나님이 보시니, 세상이 썩었고, 무법천지가 되어 있었다. 하나님이 땅을 보시니, 썩어 있었다. 살과 피를 지니고 땅 위에서 사는 모든 사람들의 삶이 속속들이 썩어 있었다. 하나님이 노아에게 말씀하셨다. "땅은 사람들 때문에 무법천지가 되었고, 그 끝날이 이르렀으니, 내가 반드시 사람과 땅을 함께 멸하겠다. 너는 잣나무로 방주 한 척을 만들어라. 방주 안에 방을 여러 칸 만들고, 역청을 안팎에 칠하여라. … 내가 이제 땅 위에 홍수를 일으켜서, 하늘 아래에서 살아 숨쉬는 살과 피를 지닌 모든 것을 쓸어 없앨 터이니, 땅에 있는 것들은 모두 죽을 것이다. 살과 피를 지닌 모든 짐승도 수컷과 암컷으로 한 쌍씩 방주로 데리고 들어가서, 너와 함께 살아남게 하여라. … 이제 이레가 지나면, 내가 사십 일 동안 밤낮으로 땅에 비를 내려서, 내가 만든 생물을 땅 위에서 모두 없애버릴 것이다." 노아는 주님께서 명하신 대로 다 하였다. …
노아가 육백 살 되는 해의 둘째 달, 그 달 열이렛날, 바로 그날에 땅 속 깊은 곳에서 큰 샘들이 모두 터지고, 하늘에서는 홍수 문들이 열려서, 사십 일 동안 밤낮으로 비가 땅 위로 쏟아졌다. … 땅 위에서는 홍수가 사십 일 동안 계속되었다. 물이 불어나서, 방주가 땅에서 높이 떠올랐다. 물이 불어나서 땅에 크게 넘치니, 방주가 물 위로 떠다녔다. 땅에 물이 크게 불어나서, 온 하늘 아래에 있는 모든 높은 산들이 물에 잠겼다. 물은 그 높은 산들을 잠그고도, 열다섯 자나 더 불어났다. … 다만 노아와 방주에 들어간 사람들과 짐승들만이 살아남았다. …

사십 일이 지나서, 노아는 자기가 만든 방주의 창을 열고서, … 또 비둘기 한 마리를 내보내서, 땅에서 물이 얼마나 빠졌는지를 알아보려고 하였다. 그러나 땅이 아직 모두 물 속에 잠겨 있으므로, 그 비둘기는 발을 붙이고 쉴 만한 곳을 찾지 못하여, 그냥 방주로 돌아와서, 노아에게 왔다. 노아는 손을 내밀어 그 비둘기를 받아서, 자기가 있는 방주 안으로 끌어들였다. 노아는 이레를 더 기다리다가, 그 비둘기를 다시 방주에서 내보냈다. 그 비둘기는 저녁때가 되어서 그에게로 되돌아왔는데, 비둘기가 금방 딴 올리브 잎을 부리에 물고 있었으므로, 노아는 땅 위에서 물이 빠진 것을 알았다.

창세기 6:11-8:11 여기저기서(새번역)

노아에 대한 이 고대의 이야기가 우리 시대에 이르러 주로 아이들 이야기로 살아남은 것은 아이러니한 일입니다. 어린 시절 저에게는 나무로 만든 노아의 방주 장난감이 있었습니다. 제 아이들도 지붕이 분리되어 동물들을 꺼냈다 집어넣었다 할 수 있는 방주 장난감을 갖고 있습니다. 하지만 이 이야기를 찬찬히 들여다보면, 성경에 가득한 어느 어두운 이야기 못지않게 어두운 이야기라는 것을 알 수 있습니다. 하나님이 인류에게 지독히 절망하여 거대한 홍수를 보내 노아라는 노인과 그 가족을 제외한 모든 인류를 멸망시키기로 결정하시는 이야기입니다. 우리는 이 이야기를 아이들에게 읽으라고 줍니다. 그 이유가 궁금해집니다.

아이들이 이 이야기를 읽고 싶어 해서 그런 것은 아닌 듯합니다. 그보다는 어른들이 이 이야기를 읽고 싶지 않거나 적어도 이 이야기가 말하는 내용을 곧이곧대로 받아들이고 싶지 않아서 진지하게 여길 필요가 없는 동화로 만들어버린 것 같습니다. 질병과 죽음을 가지고 블랙조크를 만들어 웃어넘길 수 있는 대상으로 만드는 것과 같습니다. 살인과 성욕을 6등급 텔레비전 멜로드라마로 바꿔놓아 누구나 받아들일 수 있는 크기로 줄여놓는 것과도 같지요. 우리는 시대의 악몽들, 언제나 우리를 압도할 위험이 있는 마음속의 사악하고 잔혹한 세력들을 〈아담스 패밀리〉나 괴물 인형으로 형상화하여 아이들에게 줍니다. 인류를 신랄하게 비판한 《걸리버 여행기》는 만화영화로 만들어버렸습니다. 하나님을 신랄하게 비판한 《모비딕》은 소년들을 위한 모험 이야기로 만들었습니다. 이것이냐 저것이냐의 지독한 양자택일을 요구한 노아의 방주는 작은 동물들을 넣었다 뺄 수 있도록 지붕이 분리되는 장난감으로 만들었습니다. 이것은 우리가 가혹한 현실을 상대하는 한 가지 방법입니다. 현실을 정면으로 직시하다가는 불안의 짐이 감당할 수 없을 만큼 커질 위험이 있다는 점을 고려하면 그렇게 나쁜 방법이 아닐지도 모릅니다. 그러나 우리의 온갖 책략에도 불구하고 전설과 신화들은 여전히 건재하고, 어린이용 동화로 가장하고 있지만 여전히 진실과 직관들을 구현하고 있기에 장기적으로는 회피하는 쪽이 더 위험할 수 있습니다.

그럼 노아와 그의 방주 이야기는 어떤 진리를 구현하고 있을까요? 이야기 자체를 놓고 시작해봅시다. 보다 구체적으로는 하나님이 노아에게 처음 말씀하시는 순간, 그 순간의 노아의 얼굴로 시작해봅시다.

누군가 말을 걸면 우리는 소리가 나는 방향으로 고개를 돌립니다. 그러나 목소리가 특정한 방향에서 들리지 않고 내면에서 조용히 들려온다면, 그리고 조용하기에 더 힘차게 들려온다면, 어떤 의미에서 우리는 아무것도 쳐다보지 않게 됩니다. 누군가 눈앞에서 손을 흔들어도 그것을 알아차리지 못할 것입니다. 그때 무엇인가를 본다고 말한다면, 아마 바람에 흔들리는 나뭇가지나 창틀에 기댄 팔의 해어진 소맷등처럼 전혀 중요하지 않은 대상을 보고 있을 것입니다. 실제로는 보는 것이 아니지요. 얼굴 표정은 멍해질 것입니다. 한동안은 정신이 나가 얼굴 아래의 어딘가, 그 목소리의 진원지에 머물게 될 테니까요. 노아가 하나님의 말씀을 들었을 때, 또는 그가 들은 내용이 서툰 말로 번역되는 것을 들었을 때 그의 얼굴이 아마 그러했을 것입니다. 그 내용은 하나님이 보실 때 이 세상은 썩었고 폭력과 고통과 무정함이 가득하여 제 운명을 다했다는 것이었습니다.

이것은 아마 노아도 이미 알고 있던 사실일 것입니다. 이 땅에서 눈을 뜨고 살아온 사람이라면 누구나 알고 있었을 것입니다. 그러나 너무나 갑작스럽고 강렬하게 다가왔기에, 노아는 보통 사람들과는 달리 그 현실을 정면으로 직시할 수밖에 없었을 것이고, 현실인식은 그의 속에서 복통처럼 일어났을 것입니다. 그다음에 어쩌면 노아는 스스로에게 이렇게 물었을지도 모릅니다. 키르케고르가 아브라함에 대해 말한 것처럼 말입니다. '이 인식이 과연 하나님의 말씀일까, 아니면 나의 복통에 불과할까. 세상의 지독한 타락상을 깨닫게 해준 것은 과연 어느 쪽일까? 창조주의 손에서 세상이 처음 생겨났을 때 세상이 품고 있던 영광을 엿보게 해준 환상일까, 아니면 한 번도 실재한 적이 없고 앞으로도 없을 세상의 영광을 바라는 나의 처량한 인간적 갈망에 불과할까.' 그가 이런 질문을 던졌다면, 혼란이 그의 멍한 얼굴에 스쳤을 테고, 두 눈 사이의 주름이 깊어지고 입은 헤벌어져 다소 바보같이 보였을 것입니다. 무슨 생각을 그렇게 하시나요, 노아 영감님.

그러나 그때 문제의 핵심이 등장했습니다. 하나님의 목소리인지 소화가 안 된 무교병이 일으킨 환청일지는 몰라도, 그 내용은 파멸을 알리던 서술문이 순종을 요구하는 명령문으로 바뀌었습니다. 세상은 망할 운명이지만 노아에겐 수행해야 할 과업이 있고 그 일이 세상을 구하는 것과 긴밀한 관련이 있다는 내용이었습니다. 목소리는 이렇게 말했습니다. "너는 잣나무로 방주 한 척을 만들어라. 내가 이제 땅 위에 홍수를 일으켜서, 하늘 아래에서 살아 숨 쉬는 살과 피를 지닌 모든 것을 쓸어 없앨 것이다." 그래서 노아는 결정해야 했습니다. 그런데 이것은 단순히 이론적 문제가 아니었습니다.

하나님인지 아닌지 신학적으로 판단하고 끝낼 일이 아니었습니다. 어느 쪽을 선택하건 그에 따라 살아야 했습니다. 그 목소리가 사람 뱃속의 신비가 아니라 생명의 심연 그 자체의 신비에서 나온 것이라면 노아는 순종해야 했고 노아는 그 사실을 알았던 것입니다. 공통의 인간성에 의거해볼 때 우리는 이제 그의 얼굴에서 시선을 거두어야 합니다. 그의 얼굴을 들여다보아서는 무슨 일이 벌어지는지 알 수 없기 때문입니다. 이제는 그의 발을 지켜봐야 합니다. 어느 쪽에 인생을 걸어야 할지 결정해야 할 때, 마침내 진실을 말해주는 것은 우리의 발인 경우가 많습니다.

노아의 발이 있습니다. 먼지투성이 작은 밭장다리의 채플린을 연상케 하는 발이 꼼짝도 하지 않습니다. 나무의 새들도 지켜봅니다. 그 발이 과연 어떤 방향으로 움직일지, 움직이기는 할지. 결국 모든 사람의 본질은 그것으로 요약됩니다. 마침내 그의 발이 움직입니다. 걸음걸이에 전혀 활력이 없을 수도 있고 조금은 질질 끌 수도 있습니다만, 그래도 움직입니다. 그의 발이 움직이는 방향에는… 목재 저장소가 있습니다. …그가 그 목소리에 인생을 건 것입니다.

노아에 대해서는 할 말이 너무나 많습니다. 그가 누구였든 간에 눈매가 촉촉한 나이 든 뭍사람이었을 것입니다. 그가 한동안 지독한 바보처럼 보였을 것만은 분명합니다. 오랜 세월에 걸쳐 대단히 크고 묵직한 배를 뚝딱뚝딱 만들었을 테니까요. 길이 300규빗(135미터)에다 너비 50규빗(22.5미터), 높이 30규빗(13.5미터)의 삼층 배는 안

꽈으로 역청이 칠해져 있었습니다. 그런데 가장 가까운 항구에서도 몇 킬로미터나 떨어진 곳에서 배를 만드는데, 그 이유가 고작 어떤 목소리가 그렇게 시켰다는 것뿐이었습니다. 그 소리는 하나님의 음성일 수도 있지만 동맥경화의 결과일 수도 있는데 말입니다. 바보만이 그런 목소리에 귀를 기울일 것입니다. 반경 몇 킬로미터 주변의 온갖 목소리가 그에게 말을 거는 것일 수 있고 그럴 가능성이 높으니 말입니다. 그럴 때는 그저 하던 대로 계속 바삐 사는 것이 상책인 법입니다. 다른 사람들처럼 하던 대로 일하고, 놀고, 사랑을 나누고, 이익을 챙기고, 하나님의 어두운 사업일랑 어둠이 취향에 맞는 이들에게 맡겨두는 겁니다. 그렇게 해서 방주를 만드는 노아는 천을 두르고 '회개하라'고 적힌 샌드위치 광고판을 걸고 브로드웨이를 걸어가는 수염 난 괴짜가 됩니다. 그의 얼굴은 줄 위에 올라 죽음의 춤을 추는 사람들을 고뇌에 찬 표정으로 올려다보는 광대처럼 커다랗고 하얗게 변합니다. 무슨 생각을 그렇게 하십니까요, 노아 영감님. 영감님이 뚝딱거리며 엉뚱한 물건을 만드는 동안 세상은 평소처럼 돌아가고 하늘에는 구름 한 점 없네요.

그는 물 생각을 했을 것 같습니다. 하늘의 창이 열리고 깊은 샘들이 모두 터져 나와 바다가 땅을 덮었을 때, 마른 땅과 질서가 있던 곳에 무질서와 폭력만이 난무했을 때, 아마도 노아는 땅이 전부터 늘 그런 상태였음을 알았을 것입니다. 사람들의 온갖 질서와 분주함이 기껏해야 환상에 불과하고 그렇게 내버려두면 그들은 결국 망하고 말리라는 것을 알았을 것입니다. 물이 빠르게 숲과 들판을 뒤덮었고 부엌바닥으로 미끄러져 들어와 지하 저장고 계단으로 내려간 다음 빠른 속도로 차올라 텔레비전 안테나 위로, 교회의 첨탑 위로 올라갔습니다. 죽음이 도처에 있었습니다. 지금 그렇듯 말입니다. 그때도 사람들은 혼자 갇혀 있었습니다. 지금 사무실과 로커룸, 침실과 술집에 늘 혼자 갇혀 있듯이 말입니다. 사람들은 지금도 그때처럼 빠져 죽지 않게 지켜줄 단단하고 확실한 것을 붙잡으려고 애쓰고, 얼마 남지 않은 마른 땅을 놓고 서로 피 터지게 싸웁니다. 그때의 혼돈이 지금보다 더하지는 않았을 것입니다. 좀 더 축축했을 뿐이지요.

방주는 자리 잡고 있던 곳에서 떠올랐습니다. 항구도 우현도 구분하지 못하는 광대 선장의 휘하에 모든 동물을 한 쌍씩 실은 크고 무겁고 오래된 그 통은 무수한 파도들에 요동치고 삐걱거렸습니다. 그러나 파도에 옆구리를 강타당하고 주정뱅이처럼 비틀거리긴 했지만 낡은 전차 같은 모양의 이 배는 하나님이 보우하사 계속 떠 있었습니다. 하나님도 아시다시피 대단한 배는 아니었지만 그것으로 충분했고 계속 떠 있었습니다. 징글징글하게 시끄럽고 지독한 냄새가 났지만, 동물들은 다른 동물들이 곁에 있다는 데 위안을 얻었고 늑대와 어린양이 함께 누웠으며 사자는 소처럼 풀을 먹었습니다. 바깥에는 혼란과 죽음뿐이었지만 방주 안에는 생명이 이어졌습니다.

그렇게 많은 날이 지난 후, 마침내 노아는 땅에서 물이 빠졌는지 보려고 비둘기 한 마리를 내보냈습니다. 그날 저녁 비둘기가 돌아왔는데, 방금 딴 올리브 잎을 부리에 물고 있었습니다. 여기서 우리는 다시 한 번, 마지막으로, 노아의 얼굴을 보아야 합니다. 비둘기는 섬세한 주홍빛 다리로 굳은살 박인 그의 손바닥 위에 서 있습니다. 그가 볼을 비둘기의 가슴에 살짝 갖다 대자 심장의 작은 두려움이 느껴집니다. 그는 눈을 감았고 속눈썹은 촉촉이 젖어 있습니다. 늙은 광대는 왜 우는 걸까요? 이제는 고뇌 때문이 아닙니다. 억누를 수 없이 마구 솟아오르는 희망 때문입니다. 창세기의 노아 이야기가 여기에서 끝나지는 않습니다만, 우리 대부분은 이 대목을 끝으로 기억할 것입니다. 세상의 종말에 맞서 집어 든 희망의 잔가지 하나.

물론 이 옛이야기는 우리 이야기입니다. 그래서 우리는 이 이야기를 완전히 잊지는 못합니다. 더 이상 이 이야기를 읽지 않으면서 아이들에게 읽으라고 주는 것도 이 때문입니다. 이 이야기가 완전히 사라지지 않게 하려는 것이지요. 이 이야기가 사라져버리면 우리에 대한 진실의 일부도 사라질 테니까요. 예를 들면 이런 진실이 있습니다. 우리 인류는 우리끼리 내버려두면 망할 운명입니다. 파멸을 바라는 만족할 줄 모르는 욕망이 우리를 파멸로 이끄는 것입니다. 달리 어떤 결론을 내릴 수 있겠습니까? 절망과 파괴와 죽음은 우리의 숙적이지만 우리는 적과 사랑에라도 빠진 듯 늘 그것들에게 하릴없이 끌려갑니다. 우리의 가장 고상한 충동과 순수한 꿈도 그것들과 복잡하게 뒤얽힙니다. 베트남에서는 인간의 존엄과 자유라는 명목 아래 죄 없는 사람들과 악당들 모두에게 폭탄이 쏟아집니다. 우리는 얼굴이 새까맣게 타버린 어린아이들의 끔찍한 모습에 기겁을 합니다. 악몽과 고귀한 꿈이 온통 뒤엉켜 세상은 늘 그런 식이었고 지금도 그런 것일 뿐이야, 이런 말로 자위할 뿐입니다. 우리는 이런 식으로 망할 운명입니다. 지금 이대로의 모습에서 벗어나지 못하고, 우리 자신의 파멸을 계속 추구할 운명입니다. 혼돈과 악몽의 거센 물결은 땅을 덮어버릴 기세로 계속 터져 나옵니다. 굳이 노아의 이야기가 아니라도 그 정도는 압니다. 〈뉴욕타임스〉도 그렇게 말하고, 우리의 마음도 그렇다고 말합니다. 혼돈과 악몽은 〈뉴욕타임스〉와 우리의 마음속에서도 나름 번성하고 있기 때문입니다. 그런데 노아의 이야기는 다른 진실도 들려줍니다.

우선 방주에 대해 말해주지요. 방주는 어찌어찌 폭풍을 이겨냈습니다. 하나님은 방주가 대단한 배가 아니라는 것을 아십니다. 어느 누구보다도 잘 아시지요. 그리고 바깥의 폭풍이 아니었다면 방주 안의 악취를 견딜 수 없었을 거라는 오래된 농담도 사실인 것 같습니다. 그러나 방주는 그때도 충분했고 지금도 충분합니다. 방주가 어디입니까? 어디건 사람들이 모여 있고 서로의 차이점이 더 이상 관계를 방해하지 않는 곳입니다. 가까운 친지의 결혼식에서 사람들이 만날 때, 그들의 연령과 피부색, 부와 교육수준의 실제 및 상상에 근거한 차이는 그들을 갈라놓는 것이 아니라 오히려 그 자리에 활력과 기쁨을 불어넣는 근원이 됩니다. 그들은 서로를 별난 괴짜로 볼 수 있겠지만 그 모습은 오히려 서로에게 기쁨을 주고 부끄러움과 어색함, 두려움을 넘어서게 해줍니다. 가끔은 교회에서도 서로의 얼굴을 바라보고 서로의 차이 너머를 보게 되는데, 그때 우리는 모두가 미지의 지역으로 항해에 나선 항해자들임을 깨닫습니다.

방주는 사람들이 모이는 곳입니다. 우리가 사는 세상이 바로 폭풍이 불고 미친 파도가 몰아쳐서 모든 것이 끊임없이 요동하는 곳, 모든 항해 끝에 수장이 이루어지는 곳이니까요. 세상의 형편이 이렇기에 방주는, 우리가 서로에게 정말 필요한 곳이자 서로의 필요성을 잘 알게 되는 곳입니다. 방주는 흑인과 백인, 신자와 불신자, 히피와 고지식한 사람 모두가 함께 모여 마음 깊은 곳에서 같은 꿈을 꾸는 곳입니다. 그 꿈은 평화—나라와 인종과 형제 사이의 평화—의 꿈이요, 궁극적으로는 사랑의 꿈입니다. 감상적이고 물러터진 태도에 대한 핑계로 쓰는 사랑이 아니라 추하고 무정한 세상의 모든 것에 맞선 싸움에 참여하도록 소환하는 사랑 말이지요. 다시 말해, 방주는 우리가 서로를 갖게 되는 자리, 희망이 있는 자리입니다.

믿음에 충실했던 노아는 바보처럼 보였지만 세상이 빠져 죽지 않도록 구해냈습니다. 우리는 노아가 미리 보여준 그분을 잊어서는 안 됩니다. 그분은 두 팔을 벌리고 저 위에 매달렸고 고통에 눈동자가 돌아가 바보처럼 보였지만 세상이 빠져죽지 않게 구해내셨습니다. 그분을 잊어서는 안 됩니다. 그분은 여전히 세상을 구원하실 뿐 아니라, 어디건 방주가 있는 곳, 우리가 서로 만나 사랑을 나누는 곳에는 우리 모두의 형제이자 아버지이신 그분도 함께 계시기 때문입니다. 그러므로 우리는 항해가 이어지는 모든 나날 동안 그분의 은혜롭고 이해할 수 없는 손에 우리를 맡겨야 합니다. 그 항해가 우리를 어디로 이끌건, 기나긴 항해 끝에 어디에 이르게 되건 말입니다. 우리는 사랑으로 방주를 지어야 하고 용감하게 폭풍우를 이겨내야 합니다. 그리고 비둘기의 부리에 물린 푸른 잔가지가 폭풍 너머의 현실을 나타내는 것임을 알아야 합니다. 그것은 우리가 상상하는 것보다 훨씬 더 귀중한 실재입니다.

—

우리가 어떻게 당신께 기도할 수 있겠습니까? 숨어 계신 거룩한 하나님. 하나님의 길은 우리의 길과 다르고, 시간과 공간의 영역 너머에서 더없는 신비 가운데 다스리십니다. 하지만 하늘의 아버지시여, 우리가 어찌 당신께 기도하지 않을 수 있겠습니까? 주께서는 인간이 되는 것이 무엇인지 아시지 않습니까. 친히 인간이 되어 우리 가운데 거니셨고, 우리와 함께 고난의 빵을 나누셨고, 우리의 절망의 잔을 잔뜩 마시지 않으셨습니까? 우리 안에 살아 계신 성령께서 기도 가운데 우리의 입술을 움직이게 하시니 어찌 당신께 기도하지 않겠습니까?

오 하나님, 도처에 있는 모든 자녀들의 기도를 들으소서. 용서를 구하고, 치유와 용기를 구하고, 믿음을 구하고, 다른 이들의 필요를 위해 구하고, 절박한 나라들 사이에서 평화를 구하나이다. 주께서 우리의 구하는 바를 주시건 주지 않으시건, 우리에게 불처럼 타오르는 말로 대답하시건 불처럼 타오르는 침묵으로 대답하시건, 언제나 우리의 호흡보다도 더 가까이 계시며 우리에 대한 주님의 뜻이 사랑이라는 사실을 더 잘 알게 하소서.

오 하나님, 우리의 모든 간구 아래 깊이 숨겨져 우리도 거의 듣지 못하는 노래를 들으소서. 당신이 당신이심을 인하여 찬양을 드리고 샛별과 함께 당신이 우리 하나님이시고 우리는 당신의 자녀임을 기뻐하는 마음의 노래를 들으소서. 이 내면의 숨겨진 노래가 마침내 크고 우렁차게 터져 나와 당신께 영광이 되고 우리의 구원을 이루게 하소서. 우리 주 예수 그리스도의 이름으로 기도합니다. 아멘.

가 봅시다

8

어둠 속에서 헤매던 백성이 큰 빛을 보았고, 어둠의 땅에 사는 사람들에게 빛이 비쳤다. "하나님, 주님께서 그들에게 큰 기쁨을 주셨고, 그들을 행복하게 하셨습니다. 사람들이 곡식을 거둘 때 기뻐하듯이, 그들이 주님 앞에서 기뻐하며, 군인들이 전리품을 나눌 때 즐거워하듯이, 그들이 주님 앞에서 즐거워합니다. 주님께서 미디안을 치시던 날처럼, 그들을 내리누르던 멍에를 부수시고, 그들의 어깨를 짓누르던 통나무와 압제자의 몽둥이를 꺾으셨기 때문입니다. 침략자의 군화와 피 묻은 군복이 모두 땔감이 되어서, 불에 타 없어질 것이기 때문입니다." 한 아기가 우리를 위해 태어났다. 우리가 한 아들을 모셨다. 그는 우리의 통치자가 될 것이다. 그의 이름은 '놀라우신 조언자', '전능하신 하나님', '영존하시는 아버지', '평화의 왕'이라고 불릴 것이다.

이사야 9:2-6(새번역)

이사야의 이 은유는 적어도 한 가지 면에서 우리와 우리 시대에 대단히 적절하다고 말할 수 있습니다. 하나님이 아시다시피 우리도 어둠 속을 헤매는 사람들이기 때문입니다. 이 말에 따로 설명이 필요할 것 같지는 않습니다. 어둠이 의미하는 바가 우리 자신이건 다른 사람이건 제대로 볼 수 없는 세상, 그런 우리가 향하고 있는 곳, 또는 지금 서 있는 곳이라면, 어둠이 의미하는 바가 불확실함과 길을 잃음, 두려움 등이라면, 어둠이 암시하는 바가 갈등, 한마디로 자기 이익을 도모하는 인종들, 나라들, 개인들 사이의 갈등이라면, 그렇다면 우리는 어둠을 잘 아는 세상에서 살고 있는 것입니다. 신문들이 어둠을 다룹니다. 최고의 현대 문학작품들도 어둠을 다룹니다. 어둠은 적들의 도시는 물론 우리 도시의 상공도 메우고 있습니다. 각 개인도 어둠에 대해 많이 압니다. 기도하는 사람이라면 어둠을 놓고 많이 기도하게 마련입니다. 기도하지 않는 사람이라면 그 입을 가로막은 것이 이런저런 형태의 어둠일 가능성이 높습니다.

그러나 이사야는 이 어둠에 큰 빛이 비칠 거라고 예언합니다. 물론 복음이 선포하는 내용, 특히 크리스마스의 신나고 기쁨 어린 선언은 이 어둠에 이미 빛을 비추어 그 영광과 두려움으로 세상을 눈부시게 했습니다. 볼 수 없어서 느끼는 어둠에 대한 두려움이 있다면, 볼 수 있기 때문에 느끼는 빛에 대한 두려움도 있으니까요. 빛에 대한 두려움이 있는 것은 우리가 빛 속에서 자신과 세계에 대해 보는 것이 상당 부분 우리가 보고 싶지 않은 것, 보이고 싶지 않은 것이기 때문입니다. 천사가 목자들에게 건넨 첫마디는 "두려워하지 말라"였고, 들판에서 그 말을 할 때 주위로 주님의 영광이 빛나고 있었습니다. 주님의 영광의 빛에는 찬란함뿐 아니라 두려움도 있었던 것입니다.

교회가 어두울 때에는 촛불을 밝힙니다. 촛불이 어둠을 간신히 밀어냅니다. 어둠이 깃든 그 유대 땅의 밤, 내세울 것 없는 곳에서 보잘것없는 부모에게 아이가 태어났습니다. 아기를 받은 사람이 그 발가벗은 엉덩이를 때려 아기는 숨을 쉬기 시작했고, 어두운 세상에 태어난 아기는 우리 모두가 그랬던 것처럼 충격과 생소함에 놀라 울음을 터뜨렸습니다. 그러자 사복음서가 그려 보여준 것처럼, 세상에 천국이 풀려났습니다.

어둠이 유리처럼 산산 조각났고 수많은 해가 내뿜는 빛 같은 영광이 쏟아졌습니다. 별이 없던 곳에 새로운 별이 나타나 빛났고, 천사들의 밝은 날개가 공중을 가득 채웠고, 밤하늘은 빛나는 하나님의 군대로 활력을 얻었고, 그들이 부르는 위대한 승리의 찬양 "높이 계신 하나님께 영광"이 울려 퍼졌고, 동방에서 이상한 왕들이 와서 더 이상하고 더 왕다운 아기의 발 앞에 왕에게 어울리는 선물을 바쳤습니다. 누가와 마태는 수 세기에 걸친 힘든 기다림 끝에 마침내 그렇게 세상에 빛이 비쳤다고 선포합니다. 그들의 선포는 물론 믿음의 언어로, 믿음의 관점에서 이루어진 것입니다.

그러나 역사의 관점과 퉁명스러운 사실의 언어도 존재합니다. 우리가 사는 시대는 회의적인 시대입니다. 의식적이건 아니건 과학으로 입증할 수 없는 것은 진짜가 아니라는 생각을 대부분 당연하게 받아들입니다. 제가 볼 때는 상당히 의심스러운 생각이지만, 이것은 우리가 호흡하는 공기의 일부이니 우리 시대 사람들처럼 크리스마스 이야기에 대해 회의적이 되어봅시다. 그가 태어난 그날 밤 그 자리에 있었다면 우리 눈에 뜻밖의 것은 전혀 보이지 않았을 거라고 가정해봅시다. 그 밤의 어둠이 여느 어둠과 똑같아 보였을 거라고 가정해봅시다. 아마 늘 있던 오래된 별들이 있고 달도 있었겠지요. 오랫동안 해산하는 여인의 거칠고 가쁜 숨소리만 들렸을 것입니다. 구유에 대한 전승이 옳다면, 건초 냄새가 났을 테고 가축들의 커다란 젖은 눈도 있었을 겁니다. 아이 아버지가 거기 있었을 테고, 빛이 있었다면 그 빛을 보고 찾아온 목자 한둘이 있었을 수도 있겠습니다. 어머니의 마지막 고통스런 비명과 함께 아이가 태어나고, 이어서 아기 울음소리가 들렸습니다. 멀리서 외로이 개 짖는 소리가 들렸을 수도 있습니다. 완전히 지친 어머니는 아이 생각도 못한 채 누운 자리에서 서까래만 바라봅니다. 누군가가 아이를 어머니 품에서 떼어내어 세상의 추위와 어둠에 상하지 않게 감쌉니다. 생쥐 한 마리가 지푸라기 속으로 더 깊이 파고들었는지도 모릅니다.

어쩌면 이것이 우리 눈에 보이는 전부였을 수도 있습니다. 이것이 당시의 실제 상황이었을 수도 있습니다. 신약의 가장 오래된 저작에 해당하는 사도 바울의 서신서들에는 예수의 탄생과 관련해서 기적이 있었다는 암시를 찾아볼 수 없습니다. 사복음서 중에서 가장 먼저 나온 책일 가능성이 높은 마가복음은 탄생을 다루지도 않습니다. 그러니 누가와 마태의 위대한 탄생 이야기들은 후세대가 덧붙인 전설이고 시이며, 우리가 그 자리에 있었다면 여느 출생과 별 다를 바 없는 평범한 출생을 보았을 거라는 데 많은 성경학자들이 동의할 것입니다.

그러나 만약 그것이 사실이라면, 동방박사들과 별, 목자들과 천사들, 그리고 천사들의 위대한 기쁨의 찬양이 등장하는 전설들은 어떻게 해야 할까요? 그것들을 동화로, 일 년에 한 번 성탄절이 오면 감상에 젖게 해줄 연극의 주제로, 결코 이루어지지 않은 아름다운 꿈으로 치부해야 할까요? 그렇게 한다면 바보일 것입니다. 하지만 우리 시대에는 그렇게 하는 사람들이 많고, 그런 유혹을 받는 어둠의 순간들이 누구에게나 찾아옵니다. 아름다운 꿈일 뿐이라고. 그것이 전부라고.

예수님의 탄생과 관련해서 실제로 무슨 일들이 있었는지 누가 알겠습니까? 저로 말하면 시간이 지날수록 기적을 믿는 쪽으로 점점 더 마음이 끌리고 예수 탄생의 순간에 우리가 그 자리에 있었다면 현대 과학으로 설명하기 어려운 여러 현상을 보고 들었을 거라고 생각하게 됩니다. 물론 그것이 요점은 아닙니다. 복음서 기자들이 예수의 탄생에서 주로 관심을 갖는 부분은 그때 벌어진 사실들이 아니라 그 중요성이고, 예수의 출생이 갖는 의미이기 때문입니다. 우리를 사랑하는 사람들이 우리의 출생에서 주로 관심을 갖는 부분은 당시에 있었던 여러 사실이 아니라 그것이 그들에게 의미하는 바인 것처럼 말입니다. 우리가 태어남으로 인해 세상은 완전히 다른 곳이 되었고, 그들의 삶 전체가 새로운 의미를 띠게 되었습니다. 그 아이가 태어났을 때 하늘에 천만 천사가 있었건 마구간의 여자와 남편이 전부였건, 역사의 흐름 자체가 달라졌습니다. 그것은 그 어떤 사실보다도 확실하고 분명합니다. 미술, 음악, 문학, 문화, 정치제도, 인간관과 세계관에 이르기까지, 그 아이가 태어나지 않았다면 세계 역사가 어떻게 전개되었을지 도무지 상상이 되지 않습니다. 그리고 믿음의 관점에서는 이보다 훨씬 더 많은 말을 해야 할 것입니다. 믿음의 눈으로 보면, 그 아이가 세상의 어둠 속에 태어난 덕분에 삶을 새롭게 이해하는 것뿐 아니라 새로운 삶의 방식이 가능해졌기 때문입니다.

그 아이가 태어난 이래, 독주에 취하듯 그에게 완전히 취해버린 사람들이 계속 나타났습니다. 취한다는 은유가 조악하게 들린다면 달리 말해봅시다. 그 아이가 태어난 이후 줄곧, 수없이 다양한 사람들이 수없이 다양한 방식으로 그의 영으로 충만해지고, 그에게 붙들리고 그의 생명에 잠겼고, 그와의 관계를 통해 개인적인 방식으로 깊이 있게 치유와 변화를 받았습니다. 그로 인해 받은 영향이 너무나 컸기에 그들은 사복음서 기자들이 처음 선포했던 내용을 계속 선포하는 것 외의 다른 선택의 여지가 없었습니다. 그분이 바로 참으로 오랫동안 기다렸던 분, 그리스도, 놀라우신 조언자, 전능하신 하나님, 영존하시는 아버지, 평화의 왕이라고 선포한 것입니다. 그리스도인들이 이 모든 기이하고 으스스한 명칭들을 계속 사용하면서 표현하려 했던 것은 한 가지, 단 한 가지뿐입니다. 이 아이 안에, 한때 이 아이였던 성인 남자 안에 우리의 어둠에 빛을 비추고,

우리를 온전하게 만들고, 믿음으로 그에게 나아가는 여러분과 저 같은 모든 사람에게 새로운 생명을 줄 능력이 있다는 것입니다.

이것이 바로 마태와 누가가 예수의 탄생에 관한 여러 이야기를 통해 하려는 말입니다. 이것이 바로 어떤 언어도 담아내지 못할 기적적인 진실입니다. 이것이 중요한 의미가 있는 유일한 진실이고, 동방박사, 목자들, 별은 그 진실을 가리키는 방법으로서만 중요합니다. 그러면 이제 우리에게는 가장 중요한 질문이 남습니다. 이 진실이 사실인지 아닌지 어떻게 압니까? 그토록 오래전에 태어난 이 아이 안에 정말 우리에게 새로운 종류의 생명을 줄 능력이 있는지, 과연 그 생명 안에서 고통과 기쁨이 측량할 수 없이 깊어지는지, 그 생명 안에서 우리가 조금씩 친구들을 사랑할 수 있게 되고 때로는 우리의 원수들도, 어쩌면 우리 자신과 하나님까지도 마침내 사랑할 수 있게 되는지 여부를 어떻게 알 수 있을까요?

Adeste fidelis(믿는 자들이여 가 봅시다). 이것이 사실인지 아닌지 알아보고 싶은 사람들에게 제가 내놓을 답은 한 가지뿐입니다. 참 반가운 신도여, 가 봅시다. 신도가 되기를 바라는 사람들도 할 수 있겠거든, 가 봅시다. 어둠 속에서 헤매며 빛을 갈망하는 모든 이들이여, 가 봅시다. 적어도 가까이 다가가 직접 살펴볼 정도의 믿음과 소망, 절망은 가지십시오.

그분은 구하면 주어질 것이라, 찾으면 찾게 될 것이라 하십니다. 다시 말해, 기도로 그분을 구하면 그분이 여러분을 찾아오실 것입니다. 제가 아는 한, 그 말이 사실인지 여부를 확인하는 길은 하나뿐입니다. 직접 시도해보는 것이지요. 그분을 구하는 기도를 하고 여러분만 알아볼 수 있는 방식으로 그분이 오시는지 보십시오. 그분은 자신을 따르라고, 그분처럼 세상의 어둠 속으로 걸어 들어가라고 말씀하십니다. 그분이 어두운 세상을 사랑하여 자신을 버리셨던 것처럼 여러분도 그렇게 하라고 말씀하십니다. 그리고 그분은 여러분이 그분을 따를 때 결국 모종의 십자가에 달리게 될 것이고, 그 십자가 너머나 심지어 그 위에서 여러분의 마음의 소원, 즉 사람의 헤아림을 뛰어넘는 평화(빌 4:7, 새번역)를 발견하게 될 것이라고 말씀하십니다. 이 말 역시 옳은지 알아보는 길은 하나뿐입니다. 직접 시도해보는 것이지요. 그분을 따라가서 보십시오. 상황이 너무 힘들어지면 언제라도 빠질 수 있습니다. 아니, 빠지는 거야 그런 단서 없이도 언제든 가능할 것입니다.

Adeste fidelis(믿는 자들이여 가 봅시다). 가서 천사들의 왕으로 나신 분을 봅시다. 그분께 말씀을 드리거나 그 앞에서 침묵합시다. 각자에게 합당한 방식, 합당한 때에 빈손으로 그분께 갑시다. 위대한 약속이 주어져 있습니다. 베들레헴에 나신 분에게 가면 이전에 우리가 알던 그 어떤 상태, 그분 없이 알고 있던 그 어떤 상태보다 더 강하고, 용감하고, 기쁘고, 친절하고, 거룩한 어떤 것이 우리 안에서 태어나는 것을 보게 될 거라는 약속입니다.

—

사랑하는 하나님, 처녀의 자궁이라는 어둠 속에서 거룩한 아이가 자랍니다. 세상의 고통, 그 어둠 속에서 복된 빛이 깜빡이기 시작합니다. 주님과 우리 자신을 의심하는 우리의 어둠 속에 거대한 소망이, 목메듯 다시 올라옵니다. 주님께서 참으로 우리를 찾아오시고 그 아이가 우리 가운데 다시 태어날 거라는 소망, 평화의 왕이 전쟁 중인 세계에 임하실 거라는 소망, 주님께서 친히 몸값을 치르셔서, 우리를 파괴하려 드는 어둠으로부터 우리와 우리 세계를 구해내실 거라는 소망입니다.

오 주님, 새 생명과 새 빛의 선물은 우리가 자신을 열고 받아들여야만 참으로 선물이 될 수 있습니다. 그러니 주님, 주님께 간구합니다. 우리 눈을 여사 매일매일 다시 찾아오는 빛 속에서 주님의 영광을 보게 하소서. 우리 두 귀를 여사 그 아이가 찾아올 때 요동치는 기쁨을 느끼며 천사들의 찬양을 듣게 하소서. 우리 마음을 여사, 우리를 크게 아끼고 우리를 위해 큰 희생을 치른 모든 이들을 통해 주님의 사랑이 임할 때 그 사랑의 변화시키는 능력을 누리게 하소서.

우리 가운데 태어나소서. 그리하여 우리가 태어나게 하소서. 우리가 사랑의 말과 행동으로, 사랑 없어 죽어가는 세상에 주님이 나신 소식을 전하게 하소서. 그 아이의 이름으로 기도합니다. 아멘.

방 이름, '기억하라'

9

그들이 하나님의 궤를 들어다가, 다윗이 궤를 두려고 쳐놓은 장막 안에 궤를 옮겨놓고 나서, 하나님 앞에 번제와 화목제를 드렸다. … 그날에 처음으로, 다윗이 아삽과 그 동료들을 시켜, 주님께 감사를 드리게 하였다. "너희는 주님께 감사하면서, 그의 이름을 불러라. 그가 하신 일을 만민에게 알려라. … 그의 거룩하신 이름을 찬양하여라. 주님을 찾는 이들은 기뻐하여라. 주님을 찾고, 그의 능력을 힘써 사모하고, 언제나 그의 얼굴을 찾아 예배하여라. 주님께서 이루신 놀라운 일을 기억하여라. 그 이적을 기억하고, 내리신 판단을 생각하여라."

역대상 16:1, 7-12(새번역)

이르되 예수여 당신의 나라에 임하실 때에 나를 기억하소서 하니 예수께서 이르시되 내가 진실로 네게 이르노니 오늘 네가 나와 함께 낙원에 있으리라 하시니라.

누가복음 23:42-43

여러분이 저와 같다면 가끔씩 꿈 때문에 잠에서 깬 적이 있을 것입니다. 그것이 나쁜 꿈일 때도 있습니다. 꿈속에서 그림자들이 너무 위협적으로 변해 심장이 쿵 내려앉고, 꿈속의 어둠이 밤의 실제 어둠보다, 내면의 그림자가 바깥의 그림자보다 더 무섭게 느껴져 몸서리치며 잠에서 깹니다. 슬픈 꿈일 때도 있습니다. 꿈속에서 너무나 슬퍼서 잠든 눈에 진짜 눈물이 고이고 그 눈물 때문에 잠에서 깹니다. 그리고 눈에 눈물이 있음을 깨닫습니다. 때로는 저처럼 너무나 터무니없는 꿈을 꾸다가 웃으면서 깬 적도 있을 것입니다. 마치 잠에서 깨어 그 풍성한 희극성을 충분히 음미하라는 듯 말입니다. 가장 드문 꿈은 진실성이라 부를 만한 것으로 잠을 깨우는 꿈입니다.

꿈속에서 우리는 이리로 갔다가 저리로 갔다가 합니다. 한 장면이 희미해지면서 다른 장면으로 넘어가고 사람들이 나타났다 사라집니다. 그러다 갑자기 꿈이 나오는 깊숙한 그곳에서 뭔가가 솟아올라 우리를 뿌리부터 흔들어놓습니다. 꿈의 신비가 갑자기 안개처럼 걷히고, 자신이 아는 그 무엇보다 참된 진실을 한순간 엿보는 것 같은 일이 일어납니다. 바로 자신에 대한 진실입니다. 그것은 꿈이 담아내기에는 너무나 버거운 진실이기에 꿈은 깨어집니다.

몇 년 전 저는 꿈을 하나 꾸었는데, 지금도 유난히 생생하게 머리에 남아 있습니다. 꿈속에서 저는 어딘지 모를 호텔에 묵고 있었고 제가 배정받은 방이 마음에 쏙 들었습니다. 그 방이 어떤 모습이었는지는 선명하게 기억나지 않습니다만, 제 마음에 들었던 것은 방의 모습이 아니라 그 방이 주는 느낌이었던 것 같습니다. 그 방에서 저는 행복하고 평화로웠고, 모든 일이 제대로 된 것 같았고, 저의 모습도 모든 면에서 제대로 된 듯 느껴졌습니다. 그런데 꿈이 진행되면서 저는 여러 다른 곳으로 가서 여러 다른 일을 했습니다. 많은 모험을 하고 난 후에 결국 같은 호텔로 돌아왔지요. 이번에는 다른 방을 배정받았는데, 그 방에서는 전혀 편안하지가 않았습니다. 방은 어둡고 비좁아 보였고 그 안에 있으니 정말 어둡고 비좁았습니다. 그래서 저는 접수처에 있는 사람에게 가서 문제를 이야기했습니다. 이전에 여기 왔을 때는 모든 면에서 내게 꼭 맞는 멋진 방에서 묵었는데 그 방에서 다시 묵을 수 있으면 정말 좋겠다고 말했습니다. 그런데 문제가 있었습니다. 그 방이 몇 호인지 기억이 나지 않고 어떻게 찾아야 할지, 어떻게 물어봐야 할지도 모르겠다는 것이었습니다. 접수처 직원은 이해심이 깊었습니다. 그는 내가 말하는 방이 어딘지 정확히 알고 있으며 내가 원할 때는 언제든 그 방에 묵을 수 있다고 말했습니다. 방의 이름을 대고 청하기만 하면 된다고 말입니다. 그래서 저는 당연하게도 그 방의 이름이 무엇이냐고 물었습니다. 그는 기꺼이 말해주었습니다. 그 방의 이름은 '기억하라'였습니다.

기억하라, 그는 그렇게 말했습니다. 제가 원했던 방의 이름은 '기억하라'였습니다. 그 이름을 듣고 저는 잠에서 깼습니다. 그 이름에 놀라 잠에서 깼고, 그때 받은 충격, 그 의외성이 준 놀라움이 지금도 생생하게 뇌리에 남아 있습니다. 저는 그것이 좋은 꿈이라는 것을 알았고, 헤아릴 수 없는 방식으로 참된 꿈이라고 느꼈습니다. 그 진상을 이해하지는 못했지만 그 꿈은 여전히 어떤 의미에서 복된 꿈이었고 치유하는 꿈이었습니다. 치유에 대해 몰라도 치유받을 수 있고 복에 대해 아무것도 몰라도 복을 받을 수 있으니까요. 그 방에서 저를 가득 채웠던 평화로운 느낌, 제가 원하거나 아쉬울 때마다 언제라도 그곳으로 돌아갈 수 있다는 앎이 바로 치유와 축복의 근원이었습니다. 그리고 그 방의 이름, 그것이 신비의 출처이자 치유의 핵심이었습니다. 하지만 왜 그런지 저는 온전히 이해하지 못했습니다. 그 방의 이름은 '기억하라'였습니다. 왜 '기억하라'였을까요? 기억함에 무엇이 있기에 그토록 깊은 평화, 그토록 완전하고 강렬한 행복감이 밀려와 자다가 벌떡 깨어나게 되었을까요? 그 꿈은 저뿐 아니라 모든 사람에게도 참된 꿈인 듯했습니다. 우리는 무엇을 기억해야 할까요? 어떤 목적과 목표를 위해 기억해야 할까요?

물론 우리는 어떤 식으로건 늘 기억을 합니다. 기억을 안 하고 싶어도 하지 않을 도리가 없습니다. 적어도 오랫동안 기억을 하지 않을 수는 없습니다. 우리가 기억을 안 하려고 할 때도 있고 기억하고 싶지 않을 때도 있습니다. 어떤 의미에서 과거는 확실히 죽었고 반복되지 않으며 완전히 끝났습니다. 그러나 또 다른 의미에서 과거는 전혀 끝나지 않았습니다. 적어도 우리에게는 그렇습니다. 우리가 알던 모든 사람, 우리가 가본 모든 장소, 우리에게 벌어진 모든 일, 이 모두가 좋건 싫건 우리 내면의 깊숙한 곳 어딘가에 살아 숨

쉬고 있고, 가끔 그 일부분을 의식의 수면 위로 끌어올리는 데는 큰 힘이 들지 않습니다. 여러 해 전에 인기를 얻었던 노래의 한 구절. 어릴 때 읽었던 책. 한때 오가던 쭉 뻗은 도로. 오래된 사진, 오래된 편지. 예측할 수 없었던 어떤 작은 일을 계기로 우리에게 일어난 어떤 일이 떠오릅니다. 그런 일은 멀찍이 물러서서 응시할 수 있는 벽에 걸린 그림이 아니라 우리가 큰 부분을 차지하는 동시에 우리의 큰 부분을 차지하는 현실이기에 그런 일이 떠오르면 그때 경험했던 애초의 감정들이 처음과 비슷하게 강렬하게 새롭게 느껴집니다. 열여섯 살에 사랑에 빠진 일, 헐린 지 오래된 옛 집의 냄새를 맡고 그 소리를 듣던 일, 기억도 못할 만큼 오래전에 죽었지만 여러모로 우리가 대신 죽었으면 하는 생각이 드는 그 사람과 눈물이 나도록 신나게 웃던 일. 오래된 실패들, 오래된 상처들. 너무 아름답거나 너무 끔찍해서 차마 말할 수 없는 시간들. 부르지도 않았는데 정신없이 찾아오는 기억들을 주체하기 힘든 때가 있는가 하면, 아무리 기억을 쥐어짜도 그 내용이 너무나 아련하여 안타깝기만 할 때도 있습니다.

그러나 제가 꾼 꿈은 그 이상의 것을 말하는 듯합니다. 다른 종류의 기억과 다른 방식의 기억함에 대해 말하는 듯합니다. 제가 지금까지 거론한 기억들은 대체로 우리의 선택과 무관하게 저 혼자 왔다가 갑니다. 우리 외부에 있는 것들이 그 기억을 떠오르게 하니 우리가 아니라 그것들에게 힘이 있다고 할 수 있습니다. 반면, '기억하라'는 이름의 방은 우리가 언제든 원할 때 들어갈 수 있기 때문에 기억하는 힘이 우리에게 있습니다. 흔히 떠오르는 기억들이 우리 안에 불러일으키는 감정은 기억의 종류만큼이나 다양합니다. 그러나 '기억하라'는 이름의 방에서는 모든 감정이 비범한 행복에 담기고 극복됩니다. 그곳은 우리가 편안함과 평화를 느끼는 모든 방 중의 방입니다. 이 차이점들은 한 가지 질문을 가리킵니다. '좋든 싫든 매일매일 우리에게 되는 대로 찾아오는 기억들과 꿈속의 그 방이 나타내는 기억들은 어떻게 다른가?'

제가 볼 때 무엇보다 큰 차이는 꿈속의 방이 가리키는 기억함이 우리가 흔히 떠올리는 기억보다 훨씬 의식적인 의지의 행위라는 것입니다. 여러분이나 저나, 다들 탈출의 명수입니다. 우리는 모든 일에 너무 심각해지는 것을 좋아하지 않습니다. 특히, 우리 자신에 대한 문제에 그렇습니다. 다른 사람들과 함께 있을 때 해 아래 있는 거의 모든 문제에 대해 이야기를 나누지만 정작 우리에게 중요한 것, 우리의 인생이나 내면에서 벌어지는 일은 입 밖에 내지 않습니다. 우리는 인사를 나눕니다. 잡담을 합니다. 그러나 서로가 더없이 필요한 순간에도 서로의 접근을 허용하지 않고 거리를 둡니다.

혼자 있을 때도 사정은 마찬가지입니다. 밤늦은 시간, 남들은 다 어딘가로 갔거나 잠이 들었다고 합시다. 하루, 한 주, 한 해를 돌아보며 내가 어디서 왔고 어디로 가고 있는지 살펴보고 그동안 한 일과 하지 않은 일들을 따져보면서 우리가 누구인지, 어떤 사람이 되고 있는지 단서를 찾기 좋은 때입니다. 그러나 우리는 오래 생각하기를 피합니다. 번번이 그렇습니다. 우리는 텔레비전을 켭니다. 신

문이나 책을 집어 듭니다. 다음 날로 얼마든지 미룰 수 있는 허드렛
일을 찾아냅니다. 행여나 과거를 만날까 봐 현재에 매달립니다. 수
면 아래 숨어 있는 것이 두려운 나머지 수면 위로 나온 것에 몰두
합니다. 그렇게 하면 안 될 이유가 없다고 생각합니다. 우리는 지
쳤습니다. 혼란스럽습니다. 어떻게든 빠져나갈 구멍이 필요합니다.
그러나 우리에겐 그보다 더 깊은 필요가 있습니다. 가끔씩은 우리
안에 있는 그 조용한 방에 들어가야 합니다. 그 방에서는 과거가 현
재의 한 부분이 되고 죽은 사람들이 여전히 살아 있고, 온갖 우여
곡절이 있는 우리 인생의 긴 여정과 그 여정 끝에 우리가 이른 지
점이 우리에게 생생한 현실로 다가옵니다. 그 방의 이름은 '기억하
라'. 우리는 그 방에서 인내와 사랑과 차분한 마음으로 지난 인생을
의식적으로 기억해냅니다.

　지난 세월, 우리에겐 너무나 많은 일이 있었습니다. 우리 내면에
서, 그리고 우리를 통해 많은 일이 일어났습니다. 우리는 시간을 내
어 그중 기억할 수 있는 일들과 기억할 엄두가 나는 일들을 기억해
야 합니다. 그것이 바로 그 방에 들어가는 것의 의미 같습니다. 의
도적으로 기억할 시간을 갖는 것 말입니다. 책을 집거나 라디오를
켜는 대신, 의도적으로 진지한 마음의 여행을 떠나 이미 지나갔지
만 사라지지 않은 세월을 돌아보는 것입니다. 이것은 더 깊고 더 느
린 방식의 기억함이고, 탐색과 발견으로서의 기억함입니다. 누구나
마음만 먹으면 그 방에 들어갈 수 있고, 그 과정은 기도의 과정과
같습니다. 기도 역시 우리 삶의 가장 깊고 소중한 진실을 찾는 탐

색, 이해하고 듣고 말하기 위한 탐색이며 느리고 진지한 여정이기 때문입니다.

"그 누가 나의 괴롬 알며"라고 옛 흑인 영가는 묻습니다. 물론 우리가 겪은 괴롬, 즉 상처와 슬픔, 심각한 실수, 치명적 상실은 우리 자신 외엔 그 누구도 모릅니다. 그러니 우리가 그것을 기억해야 합니다. 우리는 행복도 경험했습니다. 소중한 시간들, 소중한 사람들, 어떻게 한 것인지는 잘 모르지만 우리가 좀 더 나은 존재였던 순간들. 그 순간들은 우리 외엔 그 누구도 모릅니다. 우리는 그것을 기억해야 합니다. 그리고 제 꿈이 정말 참된 꿈이라면 그 기억들이 불러일으키는 기쁨이나 후회의 감정을 넘어서서 심오하고도 든든한 평화, 헤아릴 수 없는 방식으로 모든 것이 잘될 거라는 느낌을 발견하게 될 것입니다.

우리는 살아남았습니다, 여러분도 저도. 어쩌면 이 사실이 우리 기억함의 핵심에 자리 잡고 있는지 모릅니다. 20년, 40년, 60년, 80년, 우리는 올해까지, 이날까지 버티고 살아남았습니다. 이것은 필연이 아니었습니다. 더 이상은 버티지 못할 거라고 생각했던 때, 끝장날 뻔했던 때가 있었습니다. 차라리 버티지 못하기를 바라고 모든 것을 포기해버리고 싶었던 때가 있었습니다. 사정은 다들 다르겠지만, 저는 심장이 돌로 변하게 만들기에 충분한 슬픔과 고통을 겪었다고 분명히 말할 수 있습니다. 안 그런 사람이 있겠습니까? 저는 잘못된 길을 선택한 적이 많고, 바른 길이라도 잘못된 이유로 선택하곤 했습니다. 사랑하는 사람들을 그들에게나 저에게나 유익이 되지 않는 방식으로 과하게 사랑한 경우도 많고, 사랑할 수 있었던 사람들을 사랑하지 못하고 잃어버린 경우도 많습니다. 옛 기도문이 말하는 것처럼, 저는 제 마음의 계책과 소원을 지나치게 따라갔지만, 제 마음이 용감하고 친절하고 정직하라고 촉구할 때는 귀를 막을 때가 많았습니다.

제 인생을 기억한다는 것은 포기하고 그대로 가라앉아버릴 수도 있었던 때, 인간적으로 말해 누구도 찾을 수 없을 정도로 완전히 행방불명될 수 있었던 수많은 때를 기억한다는 의미입니다. 그러나 저는 사라지지 않았습니다. 포기하지 않았습니다. 그리고 여러분도 이제껏 포기하지 않았기에 많은 기억과 들려줄 수 있는 이야기들을 갖게 되었습니다. 여러분도 생존자로서 여기에 있습니다. 우리가 살아남았다는 것은 무엇을 말해줄까요? 우리는 비록 약하지만 우리의 힘을 넘어서는 어떤 힘이 적어도 여기까지, 적어도 오늘까지는 우리를 버티게 해주었다고 말해줍니다. 어리석은 우리지만 우리의 지혜를 넘어서는 어떤 지혜가 충분히 깜빡였습니다. 숲을 헤치고 나갈 길을 훤히 보여줄 정도는 아니었어도 바로 앞에 난 길을 따라가게 해줄 정도는 되었습니다. 그 정도면 버틸 만합니다. 소심한 우리지만 우리의 능력을 넘어서는 사랑이 우리 심장을 계속 약동하게 해주었습니다.

그래서 '기억하라'는 이름의 방에서는 평화를 찾는 일이 가능합니다. 뒤를 돌아보고, 우리가 대부분의 시간 동안 깨닫지 못했지만 한 번도 정말 혼자였던 적은 없다는 사실을 기억하게 되면서 평화가 찾아옵니다. 우리가 의지할 대상이 서로밖에 없었다면 결코 여기까지 살아남을 수 없었을 것입니다. 우리는 의지할 수 없는 나약한 존재임을 우리 자신이 누구보다 잘 알기 때문입니다. 우리 중 가장 강한 사람도 예외는 아닙니다. 지난 세월 동안 누가, 혹은 무엇이 우리와 함께했던 것일까요? 우리는 누구에게, 혹은 무엇에 감사를 표해야 할까요? 행운의 별? 어쩌면 그럴지도 모릅니다. 그것 외에는 감사할 대상이 없는지도 모릅니다. 행운의 별.

그러나 다윗 왕에게는 감사할 다른 대상이 있었습니다. 적어도 그는 그렇게 생각했습니다. 그는 외쳤습니다. "주님께 감사하여라. 그가 하신 일을 만민에게 알려라!" 그는 언약궤를 예루살렘으로 가져와서 장막 안의 방에 두고 비파와 수금과 제금과 나팔소리에 맞추어 기쁨으로 마음껏 찬양했습니다. "주님께서 이루신 놀라운 일을 기억하여라. 그 이적을 기억하고, 내리신 판단을 생각하여라." '기억하라'는 다윗이 부른 찬양이었습니다. 그는 지난 기억들, 앞으로 갖게 될 기억들, 기억할 만한 순간들을 기억하라고 노래했습니다! 남편과 아버지로서 실패한 일, 밧세바에 대한 음욕과 그녀의 남편을 살해한 일, 선지자 나단의 무서운 고발, 여러 실패와 배신, 위선 등이 그의 삶에 있었지만, "그의 구원을 날마다 전하"(대상 16:23)라는 그의 찬양은 끊이지 않았고 평생토록 이어졌습니다. 저는 그의 찬양의 의미가 구원을 전하는 일이 매일 있어야 한다는 뜻일 뿐아니라, 구원 자체가 매일 일어나야 한다는 뜻이라고 생각합니다. 다윗이 기억한 대로, 그는 매일 어떤 식으로든 구원을 받았습니다.

그의 어둠과 상실과 어리석음에도 불구하고 살아남을 만큼, 숱한 어려움을 헤치고 다음 날 그다음 날에도 계속 살아남을 만큼 구원을 받았습니다. 다윗은 "[하나님이 행하신] 이적을 기억하고, 내리신 판단을 생각하"라고 소리쳐 찬양했고, 그가 기억한 기적들과 판단은 산산이 깨어진 자신의 과거와 자기 민족의 과거였습니다. 아브라함과 이삭, 야곱, 출애굽, 약속의 땅에 들어간 일로 이루어진 과거 말입니다. 이 모두는 우리의 과거이며 그리스도와 출애굽, 약속의 땅, 그 모든 강력한 기적들도 우리 과거의 일부입니다. 이것이 다윗이 기억하는 바이며 그가 우리 모두에게 기억하라고 노래하는 내용입니다.

"주님을 찾고, 그의 능력을 힘써 사모하고, 언제나 그의 얼굴을 찾아라." 다윗의 찬양은 이렇게 이어집니다. 성궤가 있는 장막의 방에서 그분을 찾고, 꿈속의 그 방에서 그분을 찾으라는 말입니다. 다윗은 우리가 알았건 몰랐건 우리의 모든 나날 동안 우리 주님, 우리 하나님이 우리와 함께하셨다고 노래합니다. 그분은 최고의 순간이나 최악의 순간에도 우리와 함께하셨고 친히 판단하사 치유하는 고통을 허락하셨으며, 우리가 그분의 이름을 잊었던 많은 순간에도 숨겨진 방식으로 복을 주셨습니다. 다윗은 행운의 별이 아니라 하나님께 감사를 드립니다. "주님께 감사하여라. … 그가 하신 일을 만민에게 알려라." 그는 하나님이 우리 인생에서 행하신 일들을 기억하고 사람들에게 알리라고 노래합니다. 그가 옳을까요? 정말 하나님이 하신 일이었을까요? 하나님이 이날까지 우리를 보호하신

분, 우리의 감사를 받아야 할 분일까요?

　이번에도 각자 자기 이야기를 해야 합니다. 각 사람이 자신의 인생을 기억해야 합니다. 우리가 사랑하던 사람, 없어서는 안 될 누군가가 죽었는데 어디선가 그 무엇이 찾아와 우리의 빈자리를 채우고 우리의 깨어진 부분을 고쳐줍니다. 그저 시간이 흘러 우리의 상한 부분이 고쳐진 것일까요, 자꾸만 생겨나는 삶의 분주한 일들이 우리의 빈자리를 채워준 것뿐일까요? 우리는 홧김에 말을 뱉었다가 나중에 혀라도 깨물고 싶을 만큼 후회한 적이 있고, 누군가가 홧김에 우리에게 그런 적도 있습니다. 그러나 어디선가 용서가 찾아오고 상대와의 관계에 다리가 다시 놓입니다. 그런가 하면, 용서가 주어지지 않아서 둘 사이를 이을 다리를 놓지 못한 경우도 있습니다. 이런 치유의 근원이 오로지 사람의 마음일까요? 쓰라림과 소외에는 죽음이 깃들어 있다고 우리에게 속삭이는 것이 양심뿐일까요? 늘 그렇듯 초라하거나 무서운 이야기를 상세히 전하는 저녁 뉴스를 듣노라면, 믿는 사람에게도 하나님이 아이의 꿈처럼 막연하고 무력하게 느껴집니다. 그러나 그렇지 않은 때도 있습니다. 초라함과 두려움의 이면에 거룩함이 깊이 자리 잡고 있고, 어둠의 중심에 설명할 수 없는 빛이 있다는 느낌이 전혀 예상치 못한 순간에 생명 자체만큼이나 강하게 찾아오는 때가 있습니다. 우리가 감사해야 할 대상은 예측할 수 없는 인간 정신의 동요뿐일까요? 우리는 스스로 대답해야 하고 스스로 기억해야 하고, 스스로에게 설교를 해야 합니다. 그러나 다윗 왕은 "주님께서 이루신 놀라운 일을 기억하라"고 노래합니다. 우리가 깊고 참되게 기억한다면 감사해야 할 대상이 누군지 알게 되고 감사와 기억의 그 방에 평화가 있음을 알게 될 것입니다.

그제야 소망이 있습니다. 그때 마침내 소망이 무엇인지, 소망이 어디에서 나오는지 알게 됩니다. 이 소망은 믿음의 추진력이며 믿음의 가장자리입니다. 소망은 무릎까지 잠기는 과거 안에 버티고 서서 미래를 계속 바라보는 것입니다. 하나님이 우리 힘을 넘는 힘과 우리 지혜를 넘는 지혜로 우리 곁을 지키지 않으신 적은 없습니다. 하나님을 믿는 사람이건 아니건, 우리 마음을 시들게 만들고 우리를 인간보다 못하게 만드는 모든 것에도 불구하고 최소한의 품위를 유지하며 버티게 해주는 그 무엇으로 항상 함께하셨습니다. 과거를 기억하는 것은 우리가 은혜로 오늘 여기 있음을, 우리가 살아남은 것이 선물임을 깨닫는 것입니다.

그러면 그것이 미래에 어떤 의미가 있을까요? 우리는 미래에 무엇을 바라야 할까요? 인간적으로 말하면, 우리는 인간으로서의 최선을 바랍니다. 남은 나날을 평화 비슷한 것을 누리며 사랑하는 사람들과 함께 살기를 바라지요. 우리의 최고의 꿈이 실현될 수 없다면 최악의 두려움이나마 현실이 되지 않기를 바랍니다. 우리 삶과 관련된 무엇이 어딘가에서 작게나마 유익한 변화를 이루어내기를 바랍니다. 우리의 인생이 끝날 때, 그간의 작은 선행으로 한동안 기억되기를 바랍니다. 이것이 우리의 인간적 소망입니다. 그러나 '기억하라'는 이름의 방에서는 이것을 넘어서는 소망을 보게 됩니다.

"주님께서 이루신 놀라운 일을 기억하여라." 다윗은 그렇게 찬양합니다. 하나님이 우리 각자의 삶에서 행하신 일을 기억하십시오. 더 나아가 하나님이 이 세상에서 행하신 일을 기억하십시오. 무엇보다 하나님이 그리스도 안에서 행하신 일을 기억하십시오. 이해력은 부족했지만 뜨거운 갈망에 힘입어 그리스도와 같은 삶만이 의미 있는 유일한 삶이고 그 외의 모든 삶에는 죽음만이 가득하다는 것을 엿보았던 인생의 여러 순간들을 기억하십시오. 그리스도께서 사람들을 통해 수많은 모습으로 우리를 찾아오신 순간들을 기억하십시오. 그리스도의 능력에 힘입은 사람들이 이런저런 식으로 우리를 강하게 하고, 우리에게 맞서고, 우리를 치유하고, 우리의 잘못을 지적하던 때를 기억하십시오. 이 모든 일은 과거입니다. 이 모두가 기억해야 할 내용입니다. 이것이 과거이고, 이것을 기억하기 때문에, 우리는 고귀하고 거룩한 소망을 품게 됩니다. 하나님이 이미 행하신 일을 계속 행하실 거라는 소망, 하나님이 우리와 세계 안에서 시작하신 일을 우리가 상상도 못할 방식으로 완성하시고 실현하실 것이라는 소망입니다.

다윗은 "바다와 거기에 가득 찬 것들도 다 크게 외쳐라. 들과 거기에 있는 모든 것도 다 기뻐하며 뛰어라. … 숲 속의 나무들도 주님 앞에서 즐거이 노래할 것이"(대하 16:32-33, 새번역)라고 말합니다. '할 것이다'에는 소망이 담겨 있습니다. 그날에는 더 이상 죽음이 없을 것이고, 통곡하는 일이나 우는 일도 없을 것입니다. 그때 저는 그분을 예전부터 잘 알던 사람으로 만날 것입니다. 그때 그분의 나라가 마침내 임할 것이고 그분의 뜻이 우리 안에서 우리를 통해서 우리를 위해서 이루어질 것입니다. 그때 숲의 나무들은 즐거이 노래할 것입니다. 벌써 나무들은 바람이 불어올 때 작게나마 노래하고 이 거룩한 소망을 품은 우리의 마음도 그 노래 아래서 이미 조금이나마 노래하고 있습니다.

과거와 미래. 기억과 기대. 기억하고 소망하십시오. 기억하고 기다리십시오. 그분을 기다리십시오. 우리 모두 그분의 얼굴을 압니다. 과거 어디선가 그 얼굴을 희미하게 보았기 때문입니다. 우리 모두 그분의 생명을 갈망합니다. 과거 어디선가 누군가 그렇게 사는 것을 보았기 때문입니다. 어쩌면 우리가 그렇게 살았던 순간이 있었기 때문인지도 모릅니다. 그분을 기억하십시오. 옆에서 죽어간 강도를 기억하겠다고 약속하신 그분이 친히 우리를 기억하십니다. 믿음을 갖는다는 것은 기억하고 기다리는 것이며, 소망 중에 기다린다는 것은 우리의 소망함을 통해 소망의 내용이 우리 안에서 실현되기 시작한다는 의미입니다. 하나님을 찬양하십시오.

믿음

10

믿음으로 우리는 세상이 하나님의 말씀으로 지어졌다는 것을 깨닫습니다. 보이는 것은 나타나 있는 것에서 된 것이 아닙니다. … 믿음으로 노아는, 하나님께서 아직 보이지 않는 일들에 대하여 경고하셨을 때에, 하나님을 경외하고 방주를 마련하여 자기 가족을 구원하였습니다. … 믿음으로 아브라함은, 부르심을 받았을 때에 순종하고, 장차 자기 몫으로 받을 땅을 향해 나갔습니다. 그런데 그는 어디로 가는지를 알지 못했지만, 떠난 것입니다. … 믿음으로 사라는, 나이가 지나서 수태할 수 없는 몸이었는데도, 임신할 능력을 얻었습니다. 그가 약속하신 분을 신실하신 분으로 생각했기 때문입니다. … 이 사람들은 모두 믿음을 따라 살다가 죽었습니다. 그들은 약속하신 것을 받지는 못했지만, 그것을 멀리서 바라보고 반겼으며, 땅에서는 길손과 나그네 신세임을 고백하였습니다. 이런 말을 하는 사람들은 자기네가 고향을 찾고 있다는 것을 나타내는 것입니다.   히브리서 11:3, 7-14(새번역)

이따금 인생이 청산유수로 말을 걸 때가 있습니다. 크게 의식하는 것도 없고 보고 듣는 것도 없이 하루하루 살아가다가 전혀 뜻밖의 순간에 갑자기 뭔가가 너무나 강력하게 말을 걸어와 속수무책으로 허를 찔립니다. 그럴 때에는 원하건 원하지 않건 그 말에 귀를 기울이게 됩니다. 마치 그것이 내 이름을 불러 그동안 쳐다볼 엄두가 안 나던 곳을 바라보게 하고, 몇 년 동안 용기가 안 나던 것을 들을 수밖에 없게 만드는 것 같습니다. 얼마 전에 짧은 여행을 마치고 집으로 돌아가는 길에 제게 그런 일이 일어났습니다. 정확히 말하면 세 가지 사건입니다. 여행 중에 본 세 가지 이미지가 꼭 이야기해야 할 하나의 진리처럼 지금도 뇌리에서 떠날 줄 모릅니다.

첫 번째 사건은 이렇습니다. 저는 기차를 타고 뉴브런즈윅, 뉴저지, 뉴욕 시를 잇는 길고 적막한 길 어딘가를 가고 있었습니다. 하늘에 구름이 낮게 깔리고 공중에는 비가 흩날리는 잿빛 가을날이었습니다. 스산한 기운이 두통처럼 내내 떠날 줄을 몰랐습니다. 기차의 창에는 먼지가 잔뜩 끼어 있었지만 어차피 창밖에는 내다볼 만한 것이 없었습니다. 황야 같은 산업단지가 사방에 펼쳐져 있었고 뉴어크로 다가갈수록 풍경은 더욱 황량하고 황폐해졌습니다. 평평하고 피폐한 땅과 돌무더기. 숯덩이처럼 새까만 공장들. 하늘로 솟아오른 공장 굴뚝들 여기저기에서 불길이 솟아올랐습니다. 단테의 지옥에 나올 법한 풍경이었습니다. 출발지에서 너무 지쳐 있었던 터라 책을 읽을 마음도 나지 않았고 도착해서 해야 할 일에 신경이 쓰여 마음 편히 잠들 수도 없었던 저는 더러운 창을 한동안 넋 놓고 바라보았습니다. 그러다가 근처에 있는 것들 중 가장 밝은 물체에 눈길이 갔습니다. 객차의 앞쪽 끝 벽에 액자에 담겨 걸려 있는 대형 칼라 사진이었습니다.

담배 광고였는데 정확히 무슨 상표였는지는 잊어버렸습니다. 하지만 예쁜 아가씨와 잘생긴 청년이 어딘가에 같이 앉아 있었습니다. 계곡 옆인지 호숫가인지 머리 위로 파란 하늘과 푸른 나무가 보입니다. 햇빛 비치는 상쾌한 광경으로 아름다움과 젊음이 가득했습니다. 주위의 어떤 것보다 생명력으로 충만했지요. 제 마음까지 우중충하게 만들던 바깥 경치와는 너무나 달랐습니다. 그런데 그 사진의 왼쪽 아래 구석에 제가 앉은 자리에서도 보일 만큼 큰 글자로 뭔가가 적혀 있었습니다. 흡연이 건강에 해로울 수 있고, 폐암을 일으킬 수 있고 흡연자를 확실히 죽일 수 있음을 알리는 공중위생국장의 친숙한 경고문이었습니다.

그런 광고를 이전에도 수천 번 넘게 보았고 예쁜 그림에 담긴 치명적 메시지의 섬뜩한 아이러니에 주춤한 적이 없는 것도 아니었지만, 저는 그 광고에 큰 충격을 받았고 지금까지 그 기억을 잊지 않고 있습니다. 아마도 몸이 지쳐 있었던 데다가 달리 쳐다보거나 생각할 거리가 없었다는 것과도 관련이 있겠지요. 광고는 이렇게 말하고 있었습니다. "이것을 사세요. 이것이 당신을 죽일 거예요. 세상에서 가장 사랑스럽고 푸르고 순수한 모든 것 중에서 당신을 이른 나이에 병들게 만들고 당신의 인생을 끝내버릴 것들을 선택하세요. 죽기 딱 좋게 사세요."

저는 여기서 광고산업이나 담배산업을 비판하려는 것이 아닙니다. 흡연의 위험을 말하려는 것도 아닙니다. 제가 이야기하고 싶은 것은 그보다 훨씬 더 위험한 것, 그 광고가 끔찍이도 생생하게 힘껏 선포한 사실입니다. 그 광고는 '우리가 우리 자신의 최악의 적'이라고 말했습니다. 저는 그 이야기를 하고 싶습니다. 다들 그렇듯 저역시 이전에 그 광고를 수없이 보았지만 그 기차 안에서는 광고의 메시지에 머리를 얻어맞은 것 같았습니다. 오래되었지만 언제나 옳은 그 메시지가 생생하게 다가오고 온갖 방식으로 적용 가능한 것이 보였습니다. 각 나라들은 우리 모두를 파괴할 수 있는 신무기들과 오래된 적의를 쌓아놓습니다. 개개인도 그와 똑같이 합니다. 자신을 지키려고 무기를 비축하지요. 무엇으로부터 지키려는 것일까요? 여기에는 우리를 위협하는 사물들, 사람들뿐 아니라 우리 마음을 만지고 고치고 더 나은 인간다운 존재로 만들어주는 대상들도 포함됩니다. 우리는 서로가 가까이 다가오지 못하게 하고, 여차하면 가장 가까운 사람들에게 상처를 줄 요량으로 무기를 비축합니다. 다른 사람과 자기 자신에게 적의를 품고, 믿는 사람의 경우에는 하나님에 대해서도 적의를 품습니다. 남에게 드러내지 않더라도 우리는 그런 적의를 잘 압니다.

세상의 최악의 적은 세상이라고 그 광고는 말했습니다. 사실 세상은 세상의 유일한 적입니다. 정신이 멀쩡한 사람이라면 누구도 이 사실을 부정할 수 없습니다. 저는 기차 벽면에 붙어 있던 그 사진을 보고 충격을 받아 정신을 차렸고, 이 사실을 부인할 수 없게 되었습니다. 예쁜 처녀와 잘생긴 청년. 아름다운 호수와 나무들. 더 없이 순수하고 아름다운 파란 하늘. 그 모든 장면 안에 운이 좋지 않으면 우리가 결국 우리 자신을 파괴하게 될 것이라는 암울한 경고문이 작은 글씨로 들어 있었습니다. 우리 자신을 파괴할 행동을 선택하도록 누가 우리를 재촉할 필요가 없습니다. 재촉을 받지 않아도 우리는 거듭거듭 그런 행동을 선택하기 때문입니다. 담배를 피우지 않더라도, 우리는 그런 광고를 아무렇지도 않게 내버려둡니다. 예쁜 광고판이 "이것을 사면 죽을 수 있습니다"라고 말했는데, 나를 포함한 기차 안의 누구도 벌떡 일어서서 "이것 봐요. 이건 미친 짓이에요!"라고 말하지 않습니다. 우리는 자신을 파괴하는 일과 반쯤 사랑에 빠졌기 때문입니다. 우리 모두 그렇습니다. 담배 광고는 그렇게 말한 것입니다. 저는 그 사실을 줄곧 알고 있었을 겁니다. 그러나 잿빛 비가 창을 두들기고 저지의 평원들을 덜컹대며 달리는 기차 안에 지친 상태로 앉아 있던 한동안만큼은 그 사실을 그냥 아는 정도가 아니라 숨이 막힐 것 같았습니다.

두 번째 사건은 어떤 면에서 첫 번째와 비슷했습니다. 요점을 분명히 전달하기 위해 삶이 같은 내용으로 제 머리를 두 번 후려친 것 같았지요. 저는 인생을 온실에서 보내지 않았습니다. 여느 누구 못지않게 좌충우돌했고 세상의 어두운 면을 많이 보았습니다. 저는 뉴욕 시에서 태어났고 떠났다 돌아오길 반복하며 그곳에서 여러 해를 살았습니다. 웨스트 42번가를 많이 거닐었는데 그곳의 풍경을 보지 않으려고 애쓰면서도 보았습니다. 보고 싶은 마음과 보지 않으려는 노력이 동시에 있었습니다. 저는 호객꾼들이 성인전용 서점과 성인용품점 입구에서 서성이며 지나가는 사람을 부르는 모습을 보았습니다. 그다지 예쁘지 않은 처녀들과 그리 잘생기지 않은 청년들—그중 상당수는 가출 청소년이었습니다—이 달리 팔 것이 없어 얄팍하고 서툴게 자기 몸을 팔아 목숨을 이어가려 하는 모습을 보았습니다. 그 모든 풍경 한복판에는 비틀대며 돌아다니거나 건물 앞 쓰레기 옆에 고꾸라진 42번가의 주정뱅이들이 있었습니다. 미소를 지으며 지나칠 수 있는 쾌활하고 익살스런 주정뱅이가 아니라 눈이 시뻘겋고 화가 나서 씩씩대는 술꾼들이었고, 그들 중 상당수는 소수인종 사람들입니다. 뉴욕 시에서는 화가 나서 씩씩댈 만한 일이 소수인종들에게 더 많이 일어나기 때문입니다.

저는 그 모든 풍경을 보아왔고 앞으로도 분명히 다시 보게 될 것입니다. 그런데 기차에서 내려 포트오소리티 버스터미널로 가는 길에 마주한 그 모든 광경이 처음 보는 것처럼 눈에 들어왔습니다. 아마도 기차에서 본 광고 탓이었던 듯합니다. 담배 광고의 경우처럼, 지금 저의 관심사는 성매매 산업이나 시 정부의 무관심, 무기력, 역부족, 또는 알코올 중독의 폐해를 비판하는 것이 아닙니다. 저의 말문을 막고 우리 세계를 비판한 것은 제가 본 광경 그 자체였습니다. 저는 그 광경에 갑자기 덜컥 겁이 나 옴짝달싹 못할 지경이 되었습니다. 주위에 숨을 곳이 있었다면 달려가 숨었을 것입니다. 저는 그 광경의 야만성과 추함뿐 아니라, 제가 그 야만성과 추함에 참으로 취약하고 우리 모두가 참으로 그러하며 그런 성향이 우리의 중요한 부분을 차지한다는 사실이 너무나 무서웠습니다.

우리를 오싹하게 만드는 것들에 다들 얼마나 쉽게 마음을 빼앗기는지 갑자기 깨달은 것입니다. 우리의 교양, 종교성, 인간미 아래에는 야만적이고 불경한 인간 이하의 면모와 42번가가 내미는 유혹을 갈망하는 모습이 자리 잡고 있었습니다. 그것의 본질은 성적인 영역뿐 아니라 우리가 좋아하는 모든 영역에서 인간 이하에 머물려는 방종입니다. 야만인들처럼 서로를 이용하고 착취하고 잡아먹고, 우리 자신의 착한 자아를 파괴하려는 방종입니다. 혹시 우리가 그런 것들을 갈망하지 않는다고 말하고 싶다면, 우리의 몇 가지 꿈, 몇 가지 비밀, 모두가 치르고 있는 어둠과의 전투를 떠올려보십시오. 그것으로 충분할 것입니다. 저 또한 그런 끔찍한 곳에서 길을 잃고 헤어 나오지 못할 수 있다고 생각하니 겁이 나 꼼짝할 수가 없었습니다. 그 혼잡한 인도에서 제가 있는 쪽으로 다가오는 모든 사람이 길을 잃을 위험에 처해 있다는 사실이 두려웠습니다. 나이가 많건 적건, 옷을 잘 입었건 누더기 차림이건, 순수하건 타락했건 예외는 없습니다. 세상이 미쳐버린 것 못지않게 길을 잃었다는 사실이 두려웠습니다. 물론 수많은 방식으로 세상은 지금도 그렇습니다.

세 번째 사건은 제가 마침내 집에 돌아왔다는 것이었습니다. 버스를 오랫동안 타고 집에 도착했을 때 시간은 늦었고 주위는 어두웠습니다. 그러나 집 안에는 불이 켜져 있었습니다. 아내와 딸이 저와 함께 저녁을 먹으려고 기다리고 있었습니다. 장작난로에는 불이 타오르고 그 앞에서 고양이가 바닥에 등을 붙이고 드러누워 한쪽

발을 든 채로 잠들어 있었습니다. 집 안에도 여느 도시의 어두운 거리만큼이나 어두운 문제들이 모두에게 있습니다만, 적어도 그때는 보이지 않았습니다. 그 순간, 그곳에는 고요, 빛, 평화, 사랑뿐이었습니다. 그것이 저를 다시 집으로 이끌었고 집에 돌아온 저를 맞아 주었습니다. 42번가는 집 대문에서 300킬로미터 정도 떨어져 있었지만, 다른 의미에서는 몇 광년이나 먼 곳에 있었습니다.

집에 있으면서 저는 죄책감을 느꼈습니다. 죄책감을 느끼는 데는 우리 모두 일가견이 있지 않습니까. 저는 집에서 42번가의 피해자들과 가해자들은 누리지 못할 뿐 아니라 존재하는지조차 모르는 평화를 누린다는 생각에 죄책감이 들었습니다. 가난한 채로 사랑받지 못하고 소망 없이 세상에 태어난 사람에게 그런 평화는 남의 일일 뿐이니까요. "내가 주릴 때에 너희가 먹을 것을 주었"다고 그리스도께서 말씀하셨습니다. "나그네 되었을 때에 영접하였고 … 병들었을 때에 돌보았"다고 말씀하셨습니다(마 25:35-36). 그런데 집에 돌아옴으로써 저는 그리스도에게 등을 돌렸을 뿐 아니라 모든 병든 자, 굶주린 자, 나그네들에게 등을 돌린 것이었습니다. 그리스도께서 그들 안에 계시는데 저는 지옥에서 빠져나오는 박쥐처럼 쏜살같이 달아났습니다. 제가 있던 곳이 바로 지옥이었으니까요. 그러나 저는 죄책감에 오랫동안 빠져 있지 않았습니다. 밀려오는 죄책감과 싸웠습니다. 밤의 어둠 및 모든 어둠으로부터 잠시 안전해진 그 따스하고 밝은 집에 앉아 있으면서 훨씬 강력하고 실재하는 다른 것을 느꼈기 때문입니다.

따스함. 빛. 평화. 고요. 사랑. 제가 느낀 것들입니다. 이것들이 있는 방에 들어서면서 저는 세상 어디서건 이것들을 발견하게 되면 죄책감을 느낄 것이 아니라 소중히 여기고 보살피고 어둠으로부터 지켜야 한다는 생각이 들었습니다. 저는 도처에 있는 그런 방들을 생각했습니다. 집 안의 방들과 사람들의 내면에 있는 방들이 다 떠올랐습니다. 어떤 면에서 그 방들은 사막의 오아시스와 같습니다. 황량한 모래밭에 둘러싸여 있지만 거기서만은 푸른 식물이 자랄 수 있고 여행자들이 쉬면서 원기를 회복할 수 있습니다. 그 방들은 또한 암흑시대의 수도원들과 같습니다. 수도원들은 야만성과 학정의 한복판에서 진리와 지혜와 사랑을 보존했으니까요.

 세계와 그 안에 있는 우리 모두는 자신을 파괴하는 일에 반쯤 빠져 있고 그런 면에서 제정신이 아닙니다. 세계와 그 안의 우리 모두는 굶주린 듯 서로를 집어삼키려 안달이고 그만큼 길을 잃었습니다. 이것은 설교자의 진리, 수사적 진리, 주일학교에서 가르치는 진리가 아닙니다. 저녁뉴스에 귀를 기울여보십시오. 텔레비전을 보십시오. 우리 시대의 소설과 역사와 희곡을 보십시오. 제 얼굴과 여러분의 얼굴을 포함해 모든 사람 얼굴에서 읽어내야 할 것을 일부라도 살펴보십시오. 그러나 가끔은 다른 것을 읽어야 할 때가 있습니다. 세상에서, 그리고 우리 안에서 말입니다. 제가 집에 돌아왔던 그날 밤처럼, 우리의 내면과 외부에서 평화 같은 것이 생겨나고, 사랑이 생겨나고, 빛이 생겨나는 때와 장소들이 있습니다. 그런 것들을 발견할 때는 목숨이 거기 달린 것처럼 꽉 붙들어야 합니다. 그것이 우리의 생명줄이니까요. 평화의 빛과 사랑은 멀리서 주어지는 풍경이자 속삭임이고 생명이 흘러나오는 궁극적 출처입니다. 광기와 상실보다 더 깊숙이 자리 잡은 그것들이야말로 생명의 핵심입니다. 우리는 믿음으로 이것을 알고, 제 생각에는 믿음으로만 알 수 있습니다. 그것을 알 수 있는 다른 방법이 없기 때문입니다.

히브리서 기자는 이렇게 말합니다. "믿음으로 우리는 세상이 하나님의 말씀으로 지어졌다는 것을 깨닫습니다. 보이는 것은 나타나 있는 것에서 된 것이 아닙니다." 믿음은 보이는 것을 새로운 의미로 이해하는 방식입니다. 믿음은 세상과 우리 안에서 봐야 할 것을 바라보고, 반대증거에도 불구하고 보이는 표면 아래에 보이지 않는 것이 훨씬 많음을 소망하고 신뢰하며 믿는 것입니다.

히브리서가 말하는 "보이는 것"은 무엇일까요? 보이는 것은 제가 기차 창밖으로 내다본 황폐한 풍경, 너무 피폐해서 그 어떤 식물도 자랄 것 같지 않은 땅입니다. 보이는 것은 42번가 같은 이 세상의 모든 거리입니다. 정신 나간 주정뱅이들, 어린 매춘부들이 있고, 외로움, 공허, 잔인함, 절망의 악취가 풍기는 곳입니다. 무엇보다 보이는 것은, 정직하게 말해, 우리 모두의 내면에 그런 것들을 역겨워하면서도 매료되고 끌리는 동시에 혐오감을 느끼는 면이 있다는 사실일 것입니다. 보이는 것은 담배 광고처럼 우리를 죽이는 물건을 우리에게 팔려고 하면서도 그것을 심각하게 여기지 않는 세상입니다. 여러분과 저도 대수롭지 않게 여기며 세상이 파는 물건을 허겁지겁 사들이고 나름의 방식으로 그것을 되팝니다.

누가, 혹은 무엇이 이런 세상을 창조했을까요? 언뜻 생각하면, 이 질문에 대한 답은 하나뿐인 듯합니다. 우리 스스로가 그것을 창조했다는 것이지요. 이것이 답인 것 같습니다. 그리고 언뜻 생각하면 우리를 창조한 것이 거대한 우주적 격변이나 빙하처럼 의미도 목적도 없는 모종의 느리고 맹목적인 과정 이상의 것이었다고 보기 어렵습니다. 정말 그렇습니다. 그러나 히브리서에 따르면, "믿음으로" 우리는 똑같은 세상을 보면서도 정반대의 대답, 믿음의 대답에 이릅니다. "믿음으로 우리는 세상이 하나님의 말씀으로 지어졌다는 것을 깨닫습니다. 보이는 것은 나타나 있는 것에서 된 것이 아닙니다."

우리는 주위에서 숱하게 보고 우리 안에서 보는 광기와 상실이 세상에 대한 최종적 진실이 아니라 그 이전의 진실일 뿐이라는 사실을 오로지 믿음으로 깨닫습니다. 광기와 상실은 끔찍한 맹목과 비극적인 고집의 결과인데, 여러분과 저 못지않게 온 나라들이 거기에 개입하고 있습니다. 믿음은 마음의 눈이고, 우리는 믿음으로 사물의 표면 아래를 깊숙이 들여다봅니다. 우리는 믿음으로 모든 역경을 뚫고 세상이 그래도 하나님의 피조물이라는 사실을 볼 수 있게 됩니다. 우리를 만든 존재는 우리 자신이 아니라 하나님이십니다. 하나님이 평화롭게 살도록 그분의 평화로 우리를 만드셨고, 빛 가운데 거하도록 그분의 빛으로 만드셨고, 무엇보다 사랑받고 사랑하며 살도록 그분의 사랑으로 만드셨습니다.

이것이 사실일까요? 아니요, 물론 사실일 리 없습니다. 표면만 보자면, 표면만을 진지하게 받아들이고 인정한다면, 이것이 어떻게 사실일 수 있겠습니까? 하지만 우리의 마음이 그토록 강력하게 이것을 증언하는데, 우리 삶의 복된 순간들이 그렇게 유창하게 말해주는데 어떻게 이것이 사실이 아닐 수 있겠습니까? 그리고 '예'와 '아니오' 사이의 무인지대, 혹은 만인지대야말로 믿음이 서 있는 곳, 믿음이 언제나 서 있던 곳입니다. 보면서도 보지 못하고, 깨달으면서도 깨닫지 못하는 우리 모두는 우리 이전의 노아 영감님과 아브라함 부부와 수많은 이들이 그랬던 것처럼 '예'와 '아니오' 사이의 어딘가에 서 있습니다. 가장 깊은 최종적 진리로서의 하나님의 진리. 우리처럼 그들 중 누구도 그것을 온전히 보지 못했지만 그들은 그것을 향한 향수를 가지고 평생을 살았습니다. 그것을 고향처럼, 집처럼 추구했습니다. 그들의 이야기는 곧 우리의 이야기입니다. 우리도 평화가 무엇인지, 빛이 무엇인지, 사랑이 무엇인지 멀찍이서 보았고 우리 집의 그 방과 같은 어떤 것 안에서 그것을 보았기 때문입니다. 기차를 타고 버스도 탔던 그 비 오는 날, 사랑에 이끌려 돌아갔던 방, 저녁식사와 밤을 견디기에 충분한 사랑이 저를 기다렸던 그 방에서 말이지요.

여러분에게 그 방이 상징하는 것이 고요함이건 빛이건 믿음의 가능성이건 긍정이건 그 집의 고요하고 밝은 방은 그 안에서 치유와 소망을 찾게 되는 방이고 전망 좋은 방입니다. 그곳은 기차의 창처럼 황폐함이 가득한 풍경이 내다보입니다. 굶주린 사람들, 외로운 사람들, 병든 사람들이 가득한 42번가가 내다보입니다. 그곳에서 보이는 온갖 나그네들은 알고 보면 나그네가 아닙니다. 우리가 알건 모르건 그들과 우리는 함께 같은 고향을 찾고 있기 때문입니다. 우리를 무서워 벌벌 떨게 만드는 정신 나간 이들과 길 잃은 이들도 다르지 않습니다. 너무나 많은 면에서 그들과 우리는 너무나 비슷합니다.

때가 되면 우리는 그들을 조금은 사랑할 수 있을지도 모릅니다. 우리가 사는 거리에서 그리 멀지 않은 곳에 있는 그들이 배고플 때 먹을 것을 줄 수 있을지도 모릅니다. 그들이 병들고 외로울 때 찾아갈 수 있을지도 모릅니다. 그리고 어쩌면, 가장 어려운 일이지만, 굶주림과 질병과 외로움이 그들이 아닌 우리의 것이 될 때 그들이 와서 우리를 돕도록 허락할 수 있을지도 모릅니다. 예수님은 그분의 옷자락을 만진 여인에게 "네 믿음이 너를 온전하게 하였다"(막 5:34, 한글흠정역)고 말씀하셨습니다. 어쩌면 우리도 은혜를 입거나 운이 좋거나, 그분의 한 부분이건 굳게 붙들어서, 우리가 가진 믿음이 우리를 온전하게 만들고 마침내 사람 비슷한 존재가 될 수 있을지 모릅니다. 세상의 잃어버린 얼굴 이면에서 능력과 영광과 거룩함 비슷한 것을 보게 될지 모릅니다. 어쨌거나 그것이 고향이 있는 방향입니다. 우리가 애지중지하는 방들과 가장 참된 꿈 안에서 희미하게 보았던 고향, 친히 우리의 최종 고향이자 안식처요, 우리의 나라이자 왕이신 그분의 얼굴에서 보았던 그 고향 말입니다.

소망

11

모세는 미디안 제사장인 그의 장인 이드로의 양 떼를 치는 목자가 되었다. 그가 양 떼를 몰고 광야를 지나서 하나님의 산 호렙으로 갔을 때에, 거기에서 주님의 천사가 떨기 가운데서 이는 불꽃으로 그에게 나타났다. 그가 보니, 떨기에 불이 붙는데도, 그 떨기가 타서 없어지지 않았다. 모세는, 이 놀라운 광경을 좀 더 자세히 보고, 어째서 그 떨기가 불에 타지 않는지를 알아보아야 하겠다고 생각하였다. 모세가 그것을 보려고 오는 것을 보시고, 하나님이 떨기 가운데서 "모세야, 모세야!" 하고 그를 부르셨다. 모세가 대답하였다. "예, 제가 여기에 있습니다." 하나님이 말씀하셨다. "이리로 가까이 오지 말아라. 네가 서 있는 곳은 거룩한 땅이니, 너는 신을 벗어라." 하나님이 또 말씀하셨다. "나는 너의 조상의 하나님, 곧 아브라함의 하나님, 이삭의 하나님, 야곱의 하나님이다." 모세는 하나님을 뵙기가 두려워서, 얼굴을 가렸다.

출애굽기 3:1-6(새번역)

이미 감람 산 내리막길에 가까이 오시매 제자의 온 무리가 자기들이 본 바 모든 능한 일로 인하여 기뻐하며 큰소리로 하나님을 찬양하여 이르 되 찬송하리로다 주의 이름으로 오시는 왕이여 하늘에는 평화요 가장 높은 곳에는 영광이로다 하니 무리 중 어떤 바리새인들이 말하되 선생 이여 당신의 제자들을 책망하소서 하거늘 대답하여 이르시되 내가 너희 에게 말하노니 만일 이 사람들이 침묵하면 돌들이 소리 지르리라 하시 니라.

누가복음 19:37-40

구약성경 역사에서도 아주 중요한 순간입니다. 어쩌면 핵심적인 순간일지도 모르겠습니다. 모세는 길손과 나그네로 낯선 땅에 있었 습니다. 그곳은 아카바 만의 동안에 위치한 미디안이었습니다. 그 는 히브리인 노예를 때리던 이집트인을 살해하고 그곳으로 달아났 습니다. 사람을 죽였다는 자책감을 가진 채로 목숨을 건지기 위해 모든 것을 버리고 달아났던 것입니다. 그는 미디안 여인과 결혼하 여 정착하고 광야의 호렙산 기슭에서 장인의 양 떼를 치고 있었습 니다. 그런데 갑자기 그 순간이 찾아왔습니다. 떨기나무에 불이 붙 었습니다. 불길이 확 일어나 주위 공기에 파문을 일으켰습니다. 떨 기나무는 잎과 줄기까지 온통 불이 되어 공기가 타는 것처럼 탁탁 소리를 내며 넘실거렸습니다. 그러나 불이 붙었지만 떨기나무는 타 버리지 않았습니다. 기적의 불이었기 때문입니다. 그 불은 모세가 설명할 수 없는 불이었기 때문입니다. 설명할 길이 없기는 우리도 마찬가지입니다. 그저 그것이 진짜 불이 아니라 모세의 불타는 상상력이 만들어낸 허구였다든지, 후대에 와서 날조된 경건한 이야기일 뿐이라고 그 실체를 부정하는 설명을 할 수 있을 뿐입니다.

그런데 불붙은 그 순간에 한 목소리가 불꽃처럼 일어나 하고많은 말 중에서도 모세의 이름을 콕 집어서 말했습니다. "모세야, 모세야." 두 번 불렀습니다. 모세는 자기 이름이 불리는 소리에 꼼짝없이 붙들렸습니다. 우리라도 그랬을 것입니다. 우리와 우리 이름은 하나라고 할 만큼 긴밀한 관계이기에 우리 이름이 들리면 원하지 않더라도 귀를 기울일 수밖에 없습니다. 거기다 우리 이름을 부르는 소리는 우리 이름과 우리를 아는 소리이고 우리에게 할 말이 있는 목소리인 데다 우리의 귀 기울임과 대답에 따라 모든 것이 달라질 수도 있습니다. 그래서 나그네와 길손이었던 모세는 사람을 죽인 일로 지독한 죄책감을 느끼며 양의 똥을 신발에 묻힌 채로 거기 서서 귀를 기울였습니다. 그리고 대답했습니다.

"제가 여기에 있습니다." 모세는 그렇게 말하고 다음에 무슨 일이 벌어질지 모른 채 기다렸습니다. 벼락이 내리쳐서 그를 떨기나무처럼 불붙게 할지도 모를 일이었습니다. 그러나 뜻밖의 일이 벌어졌습니다. 떨기나무에 붙은 불에서 나온 목소리는 이렇게 말했습니다. "네가 서 있는 곳은 거룩한 땅이니, 네 발에서 신을 벗어라." 양들이 더럽혀놓은 고지대 광야, 관목이 많은 그 작은 땅, 고상한 동기는 전혀 없이 오로지 목숨을 건지려고 모세가 도망쳐온 무인지대의 그 땅이 거룩하다고 말했습니다. 그곳은 떨기나무에 불이 붙었던 것처럼 하나님으로 불붙은 곳이었기 때문입니다. 그다음에 목소리는 정체를 밝혔습니다. 하나님, 아브라함과 이삭과 야곱의 하나님의 목소리라고 했습니다. 그러자 모세는 얼굴을 가렸습니다. 출애굽기에는 나와 있는 내용입니다. "하나님을 뵙기가 두려워서" 그랬다고 합니다. 하나님이 그다음에 어떤 말씀을 하실지 그가 조금이라도 눈치챘다면 더욱 두려워했을 것입니다. 그것은 구약성경이나 다른 어떤 곳의 어느 말씀 못지않게 거룩하고 준엄한 말이었기 때문입니다. 그 말은 '가라'였습니다.

제일 좋은 옷을 꺼내 입고 가끔 교회에 가는 습관이 있는 사람들이라면 여러 문제 중에서도 교회가 무엇인지 생각해보는 것이 좋을 것입니다. 우리가 계속 찾는 이 교회는 무엇일까요? 건물로 말하자면 사면 벽과 지붕입니다. 그 건물의 기초는 모세와 그의 불붙은 떨기나무가 등장하는 오래된 이 이야기가 어떤 식으로든 참이라는 명제, 그 이야기가 아무것도 아니었다는 식으로 쉽사리 설명할 수는 없다는 명제입니다. 아주 오래 전 아카바 만의 동쪽 해안에서 뭔가 비범한 일이 벌어졌습니다. 각 교회에 있는 우리의 존재, 우리 같은 수많은 사람들의 존재야말로 그 사건의 반향이 오늘날까지 이르고 있다는 증거입니다. 그리고 이것이 교회가 존재하는 이유입니다. 우리가 교회에 나가는 제대로 된 이유이기도 하지요. 물론 우리는 종종 그 이유를 망각하고 훨씬 구차한 이유들로 교회에 나가기는 합니다. 하나님이 세상 어디에나 계신다면 그분이 모든 곳에 계신다는 것이고, 모세가 섰던 땅이 거룩하다면 교회들이 서 있는 작은 구역의 땅도 거룩합니다. 오래된 교회 벽, 오래된 교회 건물들은 이 믿음 위에 세워졌습니다. 온 땅은 거룩합니다. 하나님이 그 위에서 자신을 알리시기 때문입니다. 이 말은 교회가 다른 어떤 장소보다 더 거룩한 것은 아니라는 의미입니다. 하나님은 다른 어느 곳보다 교회에 더 많이 계시는 것이 아닙니다. 그러나 교회를 특별한 방식으로 거룩하게 만드는 요소는 그 안에서 우리가 더 분명하게 존재한다는 점입니다.

제 말은 우리가 교회에 제대로 나가면, 대부분의 장소를 찾는 경우보다 더 온전하고 적나라한 모습이 되며 인간적인 모습도 더 많이 드러난다는 뜻입니다. 우리는 신발에 똥을 묻힌 모세처럼 교회에 나갑니다. 삶의 먼지와 우리의 실패, 기만, 위선을 뒤집어쓴 채 돌아다니다가 더러워지고 아픈 발을 이끌고 나옵니다. 모세처럼 다른 사람의 생명을 빼앗은 적은 없다 해도, 우리는 타인에게 사랑을 주지 않습니다. 심지어 가장 가까운 사람들에게도 그렇습니다. 그들을 사랑했다면 우리의 삶은 말할 것도 없고 그들의 삶까지 살 만해졌을 텐데 말입니다. 우리는 모세처럼 있는 모습 그대로 이곳에 왔고, 모세처럼 나름의 방식으로 나그네와 길손이 되어 이곳에 나왔습니다. 우리가 진정으로 속한 곳이 어디이고 진정한 집이 어디건, 우리 마음은 우리가 그것을 잃어버렸고 길을 잃었음을 알기 때문입니다. 우리 삶에서 빠져 있는데 이름도 댈 수 없는 그 무엇, … 그것의 원래 자리인 우리 모두의 내면에 있는 빈자리를 통해 우리가 무엇보다 잘 아는 그 무엇. 우리는 잃어버린 것을 찾으러 여기 왔습니다. 우리가 도달할 수 있는 최고의 모습에 비추어보면 우리는 길을 잃었고 자신을 구원할 힘도 없다는 사실을 인정하러 여기 왔습니다. 우리 죄를 고백하러 여기 왔습니다.

이것이 교회가 무엇인가, 교회 안에서 우리는 무엇인가에 대한 슬픈 탐색입니다. 그러다 갑자기 불이 보입니다! 떨기나무에 불꽃이 일어납니다. 그리고 그 목소리가 우리 이름을 부릅니다. 피터, 존, 앤, 메리. 심장이 쿵 내려앉습니다. "너! 바로 너!" 그 목소리가 말합니다. 정말일까요? 이 장소에서 인간의 목소리 이외의 다른 목소리가 들릴까요? 여기서 크리스마스이브의 촛불 말고 다른 불꽃이 일렁일까요? 저는 그렇다고 생각합니다. 여러분이 귀와 눈을 열어놓고 있으면, 이따금 정말 보잘것없는 설교에서도 어떤 말이 불꽃을 피워 올릴 것입니다. 짧은 기도나 찬양, 심지어 어떤 순간의 침묵, 갑자기 눈에 들어온 옆자리의 사랑하는 사람이나 경고 없이 여러분의 마음을 만진 낯선 사람의 얼굴이 불꽃을 피워 올릴 것입니다. 이런 것들은 우리가 들을 수밖에 없도록 우리의 이름을 부르는 순간들입니다. 이런 것들은 깊은 침침함과 슬픔과 상실에 빠져 있는 우리를 그보다 더 깊은 곳에서 부르는 거침없는 호출의 메아리입니다. 이 목소리는 모세에게 이런저런 식으로 말을 건 바로 그 목소리입니다. "가라! 존재하여라! 살아라! 사랑하여라!" 이 목소리는 우리를 비범하고 운명적인 여행으로 떠나보냅니다. 그런데 우리에겐 확실한 지도가 없고 도착하기 전까지는 목적지도 분명히 알지 못합니다. 그리고 그 순간이 지속되는 한, 우리는 그 목소리가 옳을지도 모른다고 생각합니다. 우리가 서 있는 땅이 정말 거룩한 땅일지도 모릅니다. 우리가 여기서 그 음성을 들었기 때문입니다. 그 목소리가 우리의 이름을 불렀습니다.

이런 것을 믿는 일은 미친 짓일까요? 심각한 질문입니다. 하나님을 믿는 것은 미친 짓입니까? 그렇다면 모호하고 어느새 지나가는 이런 모호한 순간들을 통해 우리에게 말씀하시고 그런 순간들이 우주의 진정한 의미와 신비를 들여다보는 창이라는 것을 믿으라 하시는 하나님을 믿는 것은 어떻습니까? 이것은 일종의 미친 일이 분명합니다. 최근 한 유명한 과학자가 우주가 무엇인가에 대한 확정적인 답변을 내놓았습니다. "우주는 존재하는 모든 것이고 존재했던 모든 것이자 앞으로 존재할 모든 것이다." 우주를 이해하고 싶다면 답을 얻기 위해 오로지 우주만을 바라보아야 한다는 것입니다.

세상은 어디에서 왔으며 어디로 가고 있을까요? 그 과학자는 지질학자와 우주학자에게 물어보라고 할 것입니다. 천체물리학자, 철학자들에게도 물어볼 수 있겠지요. 지금은 과학이 답하지 못하는 문제가 있다 해도, 정부가 연구 자금을 더 많이 투자하고 기술이 점점 발전함에 따라 미래에는 과학이 답하지 못할 문제가 없을 것입니다. 인간은 무엇입니까? 지난 몇 년간 생물학, 생화학, 유전학이 놀랍게 발전했습니다. 그리고 뇌의 구조, 질병의 성질, 생명 그 자체의 화학적 기원과 구성 같은 문제들의 해결책이 매일 더 가까워지고 있습니다. 어쩌면 여러분은 이론적인 질문보다는 실제적인 질문들을 갖고 계실 수도 있겠네요. 우리는 지금 같은 몸과 뇌를 가지고 어떻게 세상에서 성공할 수 있을까요? 어떻게 하면 건강을 유지하고 암을 고칠 수 있을까요? 현대 생활의 심리적 긴장에 어떻게 대처해야 할까요? 경제적으로 환경적으로 무너지지 않고 살아남을 방법은 무엇일까요? 군비경쟁은 어떻게 해결해야 할까요? 아프리카에서 굶어 죽어가는 수만 명의 사람들은 어떻게 하지요? 파탄 난 결혼은요? 자살을 기도하는 열여덟 청소년은요?

우리 모두 인생이 목적도 의미도 없어 보이는 때, 거대한 고양잇과 동물이 우리 가슴에 앞발을 대고 우리 숨을 빨아들이는 것 같은 혼란에 사로잡힐 때가 있습니다. 그럴 때는 무엇을 할 수 있을까요? 어디를 바라볼 수 있을까요? 글쎄요, 행운의 별에 감사를 표할 수 있다고 많은 이들이 말합니다. 세상에는 그 모든 문제를 해결하기 위해 연구하는 전문가들로 가득하다는 것이지요. 우리는 그들을 바라볼 수 있습니다. 그들은 고대의 온갖 신화와 꿈과 미신을 과거지사로 돌리고 인류가 가진 문제들의 해결책을 찾되, 답이 있는 유일한 곳에서 찾는 데 투신한 사람들입니다. 그곳은 이곳, 더없이 복잡한 우주 한복판입니다. 존재하는 모든 것이고 존재했던 모든 것이자 앞으로 존재할 모든 것인 우주 말이지요.

교회의 존재는 그런 견해에 대해 우리가 할 수 있는 말이 '틀렸다'는 것 하나뿐이라는 믿음을 증언합니다. 그들의 끔찍한 제정신에 대해 우리가 내놓을 수 있는 답은 하나뿐입니다. 그것이 궁극적으로는 정신 나간 견해라는 것입니다. 우주 자체와 만물을 붙잡고 있는 힘 너머의 힘, 사랑 너머의 사랑이 있다고 웅변하는 고대의 신화들과 꿈들, 그것이 반영하는 실재를 부정하면 우리는 대단히 피폐해질 따름입니다. 세상의 핵심에는 인류가 온갖 기발함과 지혜를 발휘한 설명으로도 그 존재를 부정할 수 없고 그것 없이는 온전하게 살 수도 없는 거룩함과 신비가 있다는 꿈을 인류는 계속 꿉니다. 미디안 광야의 떨기나무처럼 순간순간 불꽃이 계속 피어올라 우리 앞에 쭉 뻗은 길을 잠시나마 밝게 비추어줍니다. 그런 순간들에 우리는 용기와 담력이 있다면 끝까지 따르게 될 목소리를 듣게 됩니다.

제가 보기엔 한 인간이 '우주가 존재하는 모든 것'이라고 말하는 것은 사과 안에 있는 벌레가 '사과가 존재하는 전부'라고 말하는 것과 같습니다. 우리가 우주의 모든 문제를 해결하고 건강하고 아무 문제없고 적응력을 갖춘 상태로 우리 지식에 자부심을 느끼며 이 자리에 선다 해도, 우리는 여전히 모세처럼 인간 이하의 모습이라는 오물을 신발에 묻힌 채 우주가 우리의 유일한 고향일 리가 없다고 명치로 느끼며 서 있을 것입니다. 왜냐하면 우리의 진정한 고향은 다른 곳에 있다는 사실을 그 무엇보다 확실히 알기 때문입니다. 비록 꿈에서밖에 보지 못했어도 말입니다. 그 꿈들은 교회를 떠받치는 궁극적 광기이거나, 그것을 광기라 부르는 사람들이 더 미쳤다면 반대로 궁극적 제정신일 것입니다.

그러나 이런 얘기는 그만합시다. 우리는 이 교회에 나왔습니다. 여러 세기 동안 우리와 같은 다른 이들도 교회에 나왔으니, 그들에게 관심을 기울여야 합니다. 수년에 걸쳐서 이곳에 나오게 된 사람들 말입니다. 그들이 온 이유, 이곳에 왔을 때 발견한 것, 혹은 발견하지 못한 것에 관심을 가져봅시다. 사람들은 여느 지역 여느 교회를 찾아가는 것과 같은 이유들로 이 교회에 나왔고, 제가 볼 때 그 이유들 중 상당 부분은 우리의 이유가 그렇듯 사소합니다. 그들이 교회에 나온 것은 일요일에 달리 할 일이 없었기 때문이고 졸면서 넘겨볼 9천 쪽 분량의 〈뉴욕타임스〉가 없었기 때문입니다. 그들은 친구들을 보러 왔고 친구들에게 얼굴을 보여주러 왔습니다. 늘 오던 습관에 따라 왔고, 선조들의 전통에 따라 왔습니다. 그들은 즐거운 시간을 가지려고 왔고, 좋은 가르침을 받으려고 온 이들도 있을 것입니다. 마음 깊은 곳에서는 거의 믿지 않지만 누가 교회에 나오고 안 나오는지 지켜보는 신이 있을지도 모르니까 신에게 잘 보이는 쪽을 선택한 이들도 있습니다. 그들은 이곳에서 즐거운 시간을 보낼 때도 있었고 지루해 죽을 지경일 때도 있었습니다. 자신과 삶에 대해 오래 생각할 때도 있었지만 대체로 그들의 마음은 불안, 공상, 백일몽에 빠져들었을 것입니다. 버스를 타거나 치과에서 차례를 기다릴 때처럼 말이지요. 목사들도 아마 그리 다르지 않았을 것입니다. 마음을 다해 목회를 할 때도 있었겠지만, 끝마쳐야 할 일, 전해야 할 설교, 걷어야 할 헌금 등의 업무로 대할 때도 있었습니다.

목사들과 성도들 모두 해가 지나도 계속 교회에 나오는데, 그 결과로 그들의 삶이 달라졌다면 어떻게 달라졌는지 누가 말하겠습니까? 어느 일요일에 그들을 붙들고 묻는다면 아마 별로 변하지 않았다고 대답할 것 같습니다. 하지만 그래도 그들은 계속 찾아옵니다. 그리고 저는 그들이 그렇게 계속 교회를 찾는 온갖 시시한 이유들

근저에, 본인도 제대로 의식하지 못할 만큼 깊은 곳에 숨겨져 있는 이유가 있다고 생각합니다. 제가 그 이유를 규정할 만한 단어를 내놓는다면, '소망'이라고 말하고 싶습니다.

어색해하는 청년과 수줍어하는 소녀들이 이곳에 와서 결혼식을 올렸습니다. 잔뜩 겁을 먹어 다리가 후들거리면서도 과연 지킬 수 있을까 싶은 과감한 서약을 바로 이 그늘 아래서 중얼거렸습니다. 그리고 그들은 이곳에 아기를 데려와 세례를 받게 했습니다. 목사가 아기를 품에 안고 그 이마에 십자가를 그리며 물을 뿌릴 때 아기가 죽어라고 울어대는 일이 없기를 바라며 길고 하얀 옷을 입혀 왔지요. 그들은 이곳에 와서 죽은 가족을 묻었습니다. 시신들은 생명이 다해 꼼짝하지 않았지만 가족의 죽음 앞에서 유족들이 느끼는 사랑과 죄책감과 슬픔과 안도감은 그들의 내면에서 생명이 다하지 않아 꿈틀대고 있었습니다. 다시 말해 그들이 이 지붕 아래서 했던 일은 본질적으로 그들의 인생에서 가장 귀한 순간들을 하나님 앞에 올려드린 것이었습니다. 그 순간들을 거룩하게 만들고 그들의 서약을 듣고 인치며, 그들의 자녀들을 상상도 못할 그분의 나라로 맞아들이고, 그들의 죽은 자들을 일으켜 소중히 맞이할 하나님이 계신다는 소망을 품고서 말입니다. 저는 몇 세대의 사람들이 이곳에 함께 앉아 있는 모습을 봅니다. 나이 든 분들이 제일 좋은 주일용 정장 차림에 다소 불편해하며 문처럼 꼭 닫힌 얼굴이라면, 젊은이들은 물막이 판자 같은 공허한 얼굴입니다. 그러나 그 얼굴들의 이면 깊숙한 곳, 그들의 백일몽과 지루함 안쪽의 더 깊숙한 곳, 그들이 묘사할 수 있는 방랑하는 정신의 지평선 너머에는 소망이 있습니다. 이곳의 모든 말과 음악과 침묵 어딘가에서, 우주 자체의 신비보다 더 큰 신비로부터 그들이 다른 모든 목소리와 구별할 수 있는 목소리가 흘러나와 그들의 이름을 부르고 그들을 축복할 거라는 소망입니다.

제가 한때 교목으로 섬겼던 학교 교회가 생각납니다. 학교 안에 있는 교회다 보니 사람들이 그곳에서 결혼을 하거나 세례를 받거나 장례식을 치르는 일은 거의 없었습니다. 회중석에 앉는 사람들은 부자, 가난뱅이, 비렁뱅이, 도둑 등 지역민들이 아니라 십 대 남학생들이었습니다. 생김새도 덩치도 제각각이고 여러 지역 출신에다 종교적 배경도 다양한 수백 명의 남학생들이 그 자리에 있었습니다. 그들이 교회에 나오는 이유는 안 나오면 빌어먹을 교장실로 끌려가기 때문이었습니다. 그래서 그들은 넥타이를 올리고 아침식사를 힘겹게 삼키며 마지막 종소리가 끝나기 전에 교회 안으로 들어오려고 흩날리는 가을 낙엽이나 눈을 헤치고 달려왔습니다. 그들 중 상당수는 종교 일반과 특별히 교회에 대한 적대감, 하나님의 일 전반에 대한 회의, 설령 흥미가 있더라도 절대 그렇게 보이지 않겠다는 결심 등으로 무장하고 있었습니다. 이 모두를 더해보면, 첫인상과는 달리 그 학생들이 여러분과 저와 많이 다르지 않다는 것을 알 수 있습니다. 우리 모두의 내면에도 종교와 교회와 하나님에 대한 의심, 회의, 적개심으로 가득한 그 무엇이 있기 때문입니다.

그 학생들이 교회에서 무엇을 발견했을까요? 학생들을 맞이한 것은 그들과 그 가족들을 몇 년째 알고 지낸 목사가 아니라 계속 바뀌는 방문설교자들이었습니다. 그들 중 상당수는 당대의 위대한 설교자였습니다. 그들은 전능하신 하나님의 이름은 물론 학교의 이름에도 누가 되지 않도록 재치와 웅변을 발휘해 복음을 전했습니다. 학교의 화신이라 할 만한 교장은 연단 위의 설교자들 옆에 사자처럼 위엄 있게 버티고 앉아 있었습니다. 저는 그곳에서 9년 동안 학생들을 지켜보았습니다. 저는 그런 어려운 일은 말할 나위도 없고 이전에 누구를 상대로도 사역해본 적이 없는 젊은 풋내기 신임 교목이었습니다. 그래서 저는 제가 할 수 있는 일을 했습니다. 다른 설교자들처럼 역량을 총동원해 제가 믿는 신앙을 제시했지요.

저는 그 자리에 있는 남학생들 중 상당수에게는 지금이 그들이 교회에 들어올 마지막 기회라고 생각했습니다. 그것은 누가 되었건 그들에게 그리스도에 대해, 그리고 그리스도와 함께하는 인생이 어떤 것이고 그리스도 없는 인생이 어떤 것인지 말해줄 마지막 기회일 거라는 의미였습니다. 그래서 저는 9년 내내 안절부절못했고 설교단에 오를 때마다 입이 바짝 마르고 속이 울렁거렸습니다. 제가 얼마나 절박한 일을 감당하고 있는가 하는 인식 때문이었습니다. 그들은 매 주일마다 지금 여러분처럼 자기 자리에 앉아 있었는데, 대부분은 그 자리에 있고 싶어 하지 않았고 그 사실을 노골적으로 드러냈습니다. 그러나 제가 지금 여러분의 얼굴을 보는 것처럼 그들의 얼굴을 바라보노라면, 가끔은 그들이 자신도 모르게 정말 귀를 기울이고 있다는 묘한 느낌을 거듭해서 받았습니다.

그 학교 교회는 일반적인 교회와 많이 달랐고 그 남학생들도 여러분이나 저와 많이 달랐지만, 귀를 기울였던 학생들의 마음속에는 여러분과 저의 마음에 분명히 있는 것, 이곳에서 예배드렸던 앞선 세대의 마음에도 있었던 것, 바로 그것이 있었을 거라고 생각합니다. 저는 우리 마음에 놓여 있는 것이 소망이고 우리 모두를 이 자리로 이끈 것도 소망이라고 생각합니다. 여러 가지 엄청난 반대 증거에도 불구하고, 그리스도께서 이곳을 걸으셨고 지금도 걷고 계시기 때문에 우리가 서 있는 땅이 거룩한 곳이라는 소망입니다. 그분이 우리 각 사람의 이름까지 아시고 우리 삶의 불붙은 순간들 속에서 우리 이름을 불러 그분이 원하시는 삶에 이르게 하시고 그분이 기대하시는 사람으로 바뀌게 하실 거라는 소망입니다. 우리 각 사람과 우리 세계의 은밀한 슬픔, 고통, 당혹스러움 안으로 그분이 마침내 들어오셔서 치유하고 구원하실 거라는 소망입니다.

종려주일에 나사렛 예수께서 나귀를 타고 예루살렘으로 입성하셨을 때 그분을 따르는 사람들은 이렇게 외쳤습니다. "찬송하리로다 주의 이름으로 오시는 왕이여." 바리새파 사람들이 예수님께 가서 그들의 신성모독을 중단시키라고 말하자 예수님은 이렇게 대답하셨습니다. "내가 너희에게 말하노니 만일 이 사람들이 침묵하면 돌들이 소리 지르리라."

이 교회. 동네 저편의 교회, 세상 저 너머의 교회. 모든 곳의 모든 교회. 언젠가 그 교회들이 하나도 남김없이 폐허가 될 날이 올 것입니다. 우리 목소리를 포함해 그 안에서 들렸던 모든 음성이 영원히 잠잠해질 날이 올 것입니다. 그러나 저는 그날에 무너진 돌들이 크고 깊은 소망을 소리 높여 외칠 거라고 믿습니다. 수 세기에 걸쳐 교회들이 존재했던 단 하나의 이유요, 우리가 지금 이 교회에 나온 바로 이유인 그 소망은 왕께서 이 세상에 참으로 오신다는 것입니다. 그분은 주님의 이름으로 오십니다. 그분은 늘 오십니다. 그분을 찬양하십시오. 그리고 그분은 종말에, 영광으로 불붙어서 오실 것입니다.

그때까지, 왕 예수시여, 당신이 우리에게 주신 모든 교회를 당신 앞에 바칩니다. 그 교회들 안에서 당신을 알리소서. 그 안에서 당신의 뜻이 이루어지게 하소서. 우리의 돌 같은 마음이 당신의 왕권을 소리 높여 외치게 하소서. 마침내 우리를 거룩하고 인간답게 만드셔서 당신의 사랑의 일을 행하게 하소서.

두 이야기

12

그러나 그리스도의 개선 행렬에 언제나 우리를 참가시키시고, 그리스도를 아는 지식의 향기를 어디에서나 우리를 통하여 풍기게 하시는 하나님께 감사를 드립니다. 우리는, 구원을 얻는 사람들 가운데서나, 멸망을 당하는 사람들 가운데서나, 하나님께 바치는 그리스도의 향기입니다. 그러나 멸망을 당하는 사람들에게는 죽음에 이르게 하는 죽음의 냄새가 되고, 구원을 얻는 사람들에게는 생명에 이르게 하는 생명의 향기가 됩니다. 이런 일을 누가 감당할 수 있겠습니까? 우리는, 저 많은 사람들처럼 하나님의 말씀을 팔아서 먹고살아가는 장사꾼이 아닙니다. 우리는, 하나님께서 보내신 일꾼답게, 진실한 마음으로 일하는 사람들입니다. 우리는 하나님이 보시는 앞에서, 그리스도 안에서 말하는 것입니다.

고린도후서 2:14-17(새번역)

몇 달 전, 한 목회자 그룹을 대상으로 스토리텔링 강연을 해달라는 편지를 받았습니다. 좋은 편지였고 사려 깊은 질문들이 많이 담겨 있었습니다. 설교에서 이야기를 효과적으로 사용하는 방법은 무엇입니까? 이야기를 사용해 요점을 어떻게 전달하십니까? 이야기의 요점을 청중이 스스로 파악하도록 맡기지 않는다면 어느 정도나 설명하십니까? 이 외에도 질문은 많았습니다. 모두가 매우 합리적인 질문들이었고 유용한 답변을 제시할 수 있을 것 같았습니다. 하지만 그 질문들에 대해 생각하면 할수록 뭔가 꺼림칙한 느낌이 들었습니다. 그 질문들은 모두 이야기를 '어떻게' 할 것인가에 관한 것이지 '무슨' 이야기를 '어떤' 목적으로 하는지에 대한 것이 아니었기 때문입니다. 그들이 합당하게 혹은 부당하게 거론한 이야기들은 일화, 관심 끌기, 예화에 해당하는 이야기, 크리스마스트리에 매다는 전구처럼 설교를 장식할 이야기들이었습니다. 어쩌면 제가 그 편지를 부당하게 평가했고 편지를 쓴 분은 전혀 그런 의도가 아니었을 수도 있습니다. 만약 그렇다면 저는 교회에서 그런 종류의 이야기를 자주 들었다는 말밖에 할 말이 없습니다. 충분히 그럴 만한 일입니다. 그런 이야기들은 나름의 자리가 있거든요. 당의정의 역할을 하는 것이지요. 그러나 그것에 대해 생각하면 할수록, 제가 유용한 문학적 조언 몇 가지를 제시할 수 있다 해도 그것이 저의 기본적인 관심사는 아니라는 생각이 들었습니다.

하지만 그 편지는 스토리텔링 자체가 대단히 흥미롭고 중요하다는 사실을 일깨워주었습니다. 설교자나 설교자 지망생뿐 아니라 모든 그리스도인에게도 그렇습니다. 스토리텔링이 더없이 중요한 이유는 기독교 신앙의 핵심에도 하나의 이야기가 자리 잡고 있고, 그 이야기가 다른 어떤 형태의 담론보다 우리 마음에 잘 와 닿으며 우리의 이야기들을 비춰주기 때문입니다. 제 생각에 이것은 바울이 고린도후서의 이 구절에서 적고 있는 내용과 관련이 있습니다. "우리는, 저 많은 사람들처럼 하나님의 말씀을 팔아서 먹고살아가는 장사꾼이 아닙니다." 여기에 담긴 이미지는 다채롭고 극도로 강렬합니다.

장사꾼은 팔고 싶은 물건들을 봇짐에 잔뜩 넣어 짊어지고 다니는 행상입니다. 그들은 가장 잘 팔릴 것 같은 물건들을 가장 열심히 팔려고 합니다. 장사꾼은 세상에 필요한 것보다는 세상이 원하는 것이나 만족감을 안겨줄 수 있는 것에 관심이 있습니다. 그리고 물건의 질보다는 성공적인 판매에 관심이 있습니다. 그러니까 하나님 말씀을 전하는 설교자가 장사꾼이라면, 설교 자체를 목적으로 삼아 거기에 집중합니다. 그들은 효과적이고 유창하고 창의적으로 설교하기 위해 최선을 다합니다. 청중이 가장 잘 받아들이고 명설교로 오래도록 기억에 남을 이야기들을 선택합니다. 설교자가 아닌 우리 역시 우리의 신앙에 대해 말할 일이 있을 때 판매성과의 측면에 집중해 가장 말하기 쉽고 쉽게 받아들여질 만한 내용을 얘기하는 경향이 있습니다.

우리는 각자 읽은 책과 했던 생각을 말합니다. 낙태와 자연보호와 핵무기의 위험 같은 큰 문제들과 그런 문제에 대해 우리가 생각하는 기독교적 답변들을 내놓습니다. 좀 더 사적으로 접근하여 자녀와 노령의 문제, 성과 결혼의 문제, 윤리적 문제들을 비롯해 우리가 겪었던 문제들과 그 문제들에 대한 기독교적 해결책, 또는 기독교적 견해를 말할 수도 있습니다. 그리고 그 과정에서 이야기가 필요하다 싶으면, 장사꾼 목사처럼 다른 사람의 이야기나 우리의 이야기도 할 수 있습니다. 그러나 대부분의 경우 우리의 다른 모든 문제들 이면에 놓인 진짜 이야기는 하지 않습니다. 인간으로 존재하는 문제, 우리 안에서도 바깥에서도 그리스도께서 결코 존재한 적이 없는 것 같은 많은 순간에 어떻게든 그분을 굳게 붙들려고 노력하는 문제 말입니다. 이것은 하나님 말씀을 거래하는 모든 장사꾼들의 공통점이라는 것이 제 생각입니다. 그들은 말해도 손해날 것이 별로 없고 얻는 것은 많을 것 같은 이야기를 합니다. 그들이 진짜 누구인지 말해주는 이야기, 우리 안에서 빛과 어둠, 믿음과 불신, 죄와 은혜가 사투를 벌이는 이야기를 꺼내봐야 큰 손해를 보고 그로 인해 얻는 것이라곤 불편한 침묵과 의심스러운 눈길이 전부일 거라고 우려합니다.

그러니 우리 모두는 어떤 식으로든 하나님 말씀을 팔아먹는 장사꾼입니다. 목사들은 대부분의 신자들보다 더 쉽게 장사꾼이 됩니다. 전문가인 그들은 물건을 보여달라는 청을 끊임없이 받기 때문입니다. 졸업식 축사를 해달라는 요청을 받고, 스토리텔링의 비결을 배우기 위해 먼 거리를 달려올 청중을 상대로 강연을 해달라는 초청을 받습니다. 그러니까 바울은 우리 모두에게 말하고 있는 것입니다. 그는 "우리는 ~이 아닙니다"라고 말합니다(우리는 그렇게 되지 말아야 한다, 그렇게 되어선 안 된다, 그렇게 안 되는 것이 신상에 좋다, 이런 뜻입니다). "우리는, 저 많은 사람들처럼 하나님의 말씀을 팔아서 먹고살아 가는 장사꾼이 아닙니다. 우리는, 하나님께서 보내신 일꾼답게, 진실한 마음으로 일하는 사람들입니다. 우리는 하나님이 보시는 앞에서, 그리스도 안에서 말하는 것입니다." 그는 '그리스도 안에서 말하는 것'이 핵심이라고 얘기합니다. 제 생각에 그것은 무엇보다 그리스도에 대해 말하는 것입니다. 본문에서 바울은 스토리텔링의 가장 중요한 부분도 말하고 있습니다. 바울의 말대로, 우리가 진실하게 말하려 하고, 말하라고 하나님이 보내신 사람답게 입술로만이 아니라 마음을 담아 말하려 한다면, 다른 어떤 이야기보다 먼저 전해야 할 것이 있습니다. 바로 그리스도의 이야기입니다.

그리스도의 이야기는 우리 모두의 출발점입니다. 그런데 그동안 우리는 거기에서 너무 멀리 떨어져 나와 그 내용을 거의 잊어버렸고 목회자들에게 귀를 기울입니다. 그러나 그들도 그 내용을 잘 모를 수 있습니다. 한때 우리는 어디서 어떻게든 그리스도의 이야기를 들었고 그것을 통해 그리스도께 나왔습니다. 그 일은 점진적으로 이루어졌을 수도 있습니다. 오랫동안 쳐다보았지만 눈에 들어오지 않다가 서서히 또렷해지는 얼굴처럼 말입니다. 여러 목소리들 중에서 서서히 구별되어 들리기 시작하다가 얼마 후에는 귀를 기울이지 않을 수 없게 되고 마음에 들지 않는 방식이라도 어떻게든 대답을 시도할 수밖에 없는 목소리 같았을 수도 있습니다. 그 과정에는 극적인 요소들이 더 있었을 수도 있습니다. 뜻밖의 순간에 누군가의 입에서 나오는 그분의 이름을 듣고 갑자기 숨이 막힌 일, 예상치 못했던 자리에서 갑자기 솟아오른 눈물. 말하려고만 한다면 누구나 할 이야기가 있을 것입니다. 하지만 그 일이 어떻게 이루어졌건, 이제는 아주 오래전 아주 먼 곳에서 벌어진 일처럼 느껴집니다. 그 이후 너무나 많은 일이 벌어진 나머지—너무 많은 책을 읽었고, 너무 많은 설교를 듣거나 전했고, 파란만장한 인생을 살았기에—우리 모두의 출발점이던 그리스도의 이야기를 다시 듣는 것은 아명은 물론이고 유년기마저 거의 잊고 살다가 갑자기 아명으로 불리는 것과 같이 되었습니다.

여호와의 증인이 집을 찾아오거나, 최근 독실해진 누군가에게 파티석상에서 붙잡혀 민망한 언어로 된 민망한 질문들을 받습니다. 거듭나셨나요? 예수 그리스도를 당신의 주와 구주로 영접했나요? 여러분은 그렇다고, 그렇다고 대답하고 싶습니다. 그러나 반쯤은 수치스럽기도 하고 어이가 없고 짜증도 나고 그 질문의 노골성과 거북함에 놀라 십여 가지 방향으로 마음이 갈라져서 말이 안 나옵니다. 여러분이 그런 민망한 언어를 구사할 일은 죽었다 깨어나도 없겠지만, 그래도 오 예수님, 어떤 의미에서 여러분의 대답은 '그렇다'이고, 그렇게 되어야 마땅합니다. 물론 방문 목적이 무엇인지 알았다면 절대 문을 열어주지 않았을 낯선 사람에게서 난데없이 그런 질문을 받으면 오싹해지긴 하겠지요. 우리 영혼의 고향에 해당하는 예수님의 이야기를 이런 만남이나 그 외 다른 방식으로 떠올리게 되는 것은 집에서 거리상으로 천 킬로미터, 시간상으로는 천 년도 넘게 떠나와 천 가지 새롭고 다양한 일을 하고 있는데 누군가가 허름하기 짝이 없는 고향집—지저분한 헛간, 내려앉은 현관 층계, 먼지 낀 창에 보이는 얼굴—의 사진을 우리 눈앞에 갑자기 들이대는 것과 같습니다. 그러나 예수님의 이야기는 그래도 집입니다. 그 헛간, 그 층계, 그 얼굴이지요. 여러분은 거기에 속한 사람들입니다. 그곳은 여러분의 것입니다. 여러분은 그곳 출신입니다. 여러분이 그곳으로 향하고 있기를 기원합니다. 그러니 이것이 바로 기억해야 할 이야기입니다. 모든 이야기를 제쳐두고 먼저 전해야 할 그 이야기입니다.

예수님의 이야기에는 빛뿐 아니라 어둠도 가득합니다. 드러내는 것 못지않게 감추는 이야기입니다. 이해한다고 생각해서는 안 되는 이야기, 그 핵심부에 있는 말할 수 없는 아름다움으로 숨 가쁘고 깨어진 우리에게 찾아오는 신비로운 이야기입니다. 많은 경우 우리는 그 이야기의 내용이 듣기 좋은 것처럼 퍼뜨리지만 결코 그렇지 않습니다. 우리는 그 이야기의 거친 면들을 매끈하게 만듭니다. 모호한 부분들과 역설들을 작게 취급합니다. 설명할 수 없는 부분은 별것 아니라는 식으로 얼버무립니다. 우리는 예수님을 눈이 맑고 이마가 반듯한 분으로 제시하지만, 세상에 당하기 전에는 어땠을지 몰라도 세상의 뭇매를 맞은 후에는 맑은 눈이 퉁퉁 부어 감겼을 테고 반듯한 이마도 다른 부위와 마찬가지로 엉망진창이 되었을 것입니다. 우리는 다른 사람들이 그분의 이야기를 받아들이게 하려고 그 시적인 아름다움과 그 이야기가 모든 문제의 해결책이라는 점을 강조합니다. "우리는 그리스도의 향기"라고 바울은 말합니다. 우리가 전하라고 받은 이야기는 그분의 역동적인 생명의 냄새가 풍기고, 우리가 받은 임무는 그 이야기를 생생하게 전하여 듣는 사람들과 전하는 우리 모두가 살아나게 만드는 것입니다.

그 이야기는 그분의 탄생으로 시작됩니다. 지저분한 헛간, 내려앉은 층계, 먼지 낀 얼굴. 때로는 그 이야기에서 천사들과 목자들과 별을 다 잊고 하나의 출생으로서 그 사건이 얼마나 경이로운 일인지 제시해야 한다고 저는 생각합니다. 그분의 출생은 더할 나위 없이 경이로운 일이니까요. 그분은 벌거벗고 무력한 자들을 돌볼 줄 모르는 세상에 통상적인 방식과 통상적인 모습으로 태어나셨습니다. 외부의 자극으로 처음 숨을 쉬게 된 아기는 자신이 어떤 운명을 맞이하게 될지 다소 감지하고 다들 그러듯 죽어라고 울어댔을 것입니다. 성전에 있던 한 노인은 그분에 대한 대단한 일들을 예언했습니다. 그를 사랑하는 어머니의 입장에서는 끔찍한 일이었고, 처음부터 끝까지 이상하기 짝이 없는 예언이었습니다. 그분은 도시에서 행방불명되어 부모에게 큰 걱정을 끼쳤습니다. 요한은 강에서 그분에게 세례를 주었지만 나중에는 자신이 사람을 제대로 보았는지 의심했습니다. 그리고 사탄을 위시하여 그분이 평생에 걸쳐 만난 거의 모든 사람이 그분을 유혹했습니다. 가장 친한 친구, 제자들, 어머니와 동생들, 적들. 그들 모두 이런저런 식으로 그분에게 깊은 물속으로 뛰어들지 말고 무난한 수면 위에 머물라고 유혹했습니다. 눈으로 볼 수 있는 기적을 행하고, 배 속에서 느껴지는 허기를 채우고, 만질 수 있는 몸의 질병을 고치고, 권력자들 사이에서 힘을 얻고, 힘없는 자들, 죄인들, 낙오자들을 역병 피하듯 피하고, 겉으로 볼 때 의로운 자들, 공개적으로 경건을 행하는 자들과 함께 다니라고 권했습니다.

그러나 이사야는 그분에 대해 "마른 땅에서 나온 뿌리 같아서"(53:2)라고 말합니다. 그분은 평생을 두더지처럼 다니며 사물의 뿌리를 뒤졌습니다. 몸의 질병보다 더 지독하지만 탐지되지 않는 질병, 묻어버린 죄, 감추어진 거룩함을 살핀 것입니다. 위경 〈도마복음〉에서 예수님은 이렇게 말씀합니다. "나무를 쪼개라. 내가 거기 있다. 돌을 들어 올려라. 거기서 나를 보게 될 것이다"(77). 우리는 언제나 저 아래 깊숙한 곳에서 그분을 찾아야 하고, 우리의 내면 깊은 곳에서 그분의 가장 강력한 기적이 일어납니다. 그분은 소수의 소중한 친구들을 사귀었고 많은 적을 만들었습니다. 그분의 가르침을 이해한 사람, 감히 이해하고 싶어 한 사람은 거의 없었습니다. 가까운 사람들도 다르지 않았습니다. 그리고 결국 그들이 그분을 죽였습니다. 그분을 죽이는 데 쓰인 으스스한 물건은 다 잊으십시오. 그와 관련된 충격과 공포는 이미 의식(儀式)의 일부가 되어버린 지 오래니까요. 그들이 그분을 죽였습니다. 그것이 전부입니다. 그분은 어떤 것도 모면하지 않았습니다. 그 과정은 이루 말할 수 없이 끔찍했고, 지독했습니다. 그러나 그 이후에 아주 특별한 일이 벌어졌습니다.

그 일을 달리 설명하려고 애써보지만 소용없습니다. 너무나 오래전 일이고 터무니없고 말도 안 되는 일인 데다 그 이후 더 그럴듯하고 감당할 수 있는 다른 일들이 너무 많이 벌어진 터라 적당히 뭉개고 넘어가려 해도 부질없습니다. 그 이야기를 다르게 표현하거나 희석시켜줄 만한 말을 아무리 찾아봐도 소용없습니다. 그분이 죽은 다음에 벌어진 일은 분명합니다. 그분은 더 이상 죽은 몸이 아니었습니다. 죽지 않았습니다. 유령이 아니었습니다. 차라리 우리 쪽이 유령에 가깝다고 할 수 있지요. 어둠에 속한 최악의 것(죽음-옮긴이)이 원자처럼 둘로 쪼개졌습니다. 그 폭발로 역사가 뿌리째 흔들렸습니다. 때로는 잊어버리기도 하지만 우리도 뿌리째 흔들린 적이 있습니다. 그 낙진이 오늘날까지 이어집니다. 눈이나 재, 빛처럼 소리도 없고 감지할 수도 없이 떨어져 내립니다. 그러나 그것은 죽음의 낙진이 아니라 생명을 나눠주는 낙진입니다. 여러분과 제가 이 자리에 있는 것은 그것이 우리에게 나눠준 작은 생명 때문입니다. 예수님의 이 이야기 때문에 우리의 이야기 하나하나는 수많은 방식으로 달라졌습니다. 그렇기 때문에 우리는 그분에 대해 말할 때 그분이 함께하는 우리와 그분이 없는 우리에 대해서도 말해야 합니다. 그것은 우리가 기억하고 말해야 할 우리 안에 있는 다른 이야기이기 때문입니다. 우리 자신의 이야기 말입니다.

바울은 우리가 진실한 마음을 가진 사람들이라고 말합니다. 우리가 그런 사람이 아니라는 것이 세상의 평판이고 진실한 것과는 정말 거리가 멀다면 하나님의 도우심을 구할밖에요. 우리는 그리스도 안에서 진리를 말하도록 보냄을 받았습니다. 그런데 우리 자신의 이야기, 우리 안에서 숨을 쉬는 이야기만큼 우리가 진실에 더 근접한 이야기는 없습니다. 문제는 우리가 그리스도의 이야기와 함께 이 이야기도 하지 않을 가능성이 높다는 것입니다. 자신의 이야기를 불편하게 여기고 진실을 두려워하는 탓이기도 하고 그 내용을 반쯤은 잊어버렸기 때문이기도 합니다. 그러나 우리는 그 이야기를 해야 하고 다른 누군가에게 하기 전에 먼저 자신에게 계속해서 들려주어야 합니다. 그렇게 하지 않으면, 우리가 누구인지 알려주는 우리 안의 이야기와 더불어 살고 그에 충실하게 살지 않으면, 우리가 누구인지 잊어버리게 되기 때문입니다. 우리는 생활과 신앙의 겉모습에 매여 사느라 그것의 근원인 깊숙한 장소와의 접촉을 잃어버립니다.

우리의 세례 이야기를 생각해봅시다. 아직 물로 세례를 받지 않았다면, 삶의 어느 지점에선가 불로 받은 세례를 생각해보십시오. 누구에게나 삶이 불꽃으로 피어오른 순간들이 있으니까요. 그 순간에 어딘가에서 문이 열려 그 틈으로 미래가 들어왔고, 예수님이 요단강에서 나오실 때처럼 우리는 그 문을 통과하여 완벽하지는 않아도 충분히 깨끗해졌으며, (바라건대) 과거를 뒤로한 채 기이하고 거룩한 모습이 될 미래에 대한 새로운 감각을 갖게 되었습니다. 하나님은 아시지만 우리 모두 나름의 광야를 지나고 나름의 유혹을 받습니다. 아마도 악을 행하라는 유혹은 아닐 것입니다. 우리는 그쪽 방향으로 일시적인 갈망을 느낄 뿐, 적극적으로 악을 저지르는

데 필요한 자질은 갖추지 못했으니까요. 은혜 덕분이기도 하고 운이 좋은 탓이기도 합니다. 우리를 유혹하는 것은 아마 더 못한 선에 안주하고픈 마음일 것입니다. 그런데 그것은 충분히 악할 뿐 아니라 어쩌면 제대로 된 악일 수도 있습니다. 거룩함을 추구하는 대신에 친절과 쓸모와 사람 좋음, 유용함, 분주함에 안주하고, 진리를 추구하는 대신 개연성과 유창한 말에 안주하고픈 마음 말입니다. 기적 역시 그분의 이야기일 뿐 아니라 우리 이야기이기도 합니다. 대부분의 경우 우리는 기적을 보지 못하고 기적을 인정하기를 경계합니다. 기적을 인정한다는 것은 어떤 식으로든 그에 따라 행동해야 한다는 뜻이고 우리가 모종의 기적이 되어야 한다는 뜻이기에 두려워지는 것이지요. 수백만분의 일의 확률을 뚫고 우리가 태어난 것은 기적입니다. 우리가 내린 모든 바른 선택들, 우리가 꺼낸 모든 치료의 말들도 기적이지요. 때로 우리의 냉랭한 마음을 이기고 사랑스럽지 못한 사람들을 사랑한 일도 기적입니다. 그리고 잊기 쉽지만, 우리 같은 사람들이 지금 이 자리에 올 수 있었던 것도 기적입니다. 여기까지 오는 길에 있었던 수많은 위험요소들을 생각해보십시오. 우리는 이 자리에 오지 못했을 수도 있습니다.

십자가 처형도 우리 이야기의 일부입니다. 우리도 슬픔을 많이 겪었고 고통을 압니다. 인정하고 싶진 않지만 어쩌면 우리의 십자가형은 우리에게 귀중한 것을 그분을 위해 포기할 얼마 안 되는 설익은 기회들을 달가워하지 않고, 실질적이고 중요한 의미에서 그분을 위해 우리 자신을 포기하는 것은 더더욱 달가워하지 않는다는 사실을 알게 되는 일인 듯합니다. 하지만 그럼에도 하나님은 우리를 일으키셨습니다. 우리는 그것 또한 우리 이야기의 일부로 말할 수 있습니다. 모든 것을 포기해버릴 이유는 셀 수 없이 많지만 우리는 여기서 여전히 소망을 말할 수 있습니다. 우리가 겪은 온갖 슬픔과 실패에도 불구하고, 여기서 아직도 기뻐할 수 있습니다. 우리 모두는 툭하면 어둠과 놀아나지만 그래도 조금이나마 빛과 사랑에 빠졌기에 이 자리에 있습니다. 초라한 모습에도 불구하고 우리가 살아남은 것은 기적이며, 당장에는 이 정도면 부활이라고 말하기에 충분할 것입니다.

그렇다면 두 이야기, 곧 우리의 이야기와 예수님의 이야기는 결국 같은 것일지도 모릅니다. "나무를 쪼개라. 내가 거기 있다. 돌을 들어 올려라. 거기서 나를 보게 될 것이다." 우리 삶의 진실을 쪼개는 것, 살아가면서 우리 이야기의 이면을 들여다보는 것은 적어도 그분의 생명의 희미한 빛을 보는 것이요, 우리 삶에서 살아나려는 그분의 생명과 우리의 재잘거림과 웅얼거림을 뚫고 들려오는 노랫소리처럼 속삭이는 그분 이야기의 희미한 빛을 보는 것입니다. 그분은 강하시지만 우리는 약합니다. 그분은 신실하시지만 우리는 그렇다고 말할 수 없습니다. 그분은 세상이 가능한 한 최고의 곳이 되게 하시고자 세상이 저지를 수 있는 최악의 범죄에 자신을 내어주시지만, 우리는 우리의 유익을 위해 견고한 갑옷으로 무장하고 세상에 맞섭니다. 우리의 이야기는 기껏해야 그분 이야기의 패러디일 뿐입니다. 바울의 말대로 우리가 그리스도의 향기라면, 내륙으로

십 몇 킬로미터 들어온 곳에서 어쩌다 바람의 방향이 맞아 느껴지는 바다의 향기일 것이고, 한없이 먼 건너편 거리에서 불어오는 장미향기일 것입니다.

하지만 그분의 이야기와 우리 이야기, 두 이야기는 갈라질 뿐 아니라 합쳐지기도 합니다. 두 이야기가 갈라질 때는 우리 이야기가 그분의 이야기에서 벗어나는 시점입니다. 그래서 우리는 그분의 임재뿐 아니라 부재에 의해서도 그분이 누구신지, 우리는 어떤 존재이고 어떤 존재가 아닌지 알게 됩니다.

우리는 서로에게 그리스도가 될 수 있습니다. 어쩌면 상상할 수 없는 모종의 방식으로 하나님께도 그리스도가 될 수 있을지 모릅니다. 결국 이것이 우리가 말해야 할 내용입니다. 우리는 사랑과 치유의 기적을 누릴 뿐 아니라 행할 역량도 갖추고 있습니다. 우리는 그분과 함께 축복하고 그분과 함께 용서하고 그분과 함께 치유할 능력이 있습니다. 이따금 다른 사람의 고통에 그분의 슬픔으로 반응하고, 다른 사람의 좋은 일을 마치 우리의 일인 양 그분의 마음으로 기뻐할 능력을 갖고 있습니다. 그리고 하나님의 긍휼로 두 이야기가 결국 영원히 하나로 만날지 누가 알겠습니까? 우리는 지금까지 그분을 위해 잘 살지 못했고 그분을 위해 죽을 용기도 믿음도 분별력도 없었다고 봐야겠지만, 그분의 이야기는 우리 안에서 마침내 실현될 것입니다. 그때까지 우리는 이 세상에서 할 일이 있습니다. 많은 이들처럼 하나님 말씀의 장사꾼으로서가 아니라 진실한 마음을 가진 사람들로서 말입니다. 그것은 마음으로, 진실한 마음으로 말하는 것입니다. 그분의 거룩한 이야기라는 참된 말씀을 증언하고, 그것을 먹고, 삶의 지향점으로 삼아 따라가는 것입니다. 이 모두는 우리 모두의 거룩한 이야기들을 통해 그분의 거룩한 이야기가 조금씩 밖으로 나오는 과정에서 이루어집니다.

임마누엘

13

보라 처녀가 잉태하여 아들을 낳을 것이요 그의 이름은 임마누엘이라
하리라 하셨으니 이를 번역한즉 하나님이 우리와 함께 계시다 함이라.

마태복음 1:23

사도 바울은 고린도 교회에 보낸 편지에 이렇게 썼습니다. "우리
는 십자가에 못 박힌 그리스도를 전하니 유대인에게는 거리끼는
것이요 이방인에게는 미련한 것이로되"(고전 1:23). "우리는 탄생하
신 그리스도를 전한다"거나 "우리는 크리스마스를 전한다"고 쓸 수
도 있었을 것입니다. 종교를 믿는 사람들(유대인)에게도 나머지 사람
들(이방인)에게도, 그리스도의 탄생은 그의 죽음 못지않은 문젯거리
를 제기하기 때문입니다. 크리스마스는 피크위크 씨(찰스 디킨스의 장

편소설《피크위크 클럽의 기록》의 주인공—옮긴이)가 딩글리 델에서 노파와 릴을 춘다거나, 스크루지가 하룻밤 새 변화된 사람이 되어 깨어나는 날만이 아닙니다. 하얀 수염을 단 사람이 순록을 데리고 두루 다니며 나눔의 정신을 실천하는 날만도 아닙니다. 세상에서 가장 유명한 생일만도 아니고, 종교가 있건 없건 어떤 종교를 믿건 간에 모두가 거리낌 없이 크리스마스카드를 보낼 수 있다는 의미 정도로 축소된 "땅 위의 평화"를 재확인하는 날만도 아닙니다. 크리스마스의 메시지에서 모종의 신성모독이나 완전히 꿈같은 이야기로 느껴지는 어떤 것을 발견하지 못한다면, 그 메시지를 제대로 듣지 못한 것일 가능성이 높습니다. 크리스마스 메시지의 핵심은 임마누엘인데, 이 말은 히브리어로 "우리와 함께하시는 하나님"이라는 뜻입니다. 이 하나님은 누구실까요? 그분은 어떻게 우리와 함께하실까요? 바로 여기에 문제가 있습니다.

하나님은 "지극히 존귀하며 영원히 거하시며"라고 이사야 선지자는 말합니다(57:15). 그리고 이와는 다른 용어와 상징을 구사하긴 하지만 세계의 주요 종교들도 대체로 여기에 동의합니다. 유대교는 그분을 '야훼'라고 부릅니다. 이슬람은 '알라'라고 부르지요. 불교와 힌두교는 '브라만-아트만' 혹은 '공(空)', '일자' 같은 용어를 씁니다. 그러나 그분을 어떤 이름으로 부르건, 그 의미는 모두 초월적인 전적 타자, 존재의 궁극적인 영적 토대를 나타냅니다. 하나님의 실재는 실재하는 그 어떤 것과도 근본적으로 다르기 때문에 우리가 하나님에 대해 말할 수 있는 바는 결국 그분이 어떤 분이 아닌가뿐입니다. 우파니샤드의 유명한 정의, "아니다, 아니야(neti neti)"는 "그는 이것이 아니고 저것도 아니다"는 뜻이지요. 도교의 도덕경은 "표현될 수 있는 도(道)는 영원한 도가 아니다"라고 말합니다. 구약성경은 이야기라는 고유의 구체적인 형태로 이와 비슷한 말을 합니다. 모세가 하나님을 보여달라고 청하자 하나님은 이렇게 대답하십니다. "네가 내 얼굴을 보지 못하리니 나를 보고 살 자가 없음이니라" (출 33:20). 하나님은 총애의 표시로 모세를 반석 틈에 숨기시고 그분의 영광이 지나간 후에야 손을 거두셔서 모세가 그분의 등을 보게 해주십니다. 개신교 신학자 파울 틸리히에 따르면, 사람이나 산이나 어떤 개념이 존재한다고 말하는 것과 같은 의미로 하나님이 존재하신다고 말할 수는 없습니다. 하나님은 여러 사물 중 하나가 아닙니다. 그분은 선재적 실재로서 자리를 차지하시지도 않습니다. 그분은 실재 자체의 근원이시고, "우리가 존재한다"고 말하는 것처럼 "그분이 존재하신다"고 말하는 것은 조악한 은유적 표현일 뿐입니다.

이런 얘기들이 가망 없이 난해하게 들릴 수도 있겠지만, 인류가 그들을 둘러싼 신비를 숙고할 때 공통적으로 경험했던 바를 반영하고 있는 것만은 분명합니다. 별을 바라보면서 거기 보이는 것이 영원히 이어질지, 아니면 생각도 못할 만큼 먼 지점에서 끝이 나고 그 너머에는 아무것도 없을지 생각할 때, 절박한 필요 가운데 믿음을 통해서만 알 수 있는 하나님께 기도할 때, 인생의 수수께끼와 죽음의 불가피성에 직면할 때, 우리는 그저 입을 다물거나 욥과 더불어 이렇게 말하게 됩니다. "보소서 나는 비천하오니 무엇으로 주께 대답하리이까 손으로 내 입을 가릴 뿐이로소이다. … 나는 깨닫지도 못한 일을 말하였고 스스로 알 수도 없고 헤아리기도 어려운 일을 말하였나이다"(욥 40:4, 42:3).

　물론 이것이 끝은 아닙니다. 하나님은 초월적인 분이고 그분이 초월하시는 세상과 질적으로 완전히 다른 분이지만, 그럼에도 불구하고 세상에 자신을 알리십니다. 많은 사람들은 하나님이 세상을 만드셨기에 세상이 그분을 알 수 있다고 말할 것입니다. 아주 옛날부터 자연계를 바라보고 그 안에서 그분의 솜씨의 흔적을 본다고 주장하는 사람들이 있었습니다. 그들은 아름답고 호의적인 자연의 모습에서 하나님의 사랑을 보았고, 가혹하고 무시무시한 모습에서는 하나님의 진노를 보았습니다. 자연의 질서정연함에서는 입법자이신 하나님을 보았고 그 질서를 뛰어넘는 뜻밖의 이로운 현상이 벌어지는 지점에서는 기적을 보았습니다. 역사의 세계에서도 상황은 동일합니다. 나라와 개인 모두 번영은 하나님의 호의로, 재난은 저주나 경고로 이해합니다. 이 세상을 궁극적인 존재의 창조물이 아니라 그것의 환각적 반향 정도로 보는 인도의 종교들도 카르마의 법칙을 말하는데, 중력법칙처럼 예외 없이 착한 사람들이 상을 받고 악인들이 벌을 받는다는 내용입니다. 또 인도 종교들은 세상이란 인류가 하나님의 본성과 뜻을 읽어낼 수 있는 책이 아니라 죽음과 재생의 끝없는 순환이고 거기서 벗어날 유일한 희망은 형언할 수 없는 열반의 희열을 경험하는 것뿐이라고 말합니다만, 그런 벗어남이 가능하다는 사실 자체가 신의 개입과 완전히 다르다고 할 수 없는 어떤 것의 존재를 암시하지 않을까요? 참으로, 위대한 가르침을 전하는 붓다들과 무한히 자비로운 보살들이 대대로 계속 등장하여 열반으로 가는 길을 보여줍니다. 성경에 근거한 종교들인 유대교, 이슬람교, 기독교에서 하나님이 선지자들, 성자들, 천사들을 계속 보내시는 것과 같습니다.

그리고 이 모든 전통들 안에서 하나님은 말할 것도 없이 신비주의자들을 통해서도 자신을 알리십니다. 여러 종교들이 많은 부분에서 매우 다르지만, 내면에 관심을 기울여 신을 직접 만나는 사람들을 배출한다는 데서는 일치했습니다. 아빌라의 테레사, 라마크리슈나(1834-1886, 힌두교의 종교 개혁자·신비 사상가), 토머스 머튼 등의 다양한 사람들이 바가바드기타(힌두교 경전)부터 퀘이커교도 조지 폭스의 일기에 이르는 다양한 언어로 황홀하고 표현할 수 없는 동일한 체험을 표현하려고 시도했습니다. 그들의 체험은 궁극적 실재와의 합일 가운데 이루어지는 자아의 완전한 상실과 실현이라고 요약할 수 있습니다.

그러면 이제 임마누엘, 즉 하나님이 우리와 함께하신다는 크리스마스의 핵심 메시지로 돌아가봅시다. 그리고 그 메시지가 제기하는 질문들을 살펴봅시다. 이 하나님은 누구시며, 어떻게 우리와 함께하십니까? "지극히 존귀하며 영원히 거하시는 분"이라는 것이 첫 번째 질문의 답입니다. 우리와 함께하시는 이분은 누구도 볼 수 없는 분이십니다. 시공간에 매여 있는 인간 지성은 공간과 시간을 뛰어넘는 이분의 실재를 온전히 이해할 수 없습니다. 눈먼 사람이 빛을 이해할 수 없는 것과 같습니다. 우리와 함께하시는 분은 자연과 역사의 몸짓과 선지자, 성인, 신비주의자들의 유창하지만 난해한 말들을 통해 부분적이고 희미하게 자신을 알리셨습니다.

두 번째 질문의 답은 "이방인에게 미련해" 보이고 "유대인에게 거치는 것"입니다. 기독교는 크리스마스를 통해 하나님이 특정한 시간과 장소에 오셔서 친히 우리와 함께하셨다고 주장하기 때문입니다. 구레뇨가 수리아의 총독이었을 때 베들레헴이라는 마을에 한 아이가 태어났는데, 사람이 도저히 설명할 수 없지만 그 아이는 존귀하신 분이 낮아지고 무력해진 존재였습니다. 영원 가운데 거하시는 분이 시간 속으로 들어와 거하셨습니다. 산 자의 눈으로는 바라볼 수 없는 분이 마구간 안, 부드럽고 무심한 가축들의 눈길 아래 태어나셨습니다. 모든 자비의 아버지께서 우리의 자비에 자신을 맡기셨습니다.

하나님의 초월성과 전적 타자성을 믿는 사람들이 볼 때 이것은 그분을 크게 깎아내리는 이야기이고, 하나님을 믿지 않는 사람들이 볼 때는 도무지 터무니없는 이야기입니다. 그런데 신앙과 불신앙 사이의 어딘가에 있는 사람들에게 이 이야기는 새로운 믿음의 시험대가 됩니다. 이것은 이성적으로 시험해볼 수 있는 이론이 아닙니다. 이것은 우리의 이성을 뛰어넘는 이야기이고 이론이 아니며 신학자들이 생각해서 도달한 결론 역시 아니기 때문입니다. 오히려 이것은 이미 벌어진 일이요, 우리의 이성 자체와 가능한 것이 무엇이고 실재하는 것이 무엇인가에 대한 인류의 견해를 시험한다고 봐야 합니다. 그때 벌어진 일을 다루는 오래된 이야기, 노골적이고 터무니없고 거룩한 이야기가 해마다 전해집니다. 해마다 세상은 얼마간 멈춰서 귀를 기울입니다.

1947년 겨울, 뉴욕 시에 큰 눈이 내렸습니다. 처음에는 다른 여느 때처럼 천천히 그저 그렇게 내렸습니다. 가는 눈송이가 쉬지 않고 잇달아 내렸고 바람도 불지 않았습니다. 조금씩 인도가 하얗게 변하기 시작했습니다. 가게 주인들과 도어맨들이 삽을 들고 나와 도로로 이어지는 길을 치웠습니다. 얼마 후 도로에 눈이 쌓이기 시작했고 주차된 차들의 지붕도 눈으로 덮였습니다. 갓돌이 어디인지 알아볼 수 없었고 소화전도 사라졌으며 눈이 녹은 맨홀 뚜껑들만 눈에 확 띄었습니다. 제설삽으로는 쌓이는 눈을 감당할 수 없는 지경이 되었고 차들의 진행속도도 느려졌습니다. 가게들은 일찍 문을 닫았고 직장에서 퇴근한 사람들은 집으로 걸어갔습니다. 눈은 저녁 내내 내렸고 밤에도 오래오래 내렸습니다. 파크가(Park Avenue)에서 사람들이 스키를 탔고 아이들은 잘잘 시간이 훌쩍 지나도록 깨어 있었습니다. 다음날 아침, 뉴욕은 전혀 다른 도시가 되어 있었습니다. 무엇보다 놀라운 것은 정적이었습니다. 교통이 마비되었습니다. 버려진 차들이 눈에 묻혀버렸습니다. 바퀴 달린 물건은 하나도 움직이지 않았습니다. 들리는 소리라고는 교회 종소리와 사람들의 목소리뿐이었습니다. 그 소리에 귀를 기울일 수밖에 없었습니다.

"얼음은 별 방향으로 쪼개진다." 토머스 브라운 경은 그렇게 썼습니다. 올바른 지점을 골라 탁 치면 사방팔방으로 균열이 퍼져나가고 단단한 얼음덩어리가 별 모양의 그 지점에서 둘로 쪼개집니다. 그 아이의 탄생과 함께 별이 나타난 그 지점에서 역사가 둘로 쪼개집니다. 믿거나 말거나, 우리는 그 일이 벌어진 이후 몇 해가 지나갔는지 나타내는 숫자로 편지와 수표와 소득세 납부용지의 날짜를 표시합니다. A.D.의 세계와 B.C.의 세계. 투탕카멘의 황금 마스크의 눈이 커지게 만든 신비와는 다른 신비가 여기 있습니다. 초기 그리스의 대리석 조상들을 미소 짓게 만든 비밀, 앙코르와트의 보살들을 꼿꼿이 앉아 있게 만든 비밀과는 다른 비밀이 여기 있습니다. 세상의 여러 목소리와 종소리들과 다른 곡조, 대부분의 시간에 우리가 귀를 기울이지 않는다 해도 크리스마스에는 귀를 기울이지 않기가 어려운 곡조가 여기 있습니다.

세상은 여느 때와 다를 바 없이 돌아갑니다. 오히려 더 잘 돌아가지요. 추수감사절 칠면조 요리가 접시에서 채 식기도 전에 쇼핑센터 앞에서 캐럴이 우렁차게 울려 퍼집니다. 구세군 종소리가 울리고 길모퉁이의 산타들이 추위에 발을 구릅니다. 그러나 들을 귀가 있는 사람은, 이 모든 소란 한복판에 있는 침묵과 그 침묵 속에서 흘러나오는 어떤 소리를 듣게 됩니다.

요한복음의 프롤로그는 이렇게 말합니다. "말씀이 육신이 되어 우리 가운데 거하시매 … 은혜와 진리가 충만하더라"(1:14). '하나님의 강림'이라는 시간만큼 오래된 꿈이 현실로 넘어가는 문턱에 놓이자 다른 모든 진실이 꿈처럼 보입니다. 만약 그 꿈이 진실이라면 그야말로 최고의 진실입니다. 만약 그것이 사실이 아니라면, 사람들에게 그렇게 만들 힘만 있다면 어떻게든 진실로 만들고 싶어 할 만한 꿈입니다. 그것이 사실이었으면 하는 갈망이 거대한 크리스마스 산업의 밑바닥에 놓여 있는지도 모릅니다. 엄청난 양의 카드, 선물, 근사한 음식, 몇 안 되는 교인들이 출석한 교회의 잔디밭 조명 아래 무릎을 꿇은 플라스틱 모형들. 세상은 자기가 아는 유일한 언어, 다시 말해 세속적인 언어로 거룩한 것들에 대해 말합니다.

임마누엘. 우리 모두는 그것이 사실인지 스스로 결정해야 합니다. 물론 그것을 거부할 근거를 찾기는 어렵지 않습니다. 크리스마스에는 상업주의, 감상주의, 소망적 사고의 냄새가 물씬 풍깁니다. 목자들과 별과 동방박사 세 사람이 등장하는 크리스마스는 에너지 위기와 우주 탐사와 경기 침체가 있는 세상에 도무지 어울리지 않는 지어낸 이야기 같습니다. 하지만 막상 그것을 없애려고 하면 보기와는 달리 결코 쉽지가 않습니다. 하나님에 대한 믿음을 거부하는 것은 하나의 개념과 가설을 거부하는 일일 뿐입니다. 대안은 많습니다. 하나님을 믿지 않을 수도 있고, 과학이나 도덕, 인간 진보의 불가피성처럼 우리 스스로가 끊임없이 만들어내는 작은 신들을 믿을 수도 있습니다. 하지만 크리스마스를 거부하는 것은 대부분의 사람들에게 자신의 한 부분을 거부하는 것을 의미합니다.

우선, 그것은 우리의 유년기와 내면에 남아 있는 아이의 더없이 부서지기 쉬우면서도 끈질긴 환상 하나를 거부하는 것입니다. 신비감과 경이감을 거부하는 것이지요. 매년 이날 하루만큼은 둘 더하기 둘이 넷이 아니라 백만이라도 되는 듯한 느낌도 같이 거부해야 합니다. 어느 겨울날에 깨어나 보니 큰 눈이 내린 도시가 하룻밤 새 전혀 다른 도시가 되는 것처럼 그날 아침만은 적어도 한동안 다른 모든 아침과 다른 것을 깨닫고 가슴이 뛰는 일도 거부해야 하지요. 옛 찬송가는 "모든 육체여 잠잠하라"(Let all mortal flesh keep silence, 새찬송가 99장 〈주님 앞에 떨며 서서〉 첫 구절의 영어 원문―옮긴이)고 노래하는데, 우리 대부분에게는 그런 때가 있었습니다.

크리스마스를 거부하는 것은 또한 한 얼굴을 거부하는 것입니다. 우리가 구레뇨의 시대에 그곳에 있었다면 무엇을 보았을지 누가 알겠습니까? 그 일이 정말 누가가 기록한 그대로 이루어졌고 천사들과 별까지 등장했는지 묻는 것은 요점을 벗어난 질문입니다. 그 사건으로 인류 역사의 경로가 바뀌었다는 사실만큼은 신자와 불신자 모두가 확신할 수 있기 때문입니다. 그것은 더없이 인간적인 사건이었습니다. 한 사람이 태어났고 우리는 그의 인간성을 척도로 우리의 인간성을 측정하고, 우리 중에 그의 얼굴을 본 사람이 없는데도 모두가 그 얼굴을 알아볼 것 같습니다. 2천 년 동안 세상 사람들의 뇌리에서 떠나지 않았던 얼굴이기 때문입니다.

이 특별한 출생이 소크라테스나 모세나 고타마 붓다의 출생과 다를 바 없다고 치부하는 것은 어쩌면 무엇보다도, 그 출생이 놀랄 만큼 오랜 시간에 걸쳐 놀랄 만큼 다양한 사람들에게 질이 다른 삶을 가져다주었다는 사실을 거부하는 일이 될 것입니다. 지혜로운 사람들과 소박한 사람들, 세련된 사람들과 투박한 사람들, 존경할 만한 사람들과 평판이 나쁜 사람들이 있었습니다. 중세의 농부들, 18세기의 귀족들, 19세기의 독신녀들, 20세기의 낙오자들이 있었습니다. 그들이 신비가나 성자이거나, 제도적이고 형식적인 종교성을 강하게 드러내는 사람들일 필요는 없습니다. 그리고 딱히 지목할 만한 극적인 회심의 순간이 없을 수도 있습니다. 그러나 과거 언젠가, 그들 내면 깊숙이 있는 그 무엇이 별 방향으로 쪼개졌고 그들은 그리스도를 따르는 자에서 더 나아가 그분의 생명을 지닌 자들이 되었습니다. 그들 안에서 은혜와 진리가 태어났습니다. 그것은 동방박사들이 그 먼 거리를 여행해 그 앞에 무릎을 꿇었던 아이가 태어난 일 못지않은 기적이었습니다.

렘브란트가 말년에 그린 몇 점의 자화상을 보고, 파스칼의 글을 읽고, 바흐의 B단조 미사곡을 듣고 있으면 굳이 추가적인 증거가 없더라도, 만약 하나님이 어딘가 계시다면 그들과 함께 계심을 알게 됩니다. 정육점 계산대의 남자, 루스벨트 기념관의 바닥을 닦는 여자, 어리둥절해 하는 학생에게 분수를 설명하는 수학교사와 함께 하시는 것처럼 말이지요. 그리고 "그들과 함께하시는 하나님"에서 임마누엘, 즉 "우리와 함께하시는 하나님"으로 넘어가는 과정은 보기보다 그렇게 힘들지 않을지도 모릅니다. 모든 희망을 박살내는 것으로 악명 높은 이 세상에서 매년 크리스마스라는 신나는 희망이 살아남을 수 있는 것은 꿈 때문입니다. 그날 태어난 아이가 우리 안에도, 그리고 눈 때문에 발과 시야가 모두 묶인 우리의 그분을 향한 갈망 안에도 다시 태어날 수 있을 거라는 꿈이 우리 곁을 떠나지 않기 때문입니다.

사랑

14

이스라엘아 들으라 우리 하나님 여호와는 오직 유일한 여호와이시니 너는 마음을 다하고 뜻을 다하고 힘을 다하여 네 하나님 여호와를 사랑하라. 오늘 내가 네게 명하는 이 말씀을 너는 마음에 새기고 네 자녀에게 부지런히 가르치며 집에 앉았을 때에든지 길을 갈 때에든지 누워 있을 때에든지 일어날 때에든지 이 말씀을 강론할 것이며

신명기 6:4-7

제육시로부터 온 땅에 어둠이 임하여 제구시까지 계속되더니 제구시쯤에 예수께서 크게 소리 질러 이르시되 엘리 엘리 라마 사박다니 하시니 이는 곧 나의 하나님, 나의 하나님, 어찌하여 나를 버리셨나이까 하는 뜻이라.

마태복음 27:45-46

"이스라엘아 들으라!" 신명기의 위대한 본문에서 모세는 광야에 있던 그의 민족에게 외칩니다. 들으라, 이스라엘아! 들으라! 귀를 기울여라! 이스라엘뿐 아니라 세상 사람들아, 모든 사람아, 그대, 모든 남자와 여자여, 들으라! 우리 모두는 들음으로써 이스라엘이 되라는 부름을 받고 있습니다. 듣지 않음으로써 그들의 배교를 본받아서는 안 된다는 것입니다. 신명기의 이 본문뿐 아니라 성경 전체, 모든 본문이 우리에게 들으라고 외칩니다. 우리는 들어야 합니다. 우리 모두가 들어야 합니다. 이것이 성경이 한목소리로 외치는 내용입니다. "이스라엘아, 들으라!"

그런데 무엇을 들어야 합니까? 무엇을요? 성경에는 과거로부터 수많은 목소리들이 동시에 소리를 높이며 우리의 관심을 강하게 촉구합니다. 장터에서 손님을 부르는 상인들처럼, 공습경보처럼, 여명의 첫 빛줄기들이 하늘로 퍼져나갈 때 일시에 울어대는 헛간의 수탉들처럼 말이지요. 어떤 목소리들은 모세처럼 모든 이스라엘, 온 세계가 들을 수 있게 외치고, 어떤 목소리들은 너무나 작고 더듬거리기까지 해 잘 들리지 않습니다. 머리에 재를 뒤집어쓰고 상심한 욥의 목소리가 그랬고, "주재여, 이제는 말씀하신 대로 종을 평안히 놓아주시는도다"(눅 2:29)라고 속삭였던 고령의 시므온이 그랬습니다. 선지자들은 좌절과 분노, 거룩한 소망과 열정에 사로잡혀 날카롭게 소리를 높입니다. 제사장들은 성전의 여러 측면과 기구에 대해 말하고 또 말합니다. 입법자들은 먹어도 되는 것과 안 되는 것을 자세히 설명합니다. 역사가들은 왕, 전투, 이스라엘 역사의 비극적인 교훈을 나열합니다. 그리고 이 모든 것 가운데 어떤 목소리와도 다른 특별한 한 목소리가 들려옵니다. 그 목소리는 각 사람의 가장 깊은 자리와 갈망과 권태에 바로 전달되는 말을 합니다. 그래서 때로는 몇 세기의 시간적 거리가 안개처럼 사라지고, 시간의 장막 없이 우리의 은밀한 이름을 말하는 존재와 대면하고 선 것 같은 느낌이 듭니다. 그 목소리는 이렇게 말합니다. 오너라. 내게로. 너희 모든 이들아. 마지막 한 사람까지 모두.

들으라! 성경은 말합니다. 들으라, 이스라엘아! 그런데 들려오는 소리는 너무나 많고 다양합니다. 마치 한꺼번에 소리를 질러대는 엄청난 규모의 군중 한복판에 이유를 모른 채 앉아 있는 상황과 같습니다. 그 자리를 떠나 길 건너 별밤 하늘 아래 어딘가에 서야 합니다. 엄청난 군중을 헤치고 밖으로 나와야 합니다. 그제야, 군중과 어느 정도 거리를 두고 혼자 떨어져 나와 숨을 고르고 난 뒤에야 비로소 군중들의 환호나 놀라움의 거센 탄성 너머, 그 모든 외침의 핵심에 해당하는 내적 진리를 듣게 될 것입니다.

그리고 제가 볼 때는 이것이 바로 신명기의 이 본문이 하는 일입니다. 이 본문은 거리를 두고 상황을 제대로 바라보게 해줍니다. 큰 군중의 우레 같은 소리의 핵심에 해당하는 중요하고 결정적인 곡조를 듣게 합니다. "너는 마음을 다하고 뜻을 다하고 힘을 다하여 네 하나님 여호와를 사랑하라." 이것이 여러분이 들어야 할 내용입니다. 신명기는 이것이 핵심 메시지라고 말하고 있습니다. 여러 세기가 지난 후, 바리새인들이 와서 예수님께 묻습니다. "선생님 율법

중에서 어느 계명이 크니이까?" 그러자 예수님은 같은 말씀으로 그들의 질문에 대답하십니다. "네 마음을 다하고 목숨을 다하고 뜻을 다하여 주 너의 하나님을 사랑하라 하셨으니 이것이 크고 첫째 되는 계명이요"(마 22:36-38).

하나님을 사랑하라. 우리는 이 말씀을 너무 자주 들어서 더 이상 듣지 못합니다. 이 말씀은 너무 커서 들리지 않고 너무 커서 받아들이기 힘듭니다. 우리는 이 말씀을 외워버렸기 때문에 도무지 알 수 없는 신비에서 흘러나와 마음에 전해지는 말로 더 이상 받지 못합니다. 이 말씀을 너무 당연하게 여기는 나머지 이 말씀이 우리를 어디로 데려가려는 것인지 묻지 않습니다. 무엇보다, 이 말씀은 네 이웃을 네 자신같이 사랑하라고 먼저 말하지 않습니다. 그것은 두 번째 계명입니다. 우리가 그 무엇보다 먼저 사랑해야 할 대상은 하나님입니다. 자신의 전 존재로, 자신의 가진 모든 잠재력을 발휘하여 하나님을 사랑해야 합니다. 그것이 무엇을 의미하고 어떤 수고가 따를지 우리는 모릅니다. 이 말씀은 설명하지 않습니다. 선포하고 명령할 뿐입니다.

이웃을 사랑하고 서로를 사랑하는 것은 첫 계명에 비해 논하기도 쉽고, 행하기도 좀 더 쉽습니다. 우리 중에서 대체로 이웃 사랑에 능하다고 할 만한 사람은 없지만 그래도 우리는 서로를 볼 수 있습니다. 서로의 얼굴을 볼 수 있고, 가끔은 그 얼굴 안에 담긴 무엇인가를 보기도 합니다. 거리에서 마주치거나 버스나 대기실 맞은편에 앉아 있는 낯선 사람들의 얼굴에서 그런 것을 볼 때도 있습니다. 우리가 아주 잘 알지만 제대로 바라보지 않는 사람들의 얼굴에서도 뭔가를 보고 멈칫하게 되는 일이 있습니다. 우리는 다른 사람의 얼굴에서 뜻밖의 아름다움이나 고통이나 필요를 엿보기도 하고, 농업협동조합 모자를 뒤로 젖혀 쓴 노인, 손바닥으로 턱을 괸 젊은 여자, 비 오는 창밖을 내다보는 아이를 보고 한동안 말로 표현할 수 없이 깊이 마음이 가기도 합니다. 할 수만 있다면 그들을 올바로 사랑하고 싶어집니다. 방법만 안다면 그들을 진정으로 영원히 사랑하고 싶은 마음이 듭니다. 그러나 현재 상태로도 다른 어느 누구 못지않게 그들을 사랑할 수 있을 것 같습니다.

그런데 우리가 그들을 사랑하는 것은 상당 부분 그들을 보는 행위와 관련이 있습니다. 때로 너무나 소중하게 다가오는 낯선 사람들이나 너무나 낯설게 다가오는 소중한 사람들이나 모두 마찬가지입니다. 그러나 우리가 마음을 다하고 목숨을 다하고 뜻을 다하여 사랑하라는 명령을 받은 하나님은 우리가 볼 수 없는 분입니다. 모세조차도 그분을 볼 수 없었습니다. 인간은 하나님을 보고는 살 수 없기 때문이라는 것이 하나님의 대답이었습니다. "내 영광이 지나갈 때에 내가 너를 반석 틈에 두고 내가 지나도록 내 손으로 너를 덮었다가 손을 거두리니 네가 내 등을 볼 것이요 얼굴은 보지 못하리라"(출 33:22-23).

하나님의 등은 우리도 보았습니다. 아니, 우리가 본 것이 그것이기를 바랄 따름이지요. 우리는 서로의 얼굴과 창조 세계의 신비와 광채 가운데서 그분의 흔적을 보았고, 각자가 그리스도의 얼굴에 대해 꾸는 꿈 안에서 인간의 눈으로 감당할 수 있는 최대치의 모습을 보았습니다. 그러나 그분의 완전한 모습, 영광과 권능이 충만한 하나님은 보지 못했고 볼 수도 없습니다. 그런데도 누구보다 그분을 사랑하라는 명령을 받습니다. 이스라엘아 들으라! 우리는 그분을 사랑해야 합니다.

그럴 수 있을까요? 하나님을 사랑하는 것이 어떤 모습으로 드러나고 어떤 느낌인지 아십니까? 그분을 하나의 개념으로 설정하고 위안을 얻거나, 하나의 가능성으로 바라보며 믿는 것을 말하는 게 아닙니다. 그냥 그분을 섬기는 것이 아니라(남녀를 막론하고 아무것도 섬길 필요가 없었던 사람은 일찍이 없었습니다. 그러니 그 대상이 하나님이 되지 말라는 법이 있겠습니까?) 실제로 그분을 사랑하는 것 말입니다. 그분 곁에 있고 싶어 하고, 그분을 위해 이런저런 일을 하고 싶어 하는 것 정도는 되어야 하지 않을까요? 사랑이라면 최소한 그 정도는 의미해야 하는 것 아니겠습니까?

하나님을 본 적은 없다 해도, 우리가 그분의 말씀을 들었다고 말할 수는 있지 않을까요? 어쩌면 '듣기'가 '보기'보다 더 나은 은유요, 더 성경적인 은유인지도 모릅니다. 듣기는 시간 속에서 이루어지니까요. 우리는 시간 속에서 한 단어 한 단어가 이어지는 것을 듣습니다. 하나님은 시간 속에서, 우리 시대와 역사적 시간 안에서, 매일매일 벌어지는 사건들 속에서 우리에게 자신을 알리십니다. 이런 의미의 '듣기'라면 우리는 그분의 음성을 들어봤다고 가끔은 믿을 수 있습니다. 우리는 성경에서 그분의 음성을 들었습니다. 예레

미야의 열정에서, 욥의 부르짖음에서, 그리스도의 사랑에서. 우리는 역사 속에서 그분의 음성을 들었습니다. 우리 내면의 역사와 열정과 울부짖음과 사랑 속에서도 들었습니다.

하지만 솔직히 말하자면, 그분을 보지 못하는 것처럼 그분의 음성을 듣지 못하는 때가 있다는 얘기도 해야 합니다. 성경에서, 사복음서에서 들리는 소리가 깨어진 종소리처럼 느껴질 때가 있습니다. 진리가 거북하고 시시하고 모호하게 들리는 때, 삶에 귀를 기울여도 들리는 것이라곤 혼란과 공허뿐인 때가 있습니다. 하나님의 음성은 들리지 않고 우울한 침묵만 들려올 때가 있습니다. 많은 이들이 이런 순간을 너무나 잘 압니다.

이스라엘아, 들으라! 그러나 대개 우리는 아무것도 듣지 못합니다. 하나님에 대해 아무것도 들을 수 없는 광야에서 대부분 살기 때문입니다. 물론 그런 광야에서 모세의 위대한 말들이 처음 울려 퍼졌고 그 말들을 처음 들은 사람들은 그와 함께 광야에 있었으며 우리만큼이나 길 잃은 상태로 방랑하고 있었습니다. 그들이 계속 전진하도록 붙들어준 것은 약속의 땅에 대한 소망뿐이었습니다. 그러나 약속의 땅은 대부분의 경우 너무나 멀고 터무니없는 약속처럼 보여서 그에 비하면 이집트에 두고 떠나온 속박이 오히려 더 희망이 있어 보일 지경이었습니다. 광야에서 하나님을 사랑하라는 명령을 받다니, 그것은 아플 때 건강하라는 명령을 받거나 목이 말라 죽을 것 같은데 기쁨의 노래를 부르라거나, 두 다리가 다 부러졌는데 달리라는 명령을 받는 것과 같습니다. 그러나 그럼에도 불구하고 이것은 가장 크고 첫째가는 계명입니다. 우리는 심지어 광야에서도, 아니 광야에서야말로 하나님을 사랑해야 합니다.

여러분과 저, 모두는 광야를 잘 압니다. 길을 잃고 광야를 방랑한 적이 없는 사람은 없고 다시는 광야를 방랑하지 않을 사람도 없기 때문입니다. 제가 광야를 방랑하던 때를 잠시 이야기해보겠습니다. 저의 광야는 집에서 5천 킬로미터나 떨어진 낯선 도시였습니다. 그 도시의 한 병원에 제가 그때까지 사랑했던 그 누구 못지않게 사랑하는 사람이 있었고, 그녀는 죽을 위험에 처해 있었습니다. 그녀에게는 죽음 자체보다 사는 것이 더 끔찍했고, 그런 이유로 자신의 치료에 맞서 싸우고 있었습니다. 그녀의 일부는 건강해지고 싶어 하지 않았습니다. 그녀는 건강한 상태가 어떤 것인지 잊어버렸지요. 저는 아내와 함께 매일 그녀를 보러 차를 몰고 병원으로 가서 주차장에 차를 세운 뒤 승강기를 타고 병실로 올라갔습니다. 우리는 그녀와 이런저런 놀이를 했습니다. 그녀의 등을 문질러주고, 소리 내어 책을 읽어주었습니다. 어른이 다 되었지만 그녀는 어릴 때보다도 몸무게가 덜 나갔습니다. 태어나던 날부터 그녀를 알았던 우리였지만, 복도에서 그녀와 마주친다면 알아보지 못할 것 같았습니다.

최악의 일이 마침내 벌어지거나 거의 벌어졌다 싶으면 모종의 평화가 찾아옵니다. 저는 슬픔과 두려움, 소망까지도 넘어선 바로 그 자리, 그 광야에서 하나님을 참으로 사랑하는 것이 무엇일지 생전 처음 엿볼 수 있었습니다. 살짝 엿본 것에 불과했지만 그것은 사막에서 상쾌한 물을 만나는 것과 같았고, 너무나 크고 비범해서 제 기억이 그동안 담아두지 못했던 어떤 일이 기억나는 것과 같았습니다. 하나님은 어디에도 또렷이 보이지 않았고 어디서도 또렷이 들을 수 없었지만 저는 그분 가까이 있어야 했습니다. 그녀의 병실로 올라가는 승강기 안에서도, 병원 복도를 지나고 수많은 문들 중에서 그녀의 이름이 붙어 있는 문으로 다가갈 때도. 제가 그분을 사랑했던 것은 달리 남은 것이 없었기 때문이었습니다. 능하신 그분이 무력한 저처럼 자신을 무력하게 만드신 것 같았기 때문입니다. 저는 그분을 사랑해봐야 돌아오는 것이 없는데도 불구하고 하나님을 사랑한 것이 아니라, 돌아오는 것이 없기 때문에 그분을 사랑했습니다. 저는 평생 처음으로, 바로 그 광야에서 하나님을 참으로 사랑하는 것, 무슨 일이 있어도 하나님 때문에 하나님을 사랑하는 것이 무엇인지 엿보았습니다. 그리고 온 마음과 목숨과 뜻을 다한 정도는 아니었다 해도, 다른 무엇을 사랑할 때 발휘했던 정도의 마음과 목숨과 뜻은 바쳐서 하나님을 사랑하게 되었습니다.

그리고 그 광야에서 몇 가지 사소한 일이 일어났습니다. 그것은 광야가 아니라 먼 나라에 속한 일이었습니다. 전혀 모르는 목사 두 사람이 어찌어찌 저를 찾아와 참으로 의미심장한 도움을 주었습니다. 그들이 베풀어준 것을 통해 저는 '기독교국가(Christendom)'—그리스도의 영역 또는 다스림, 왕의 나라—라는 단어의 의미를 처음으로 이해하게 되었으니까요. 그리고 어느 날 저녁, 저는 크고 휑한 교회에서 저녁기도 시간에 들려오는 찬양을 들었습니다. 서늘하고 침침한 교회 안에서 달리 할 말도 내세울 것도 할 일도 없이 앉아 진지하고 차분하게 울려 퍼지는 찬양을 들었습니다. 그 선율이 먼 나라의 공기처럼 저를 감싸는 것을 느꼈습니다. 또 다른 어느 날 저녁, 우연히(지금 같은 시대에 우연 같은 것이 존재한다면) 성경을 펼쳤는데 시편 131편이 나왔습니다. 그런데 이전에 글자만 눈에 들어왔던 그 시가 제가 가장 절실하게 들어야 할 글이 되어 다가왔습니다. "여호와여 내 마음이 교만하지 아니하고 내 눈이 오만하지 아니하오며 내가 큰일과 감당하지 못할 놀라운 일을 하려고 힘쓰지 아니하나이다. 실로 내가 내 영혼으로 고요하고 평온하게 하기를 젖 뗀 아이가 그의 어머니 품에 있음 같게 하였나니 내 영혼이 젖 뗀 아이와 같도다. 이스라엘아 지금부터 영원까지 여호와를 바랄지어다."

하나님도 아시지만, 제가 성인이거나 영웅이어서 하나님을 사랑한 것이 아닙니다. 갑자기 빛을 보았거나 제가 사랑했던 젊은 여성을 치유해달라고 설득하기 위한 수단으로 하나님을 사랑한 것이 아니었습니다. 제가 그분을 사랑한 것은 달리 어쩔 수가 없었기 때문입니다. 제가 그분을 사랑한 것은 우리에게 사랑하라 명하신 분이 또한 우리에게 사랑할 힘을 주시는 분이기 때문입니다. 저는 어둡고 끔찍한 광야의 시간을 보내고 있었지만, 조금이나마 그분을 사랑할 힘과 죽지 않고 살아남을 수 있는 힘을 얻었습니다. 제가 뭔가를 해서가 아니었습니다. 그리고 그 한복판에서 작지만 하늘과 땅만큼이나 큰 의미를 지닌 일들이 일어났습니다. 그런 일들을 통해 절망을 뛰어넘는 소망이 생겨났습니다. "이스라엘아 지금부터 영원까지 여호와를 바랄지어다."

이스라엘이여, 소망을 품으라. 믿음을 가지라. 무엇보다, 사랑하라. 주 너희 하나님을 사랑하라. 이것이 크고 첫째가는 계명입니다. 그리고 제가 볼 때 그 진리성은 이렇게 알 수 있습니다. 서로를 향한 우리의 사랑이 도달할 수 있는 최대치는 원수 사랑이고, 우리를 향한 하나님의 사랑이 도달할 수 있는 최대치는 도무지 사랑할 만하지 않고 사랑스럽지 않은 순간의 우리를 사랑하신 것입니다. 그러므로 하나님을 향한 우리의 사랑을 보여줄 수 있는 최대치는 그분이 보이지도 들리지도 않을 때, 우리가 원하는 방식으로 찾아오신다 해도 그분이 원수처럼 느껴질 때, 그분이 정말 존재하시는지는 몰라도 우리를 버리셨다는 두려움이 엄습해오는 최악의 광야를 지날 때 그분을 사랑하는 것입니다.

"나의 하나님, 나의 하나님, 어찌하여 나를 버리셨나이까?" 그리스도께서 이 말씀을 하셨을 때도 광야에 계셨습니다. 그분은 모든 것을 잃고 그렇게 말씀하셨습니다. 그 순간, 그분이 들을 수 있는 것은 격격대는 자신의 목소리뿐이었고 그 목소리를 들어줄 하나님은 보이지 않았습니다. 어떤 면에서 그분의 마지막 말은 사랑의 노래입니다. 최고의 사랑의 노래입니다. 어떤 면에서 그분의 말은 우리 모두의 고백이 되어야 할 말입니다. 그다음에야 하나님을 사랑하라는 명령대로 그분을 사랑하는 것이 무엇인지 알 수 있습니다.

"나의 하나님, 나의 하나님." 하나님이 보이지도 들리지도 않는 그 자리에서 그리스도는 하나님을 부릅니다. 달리 어쩔 수 없기 때문입니다. 십자가조차, 죽음조차, 생명조차 하나님을 향한 그분의 사랑을 깨뜨릴 수 없습니다. 하나님조차도 하나님을 향한 그리스도의 사랑을 깨뜨릴 수 없습니다. 그 사랑은 그의 마음이 거의 다 부서졌을 때도 온 마음으로 그에게 사랑할 힘을 준 하나님의 사랑이기 때문입니다.

여러분과 저는 부름을 받고 있습니다. 광야의 시간에도 부러진 다리를 끌고 그 사랑으로 나아오고, 광야 너머의 광경이 흘끗흘끗 보이고 광야 너머에서 오는 속삭임이 들리는 시간들에도 그 사랑으로 나아오라는 부름입니다. 그 여정이 쉬울 거라고 주장한 사람은 아무도 없습니다. 대부분의 시간 동안 하나님의 이름을 잊어버리다시피 하며 살면서 마음을 다하고 목숨을 다하고 뜻을 다해 하나님을 사랑하기란 쉽지 않습니다. 그러나 하나님을 사랑하는 것은 우리가 혼자 힘만으로 애써서 나아가야 할 목표가 아닙니다. 우리가 하나님께 버림받았다고 믿고 있을 때조차도 하나님이 친히 우리를 하나님을 사랑하는 자리로 나아가게 하신다는 것이 복음의 핵심이기 때문입니다.

제가 볼 때 최후의 비밀은 이것입니다. "주 너의 하나님을 사랑하라"는 말씀이 결국에는 명령이라기보다 약속이 된다는 것입니다. 믿음의 지친 다리와 소망의 가냘픈 날개로 우리가 마침내 그분을 사랑하게 될 거라는 약속입니다. 그분이 먼저 우리를 사랑하신 것처럼 말이지요. 그분은 광야에서조차도 우리를 사랑하셨습니다. 광야에서 우리와 함께 계셨기에 특히 광야에서 우리를 사랑하실 수 있었습니다. 그분은 우리를 위해 광야에 계셨습니다. 그분은 우리의 슬픔을 잘 아십니다. 그리고 우리는 그분을 사랑함으로 마침내 서로를 사랑하게 될 것입니다. 그리하여 모든 문에 붙은 이름이 우리가 사랑하는 이의 이름이 될 것입니다.

"오늘 내가 네게 명하는 이 말씀을 너는 마음에 새기고 네 자녀에게 부지런히 가르치며 집에 앉았을 때에든지 길을 갈 때에든지 누워 있을 때에든지 일어날 때에든지 이 말씀을 강론할 것이며."

그리스도께서 우리 앞서 일어나 광야에서 나오신 것처럼, 우리도 모두 일어나 광야에서 나오게 될 것입니다. 그것은 약속입니다. 가장 위대한 약속입니다.

지체

15

어둠 속에서 헤매던 백성이 큰 빛을 보았고, 죽음의 그림자가 드리운 땅에 사는 사람들에게 빛이 비쳤다. "하나님, 주님께서 그들에게 큰 기쁨을 주셨고, 그들을 행복하게 하셨습니다. … 침략자의 군화와 피 묻은 군복이 모두 땔감이 되어서, 불에 타 없어질 것이기 때문입니다." 한 아기가 우리를 위해 태어났다. 우리가 한 아들을 모셨다. 그는 우리의 통치자가 될 것이다. 그의 이름은 '놀라우신 조언자', '전능하신 하나님', '영존하시는 아버지', '평화의 왕'이라고 불릴 것이다. 그의 왕권은 점점 더 커지고 나라의 평화도 끝없이 이어질 것이다. 그가 다윗의 보좌와 왕국 위에 앉아서, 이제부터 영원히, 공평과 정의로 그 나라를 굳게 세울 것이다. 만군의 주님의 열심이 이것을 반드시 이루실 것이다.

이사야 9:2-7(새번역)

빌립이 나다나엘을 찾아 이르되 모세가 율법에 기록하였고 여러 선지자가 기록한 그이를 우리가 만났으니 요셉의 아들 나사렛 예수니라. 나다나엘이 이르되 나사렛에서 무슨 선한 것이 날 수 있느냐. 빌립이 이르되 와서 보라 하니라. 예수께서 나다나엘이 자기에게 오는 것을 보시고 그를 가리켜 이르시되 보라 이는 참으로 이스라엘 사람이라. 그 속에 간사한 것이 없도다. 나다나엘이 이르되 어떻게 나를 아시나이까. 예수께서 대답하여 이르시되 빌립이 너를 부르기 전에 네가 무화과나무 아래에 있을 때에 보았노라. 나다나엘이 대답하되 랍비여, 당신은 하나님의 아들이시요 당신은 이스라엘의 임금이로소이다. 예수께서 대답하여 이르시되 내가 너를 무화과나무 아래에서 보았다 하므로 믿느냐. 이보다 더 큰 일을 보리라. 또 이르시되 진실로 진실로 너희에게 이르노니 하늘이 열리고 하나님의 사자들이 인자 위에 오르락내리락 하는 것을 보리라 하시니라.

요한복음 1:45-51

어디 먼 곳으로 차를 몰고 가야 한다고 해봅시다. 그래서 동트기 한참 전에 길을 나섭니다. 때는 겨울이고 눈이 펑펑 내립니다. 전조등 바로 앞에서 쏟아지는 눈송이들을 제외하면 주위에 아무것도 보이지 않습니다. 어둠이 너무나 완전하여 빛의 부재가 아니라 그 자체가 하나의 존재로 보입니다. 어둠이 눈처럼 짙고 두터워 차량의 작은 빛이 그 안에서 살아남지 못할 것 같습니다. 다시 낮이 찾아올 거라고 믿기가 어렵습니다. 해가 떠오를 하늘도 없고, 차량 전조등이 비추는 짤막한 도로를 제외하면 땅도 없습니다. 방위를 확인해줄 사물도 없고, 길을 알려줄 사람이나 마음을 가라앉혀줄 누군가의 목소리도 들리지 않습니다. 천천히 밤 속으로 나아가다 보니, 밤이 천천히 여러분의 내부로 들어와 마침내 바깥의 어둠과 내면의 어둠이 뒤섞이고 눈처럼 속에서 쌓이는 것 같습니다. 차를 몰고 바깥 저 멀리 어딘가로 가는 것이 아니라 그보다 더 먼 내면의 어딘가로 움직이는 것 같습니다. 여러분이 바라는 것은 하나뿐, 동이 터서 빛이 사방의 어둠 위로 비치는 것입니다. 빛이 비쳐 도로가 보이고, 도로 끝에 있는 것이 보이고, 다른 사람이 보이고, 자신이 인간으로 보이는 것입니다. 때는 겨울입니다. 깊은 밤입니다. 눈이 소리마저 다 흡수한 탓에 들리는 것이라곤 엔진의 희미한 윙윙거림과 계기판의 똑딱거림이 전부입니다. 동지(冬至)를 보내던 고대의 이교도처럼, 낮이 오게 할 수만 있다면 어떤 희생이라도 치를 수 있을 것 같고 무엇이든 내놓고 무엇이든 행하고 어떤 존재라도 될 수 있을 것 같다는 생각이 듭니다.

이번에는 비슷한 겨울철에 누군가가 여러분이 있는 집으로 오고 있다고 해봅시다. 도로는 빙판길이고 라디오에선 사고 소식이 끊이지 않습니다. 여러분은 기다린 지가 오래되었습니다. 그러다 어느 시점부터는 더 이상 앉아 있을 수가 없게 됩니다. 일어나 창가로 가서 차량 불빛이 보이나 지켜봅니다. 가끔 어둠 속에서 불빛 하나가 나타나면 눈을 위시한 온 신경이 거기에 집중됩니다. 불빛이 긴 언덕을 올라오고 커브 길을 돌아오는 것을 지켜봅니다. 그리고 기다립니다. 그것이 속도를 늦추고 집으로 다가오는 소리가 들리기를, 방향지시등이 진입로 방향으로 깜빡이는 것을 보게 되기를. 그러나 한 대 한 대, 차들이 그대로 지나가고 언덕길을 계속 올라가 시야에서 사라져버립니다. 그러고 나면 너무나 길고 텅 빈 침묵이 이어져 또 다른 차가 다시 그 침묵을 깨뜨리는 일은 절대 있을 수 없을 것 같습니다. 침묵은 너무나 깊어 거기서 어떤 소리도 솟아날 수 없을 것 같고, 어둠은 너무 짙어 어떤 빛도 뚫고 들어가지 못할 것 같습니다.

　한 시간 늦어진 것이 한 시간 반이 되고 두 시간이 됩니다. 정신을 딴 데로 돌리려고 책을 잡아보고 식기세척기에 들어 있던 그릇을 치워도 보고 기도도 해보지만 정신뿐 아니라 온몸의 많은 부분이 거기 쏠려 있는 탓에 여의치가 않습니다. 기다림에 지쳐 얼굴이 잿빛이 되는 것이 느껴집니다. 화재경보처럼 전화벨이 울릴까요? 아니면 더 많은 어둠, 더 많은 침묵이 흐를까요? 아니면 마침내 기도가 응답이 될까요? 소망하는 마음이 너무나 깊으면 때로는 소망 자체가 밤을 조금이나마 밀어내고, 기다림의 어둠 속에서 하다못해 우리의 머릿속에서라도 소망하는 일이 실제로 이루어지는 듯한 느낌이 들게 됩니다. 언덕 위로 서서히 올라오는 빛이 거의 보이는 듯합니다. 차가 방향을 돌리는 듯 속도를 줄이는 소리가 들리는 것 같습니다. 이것이 과연 사실일 수 있을까요? 침묵으로 귀가 울리고, 어둠으로 눈과 온 마음까지 덮입니다. 환청이었을까요? 어디선가 문이 열리는 소리를 들은 것은? 복도에 들리는 발소리는? 집의 저 멀리서, 여러분의 내면 깊고 먼 어떤 부분에서, 세상의 많은 목소리 중에서 여러분이 기다리는 바로 그 목소리가 여러분의 이름을 부릅니다. 정말일까요? 그렇게 될까요? 여러분이 바라는 그 사람이 밤의 절망을 뚫고 찾아올까요?

끝으로 한 가지만 더 생각해봅시다. 시간은 밤이고 여러분은 집에 있고 사랑하는 사람은 위험에 처해 있지 않습니다. 위험에 처한 쪽은 여러분입니다. 병원에서 몇 가지 검사를 받았는데 검사 결과는 시간이 지나봐야 안다고 합니다. 여러분의 생명이 검사 결과에 달려 있을 수도 있습니다. 그래서 여러분은 어둠 속에 누워 시간이 되어야 들을 이야기를 그 전에 들으려는 듯 신경을 곤두세웁니다. 기다리는 시간은 언제나 신경이 곤두선 시간, 찾아보고 귀를 기울인 시간이 되다 마침내 과거의 시간, 현재의 시간, 미래의 시간이 한꺼번에 속삭이기 시작하니까요. 안 그래도 온갖 소중한 추억이 담긴 과거가 이제 더없이 소중하게 다가오고, 현재는 어둡고 꿰뚫어볼 수 없는 모습으로 와 있으며, 미래는 어떤 형태로건 오고야 말 것입니다. 아침은 마침내 오고야 말 것이고, 여러분이 기다리는 말, 여러분이 소망하고 갈망하는 말도 마침내 들려올 것입니다. 그때쯤 되면 여러분은 여러분에게 생명을 돌려주는 그 말을 이미 들은 것 같은 기분일 것입니다.

빛이 오기를. 사랑하는 사람이 오기를. 생명의 소식이 전해지기를. 믿음은 기다리는 것입니다. 결코 알지 못한 채, 듣지도 보지도 못한 채. 어둠 속에서는 대개 살짝 길을 잃게 되니까요. 모든 믿음 바로 뒤에는 의심이 있고, 모든 소망 바로 뒤에는 두려움이 있습니다. 거룩한 많은 것들이 폐허가 됩니다. 그러나 믿음은 그래도 기다립니다. 기다릴 만한 것이 아무것도 보이지 않는 탓에 기다림 자체를 포기해버리는 최후의 절망에서는 건짐을 받은 것이지요. 믿음은 기다립니다. 문이 열리는 것을, 복도에 들리는 발소리를, 사랑하는 이의 지체된 목소리를. 지체되는 시간이 너무 길어져 그 소리를 다시 듣게 될 거라는 소망을 포기할 뻔한 적도 있습니다. 그리고 때때로 (멀리서 들리는 희미한 소리라 해도) 그 소리를 들었다는 생각이 들 때 동시에 이런 질문이 떠오릅니다. 그것이 과연 많은 소리 중에서 내가 기다리던 바로 그 목소리일까? 불가능한 일 아닐까?

"와서 보라." 빌립이 말합니다. 나다나엘에게 하는 말이고 우리 모두에게 하는 말입니다. "우리가 그이를 만났다." 누구를 만났단 말입니까? "모세가 율법에 기록하였고 여러 선지자가 기록한 그이"를 만났답니다. 거룩함 자체, 빛과 생명을 주는 분, 온 세상이 알게 모르게 기다려왔고 앞으로도 항상 기다릴 분이랍니다. 심지어 나무와 돌들, 지각이 없는 짐승들도 그분을 기다린다는 사실이 느껴질 때가 있습니다. 나다나엘이 누구였건 그만이 아니라, 우리 모두가 숨을 죽입니다. 역사 자체가 숨을 죽이고 빌립이 찾은 사람이 누구인지 듣습니다. 그때 빌립이 말합니다. "예수." 별다를 것이 없는 이름입니다. "나사렛 출신"이랍니다. 별다를 것 없는 장소입니다. 요셉의 아들입니다.

갈망은 너무나 큽니다. 그러나 빌립의 말은 너무나 빈약합니다. "나사렛 출신 예수"라고 말합니다. 차량 앞유리에 쌓이는 눈을 털어내는 일, 창밖의 오래된 집에서 들려오는 삐걱거림, 침대에 누워 아침을 기다릴 때 들려오는 심장박동 정도의 느낌입니다. 여러분은 웃음이 납니까? 아니면 눈물이 납니까? 나다나엘의 반응은 둘 다입니다. 다소 씁쓸하고도 서글픈 농담으로 받아넘긴 것으로 알 수 있습니다. "나사렛에서 무슨 선한 것이 날 수 있느냐?" 그렇게 중요한 의미가 있는 것이 과연 그렇듯 별 볼일 없는 곳에서 나올 수 있을까? 하물며 세상의 그 무엇보다 중요한 존재가? 빌립은 예수라는 사람이 그런 존재라고 말하고 있었기 때문입니다. 예수는 그렇게 중요한 존재입니다. 모세 시대 이후로 수천 년 동안 우리가 줄곧 기다려온 분이 바로 예수시라고 빌립은 말합니다. 어둠이 기다려온 빛. 요셉의 아들. 별 볼일 없는 곳, 보잘것없는 지역 출신의 예수.

 제가 볼 때 나다나엘의 반응은 우리 모두의 솔직한 반응입니다. 한 생명이 생명 자체의 신비에 빛을 비출 수 있을까? 새롭고 강력한 어떤 방식으로, 한 생명이 우리를 살아나게 만들 수 있을까? 이것이 바로 우리 모두가 갈망하는 바요, 종교의 핵심입니다. 이 사실을 깨닫지 못할 때가 있지만 이것이 바로 교회의 핵심이고, 우리의 찬양과 설교와 기도의 핵심입니다. 생명. 우리 모두 그것을 갈망하고 늘 기다립니다. 그것을 찾고자 교회 같은 곳을 계속 찾는 사람도 있고, 교회에서는 결코 그것을 찾을 수 없다고 보고 한사코 피하는 사람들도 있습니다. 둘 다 얻는 것도 있고 잃는 것도 있습니다. 우리는 모두 이민자요 잡종이라서 그렇습니다. 우리가 한 번도 제대로 알지 못하고 꿈꾸기만 했던 삶, 그것이 우리가 기다리는 삶입니다. 함께하는 삶. 서로를 위한 삶. 어둠이 사라진 삶. 그런데 빌립은 그런 삶을 찾았다고 말합니다. 그분을 만났다고 말합니다. 과연 사실일까요?

우리는 너무 쉽게 그렇다고 말할 위험이 있습니다. 여러 세기에 걸쳐 교회가 그렇다고 말해왔기 때문에, 여러 해 동안 우리 입으로 그렇게 말해왔기 때문에 그렇게 말하는 것이지요. 오랜 습관에 따라 너무 쉽게, 예수님이 누구신지 정말 안다는 듯 말하고, 그분이 어김없이 우리의 예수님이라는 듯 말합니다. 그러나 그분은 우리의 소유가 아닙니다. 오히려 우리가 그분의 소유입니다. 그분은 요셉의 아들이자 신비의 아들이기도 합니다. 그분이 세상과 우리를 위해 그분이 어떤 분인지 말씀해주셔야 우리가 알 수 있습니다. "와서 보라"고 빌립은 말합니다. 누구에게도 다른 길은 없습니다. 나다나엘이 가야 할 길은 멀지 않았습니다. 구부러진 길을 돌아가서 밭을 하나 지나면 되었습니다. 그러나 어떤 의미에서 나다나엘은 그곳에서 평생이 걸리는 여행을 하고 있었습니다. 어떤 의미에서 여러분과 저도 그런 여행을 하고 있습니다. 마침내 보고 알고 찾기 위해, 누군가에게 보이고 알려지고 발견되기 위해.

우리가 가끔 하는 놀이가 하나 있습니다. 역사의 위인 한 사람을 만날 수 있다면 누구를 선택할 것인지 묻고 답하는 놀이입니다. 셰익스피어라고 말할 수도 있겠습니다. 우리 안의 햄릿과 오필리어를 그보다 잘 아는 사람은 없을 테고, 어두운 마법이 드리운 이 한여름 밤의 꿈을 그보다 잘 알 사람도 없을 테니까요. 에이브러햄 링컨을 말하는 사람도 있겠습니다. 우리와 마찬가지로 진흙 발을 가진 사람이었으면서도 말년에 찍은 위대한 사진들에는 온갖 인간적 고통

뿐 아니라 인간의 수준을 넘어서는 선함과 자비의 흔적이 보이니까요. 오를레앙의 소녀 잔다르크를 말할 수도 있겠습니다. 그녀는 약점이 바로 강점이었고, 순수함이라는 갑옷을 걸치고 15세기의 어두운 하늘을 별처럼 밝혔습니다. 그러나 여러분과 제가 세상의 위인들을 만난다면 그들이 우리에게 줄 것은 그들의 위대함뿐이고, 요구할 것은 우리의 흠모뿐입니다. 우리는 경이감에 가득 차서 만남의 자리에 가겠지만 거기서 무엇을 보게 될지는 대충 짐작이 될 것입니다. 우리가 만나게 될 과거의 성인(聖人)들과 영웅들은 우리보다 위대하고 더 인간답고 더 온전한 사람일 것입니다. 그러나 그들도 결국 우리와 근본이 같은지라 종종 길을 잃고 의심하고 여러분이나 저 못지않게 우리를 마침내 구해줄 존재를 막막하게 기다려야 하는 사람들이었습니다.

그러나 만약 빌립이 옳다면, 우리가 만나러 가는 그분은 그저 우리보다 위대한 사람이 아니고, 그저 과거에서 우리를 만나러 오시는 분도 아닙니다. 그분이 우리에게 주실 것은 그분의 위대함만이 아니라 그분 자신입니다. 그리고 우리 자신을 주십니다. 그것이 우리의 믿음입니다. 그분은 우리에게 흠모만을 요구하시지 않습니다. 우리는 그분이 무엇을 주실지 온전히 알지 못합니다. 하물며 그분이 무엇을 요구하실지 누가 온전히 알겠습니까? 그리고 우리가 그분에 대해 아는 것이 너무나 없기 때문에 그분과의 만남은 상상할 수 있는 그 어떤 만남보다도 중요해집니다. 빌립에 따르면, 그분이 바로 모세와 선지자들이 예언했던 분입니다. 육신이 되신 말씀입니다. 가장 깊은 신비로부터 울려나와 우리 모두의 피와 살에 대고 말하는 모든 말 중의 말입니다.

구부러진 길을 돌고 밭을 하나 지나면서. 눈 내리는 밤에 운전하면서. 어두운 창가에 서서. 침대에 누운 채 동이 트면 전해질 소식을 기다리며. 우리가 기다리는 분은 이 모든 시간 동안 우리가 기도를 바친 대상이자 기도의 통로였습니다. 우리는 나다나엘입니다. 와서 보라, 빌립이 우리에게 말합니다.

그래서 우리는 나다나엘처럼 가서 봅니다. 빌립이 한 말, 우리가 평생에 걸쳐 때로는 믿고 때로는 믿을 수 없었던 이야기가 사실인지 우리 눈으로 확인합니다. 우리는 산전수전 다 겪은 사람들입니다. 우리는 동화를 믿지 않습니다. 대부분의 동화는 그렇지요. 우리의 많은 꿈들이 꿈에 불과한 것으로 드러났습니다. 우리와 우리가 사랑하는 사람들에게 소중했던 많은 소망이 미처 피어나지도 못하고 사라졌습니다. 세상을 살면서 우리는 최악의 상황을 늘 대비해야 한다는 교훈을 배웠습니다. 그럼에도 불구하고 우리는 갑니다. 믿음으로 나갑니다. 작은 숲 너머, 그분이 서 계신 곳으로 갑니다. 우리는 그 누구도 될 수 있습니다. 지루하고 외로워 못 살 것 같은 퇴직 교사, 경력의 절정에 있는 젊은 댄서, 실직한 뒤 유방절제수술을 앞둔 흑인 여성, 부부관계를 유지해보려고 노력하는 중년부부, 사랑에 빠진 소년소녀. 그리고 여러분과 저는 그들과 함께 갑니다. 그들처럼, 누구에게도 말하지 않은 비밀을 안고, 금보다 귀하고 빈집보다 슬픈 기억들을 간직한 채. 나무들을 헤치고 가다 보니 한 사람의 모습이 보입니다. 해질 무렵, 잿빛 하늘을 배경으로 검은 실루엣 하나가 보입니다. 우리의 발소리를 듣고 그분이 우리 쪽을 바라봅니다. 우리는 눈을 내리깔고 한동안 서 있습니다. 고개를 들어 그의 얼굴을 볼 엄두가 안 납니다. 어떤 모습일지도 무섭고, 어떤 모습이 아닐지도 무섭습니다. 우리는 너무 오래 기다렸습니다. 너무나 먼 길을 왔습니다.

나다나엘이 마침내 눈을 들어 그 얼굴을 들여다봤을 때 무엇을 보았는지 우리는 모릅니다. 우리에게도 그런 순간이 찾아와 우리의 비밀이 다 드러나고 마침내 그분의 정의와 사랑 앞에 서게 될 때 무엇을 보게 될지 역시 모릅니다. 그러나 저는 나다나엘처럼 우리도 그 얼굴을 알아볼 거라 생각합니다. 그 얼굴은 우리 존재의 어떤 수준에서 우리가 언제나 알던 얼굴이기 때문입니다. 공중의 새가 수천 킬로미터 떨어진 곳에서도 둥지 틀 곳을 알듯, 숲 속의 나무들이 겨울에도 봄을 기약하며 땅 깊숙이 뿌리를 내리듯 말이지요. 그분을 보는 날, 우리는 그분을 알아볼 것입니다. 그리고 더 중요한 것은, 그분이 우리를 아실 것입니다.

"보라. 이는 참으로 이스라엘 사람이라. 그 속에 간사한 것이 없도다." 나다나엘이 뭐라고 할 말을 찾기도 전에 예수님이 그에게 하신 말씀입니다. 나다나엘이 신발에 진흙을 묻히고 간사함을 품은 채 그분 앞에서 입을 헤벌리고 이렇게 속삭이는 모습을 상상해봅니다. "랍비여, 당신은 하나님의 아들이시요 이스라엘의 임금이로소이다." 여러분과 제가 거기 서 있는 모습도 상상해봅니다. 여러분이 저와 같다면 결코 간사함이 없지 않을 테고, 세상이 우리 안에 채워 넣은 것과 우리가 세상에 내놓은 온갖 것들이 가득하겠지요. 환멸과 의심, 이기심과 사랑, 두려움과 속임수와 소망, 그리고 우리 각자를 둘도 없는 고유한 사람으로 만드는 온갖 것이 가득할 것입니다.

있는 그대로의 꼼짝없는 우리를 보십시오. 각자가 미래의 무언가가 될 잠재력을 갖고 있으면서도 가끔 상태가 좋을 때 그런 사람이 되게 해달라고 기도하기만 할 뿐 실제로는 변화를 거듭거듭 거부하고, 변화의 길을 찾지 못합니다. 도처의 모든 남녀를 보십시오. 아침이 밝아오기를, 사랑하는 사람이 돌아오기를, 위로의 말이 들려오기를 기다리는 것이 최선이라고 믿으며 인생의 대부분을 흘려보냅니다. 우리 모두를 보십시오. 우리의 시야를 가리는 것들에 반쯤 눈이 멀어 세상이 창조된 이래 줄곧 우리를 기다리는 분이 계셨다는 것을 믿지 못합니다.

"어둠 속에서 헤매던 백성이 큰 빛을 보았고, 죽음의 그림자가 드리운 땅에 사는 사람들에게 빛이 비쳤다." 우리 시대의 어둠은 깊습니다. 우리의 땅과 모든 땅과 우리 모두의 어둠이 깊습니다. 그리고 우리에게 비치는 빛은 밤중에 긴 언덕길을 꼬불꼬불 올라가는 차들의 불빛처럼 우발적이고 손에 잡히지 않습니다. 우리가 본 것은 큰 빛이 아니라 작은 빛일 뿐입니다. 그러나 어쨌건 우리가 이 자리까지 온 것은 언젠가 어디선가 우리 모두를 위해 출애굽이 한 번 일어났고, 무시무시한 바다가 갈라졌고, 속박 상태에서 건짐을 받아, 정신을 차리고 진정한 구원이 어디에 있는지 볼 수 있을 정도는 되었기 때문입니다. 우리를 절망으로 몰아가는 것이 안팎으로 수없이 많고, 종종 우리도 거룩한 성전을 황폐하게 만든 이들의 무리에 끼지만, 그럼에도 우리가 이 자리에 있는 것은 성전이 결코 가둘 수 없는 분이 그런 우리를 한 번도 포기하신 적이 없기 때문입니다. 우리를 비춘 작은 빛은 앞으로 있을 큰 빛의 미리보기입니다. 처음에 우리를 이끌어내시고 인도하신 분, 이후 우리가 방랑하던 폐허와 오랜 지체 중에서도 늘 함께하셨던 그분이 바로 우리가 큰 소망 가운데 기다렸던 분이고 큰 소망 가운데 우리를 기다리셨던 분이라는 사실입니다. 이것이 큰 빛입니다. 여러분의 삶에서 그분의 소리가 들리는지 귀를 기울여보십시오. 빛과 사랑과 생명은 어둠 속에도 있으니 찾아보십시오. 그분은 우리 각 사람의 이름을 아시니까요.

그러면 우리를 기다리시는 그분의 이름은 무엇일까요? 놀라우신 조언자, 전능하신 하나님, 영존하시는 아버지, 평화의 왕입니다. "이보다 더 큰 일을 보리라." 이 말씀은 나다나엘에게 임했듯 우리에게도 임합니다. 우리는 꽉 붙들고 있는 많은 것들을 놓고 잃어버린 많은 것들을 다시 찾아야 할 것입니다. 우리처럼 어둠에 익숙해진 지 오래된 사람들은 큰 빛이 비칠 때 큰 축복뿐 아니라 큰 시련도 함께 겪을 것이고, 그 이후에야 마침내 빛의 광채 가운데 온전하고 새롭게 일어설 것입니다. 그러나 이보다 더 큰 일을 보게 될 거라는 약속이 주어졌고, 하나님의 은혜로 우리는 이보다 더 큰 일이 될 것입니다.

"진실로 진실로 너희에게 이르노니 하늘이 열리고 하나님의 사자들이 인자 위에"와 우리 모두의 위에 "오르락내리락 하는 것을 보리라." 우리가 이 말씀의 의미를 안다고 자신을 속이는 일이 없기를 바랍니다. 이 말씀이 그저 또 다른 시대에 대한 화려한 시적 표현에 불과하다고 생각한다면, 우리가 편협한 선입견에 사로잡혀 있음을 드러낼 뿐입니다. 이 말씀을 아이가 받아들일 만한 방식으로 문자적으로 받아들여야 한다고 생각한다면, 그보다 낫기야 하지만 아이들의 방식으로 서툴게 부분적으로만 더 낫다고 해야 할 것입니다. 우리가 그분의 영광 가운데 그분을 보게 될 거라는 그리스도의 말씀이 무슨 뜻인지 누가 온전히 알 수 있겠습니까? 오래 지체되었으나 소중한 영광스러운 소망 가운데 우리는 그분을 이미 뵈었습니다. 따라서 저는 그분의 말씀이 시(詩)일 뿐이거나 시에 불과한 것이 아니라 상상할 수 없는 고귀한 진리라고 보는 것이 결코 맹목적인 믿음이 아니라고 생각합니다. 아멘, 주 예수여, 오시옵소서.

두 목소리
16

태초에 말씀이 계시니라. 이 말씀이 하나님과 함께 계셨으니 이 말씀은 곧 하나님이시니라. 그가 태초에 하나님과 함께 계셨고 만물이 그로 말미암아 지은 바 되었으니 지은 것이 하나도 그가 없이는 된 것이 없느니라. 그 안에 생명이 있었으니 이 생명은 사람들의 빛이라. 빛이 어둠에 비치되 어둠이 이기지 못하더라.

하나님께로부터 보내심을 받은 사람이 있으니 그의 이름은 요한이라. 그가 증언하러 왔으니 곧 빛에 대하여 증언하고 모든 사람이 자기로 말미암아 믿게 하려 함이라. 그는 이 빛이 아니요 이 빛에 대하여 증언하러 온 자라.

참 빛 곧 세상에 와서 각 사람에게 비추는 빛이 있었나니 그가 세상에 계셨으며 세상은 그로 말미암아 지은 바 되었으되 세상이 그를 알지 못하였고 자기 땅에 오매 자기 백성이 영접하지 아니하였으나 영접하는 자 곧 그 이름을 믿는 자들에게는 하나님의 자녀가 되는 권세를 주셨으니 이는 혈통으로나 육정으로나 사람의 뜻으로 나지 아니하고 오직 하나님께로부터 난 자들이니라.

말씀이 육신이 되어 우리 가운데 거하시매 우리가 그의 영광을 보니 아버지의 독생자의 영광이요 은혜와 진리가 충만하더라. 요한이 그에 대하여 증언하여 외쳐 이르되 내가 전에 말하기를 내 뒤에 오시는 이가 나보다 앞선 것은 나보다 먼저 계심이라 한 것이 이 사람을 가리킴이라 하니라. 우리가 다 그의 충만한 데서 받으니 은혜 위에 은혜러라.

요한복음 1:1-16

요한복음의 이 비범한 본문에는 두 목소리가 등장합니다. 첫 번째는 성가를 부르는 목소리, 칸토르(대성당 합창대장, 성가 선창자—옮긴이)의 목소리, 무에진(이슬람 사원에서 기도 시간을 알리는 사람—옮긴이)의 목소리, 시인의 목소리, 변성기가 오기 전 소년 합창단원의 목소리입니다. 영적이고 순수하고 초연하고 돌처럼 차갑습니다. "태초에 말씀이 계시니라 이 말씀이 하나님과 함께 계셨으니 이 말씀은 곧 하나님이시니라. 그가 태초에 하나님과 함께 계셨고." 설교가 아니라 찬양입니다. 수술 도구로서의 찬양, 심장을 이식하는 목소리입니다.

두 번째 목소리는 집요하고 지나치게 진지하며 콧소리도 섞여 있습니다. 확실히 해두고 싶어 하는 목소리, 모든 것을 분명히 밝히려 드는 목소리입니다. 이 목소리는 무엇보다 현실적입니다. 자꾸만 끼어듭니다. 메시아가 누구인가를 둘러싼 골치 아픈 혼란에 대해 두 번째 목소리는 이렇게 말합니다. 어디에서 어떤 소문이 돌건

간에 세례 요한은 메시아가 아니라고. 이것을 더없이 분명하게, 힘주어 강조합니다. 메시아는 예수님이었습니다. 예수님이 누구신지는 처음부터 의문의 여지가 없었습니다.

"그 안에 생명이 있었으니 이 생명은 사람들의 빛이라. 빛이 어둠에 비치되 어둠이 이기지 못하더라." 첫 번째 목소리는 세상의 모든 구분을 훌쩍 뛰어넘는 노래, 위대한 로고스(Logos, 말씀) 찬양을 부릅니다.

그리고 두 번째 음성이 들려옵니다. 분명히 그렇습니다. 세례 요한을 다룹니다만 잠시뿐입니다. 세례 요한은 빛에 대해 증언하러 온 것입니다. 그는 빛이 아니라 그 빛에 대해 증언하러 온 사람이었습니다. 윗입술에서 땀이 배어나오고 손마디는 하얗게 된 채로.

"말씀이 육신이 되어 우리 가운데 거하시매." 이 외침은 커다란 장미창으로 솟아올랐고, 벽옥과 황옥과 자수정의 흉벽을 이룬 묘성을 향해 뻗어나갔습니다. "*In principio erat verbum*(태초에 말씀이 계셨고) 우리 가운데 거하셨는데 은혜와 진리가 충만하더라."

그리고 두 번째 목소리는 그것이 사실이라고 말합니다. 세례 요한은 이 점을 더없이 분명히 밝혔고, 저는 그가 한 말을 똑똑히 기억합니다. "내 뒤에 오시는 이가 나보다 앞선 것은 나보다 먼저 계심이라."

두 목소리가 다 있는 것이 좋습니다. 두 번째 목소리는 대단히 인간적입니다. 첫 번째 목소리가 내는 딴 세상의 것 같은 음악 한복판에서 방위를 잡으려면 대단히 인간적인 목소리가 필요합니다. 방해

하는 요소들이 있는 것도 좋습니다. 설교에도 방해 요소들이 있어야 합니다. 아기 우는 소리, 화장실 물 내리는 소리 등 하나님과 함께 계셨던 말씀, 하나님이신 말씀이 육신이 되셨다고 하는 이 육신의 실체를 떠올려줄 것이 필요합니다. 말씀이 전투복처럼 착용한 이 육신에서 어떤 냄새, 어떤 소리, 어떤 맛이 나는지 떠올려줄 것이 필요합니다. 사제가 종소리에 맞추어 제단 앞에서 성체(성찬의 빵)를 들어 올릴 때, 예배당 관리인이 바닥을 청소하며 진공청소기를 돌리는 것은 의무라고까진 할 수 없어도 지극히 합당하고 옳은 일입니다. 신약성경 자체가 그렇게 구성되어 있습니다. 동틀 녘에 디베랴 바다로 돌아오신 부활의 그리스도, 생명과 죽음의 신비를 짊어지신 예수님이 해변에 서서 이렇게 말씀하십니다. "물고기를 좀 잡았느냐?"(요 21:5, 우리말성경)

바로 이것입니다. 그리스도와 해물수프. 메시아와 고등어. 말씀과 육신. 첫 번째 목소리와 두 번째 목소리. 이것이 이 위대한 본문의 핵심입니다. 이 신비, 이 긴장과 스캔들. 번갈아 등장하는 두 목소리.

누군가는 진공청소기를 돌려야 합니다. 누군가는 금전출납을 관리하고 고양이를 밖에 내놓아야 합니다. 우리는 이런 면에서 두 번째 목소리를 고맙게 생각합니다. 그 목소리는 물론 우리 자신의 목소리이기도 한데, 포크너가 말한 것처럼 가냘프지만 집요합니다. 사람의 목소리입니다. 우주에 대해 말하고 우주를 향해 말할 수 있는, 우주가 보유한 유일한 목소리입니다. 나름의 메시지와 신비를 가진 목소리입니다. 그리고 그 목소리가 세례 요한이 아니라 예수라고 전해지는 것이 중요합니다. 저기 앙상한 몸을 하고 단호하게 요단강에 서 있는 사람이 아니라 은혜와 진리가 충만하며 특이한 북쪽지방 말씨를 쓰는 이 사람입니다. 세례 요한은 말했습니다. "보라, 저 사람이 하나님의 어린양이다." 이 사람이 아니라 저 사람입니다. 우리는 알아야 합니다.

하지만 이 대목에서 두드러지는 것은 첫 번째 목소리입니다. 우리 뇌리에서 떠나지 않고 우리를 겸손하게 만드는 첫 번째 목소리. 무에진, 칸토르, 크라이스트처치 교회 합창단원. 처음에는 그 목소리에 담긴 의미보다 소리 때문에 뇌리에서 떠나지 않습니다. 메시지보다는 음악입니다. 박자와 화음, 침묵입니다. "Im Anfang war das Wort, und das Wort war bei Gott, und Gott war das Wort"(요 1:1, 독일어). 첫 번째 목소리가 외칩니다. "*Et omnia per ipsum facta sunt, et sine ipso factum est nihil quod factum est*"(요 1:3, 라틴어). 처음에는 그 의미가 그리 중요하지 않습니다. "Et la Parole a été faite chair, et elle a habité parmi nous, pleine de grâce et de vérité"(요 1:14, 프랑스어). 큰 파도 소리에 담긴 의미나 고딕풍 황혼에서 아직 빛이 남아 있는 곳을 향해 덫에 걸린 새처럼 날갯짓하는 오르간 소리의 의미가 중요하지 않듯, 그 의미는 별로 중요하지 않습니다. 그 목소리는 이렇게 노래합니다. "우리가 다 그의 충만한 데서 받으니 은혜 위에 은혜러라. *Gnade um Gnade, gratiam pro gratia*. 그가 세상에 계셨으…되 세상이 그를 알지 못하였다." 그리고 요한은 이렇게 말합니다. "Siehe, das ist Gottes Lamm, qui ôte le péché du monde. *Ecce Agnus Dei qui tollit peccatum mundi*. 보라, 세상 죄를 지고 가는 하나님의 어린양이로다"(1:29).

"불이야!" 하고 외쳐보십시오. "위험해!"라고 소리쳐보십시오. "도와주세요", "할렐루야, 호산나!"라고 외쳐보십시오. 밤중의 사이렌 소리. 동틀 녘의 나팔 소리. 빗속에서 노래하는 여인, 노래하거나 울거나 죽어라고 소리치는 남자. 그런 소리를 들으면 맥박이 빨라집니다. 그 소리가 심장을 자극하고 마음을 흔들어놓습니다. 노래이건 외침이건 말을 전하는 소리와 그 음악은 심장을 자극하고 마음을 흔들어놓습니다. 그 소리와 그 음악에 심장이 더 빨리 뛰고 피가 더 빨리 돌며 뜨거워집니다. 이것은 그 소리가 생명을 자극한다는 뜻입니다. 의미 수준에서는 어떨지 몰라도, 소리와 리듬, 호흡의 수준에서 그 소리는 생명을 자극할 힘을 갖고 있습니다. 이번에도 이것은 요한이 말하는 내용인 동시에 그가 자신의 말로 그 예를 제시하는 바입니다. 말씀은 생명을 자극합니다. 요한의 말이 생명을 자극하고 무엇인가를 움직이는 것처럼 말이지요. 요한복음의 프롤로그는 어느 나라 말로 듣건 내면의 그 무엇이 생기를 얻게 됩니다.

말씀이 육신이 됩니다. 밤중에 들은 무서운 말에 소름이 돋고, 욕망의 말에 몸이 달아오르고, 여러 다른 말들로 머리가죽이 서늘해지고 발걸음이 빨라지듯, 어쩌면 그와 비슷한 방식으로 하나님의 말씀 로고스가 육신이 되고 예수님이 되는 것인지도 모릅니다. 예수님은 이 말씀에, 하나님의 말씀에 그렇게 반응하셔서 친히 그 말씀이 되십니다. 이렇게나 간단하면서도 복잡합니다.

우리는 어떤 것들이 공기 중으로 퍼진다는 말을 합니다. 폭력이나 증오, 공포, 기쁨이 공기 중으로 퍼져나갑니다. 우리는 공기 중에 떠도는 그런 것들에 걸리거나 단단히 전염됩니다. 폭력이나 기쁨이 우리의 것이 되거나 반대로 우리가 폭력이나 기쁨의 소유가 됩니다. 말씀이 육신이 된다는 것은 이와 같은 일인지도 모릅니다. 하나님이 공기 중에 계셨고 예수님은 완전히 전염되다시피 하여 공기 중에 있던 하나님의 말씀이 예수님의 몸속으로 완전히 스며들었습니다. 공기 중에 있던 하나님의 어떤 것이 예수님의 마음에 단단히 새겨져 그분의 본질이 되었습니다. 예수님이 입을 열어 말씀에 대답하시자 그 말씀이 공기처럼 그분의 입을 가득 채웠습니다.

하나님은 적당한 단어를 찾는 시인이라고 말할 수도 있겠습니다. 노아를 써보시지만, 그는 술을 너무 좋아합니다. 아브라함을 써보시지만 아내가 여럿이고 구레나룻까지 기른 그는 메소포타미아 냄새가 너무 많이 납니다. 모세를 써보시지만 그는 너무 애씁니다. 다윗은 너무 잘생겨서 오히려 문제입니다. 엘리사를 써보시지만 그는 곰을 시켜 아이들을 공격하게 합니다. 메뚜기와 석청을 먹는 세례 요한은 대체로 괜찮았습니다만, 작지만 중요한 문제가 있습니다. 유머감각이 없고 편식을 한다는 것입니다.

하나님은 이 단어 저 단어를 써보시다가 마침내 제대로 말하기 위한 최후의 시도를 하십니다. 하나님이 누구신지, 인간이 누구인지, 사랑의 고통은 왜 귀한지, 하나님의 평화가 어떻게 두려움을 내어쫓는지 최후의 한 말씀에 모두 집어넣으려 하십니다. 누가 예측할 수 있었을까요? 하나님이 찾아내신 말씀은 바로 이 사람, 나사렛 출신의 예수입니다. 드디어 이 모든 것이 이 생명, 뜻밖의 유대인 예수, 예수의 몸에서 마침내 육신이 되신 말씀 안에서 살아났습니다. 하나님의 '더없이 적절한 말(mot juste)' 예수.

첫 번째 목소리의 시가 두 번째 목소리의 산문으로 구체화되었습니다. 말씀이 육신이 되어 우리 가운데 거하시는데 은혜와 진리가 충만했습니다. 그러나 은혜와 진리뿐 아니라 우리와 마찬가지로 활기와 허튼 것도 가득했을 것입니다. 성육신의 스캔들, 하나님의 상상도 못할 자기 비움(kenosis)과 낮아지심입니다. 요한은 이 정도는 분명히 의도했을 것입니다. 어쩌면 더 많은 의미를 담아내려 했는지도 모릅니다.

요한은 "태초에 말씀이 계시니라" 하고 말합니다. 그는 시를 쓰고 있지만, 저는 그의 말이 시적 표현에 그치지 않는다고 생각합니다. 그가 "In principio(태초에)"라고 말할 때, 우리는 그것이 창세기에 나오는 '베레쉬트'라는 말의 의미, 즉 "태초에"를 문자적으로 말한 것이라고 생각합니다. 만들어질 것이 하나도 만들어지기 전, 존재가 생겨나는 것을 가능하게 만들 어떤 것도 생겨나기 전이라는 말이지요. 물론 그런 상태를 문자적으로 말할 수는 없는 노릇이지만, 우리는 그가 창조가 이루어지기 전, 시간 이전의 시간의 가능성에 대해 물리학자 못지않게 진지하게 말하고 있다고 생각합니다. 모든 것이 무(無)였고 무가 전부였던 시점, 빅뱅이 생겨나기 전 또는 정상상태의 우주가 나오기 전, 위도 아래도 없고 죽음도 생명도 없었으며 '여기'도 '저기'도 없던 때, 맨 처음에 말씀이 있었고, 이 말씀이 하나님이셨고 만물이 그로 말미암아 지어졌다고 요한은 말합니다.

성경의 내용은 흔히 아주 일반적이기에 그 내용을 구체적으로 상상하려면 눈에 보이는 이미지가 필요합니다. "빛이 어둠에 비치되"라는 요한의 말은 빛이 힘겹게 터져 나오고 꽃잎이 말리고 손이 접히듯 어둠이 밀려나는 모습을 떠올리게 합니다. 그러나 요한의 이미지는 보이는 모습보다는 소리에 근거합니다. 상상할 수 없는 침묵을 뚫고 말씀이 들려옵니다. 창조하는 말, 불러일으키는 말, 생명을 자극하고 생명이 되는 말입니다. 그것이 하나님의 말씀이기 때문이고, 말씀 안에는 하나님이 계시기 때문입니다. 우리가 하는 말이 우리 자신과 우리의 호흡과 정신을 담고 있고 우리가 누구인지 말해주듯 말입니다. 빛과 어둠, 시각적인 것은 공간 속에서 펼쳐지지만, 발설된 말씀, 소리는 시간 속에서 구현되고 그로 인해 시간이 시작됩니다. "있으라" 하시는 말씀이 나오자 존재하는 것, 창조세계가 생겨났습니다. 전에 아무것도 없던 곳에 그 무엇이 생겨났고, 새벽별들이 노래하고 하나님의 아들들이 모두 기뻐 소리를 질렀습니다. 선후관계가 시작되었고 시간이 시작되었고 이야기가 시작되었기 때문입니다.

이 모든 것은 요한의 거침없는 태도를 예감하게 해줍니다. 과연 여기 요한복음 서두에서 그는 우리에게 모든 것을 믿으라고 요구하고 있습니다. 그는 육신이 되신 말씀, 우리 육신 같은 육신이 되신 말씀, 저기 달빛 아래 서서 "물고기를 좀 잡았느냐?"고 물으시던 말씀이 마지막 말이나 많고 많은 말 중 하나가 아니라, 그 안에 생명과 빛을 품은 말씀, 태고의 우주적 말씀임을 믿으라고 합니다. 태초에 하나님이 의도하셨던 모든 것이 이 육신 안에 있었습니다. 생명과 죽음의 비밀이 여기에 있었습니다.

보십시오, 세상 죄를 지고 가는 하나님의 어린양입니다. 하나님의 어린양이 강둑을 따라 천천히 다가옵니다. 세례 요한이 다가오는 그분을 보는 대목에서 두 번째 목소리가 다시 끼어듭니다. 태고의 우주적 말씀에 대한 내용, 그 말씀이 태초에 어떠했는지에 대한 내용은 다 잊으라고 말합니다. 그냥 다가오는 저 사람을 보라고 합니다. 물속에 있는 세례 요한이 아니라 물가를 따라 세례 요한에게 다가오는 사람을 보라고 합니다. Siehe, das ist Gottes Lamm(보라, 하나님의 어린양이로다). 그 외에는 아무것도 중요하지 않습니다. 바람이 불어 그의 앞에 있는 골풀이 기울어지는 것을 보십시오. 발밑을 조심하며 걸어오는 그의 얼굴을 보십시오. 다른 사람의 얼굴 말고 그의 얼굴을 보십시오. 중요한 것은 그의 얼굴 안에 다 있습니다. 그의 손 안에 다 있습니다.

그의 손에 창조의 의미와 목적이 있다고 첫 번째 목소리가 말합니다. 그의 손에 너의 생명이 있다고 두 번째 목소리가 말합니다. 보십시오, 그가 세상 죄를 지고 갑니다. Das ist Gottes Lamm. 그의 발이 진흙에 미끄러집니다. 세례 요한은 허리까지 오는 물속에서 기다립니다. 다가오는 사람이 그가 그동안 기다렸던 그분인지 아닌지 그는 아직 모릅니다. 넘어지지 않으려고 바닥을 짚었던 두 손에는 진흙이 묻어 있습니다. 아마 세례 요한은 두려웠을 것입니다. 다가오는 사람이 그분이 아닐까 봐 두렵고, 그가 그분일 것 같아서 두려웠을 겁니다.

어머니 마리아도 두려웠습니다. 천사가 나타나 소식을 알렸을 때도 조금 두려웠지만, 그것은 시작일 뿐이었습니다. 당시 그는 아주 조용하게 찾아왔고 백합을 손에 들고 있었습니다. 마리아는 파란색 플로렌틴 벨벳 옷을 입고 있었고 머리는 소녀답게 뒤로 늘어뜨리고 있었습니다. 햇빛이 카펫처럼 타일 위에 깔려 있었습니다. 천사는 꼼짝도 하지 않고 서 있어서 그들이 만난 회랑의 기둥처럼 보일 정도였습니다. 그녀는 천사의 말이 잘 들리지 않았고 나중에는 그것이 꿈이었을지도 모른다고 생각했습니다. 그러나 얼마 지나지 않아 진짜 두려운 일이 벌어졌습니다. 천사가 말했던 일이었지만 마리아가 꿈도 꾸지 못한 방식으로 벌어진 것이었습니다. 다리를 벌린 채 지푸라기 위에 쪼그리고 앉아 고통에 시달리던 그녀의 몸 밖으로 아무리 봐도 날고기 덩어리처럼 보이는 물체가 떨어졌습니다. 요란한 세상 밖으로 나온 그것이 바로 천사가 거룩한 자, 지극히 높으신 이의 아들로 불리게 될 거라고 했던 아이였습니다. 모든 육신 중에서도 그녀의 몸을 빌려 육신으로 난 말씀이었습니다.

우리 모두 두려워할 만한 이유가 있습니다. 강물 속에서 기다리던 세례 요한처럼, 미끄러운 강둑을 따라 다가오는 사람이 그토록 오랫동안 기다렸던 그분이 아닐 수도 있다는 두려움이 들 수 있습니다. 딴생각을 하는 건지 발밑을 제대로 안 보는 건지 오는 도중에 몇 번이나 발이 미끄러져 진흙투성이인 사람이 그분이 아니면 어쩌나 싶어 두렵습니다. 애초에 말씀이 없었거나 맨 처음이라는 것이 아예 없었다면, 그가 육신이 된 말씀이 아닐 수도 있겠다는 두려움이 듭니다. 만약 그렇게 태초에 대수로울 것이 별로 없었다면 지금도 마찬가지일 것입니다. 존재하는 모든 것을 다 더해봐야 존재하지 않는 모든 것 옆에 두면 별 볼일 없을 것입니다. 예수와 세례 요한의 강물 속 만남이 로렐과 하디(무성영화 시절 할리우드의 코미디 콤비—옮긴이)의 만남과 비슷하고 물이 불어나면서 그들의 중산모가 사해로 떠내려가는 해프닝으로 끝날까 봐 두렵습니다.

그런가 하면 세례 요한처럼, 다가오는 사람이 그분일까 봐 두려워합니다. 지고 가야 할 모든 것을 … 지고 가시는 하나님의 어린양을 보십시오. 요한이 '하나님의 자녀가 되는 권세'를 주신다고 말한 하나님의 어린양을 보십시오. 논증의 편의상 그가 은혜와 진리와 온갖 것이 충만한 오실 그분이라고 가정해봅시다. 여러분은 하나님의 어린양이 지고 갈 것이 과연 무엇인지 정말 진지하게 생각해본 적이 있습니까? 그것을 생각하는 것이 직업인 제가 과연 그렇게 해본 적이 있을까요?

저나 여러분이 '하나님의 자녀'가 되어야겠다(그것이 무엇을 뜻하건 간에)는 의향을 갖는다고 해봅시다. 그 의향을 뒷받침할 논거는 없다고 치고, 그저 어떤 무방비의 순간에 하나님의 자녀가 되어야겠다는 의향을 갖게 되었다고 말입니다. 하나님의 자녀가 되려면 우리가 무엇을 그만두어야 하는지 조금이라도 예상하십니까? 중단되어야 할 상태, 그만두어야 할 일, 내어놓아야 할 것들, 당장 멈추어야 할 가장과 연기, 버려야 할 욕심들, 미워하기를 그치고, 두려워하기를 그치고, 얼굴이 파랗게 질리고 속이 메슥거릴 때까지 쫓아다니기를 그쳐야 할 대상이 무엇인지 아십니까? 오 하나님, 세상 죄를 지고 가는 하나님의 어린양으로부터 우리를 구원하소서. 세상의 죄는 우리 마음의 소원이요, 우리의 유니폼, 우리의 중산모입니다. 오 하나님의 어린양이여, 우리에게 자비를 베푸소서. 그리스도여 우리에게 자비를 베푸소서.

지푸라기 위에 쪼그리고 앉은 마리아처럼 우리 모두 두려워할 이유가 있습니다. 그녀는 출산이 두려웠을 것입니다. 그럴 수밖에 없지 않겠습니까? 누구에게 들어도 출산은 좋게 말해야 고통스럽고 피나는 과정입니다. 우리 모두 무엇보다 출산을 두려워할 만한 이유가 있습니다. 몸을 비틀고 찢어놓는 과정, 도중에 죽을 위험, 더 나아가 새 생명의 탄생에 앞서 일종의 죽음이 먼저 있어야 한다는 확실한 사실. 우리의 옛 생명에서 태어나는 모든 새 생명, 하나님이 말씀하시는 통로로 삼으시는 모든 육신은 출산의 과정이 끝나기 전에는 날고기 덩어리 비슷해 보입니다. 우리가 그것을 두려워하지 않는다면, 그것이 무엇을 포함하는지 모른다는 뜻입니다.

우리는 태어나기 위해 산고를 치릅니다. 우리 안에 있는 약간의 거룩함이 숨을 쉬기 위해 산고를 치르고 어둠에서 빛으로 나오려고 안간힘을 씁니다. 이것은 모든 사람이 내면에서 벌이는 은밀한 싸움입니다. 우리의 온갖 산고를 통해 하나님도 산고를 겪으십니다. 우리 안의 부서진 것으로부터 온전한 것이 나오게 하시고, 우리 안의 거짓된 것에서 참된 것이 나오게 하시고자 수고하십니다. 우리가 마침내 그리스도의 장성한 분량에 이르기까지 하나님은 수고를 멈추지 않으신다고 바울은 말합니다. 결국 우리 자신이 그리스도가 될 때까지 말입니다. 서로와 하나님께 그리스도가 될 때까지.

돼지의 귀로 비단지갑을 만드는 일이 쉬울 거라고 말한 사람은 없습니다. "하늘에 계신 너희 아버지의 온전하심과 같이 너희도 온전하라"(마 5:48)고 위대한 목소리가 외칩니다. 거룩하십시오. 치유를 받으십시오. 인간이 되십시오. 어둠에서 빛이 비치어 우리 모두에게 하나님의 자녀가 될 힘을 주고 있습니다. 그러나 매번 그 소리가 울려나올 때마다 우리는 자신의 왜소함과 한계에서 나오는 목소리로 이렇게 대답합니다. 그런 것들은 너무 아름다워서 우리에게 어울리지 않아요. 마음은 원이로되 육신이 약해요. 옳은 길을 아무리 결심해도 그것을 이룰 능력이 없어요. 우리를 구원하는 것은 쉬운 일이 아닙니다. 대체로 우리는 집과 같은 어둠이 너무나 편해서 구원받고 싶은 마음조차 없으니까요. 우리 중 누구라도 인생이 끝날 무렵에 잘해야 우리의 일부를 구원하는 데 그칠 것입니다. 그러나 하나님을 찬양하십시오. 우리 인생의 끝이 우리의 끝은 아닙니다.

"빛이 어둠에 비치되 어둠이 이기지 못하더라." 위대한 목소리가 외칩니다. 지금 이 삶을 뒤로한 채, 우리는 계속 전진합니다. 상상도 못할 신비와 자비와 새 생명의 영역을 통과합니다. 그리하여 마침내 우리의 우둔하고 주저하는 육신을 통해 은혜롭고 전능하신 하나님이 다시 말씀하시는 자리에 이를 것입니다. 그때 하나님은 다른 언어로, 더 작지만 더할 나위 없이 중요한 목적을 이루고자 말씀하실 것입니다. 그것은 한때 육신이 되어 우리 가운데 거하신 말씀이요, 우리가 다 그의 충만한 데서 받았던 말씀입니다.

하나님의 어린양을 보십시오. 지고 가시는 그분은 또한 주시는 분입니다.

종탑의 광대

17

여호와는 나의 목자시니 내게 부족함이 없으리로다. 그가 나를 푸른 풀밭에 누이시며 쉴 만한 물 가로 인도하시는도다. 내 영혼을 소생시키시고 자기 이름을 위하여 의의 길로 인도하시는도다. 내가 사망의 음침한 골짜기로 다닐지라도 해를 두려워하지 않을 것은 주께서 나와 함께하심이라. 주의 지팡이와 막대기가 나를 안위하시나이다. 주께서 내 원수의 목전에서 내게 상을 차려주시고 기름을 내 머리에 부으셨으니 내 잔이 넘치나이다. 내 평생에 선하심과 인자하심이 반드시 나를 따르리니 내가 여호와의 집에 영원히 살리로다.

시편 23편

생일 축하합니다. 이 오래된 교회의 생일을 축하합니다. 2백 년 하고도 이틀 전에 세워진 이 교회의 창립 멤버는 일곱 명의 교인과 인크리스 그레이브스(Increase Graves, 무덤을 늘려라)라는 그리 유망하지 못한 이름의 목사였습니다. 이 오래된 건물의 생일을 축하합니다. 이 건물은 바로 앞의 도로가 포장은 꿈도 꾸기 전, 말발굽과 마차 바퀴가 일으키는 먼지로 공기가 뿌옇던 시절부터 휘몰아치는 눈보라와 찌는 듯한 여름날을 견뎌왔습니다. 여러분 모두의 생일을 축하합니다. 교회는 하나의 조직, 건물을 넘어 그리로 와서 기도하고 찬양하고 꼼지락대고 꿈꾸고, 마음에 와 닿는 말을 들으면 한두 방울 눈물을 흘리고, 독주자가 음을 틀리거나 누군가의 보청기에서 윙윙 소리가 나도 진지한 얼굴을 유지하려고 애쓰는 사람들이니까요. 여러분 모두의 생일을 축하합니다. 여러분은 어떤 설교는 경청하고 어떤 설교는 듣다가 조는가 하면, 여러분을 교회가 되고 사람이 되게 하는 온갖 다른 일들도 합니다.

그리고 예수님의 생일도 축하합니다. 이렇게 말하는 것이 합당할 것 같은데, 이곳은 회중교회나 루퍼트의 교회, 또는 여러분의 교회이기 이전에 그분의 교회이기 때문입니다. 예수님이 아니었다면 이곳에 다른 어떤 건물이 서 있었을지, 인크리스 그레이브스 목사님이 다른 어떤 직업을 갖게 되었을지, 여러분과 제가 오늘 어디 있을지 아무도 모릅니다. 지리적인 위치뿐 아니라, 우리라는 인간이 내면에서 어떤 자리에 있었을지 모른다는 말입니다. 예수님이 아니었다면, 예수님의 온갖 언행과 이후의 사람들이 그분 때문에 줄곧 말하고 행한 일이 없었다면 말이지요.

생일에는 무엇을 합니까? 물론 친구들과 모입니다. 제일 좋은 옷을 입습니다. 노래를 부릅니다. 선물을 가져옵니다. 즐겁게 떠들며 놉니다. 다시 말해 오늘 우리가 여기서 하고 있는 것과 같은 일들을 많이 합니다. 저는 그래야 마땅하다고 생각합니다. 그러나 보통 생일에 하지 않는 일을 하나 제안하고 싶습니다. 생일 폭죽과 파티 모자를 잠시만 옆으로 제쳐놓고 우리가 무엇 때문에 떠들썩하게 즐기고 있는지, 애초에 사람들을 교회로 모이게 만든 것이 무엇이었는지 한번 간단히 살펴보자는 것입니다.

여러분과 제가 오늘 여기에 온 것처럼 1786년 이래 사람들은 줄곧 이곳에 왔습니다. 미국독립혁명을 위해 싸웠던 남자들과 거기서 돌아오지 못한 남자들의 과부들. 남북전쟁 참전용사들. 2세기에 걸쳐 살았던 농부, 낙농인, 물레방앗간 일꾼, 가끔씩 방문하는 여행자들. 인생의 대부분이 지나간 나이 든 남녀들, 인생의 대부분을 앞둔 젊은 남녀들. 성공을 거두고 여전히 세상이 기억하는 사람들, 주목할 만한 흔적을 전혀 남기지 않아서 누구도 더 이상 기억하지 못하는 사람들. 이 모든 사람들 사이에는 엄청난 차이가 있지만 다들 여러분과 제가 몇 분 전에 그랬던 것처럼 이 건물로 들어왔습니다. 한 가지 공통점 때문이었습니다.

그것은 그들이 우리와 마찬가지로 우주가, 존재하는 모든 것이 우연히 생겨나지 않았고 하나님이 창조하신 것이라고 믿었다(혹은 때로는 믿었고 때로는 믿지 않았다, 혹은 믿고 싶었다, 혹은 믿었다고 생각하고 싶어 했다)는 점입니다. 어쨌거나 상태가 좋은 날에는, 그들도 우리처럼 겉으로는 그렇게 보이지 않아도 이 하나님이 예수님과 같은 신, 즉 사랑의 신이라고 믿었습니다. 저는 이것이 핵심이라고 생각합니다. 1786년과 1886년과 1986년에도, 그사이의 모든 해에도, 그 믿음이 바로 이 장소를 교회로 만들었습니다. 그것 때문에 요란하게 떠들어대는 것입니다. 태초에 하늘과 땅을 만든 것은 거대한 우주적 폭발이 아니라 사랑의 하나님입니다. 그것이 우리의 믿음이요, 우리 이전에 존재한 모든 이들의 믿음입니다.

그런데 문제가 있습니다. 그 믿음이 과연 옳을까요? 만약 그렇지 않다면, 오늘날 우리가 축하하는 것은 기껏해야 행복과 위안을 주는 환각에 불과할 것입니다. 그러나 그 믿음이 옳다면 우리에게는 2백 살 생일도 무색할 정도의 축하거리가 있는 것입니다.

제가 볼 때 신구약성경을 통틀어 이 교회의 토대가 된 믿음을 가장 유려하고 감동적으로 요약한 대목이 시편 23편입니다. "여호와는 나의 목자시니 내게 부족함이 없으리로다." 지난 세월 동안, 그 어느 때보다 많은 믿음이 필요했던 어두운 순간에는 특히, 얼마나 많은 이들이 이 말씀을 얼마나 자주 되뇌었겠습니까? 우리는 어두운 순간들에 이 말씀을 얼마나 자주 되뇌었습니까? 그러나 이 말씀에 위안을 주는 힘이 있다고 쳐도, 과연 타당한 말씀일까요? 이 말씀이 인정하는 하나님에 대한 믿음이 우리가 경험한 이 땅에서의 삶으로 뒷받침이 됩니까? 어렵고 고통스러운 질문입니다. 하지만 어쨌건 이 질문을 제기하여 이 자리를 빛내기로 합시다. 우리는 이 아름다운 옛 시가 고백하는 믿음에 마음속 은밀한 부분에서도 솔직하게 동의할 수 있습니까? 그리고 시편 23편이 보여주는 믿음이란 정확히 무엇일까요? 이 시에 담긴 음악이 너무나 아름다운 나머지 때로는 정작 시가 말하는 내용은 놓치기 쉽습니다.

"하나님이 하늘에 계시니 세상에 아무 문제가 없구나." 로버트 브라우닝은 그렇게 썼지만, 시편 23편은 그렇게 말하지 않습니다. 여러분과 저도 그렇게 말할 수 없습니다. 이 시를 쓴 사람은 여러분과 저처럼 어떤 식으로건 음침한 골짜기를 지나본 적이 있습니다. 본인의 입으로 그렇게 말합니다. 그는 우리와 마찬가지로 세상에 문제가 참으로 많다는 것을 알면서도 하나님이 하늘에 계시다는 것을 믿었습니다. 그리고 하나님이 목자와 같다고 믿었습니다.

목자를 생각하면 제 친구 버논 비브가 생각이 납니다. 그는 몇 년 전까지 이곳 루퍼트에서 양을 기르던 사람입니다. 그가 이름을 지어준 양도 있고 그렇지 않은 양도 있었지만, 그는 양쪽을 다 잘 알았습니다. 한 마리 양이라도 길을 잃으면 다시 찾을 때까지 한시도 마음을 놓지 못했습니다. 하나가 병들거나 다치면, 낫게 하려고 백방으로 노력했습니다. 갓 난 어린양이 어떤 이유로건 어미와 떨어지거나 그의 표현대로 어미의 "인정을 받지" 못할 경우, 그가 직접 젖병으로 젖을 먹였습니다. 해질 무렵이면 양떼를 다 불러들여 들개에게 잡혀가는 일이 없게 했습니다. 지독히 추웠던 어느 겨울 저녁, 저는 그가 양손에 건초더미를 하나씩 들고 무릎까지 쌓인 눈을 헤치고 가서 여물통에 건초를 채워주는 것을 보았습니다. 저는 그와 함께 양의 우리에 서서 40와트짜리 전구가 낮은 천장에서 비춰주는 놈들의 소심하고 탐욕스럽고 어리석고 반쯤 거룩한 얼굴을 보았습니다. 놈들은 전구로 가까이 가려고 서로 밀치고 들이받았습니다. 하나님이 목자와 같으시다면, 여러분과 저와 같은 사람들이 보여줄 수 있는 양과 같은 면모는 아주 많을 것입니다. 소심하고 탐욕스럽고 어리석고 반쯤 거룩한 것은 그 일부일 뿐이겠지요.

우리도 양처럼 허기를 느낍니다. 음식만으론 채워지지 않는 허기입니다. 갈증도 느낍니다. 마실 것만으론 채워지지 않는 갈증입니다. 우리 영혼이 허기와 갈증을 느낍니다. 실은 애초에 이런 내적 공허함을 느끼고 우리에게 영혼이 있음을 알게 되는 경우가 종종 있습니다. 영혼의 허기와 갈증은 세상이 채워주지 못하고 사람도 채워주지 못합니다. 그런데 가끔 그 내면의 공허함이 채워질 때가 있습니다. 하나님이 목자와 같다는 시편 23편 말씀에는 그분이 목자처럼 우리를 먹이셔서 내면의 공허를 채우신다는 의미도 들어 있다고 저는 생각합니다. 하나님은 우리의 가장 허기진 부분, 먹을 것이 가장 필요한 부분을 먹이십니다.

버몬트 주 구석에 있는 이 작은 땅보다 더 비옥하고 소출을 많이 내는 땅이 세상 어딘가에는 있을 것입니다. 그러나 이보다 더 아름다운 땅이 있다고 믿기는 어렵습니다. 우리가 사는 곳 주위에는 경사진 산비탈 목초지와 초원이 있습니다. 푸르른 초원, 금빛 초원, 흰색보다 더 희어 푸르스름한 빛이 더해진 초원. 잔잔한 물도 있습니다. 하늘과 구름이 가득 들어 있는 거울 같은 목초지 연못들입니다. 그런가 하면 잔잔하지 않은 물도 있는데, 눈이 녹아 불어난 물이 강둑을 넘어 숲을 지나며 재잘대고 포효하고 웃어댑니다. 그 소리를 듣노라면 인간이 음악을 처음 접하게 된 경위를 이해할 수 있습니다. 대부분의 시간, 우리는 우리가 사는 이 공간에 주목하지 못합니다. 이곳에 너무 익숙해졌기 때문이고, 일과 생활에 너무 열중해 있기 때문입니다. 그러나 가끔은 주목하고 채움을 받습니다. 시편 기자는 이것을 염두에 두고 "[그분이] 내 영혼을 소생시키[신다]"고 고백합니다. 한동안 우리 눈에서 비늘이 벗겨지고 우리는 주위 세상의 아름다움과 거룩함과 신비에 눈을 뜹니다. 그러면 우리의 허기보다 더 깊은 곳에서 회복이 찾아오고 양분이 공급됩니다. 사람은 이런 일을 만들어낼 수 없습니다. 지속되게 만들 수도 없습니다. 이것은 그저 살짝 엿보는 광경이고 속삭임입니다. 이것이 우리가 감당할 수 있는 전부인지도 모릅니다.

"내게 부족함이 없으리로다." 시편 23편은 그렇게 말합니다. 과연 그렇습니까? 하나님을 믿건 믿지 않건 부족한 것은 많고 계속 생겨납니다. 새로운 집이나 벌이가 나은 일자리 같은 물질적인 것들과 건강, 자녀들의 행복, 이해받고 인정받음, 고통의 경감 같은 것들이 있습니다. 우리와 우리가 사랑하는 사람들, 우리가 기도해주어야 할 사람들에게 절실한 내면의 평화는 어떻습니까. 신자나 불신자나 똑같이 일평생 부족한 것이 계속 생깁니다. 우리가 갈망하는 것은 결코 이루어지지 않고, 우리가 기도하며 구하는 것은 분명하게 주어지지 않는 듯합니다. 그러나 "내게 부족함이 없으리로다"라는 시편 23편의 고백이 더없는 진실을 말하는 것일 수도 있습니다. 어쩌면 그것은 우리가 눈을 뜨고 우리 마음과 삶을 열어놓고 있으면 무엇보다 원하는 한 가지만은 부족하지 않을 것이라는 뜻일지 모릅니다. 다른 것은 몰라도 목자가 자신을 내어주지 않는 일은 절대 없고, 우리에게 다른 무엇보다 아쉬운 것은 바로 목자라는 뜻일 수도 있습니다.

우리 삶의 모든 순간이 그런 것은 아닙니다만, 삶이 푸르고 잔잔해지는 보기 드문 순간들이 있습니다. 그럴 때면 여러분과 제가 아는 세상은 분명 이상이 있지만 저 깊은 아래에는 아무 이상이 없다는 지식의 안내를 받습니다. 마침내 아무 이상이 없을 것입니다. 그것이 "의의 길로 인도하시는도다"라는 고백이 다루는 내용의 일부는 되리라 생각합니다. 이 의(義)는 '옳은 일을 행함'이라는 의미만이 아니라 '올바른 상태'라는 의미까지 포함한 것입니다. 이것은 하나님과의 올바른 상태, 하나님이 우리를 위해 우리 안에 창조하신 삶이 저 밑에서 올바른 상태임을 신뢰하는 것, 우리가 사는 이 골짜기에서 붉은꼬리말똥가리가 공기의 흐름을 타고 날아가듯 그 신뢰를 타고 가는 것을 뜻합니다. 그분이 우리를 이끄시는 의의 길은 무엇보다 이와 같은 신뢰의 길이고 그 신뢰에서 자라나는 삶입니다. 이것이 바로 피난처입니다. 지독한 바람이 불고 음침한 그림자가 드리울 때 두 손에 건초더미를 드신 그분이 우리를 그 피난처로 부르십니다.

시인은 "내가 사망의 음침한 골짜기로 다닐지라도 해(害, evil)를 두려워하지 않을 것"이라고 말합니다. 악(evil)과 죽음이 존재하지 않는 것처럼 가장하지 않습니다. 끔찍한 일들은 일어납니다. 나쁜 사람뿐 아니라 착한 사람들에게도 일어납니다. 의의 길로 가도 음침한 골짜기를 지나게 됩니다. 성인이건 죄인이건 똑같이 모든 사람 앞에 죽음이 놓여 있고 우리가 사랑하는 모든 사람도 예외가 아닙니다. 시편 기자는 악을 설명하려 시도하지 않습니다. 악을 최소화하려는 시도도 하지 않습니다. 해를 두려워하지 않을 거라고 말할 뿐입니다. 악의 힘은 강력하지만 그를 두렵게 만들 힘은 없습니다.

왜 그럴까요? 여기 시편 23편의 중심에서 시편 기자의 믿음의 중심이 드러납니다. 갑자기 그는 하나님에 대해 3인칭으로 말하지 않습니다. 당사자가 바로 옆에 있을 때는 그렇게 말하지 않는 법이니까요. 갑자기 그는 하나님에 대해 말하는 대신 하나님께 말합니다. "내가 해를 두려워하지 않을 것은 주(thou, 당신)께서 나와 함께하심이라." 이것이 믿음의 핵심입니다. 당신. 믿음은 거기서 나옵니다.

어둠 속에서 누군가 손을 잡아주면 더 이상 어둠이 무섭지 않습니다. 어둠의 힘은 강력하지만, 빛의 힘은 더 강력합니다. 빛의 목자께서 친히 손을 내미시고, 그분이 우리에게 '당신(Thou)'이 되십니다. 죽음과 어둠이 끝이 아닙니다. 생명과 빛으로 끝납니다. 물론 이것이 십자가의 의미입니다. 죽음에서 무엇보다 생명이 태어났다는 것이 십자가의 의미입니다. 진심으로 생일을 축하합니다! 우리가 여기 모여 축하하는 출생은 이 오래된 도시에 있는 이 오래된 교회의 출생만이 아니라 우리 자신의 새 생명을 포함한 모든 새 생명의 출생입니다. 절망에서 생겨난 소망, 슬픔에서 생겨난 기쁨, 두려움에서 나오는 위로와 힘. 십자가의 의미와 실재 덕분에 우리는 다시는 두려워할 필요가 없습니다. 인크리스 그레이브스 목사님 시대부터 우리 시대까지 이 장소로 사람들을 계속 불러낸 것이 바로 이 믿음입니다. 이 믿음이 저를 이곳으로 불렀고, 제 추측이 틀리지 않다면, 여러분도 이 믿음에 이끌려 이 자리에 나왔을 것입니다.

이 다음 부분부터 시편 기자는 하나님을 목자로 부르지 않습니다. 대신에 하나님은 큰 연회를 베푸는 주인으로 등장하십니다. 하나님은 우리를 위해 상을 차려주십니다. 성만찬의 상을 떠올리면 되겠습니다. 하나님이 "우리 원수들의 목전에서" 상을 차려주시는 것은 그 외의 다른 장소가 없기 때문입니다. 원수들은 언제나 우리 곁에 있습니다. 언제 어디서나 우리 주위에는 숙적들이 다 모여 있습니다. 내면에서 우리를 공격하는 원수들 말입니다. 의심과 자기 불신, 불안, 권태, 외로움, 실패, 유혹. 우리에겐 자기만의 특별한 원수들이 있습니다. 우리는 그것들을 너무나 잘 압니다. 그것들과 참으로 오랫동안 싸웠고, 그 싸움을 얼마나 더 계속해야 하는지 모릅니다. 하지만 상관없습니다. 상이 차려졌습니다. 우리의 잔에는 포도주가 넘치도록 채워졌습니다. 이 행사 자체가 우리에게 기름부음이 되어주었습니다. 우리에게 서로가 정말 필요하다는 사실을 깨우쳐주고, 마지막 한 사람까지 모두 모여야 비로소 잔치가 완성될 것임을 알려주었습니다. 우리는 그저 잠시 같은 지붕 아래 모인 낯선 사람들이 아니라 머나먼 도시를 찾아 길고 복잡한 길을 함께 가는 동료 순례자임을 알게 해주었습니다. 이것이 우리가 이 마법의 식탁에서 잠깐씩 엿보는 장면들입니다. 여기 우리 앞에 차려진 잔칫상은 다가올 잔치의 맛보기입니다. 숙적들이 마침내 무너질 것입니다. "내 평생에 선하심과 인자하심이 반드시 나를 따르리니." 선하심과 인자하심이 평생 우리를 따라다녔고, 선하심과 인자하심이 더 없이 멀게만 느껴졌던 그때도 다르지 않았습니다. "내가 여호와의 집에 영원히 살리로다." 그곳은 에덴동산보다 더 오래되고 가정보다 더 소중한 집입니다.

이것이 시편 23편이 노래하는 믿음입니다. 우리만 아는 내면 깊은 곳에서 이 믿음에 동의할 수 있습니까? 물론 모두가 이 질문에 스스로 답해야 합니다. 어떤 날은 다른 날보다 동의하기가 더 쉬울 것입니다. 동의한다고 말할 때조차 그늘 속 어딘가에 부정이 숨어 있고, 아니라고 말할 때도 언제나 어딘가에 동의가 숨어 있습니다. 믿음은 그런 식으로 숨을 들이쉬고 내쉬며, 그런 식으로 생명을 유지하고 성장하는 것 같습니다.

이 교회는 1831년에 수리를 했고 몇 군데 새로 증축을 했습니다. 그중 하나가 종이 들어가는 새로운 종탑이었습니다. 그런데 종탑을 설치하고 칠을 한 후에 비범한 사건이 일어났습니다. 하워드 머짓은 자신의 역사책에 이렇게 기록해두었지요. "라이만 우다드라는 민첩한 사람이 종탑에서 다리를 하늘로 올려 물구나무를 섰다."

이것이 라이만 우다드라는 사람에 대해 찾을 수 있는 유일한 기록이었고, 이것으로 충분합니다. 저는 그런 일을 한 그가 맘에 쏙 듭니다. 그건 미친 짓이었습니다. 위험한 일이었습니다. 뉴잉글랜드의 실용성과 신중함의 기준에 전혀 맞지 않는 행동이었습니다.

그는 교회에서는 오로지 엄숙해야 한다는 생각을 물구나무서기로 뒤집어놓았습니다. 마법 같고, 굉장하고, 모차르트 같은 행동이었습니다.

여호와께서 참으로 나의 목자시라면, 모든 것이 뒤죽박죽이 됩니다. 잃어버리는 것이 찾는 것이 되고 우는 것이 웃는 것이 됩니다. 나중 된 자가 먼저 되고 약한 자가 강해집니다. 우리가 늘 생각했던 것처럼 생명이 죽음으로 끝나는 것이 아니라, 결국에 가서는 죽음이 생명에 의해 끝장이 납니다. 여호와께서 큰 잔치를 여는 주인이시라면, 한계는 없습니다.

여기 아래에서 해야 할 일이 아주 많다는 것을 하나님은 아십니다. 매일 의의 길을 걸어가려는 몸부림은 쉬운 일이 아닙니다. 그래도 우리는 몸부림쳐야 합니다. 하나님이 우리를 푸른 초장의 양처럼 먹이시듯, 우리도 그분의 양들을 먹여야 하기 때문입니다. 우리는 서로에게 그분의 양입니다. 우리 목자 되신 예수님이 그렇게 말씀하십니다. 우리는 서로의 짐을 지도록 도와야 합니다. 서로를 위해 기도해야 합니다. 서로를 격려하고 함께 울고, 함께 기뻐해야 합니다. 때로는 혼자 있게 내버려두는 법도 배워야 합니다. 한마디로, 우리는 서로 사랑해야 합니다. 이것을 잊어서는 안 됩니다. 그리고 루퍼트의 파란 하늘을 배경으로 종탑 위에서 실루엣을 만들었던 라이만 우다드도 절대 잊지 맙시다. 그처럼 우리도 다리를 하늘로 올리고 종탑에서 그와 합류합시다. 우리는 지금 하늘을 향해 가고 있으니까요. 이것이 우리의 믿음입니다. 믿음에 대해 이보다 나은 이미지가 있을 수 있을까요? 그것은 다소 정신 나간 일입니다. 다소 위험합니다. 냉철한 많은 사람들이 그것을 보고 고개를 가로젓습니다. 그러나 그것은 우리의 가장 귀한 보화, 가장 깊은 기쁨, 가장 높은 소망의 원천입니다.

이야기의 진리

18

내 백성이여, 내 율법을 들으며 내 입의 말에 귀를 기울일지어다. 내가
입을 열어 비유로 말하며 예로부터 감추어졌던 것을 드러내려 하니 이
는 우리가 들어서 아는 바요 우리의 조상들이 우리에게 전한 바라. 우
리가 이를 그들의 자손에게 숨기지 아니하고 여호와의 영예와 그의 능력
과 그가 행하신 기이한 사적을 후대에 전하리로다.

시편 78:1-4

예수께서 이 모든 것을 무리에게 비유로 말씀하시고 비유가 아니면 아
무것도 말씀하지 아니하셨으니 이는 선지자를 통하여 말씀하신바 내
가 입을 열어 비유로 말하고 창세부터 감추인 것들을 드러내리라 함을
이루려 하심이라.

마태복음 13:34-35

언젠가 누군가는 성경에 나오는 침묵들을 다룬 책을 써야 합니다. 어쩌면 누가 이미 썼는지도 모르겠습니다. 시편 기자는 "나의 영혼이 잠잠히 하나님만 바람이여"(62:1)라고 말하는데, 이것은 기다림의 침묵입니다. "내가 찬양하는 하나님이여 잠잠하지 마옵소서"(109:1)에는 우리가 기다리는 하나님의 침묵이 등장합니다. 요한계시록에는 "[어린양이] 일곱째 인을 떼실 때에 하늘이 반 시간쯤 고요하더니"(8:1)라는 구절이 나오는데, 이것은 창조세계 자체가 끝나고 새 창조가 시작되기 직전의 침묵입니다. 그러나 저의 뇌리에서 도무지 떠나지 않는 침묵은 빌라도 앞에서 보여주신 예수님의 침묵입니다. "진리가 무엇이냐?"(요 18:38)라는 빌라도의 유명한 질문에 예수님은 압도적으로 유창한 침묵으로 대답하십니다. 혹시라도 그 침묵의 의미를 궁금해하는 분이 있을지 몰라 말해두는데, 다른 곳에서 예수님은 제자 도마를 위해 그 대답을 하신 바 있습니다. "내가 곧 진리다"(요 14:6).

예수님은 종교가 진리다, 자신의 가르침이 진리다, 자신에 대한 사람들의 가르침이 진리다, 성경이 진리다, 교회나 어떤 윤리체계나 신학적 교리가 진리다, 하고 말씀하시지 않았습니다. 이 모든 것 안에는 개별적 진리들이 있다고 우리가 바라고 믿지만, 빌라도가 찾던 것은 그런 개별적 진리가 아니었고, 제 추측이 틀리지 않는다면 여러분이나 제가 추구하는 것도 마찬가지입니다. 이런저런 것들에 대한 진리는 흔하고, 종교적 진리들도 다르지 않습니다. 빌라도가 추구한 것은 '그 진리'입니다. 우리는 누구이고 하나님이 존재한다면 그분은 누구신가에 대한 진리, 삶에 대한 진리, 죽음에 대한 진리, 진리 자체에 대한 진리입니다. 이것은 또한 우리 모두가 추구하는 진리입니다.

이것은 말로 표현할 수 없는 진리입니다. 어떤 말도 이것을 담아낼 수는 없습니다. 이 진리는 우리의 교리나 신조를 포함한 그 어떤 교리나 신조에도 결코 갇힐 수 없는데, 한군데에 오래 가만히 머물러 있는 법이 없고 언제나 공기처럼 움직이고 이동하기 때문입니다. 이 진리는 항상 다양한 방식으로 우리에게 손짓을 하고 다양한 방향에서 우리에게 달려듭니다. 제 생각에는 바로 그렇기 때문에 예수님이 그 궁극적이고 표현할 수 없는 진리를 (빌라도의 경우처럼 침묵으로 나타내시지 않고) 말로 나타내려 하실 때, 다양한 방식으로 움직이고 옮겨 다니고 우리에게 손짓하고 여러 방향에서 우리에게 달려드는 말의 형식을 취하십니다. 다시 말해 그분은 이야기를 하십니다.

예수님이 복음서에서 가르치시는 것을 듣고 있으면 사도 바울이나 토마스 아퀴나스나 장 칼뱅과는 다르다는 생각이 듭니다. 예수님은 '옛날 옛적에'로 시작되는 이야기를 들려주십니다. 옛날 옛적에 어떤 사람이 밖으로 나가 씨앗을 뿌렸다. 옛날 옛적에 어떤 사람의 발에 큰 보물이 걸렸다. 옛날 옛적에 어떤 사람이 값진 동전을 잃어버렸다. 사복음서에는 예수님이 들려주시는 이야기들이 가득합니다. 그 이야기들은 진리처럼 살아 있고, 진리에 대해 물었던 빌라도 앞에서의 예수님처럼 살아 있습니다. 당시 예수님은 침묵으로 이렇게 말씀하신 것입니다. "알고 싶으냐? 나의 살아 있음을 보아라! 나의 생명에 귀를 기울여라!" 마태는 심지어 "비유가 아니면", 다시 말해 이야기가 아니면 "아무것도 말씀하지 아니하셨"다고 말하고 다음 말씀을 인용합니다. "내가 입을 열어 비유로 말하고 창세부터 감추인 것들을 드러내리라." 이야기 안에는 감추어짐과 드러남이 다 있는데, 그렇기 때문에 하나님의 진리에 대해 말하는 좋은 방식이 되는 것입니다. 하나님의 진리는 부분적으로는 감추어지고 부분적으로는 드러나 있으니까요.

우리가 예수님의 이야기를 너무 잘 아는 것은, 혹은 그렇다고 생각하는 것은 너무나 안된 일입니다. 우리는 그 이야기들을 너무 많이 읽었거나 여러 설교를 통해 설명을 너무 많이 들은 나머지 그 이야기들이 귀에 들어오지도 않을 지경이 되었습니다. 그것들이 진짜 말하는 바를 알아듣는 것은 더 말할 나위도 없겠지요. 예수님의 이야기들은 빛에 너무 오래 노출되어 알아볼 수 없을 정도로 희미해져버린 사진들과 같습니다. 너무나 오래되고 유서 깊어서 다시 등장할 기미만 보여도 신음소리가 절로 나오는 가족의 일화들과도 같습니다. 참으로 애석한 일입니다. 예수님의 이야기들은 설교자들이 설교를 한답시고 가져다 엉망으로 만들기 전까지는 그 내용이 참으로 풍성하기 때문입니다. 사람들이 그에 대한 설교를 시작하기 전까지는 놀라움과 갑작스러운 반전, 슬픔이 깃든 유대적 희극성이 가득한 이야기들로 존재하기 때문이지요.

물론, 최악의 문제는 우리가 그 이야기들의 의미를 안다고 생각하는 데 있습니다. 저처럼 그러면 안 되는 줄 알 법한 사람들이 툭 하면 설명을 통해 그 안에서 생명을 뽑아내고 요점을 해설하려 너무나 열심히 시도하는 바람에 여러분은 자세한 설명만을 듣게 됩니다. 예를 들어 선한 사마리아인의 비유를 생각해보십시오. 우리의 도움이 필요한 사람이 바로 우리의 이웃이고 이웃 사랑은 큰 희생을 감수해서라도 해야 할 일을 하는 것이다, 이것이 그 비유의 요점일까요? 요점으로 치면 훌륭하다고 할 수 있지만, 그것을 파악했으니 이제 다음 이야기로 넘어갈 수 있는 것일까요? 등잔에 기름을 채운 지혜로운 처녀들과 그것을 잊어버린 어리석은 처녀들의 이야기는 어떻습니까? 어리석은 처녀들은 신랑이신 분께서 머리에 포도나무 잎을 꽂고 불타는 눈으로 친히 밤중에 나타나셨을 때 어둠 속에 버려지고 말지만 지혜로운 처녀들은 혼인만찬에 참여해 황금 같은 시간을 보냅니다. 이 이야기의 요점이 무엇이든 그것을 파악하고 나면 다른 이야기로 넘어가 다시 그 이야기의 알맹이만 뽑아내면 되는 것일까요?

예수님 이야기들의 본질적인 목적이 우화의 끝부분에 나오는 교훈처럼 추출할 수 있는 요점을 제시하는 것이라고 한다면, 요점을 파악하고 난 뒤에는 즙을 짜내고 남은 오렌지 껍질처럼 남은 이야기를 던져버릴 수 있다는 결론을 피할 수 없습니다. 다른 사람들의 이야기는 어떻습니까? 《한여름 밤의 꿈》이나 《일리아스》나 《누구를 위하여 종은 울리나》의 요점은 무엇입니까? 각각의 이야기에서 요점을 추출해 액자에 담아 거실 벽에 걸어놓고 두고두고 교훈을 되새길 수 있을까요?

아니면 이야기 자체가 요점이자 진리인 것일까요? 예수님 이야기들의 요점은 여러분과 저, 그리고 우리의 이야기들에 대한 진실을 가리킨다는 점일까요? 우리는 강도 만난 사람이기도 하고 못 본체하고 지나가는 사람이기도 합니다. 믿기 어렵지만, 때로는 큰 희생을 감수하고 돕는 사람일 때도 있을 것입니다. 이 이야기의 진리는 액자에 넣기 좋은 모토가 아닙니다. 하나님의 도움으로 어떤 식으로건 우리가 매일매일 살아내야 할 진리이지요. 여러분과 저만큼이나 복잡하고 슬픈 진리요, 즐겁고 소박한 진리이기도 합니다. 예수님이 들려주시는 이야기들은 우리에 대한 것입니다. 다시 말해, 옛날 옛적은 우리의 시대입니다.

예를 들어봅시다. 옛날 옛적, 저는 무슨 이유에서인지 모든 것이 넌더리가 나서 집을 뛰쳐나왔습니다. 최대한 멀리까지 가는 편도 차표를 끊어서 마지막 정거장에서 내렸습니다. 가진 돈을 다 써서 커피 한 잔 값도 남지 않았는데, 정말 곤란한 점은 그것이 아니라 제가 그런 상황에 털끝만큼도 개의치 않았다는 것입니다. 그 정도 돈이 있어봤자 달리 하고 싶은 것도 없었습니다. 미처 못 봐서 봐야 할 것도 없었고, 안 해봐서 꼭 해봐야 할 것도 없었습니다. 잃어버릴 만한 것도 없었지요. 세상에 진저리가 나는 것보다 더 안 좋은 상황은 단 하나, 자신에게 진저리가 나는 것입니다. 저는 음식 찌꺼기를 먹는 돼지가 부러웠습니다. 그래도 녀석들은 자기가 무엇으로 배가 고픈지 알았으니까요. 하지만 저는 배고파 죽을 지경인데도 왜 배가 고픈지 알 수 없었습니다. 제가 아는 거라곤 제 안의 공허함이 저보다 더 크다는 것이었습니다. 그래서 저는 돌아갔습니다. 어쩌면 짐작했을 법도 한데, 아버지는 저를 기다리고 계셨습니다. 저는 아버지가 기라면 기고 아버지가 원하는 대로 말할 생각이었습니다. 아버지는 제 기억보다 작아 보였습니다. 높은 하늘 아래 서 있는 아버지는 너무 작아 부서질 것처럼 보였습니다. 겉옷은 따뜻해 보이지 않았습니다. 겉옷이 정강이 주위로 펄럭거렸습니다. 마지막 남은 거리를 우리는 달려갔습니다. 아버지의 그런 걸음을 두고 달린다고 말할 수 있을지는 모르겠습니다. 저는 한마디도 꺼낼 수 없었습니다. 아버지가 저를 힘껏 끌어안는 바람에 제 입이 아버지의 가슴에 눌려버렸으니까요. 시야가 가려져 앞을 볼 수가 없었지만, 그래도 들을 수는 있었습니다. 얇은 겉옷 너머로 아버지의 오래된 심장이 뛰는 소리가 들려왔습니다. 아버지의 목소리가 갈라지는 것을 들을 수 있었습니다.

다시 옛날 옛적에. 이번엔 제 맘대로 나갈 땐 언제고 저 내킬 때 돌아온 인간의 형으로서 한마디 하겠습니다. 그놈이 아버지의 갈라진 목소리를 들은 것은 유일하게 잘한 일이었습니다. 아버지 목소리가 몽둥이로 맞은 듯 갈라지게 한 장본인이 바로 그놈이니까요. 하지만 돌아온 녀석을 대하는 아버지의 모습을 여러분이 봤다면 그놈이 대단한 위인이라도 되는 줄 알았을 겁니다. 상황을 조금만 아는 사람이라면 아버지가 망령이 들었고 딱하다는 생각을 했을 것입니다. 저는 충실했거든요. 의무를 다했습니다. 제 인생의 황금 시절을 아버지에게 바쳤고 아무 대가도 요구하지 않았어요. 그런데 가끔 아버지가 젖은 눈으로 들에서 나와 마주칠 때는 내가 눈에도 안 들어오는 것 같아요. 돼지의 금의환향을 놓고 당나귀와 즐겁게 떠드느니 차라리 내 손목을 물어뜯겠습니다.

옛날 옛적에, 이번에는 당나귀가 되어볼까요? 동이 서에서 먼 것만큼 긴 시간 동안, 거룩하고 끔찍한 짐을 지고 땀 흘려 일해온 저는 둘 다 사랑합니다. 돼지도 사랑하고 여우도 사랑하지요. 자신의 손목을 물어뜯는 여우라면 말입니다. 저는 둘 다 사랑합니다. 대만찬은 둘 중 하나만 없어도 완성되지 않으니까요. 저는 그들 중 누가 끔찍한 고통을 당해야 하고 제가 그들의 고통을 대신 당할 수 있다면 얼마든지 그렇게 하고 싶을 정도로 그들을 사랑합니다. 상상도 할 수 없는 사건들이 연쇄적으로 일어나 죽게 된다고 해도 그들을 위해 기꺼이 그리할 생각입니다.

예수님은 이런 이야기들을 하십니다. 가끔 우리가 보는 것은 이야기의 요점이 아닙니다. 우리는 우리 자신을 보고, 서로를 보고 하나님을 봅니다. 어두운 밤에 번개가 치는 것처럼 세상의 거대한 풍경이 한동안 환하게 밝혀집니다. 그리고 물론 거기에는 그것만 있는 것이 아닙니다. 예수님은 이야기만 들려주시지 않습니다. 그분이 바로 이야기입니다.

예수님은 육신이 되신 말씀이며, 뼈와 창자, 시간과 공간 안에 표현된 진리입니다. 그분이 바로 이야기입니다. 그분은 사납게 몰아치던 바다의 물결에게 잔잔하라고 말씀하시고, 진노하여 환전상들을 성전 밖으로 쫓아내시는 분입니다. 하늘나라로 가는 길은 어린 아이처럼 되어 하늘나라로 가는 일에 연연하지 않는 것이며, 다른 모든 것을 바라보듯 천국을 있는 그대로 바라보는 것이라고 하십니다. 적절치 못한 사람들과 어울리고, 점잖지 못하게 먹고 마시고, 신성모독을 일삼아 점잖은 사람들의 심기를 불편하게 하고, 그 자리에 있기만 했어도 살릴 수 있었을 친구의 죽음 앞에서 눈물을 흘리십니다. 우리에게 원수를 사랑하라고 하시고는 본인의 원수들을 독사라고 부르며 그들의 회칠한 눈가림 밑으로 죽음의 악취가 풍긴다고 말씀하십니다. 그런데 그렇게 하시는 이유는 그들을 사랑하시기 때문입니다. 트럭에 치인 것 같은 모습으로 빌라도 앞에 끌려가 서셨을 때, 그분의 이야기와 빌라도의 이야기가 잠시 만납니다. 빌라도는 예수님에게 진리에 대한 말씀을 듣고 그 내용을 알아두어 좀 더 지혜로워지길 원했지만, 다른 면에서는 이전과 똑같은 빌라도로 살아가고자 했습니다. 그러나 예수님은 빌라도가 원하는 답을 주지 않으십니다. 하나님이 욥이 원하는 답을 주지 않으신 것처럼 말입니다. 말이 핵심이 아니기 때문입니다. 핵심은 예수님 바로 그분입니다.

예수님께 등을 돌리고 손을 씻어버리는 빌라도를 나무랄 수는 없습니다. 이 예수님은 지독히 많은 것을 요구하시니까요. '지독히'라는 말이 딱 어울립니다. 종교인들은 그들의 교리와 신학과 신조와 구호를 얼마나 애지중지하는지 모릅니다. 우리 역시 체스판 위에서 체스를 두듯 그런 것들을 이리저리 움직이는 것을 좋아합니다. 예수님이 말씀하시는 모종의 종교적 진리를 이리저리 갖고 놀다가 괜찮다 싶으면 자기 것으로 삼으려 했던 빌라도처럼 말이지요. 그러나 예수님은 그보다 더 멀리 나가십니다. 우리를 무서운 체스판으로 부르시지요. 그리고 그 체스판에서 그분이 우리를 크게 움직이도록 맡기게 하십니다. 그분에 대한 어떤 개념과도 비교할 수 없는 그분의 이야기는 우리와 이어지고 우리에게 숨을 불어넣고 우리 안에 모입니다. 그 이야기는 우리를 부르고 감동시켜 하나님만 아시는 일을 행하고 하나님만 아시는 존재가 되게 합니다. 우리가 그것을 제대로 해낸다면 대단히 지독한 일이 될 것입니다. 우리 개신교 신자들은 교회에 십자가를 세울 때 먼저 거기 달린 예수님의 몸을 떼어냅니다. 부활 이후에는 십자가 처형 자체는 생각할 필요가 없다는 듯 말이지요. 예수님 생애의 메시지를 이해하고 그 요점을 파악한 (이것이 어떤 의미이건) 뒤에는 즙을 짜낸 오렌지의 껍질처럼 그분의 생애를 죽음과 함께 옆으로 치워버릴 수 있다는 듯 말입니다. 십자가는 우리가 도덕적 안내나 영혼의 위안을 받고 종교적 진리를 얻고자 이용할 수 있는 도구가 되어버립니다.

예수님 그분만이 진리요, 그분에 대한 이야기 전체가 진리입니다. 그분은 우리가 그보다 못한 진리, 그보다 더 깔끔하고 쉬운 진리에 안주하는 것을 용납하지 않으실 것입니다. 오래된 찬양이 선포하듯 그분이 모든 사람의 가장 좋은 친구라면, 그분은 모든 사람에게 최악의 원수이기도 합니다. 그분이 정말 찾으시는 것을 우리가 바치지 못하게 방해하는 우리 안의 모든 것의 원수이십니다. 그리고 그분이 정말 찾으시는 것은 우리 마음의 피, 우리의 보물, 우리의 자아 그 자체입니다. 그분이 우리를 부르시는 자리는 주일학교 소풍이 아니라 십자가입니다. 그러므로 그분의 임재를 기뻐하는 것이 합당하다면 그분의 임재 앞에서 겁에 질려 옴짝달싹 못하는 것 역시 합당합니다.

그분은 우리에게 이것저것이 되라고 말씀하시는 것이 아니라 그분의 것이 되라고 하십니다. 이 길 저 길이 아니라 그분을 따라오라고 하십니다. 그분은 우리에게 모든 것을 주겠다고 약속하시고 대신에 모든 것을 포기하라고 하십니다. 이미 그분은 친히 모든 것을 포기하신 바 있습니다. 그것이 그분의 이야기입니다. 그제야 기적이 일어났고, 우리의 온갖 비극적이고 혼란스러운 역사조차도 그 기적을 파괴하지 못했습니다. 그제야 2천 년 후의 여러분과 제가 그분에 대해 이야기하는 것에 그치지 않고 필사적으로 그분을 붙들며 가끔은 그분이 우리의 소중한 생명의 참 근원이라고 믿는 기적이 일어나게 되었습니다. 이것이 그분의 이야기이며 또한 우리의 이야기이기도 합니다.

그래서 결국 이 이야기들은 어둠 속의 탐조등 불빛들처럼 서로 겹치고 뒤섞입니다. 예수님이 들려주시는 이야기들은 예수님이라는 이야기의 일부이고, 예수님이라는 이야기는 그분이 들려주시는 이야기들의 일부입니다. 그리고 예수님이라는 이야기는 여러분과 저라는 이야기의 일부입니다. 예수님은 세계 이야기의 엄청난 부분을 차지하시므로 그분 없이 우리 이야기가 진행되는 것은 상상할 수도 없기 때문입니다. 그분을 믿지 않거나 그분이 누군지 모르거나 아는 데 관심이 없는 사람들의 이야기도 마찬가지입니다. 저의 이야기와 여러분의 이야기도 모두 서로의 일부입니다. 우리가 함께 찬양하고 함께 기도하고 서로 얼굴을 봤다는 사실만으로도 서로의 이야기 밑에 실리는 각주 정도는 되기 때문이지요.

다시 말해, 우리의 모든 이야기들은 결국 인간이 된다는 것, 함께한다는 것, 여기 있다는 것에 대한 하나의 방대한 이야기입니다. 그 이야기는 자기 너머에 있는 무엇을 가리킬까요? 그리고 그것은 무엇을 의미할까요? 우리 모두가 함께 만들고 끊임없이 계속 뻗어가는 이 이야기의 진리는 무엇일까요? 이 진리에 대해 묻는 것은 문 아래의 틈으로 윙윙대는 바람의 진리에 대해 묻는 것처럼 어리석은 일일까요?

둘 중 하나입니다. 인생이 의미가 있고 거룩하든지, 아니면 아무 의미가 없든지. 여러분의 인생이니 여러분이 선택하시면 됩니다. 물론, 너무 쉽게 선택을 내리지는 마십시오. 여러분이 오늘 이 방향으로 선택을 내렸으니 내일 다른 방향으로 선택을 내릴 일은 없을 거라고 생각하지는 마십시오.

한 가지 선택지는 이것입니다. 예수님의 이야기, 즉 사랑의 이야기에 우리 이야기의 진실이 담겨 있다고 믿는 것입니다. 예수님의 이야기는 우리가 누구이고 우리를 사랑하시는 분으로 예수님이 가르치신 하나님이 누구신지에 대한 진리입니다. 우리가 어디로 가고 있는지, 거기 어떻게 도착할지, 도착하면 마침내 무엇을 찾게 될지에 대한 진리입니다. 단 한 번이라도 좋습니다. 이 이야기의 진리를 설명하려 들지 맙시다. 이 이야기의 풍성함과 깊이와 신비를 배반하지 맙시다.

대신에 모든 사람에 대한 이야기를 합시다. 돼지와 여우, 그리고 거룩하고 끔찍한 짐을 진 당나귀에 대한 이야기, 포옹하는 가슴에 눌려버린 입에 대한 이야기, 갈라지는 목소리에 대한 이야기 말입니다. 나머지는 그리스도의 침묵에 맡깁시다.

자라나십시오

19

모세가 하나님 앞에 올라가니 여호와께서 산에서 그를 불러 말씀하시
되 너는 이같이 야곱의 집에 말하고 이스라엘 자손들에게 말하라. 내
가 애굽 사람에게 어떻게 행하였음과 내가 어떻게 독수리 날개로 너희
를 업어 내게로 인도하였음을 너희가 보았느니라. 세계가 다 내게 속하
였나니 너희가 내 말을 잘 듣고 내 언약을 지키면 너희는 모든 민족 중
에서 내 소유가 되겠고 너희가 내게 대하여 제사장 나라가 되며 거룩한
백성이 되리라. 너는 이 말을 이스라엘 자손에게 전할지니라.

출애굽기 19:3-6

그러므로 모든 악독과 모든 기만과 외식과 시기와 모든 비방하는 말을
버리고 갓난아기들같이 순전하고 신령한 젖을 사모하라. 이는 그로 말
미암아 너희로 구원에 이르도록 자라게 하려 함이라. 너희가 주의 인자
하심(kindness)을 맛보았으면 그리하라. … 그러나 너희는 택하신 족

속이요 왕 같은 제사장들이요 거룩한 나라요 그의 소유가 된 백성이니
이는 너희를 어두운 데서 불러내어 그의 기이한 빛에 들어가게 하신 이
의 아름다운 덕을 선포하게 하려 하심이라.

베드로전서 2:1-3, 9

"부자, 가난뱅이, 비렁뱅이, 도둑놈, 의사, 변호사, 장사꾼 대장."
그날 기분에 따라 마지막 것은 "인디언 추장"이 될 때도 있었습니
다. 적어도 제가 어릴 때는 그렇게 운을 맞췄습니다. 접시에 놓인
체리 씨나 데이지의 꽃잎이나 셔츠나 블라우스의 단추 개수를 셀
때 부르는 동요입니다. 물론 셈이 끝날 때 걸리는 단어대로 되는 것
이지요. 부자? 가난뱅이? 깡통을 들고 길거리 구석에 서 있는 사람?
아니면 범죄조직의 일원?

세상에, 도대체 여러분은 자라서 무엇이 될 생각이었습니까? 이
것은 단순한 질문이 아닙니다. 결정적으로 중요한 질문입니다. 제
가 여기서 말하고 싶은 모든 내용은 이것이 지금도 여전히 결정적
으로 중요한 질문이라는 믿음에 근거하고 있습니다. 여러분은 무엇
이 될까요? 저는 무엇이 될까요? 제가 이 일에 종사한 지 30년 정
도 되었고 당장은 직업을 바꿀 생각이 없지만, 저는 이것을 여전히
활짝 열린 질문으로 생각하고 싶습니다. 진짜로, 여러분과 저는 무
엇이 될 것 같습니까? 우리가 자라면 말이지요.

이렇게 말하면 우리 안의 무엇인가가 분개하여 고개를 듭니다.
우리 대부분은 더 이상 아이가 아닙니다. 분명히 우리는 이미 다 자

랐습니다. 많은 경험을 했고 생각을 했습니다. 중요한 책임도 여러 번 맡았고 어려운 결정들도 내렸고 많은 위기도 겪었습니다. 그러니 이렇게 물어야 합당합니다. 우리는 지금 무엇이고 그 일을 얼마나 잘하고 있습니까? 의사, 변호사, 장사꾼 대장이 아니라면 우리는 무엇일까요? 컴퓨터 분석가, 여성 사업가, 교사, 예술가, 생태 운동가, 아니면 목사겠지요. 우리는 이런저런 식으로 세상에 흔적을 남겼다고 생각하고 싶어 합니다. 그래서 "우리는 무엇이 될까?"가 아니라 "지금 우리는 무엇이지?"라고 묻고 싶어 합니다. 무엇을 하며 살게 될지 알아내려고 체리 씨를 셀 필요가 없습니다. 좋건 나쁘건 주사위는 이미 던져졌으니까요. 이제 우리는 남은 게임을 이어갈 따름입니다. 남은 그것이 인생의 전부입니다.

그러나, 어쩌면 우리는 귀를 기울여야 할지도 모릅니다. 운을 맞춰 셈을 하던 어린 시절 그 이전, 그보다 수천 년 이전으로. 출애굽기의 묘사처럼 산 위로 짙은 구름이 모여듭니다. 갈지자로 번쩍이는 번개가 위험합니다. 우렛소리에 땅이 흔들리고 나뭇잎들이 떨립니다. 이 상황을 이해한다면 여러분과 저도 좀 떨릴 것입니다. 갑자기 쇼파르(숫양 뿔나팔) 소리가 들립니다. 길게 늘어지며 고동치는 그 소리는 우레보다 크고 번개보다 위험하게 느껴집니다. 어둠과 신비 속에서, 우리 안의 동굴 같은 부분에서 한 목소리가 들려옵니다. "너희가 내 말을 잘 듣고 내 언약을 지키면 너희는 모든 민족 중에서 내 소유가 되겠고." 여기서 '소유'에 해당하는 히브리어 '세굴라'는 소중한 보물, 총애하는 대상이라는 뜻입니다. "너희가 내게 대하여 제사장 나라가 되며 거룩한 백성이 되리라."

그로부터 몇천 년 후, 그러나 지금부터는 몇천 년 전이 되겠지요. 귀를 기울일 만한 또 다른 소리가 들려옵니다. 받아쓸 편지 내용을 불러주는 노인의 목소리입니다. 예수님이 지상에 계실 때 그분의 가장 가까운 친구였다고 믿을 만한 이유가 있는 이 사람, 베드로의 목소리입니다. "그러므로 모든 악독과 모든 기만과 외식과 시기와 모든 비방하는 말을 버리고 갓난아기들같이 순전하고 신령한 젖을 사모하라. 이는 그로 말미암아 너희로 구원에 이르도록 자라게 하려 함이라. 너희가 주의 인자하심을 맛보았으면 그리하라." 이어서 그는 뇌운 가운데 들려오던 큰 음성을 그대로 따라한 듯한 말을 합니다. "너희는 택하신 족속이요 왕 같은 제사장들이요 거룩한 나라요 그의 소유가 된 백성이니 이는 너희를 어두운 데서 불러내어 그의 기이한 빛에 들어가게 하신 이의 아름다운 덕을 선포하게 하려 하심이라."

우리가 자라면 무엇이 될까요? 이것은 무엇을 하게 될 것인가, 어떤 직업을 택하거나 계속 종사할 것인가, 사회에서 어떤 자리를 차지하게 될 것인가를 묻는 질문이 아닙니다. 우리 내면에서, 우리 사이에서 무엇이 될 것인지 묻는 것입니다. 이 질문에 하나님은 시내 산에서 토라로 대답하십니다. 노(老) 사도가 로마에서 보낸 편지도 바로 이 질문에 답하고 있습니다.

거룩한. 우리가 하나님의 뜻대로 된다면 거룩해질 것입니다. 터무니없이 불합리한 답변입니다. 이것 또는 저것이 되겠다는 우리의 합리적인 야망을 엉망진창으로 만드는 답이니까요. 이것은 인간으로서 가능한 일도 아닙니다. 거룩함은 하나님다움이며 오직 하나님만이 거룩함을 가능하게 하십니다. 그러나 베드로는 거룩함이 온전히 자라남을 뜻한다고 말합니다. 나이가 얼마나 되었건, 얼마나 많은 것을 성취했거나 성취할 꿈을 꾸고 있건 상관없습니다. 이 비범한 것이 나타나기 전까지는 진정 자란 것이 아닙니다. 거룩함이 나타나야 합니다. 베드로는 우리가 어둠에서 "그의 기이한 빛"으로 부름을 받았다고 적고 있습니다. 생각해보면 베드로는 대부분의 사람들보다 어둠에 대해 더 잘 알고 빛의 얼굴 자체도 들여다본 사람입니다. 우리는 그와 같은 얼굴을 갖도록, 빛으로 가득 차서 빛의 담지자가 되도록 부름을 받았습니다. 저는 살아오면서 그런 얼굴을 몇 번 보았습니다. 제 추측이 맞다면 여러분도 그럴 것입니다. 우리는 부자, 가난뱅이, 비렁뱅이, 도둑이 될까요, 아니면 각각의 모습을 조금씩 다 갖게 될까요? 누가 알겠습니까? 결국, 누가 신경이나 쓰겠습니까? 정말 신경 쓸 가치가 있는 것은 하나뿐입니다. "너희가 내게 대하여 제사장 나라가 되며 거룩한 백성이 되리라." 바로 이것이지요.

이스라엘은 이것을 잘 해낸 적이 없습니다. 구약성경의 대부분이 이것을 다루고 있습니다. 이스라엘은 거룩한 백성이 되기를 원하지 않았습니다. 이스라엘은 이집트, 수리아 같은 나라처럼 되고 싶었습니다. 영향력을 원했습니다. 안정을 원했습니다. 양지를 원했습니다. 하나님의 뜻이 아니라 자기들 뜻대로 하고 싶었습니다. 그래서 선지자들이 책망하자 그들을 죽여버렸습니다. 하나님의 요구가 지나치다 싶고 하나님의 약속이 멀게만 느껴지자 이스라엘은 다른 신들을 가까이하기 시작했습니다. 지금도 우리는 그 신들을 좋아하고 돈과 일상의 에너지를 갖다 바칩니다. 그 신들은 우리의 거룩함에 대해선 전혀 개의치 않고 우리가 원하는 모든 것을 약속하며 우리에게 정말 필요한 것은 하나도 약속하지 않기 때문입니다.

우리는 이스라엘을 나무랄 수가 없습니다. 우리가 이스라엘이니까요. 누가 거룩해지고 싶어 합니까? 그 단어(holy)는 평판이 나빠졌습니다. '독선적 태도(holier-than-thou)', '유난히 경건한 체하는 신자(holy Joe)', '어마어마한 난장판(holy mess)' 같은 표현을 보십시오. '성자(saint)'는 이제 '성인군자 행세하는 사람(plaster saint)', 숨 막히는 도덕적 결벽을 가진 사람, 다시 말해 길에서 만나면 비명을 지르며 반대 방향으로 달아나고 싶은 사람을 뜻합니다. 여러분과 저는 정말이지 아이와 같습니다. 그런 멋진 말을 가지고 그렇듯 끔찍한 것을 나타내다니요. 우리는 숲 속에서 자꾸만 길을 잃는 아기들입니다.

하지만 이런 우리에게도 특별한 순간들이 찾아옵니다. 가끔 하나님이 우리를 어둠과 신비 바깥으로 불러내신 목적에 합당한 존재가 되고 싶은 갈망이 드는 겁니다. '거룩함'이라는 단어를 쓸 생각은 손톱만큼도 없지만, 실제로 거룩함을 갈망할 때가 있습니다. 우리의 냉소와 세속성과 유치함 한복판에서도, 어쩌면 특히 그런 것들 한가운데서, 이 땅을 살아가는 성자들의 어떤 모습에 깊은 인상을 받는 순간들이 찾아옵니다. 제가 말하는 것은 진짜 성자들입니다. 석고와 진부한 문구와 도덕적 결벽이 아니라 인간의 살로 이루어진 남녀 성자들 말입니다. 그들에게도 다른 사람들과 마찬가지로 다듬어지지 않은 면과 맹점들이 있습니다. 그러나 비범한 어떤 것을 그대로 비춰주는 듯한 그들의 투명한 삶을 보고 종종 우리는 그 자리에 멈추어 서게 됩니다. 빛의 담지자들. 생명의 담지자들.

예를 하나 들어볼까요? 영화 〈간디〉가 처음 나왔을 때 극장을 찾았던 기억이 납니다. 토요일 밤에 흔히 볼 수 있는 시끄럽고 들뜬 무리였던 우리 관객들은 자리에 앉아 조명이 어두워지기를 기다렸습니다. 우리 앞에는 팝콘과 콜라가, 옆에는 남자 친구와 여자 친구들이 있었으며 앞쪽의 빈자리에 다리를 걸쳤습니다. 그러나 간디의 장례식 때 피워 올린 장작더미 불꽃이 와이드스크린을 가득 채우며 영화가 끝날 무렵이 되자 극장 안에는 소리 하나, 움직임 하나도 없었습니다. 십 대와 노인, 흑인과 백인, 프리섹스를 하는 사람들과 고지식한 사람들 모두 아무 말 없이 차례차례 극장에서 나왔습니다. 우리의 깊은 침묵은 많은 것을 말해주고 있었습니다.

베드로는 "너희가 주의 인자하심을 맛보았"다고 썼습니다. 우리는 그것을 맛보았습니다. 물레를 돌리고 맨발의 안짱다리로 남을 먼저 생각하는 사람, 평화의 열정을 품고 모든 형태의 폭력에 열정적으로 반대하며 살아간 안경 쓴 작은 남자의 생애를 통해 그것을 맛보았습니다. 그 토요일 밤 몇 분 동안만큼은 그것이 다른 모든 형태의 삶을 공허해 보이도록 만들었고, 그 순간만큼은 타국에서 고향을 갈망하듯 모든 이가 그런 삶을 갈망했습니다.

"너희가 내게 대하여 제사장 나라가 되며 거룩한 백성이 되리라." 한 나라의 백성이 통째로 거룩해질 수 있을까요? 상상하기 어렵습니다. 한 나라의 일부, 남은 자나 뿌리는 그럴 수 있을지 모릅니다. 이사야가 말한 대로 "이새의 그루터기에서 한 싹이 나"서 "가난한 사람들을 정직하게 재판하며, 이 땅의 힘없는 사람들에게 공평한 판결을 내릴"(사 11:1, 4, 쉬운성경)지도 모르겠습니다. 18세기에 이 나라를 세운 사람들은 그렇게 고귀하고 거룩한 꿈을 꾸었고 그에 걸맞은 이름을 초기 정착지에 붙였습니다. 뉴헤이븐(New Haven, 새로운 피난처), 뉴호프(New Hope, 새로운 희망). 그 이름들이 의미하는 바, 혹은 의미했던 바에 귀를 기울이면 눈물이 날 지경입니다. 프로비던스(Providence, 섭리). 콩코드(Concord, 화합). 세일럼(Salem, 샬롬, 즉 하나님의 평화). 그런 꿈은 좀처럼 사라지지 않고, 우리 주위의 공기에서 여전히 그 메아리를 들을 수 있습니다. 그러나 벌써 몇 년째, 이 땅을 천 번이나 박살낼 만한 무기들이 쌓이고 그 가공할 무기들을 줄여 나가기 위한 적들과의 협상이 실패를 거듭하자 이 땅의 힘없는 이들은 겁에 질려 옴짝달싹 못할 지경이 되었습니다. 세계에서 가장 부유한 이 나라에서 가난한 사람들이 주린 배를 안고 잠자리에 듭니다. 그나마 제대로 된 침대라도 있으면 운이 좋은 편입니다. 왜 그럴까요? 이 나라를 지키기 위해 어마어마한 비용을 계속 쓰다 보면 정작 우리가 지키는 사람들에게 먹을 것을 제공하고, 머리 위에 괜찮은 지붕을 얹어주고 자녀들에게 괜찮은 학교를 제공하고, 병들고 나이 들면 적절한 보살핌을 받도록 해줄 만한 여력이 남지 않습니다.

한때 새로운 희망, 새로운 피난처가 되기를 꿈꾸었던 나라가 자기만 옳고 자기와 의견이 다른 사람은 다 틀렸다는 확신에 사로잡혀 밀어붙이고 소리를 높이고 폭탄을 투하하여 자기 뜻을 관철시키는 세계 최악의 깡패 나라가 되었습니다. 나라들은 이런 식으로 되는 것이 불가피한 일인지도 모릅니다. 너무 크고 복잡하니까요. 정의상 나라들은 가장 협소한 의미의 자기 이익에만 배타적인 관심을 가지느라 거룩함을 알아보는 눈이 없고 성자가 되라는 위대한 명령을 들을 귀가 없고, 이 세상이 어떤 곳이 될 수 있는지 생각하고 아파할 만한 심장이 없습니다. 우리가 서로에게 소리를 지르는 대신 귀를 기울이는 법을 배울 수 있다면, 나라들이 친구가 되고 공통 문제의 해결을 위해 서로 돕고 모든 인간의 고통을 치료하는 데 힘을 합칠 수 있을 것입니다.

여러분과 제가 그 눈이고 귀입니다. 여러분과 제가 심장입니다. 베드로의 편지는 우리에게 발송된 것입니다. "그러므로 모든 악독과 모든 기만과 외식과 시기와 모든 비방하는 말을 버리고." 베드로는 그렇게 말합니다. 뿔나팔 소리는 울리지 않고 울릴 필요도 없습니다. 베드로의 목소리는 사각대는 펜 소리처럼 작고, 거울 속의 우리 얼굴처럼 친숙합니다. 우리의 무엇이 잘못되었는지 우리는 늘 알고 있었습니다. 교양 있는 사람 안에도 있는 악의. 진짜 꿍꿍이를 숨기는 위선. 다른 사람이 잘되면 벌에 쏘인 듯 쓰라림을 느끼는 시기. 서로를 희화화해서 사랑하는 사람들조차도 서로를 우습게 취급하게 만드는 비방하는 말. 베드로는 이 모든 유치한 허튼 짓과 추한 모습을 "버리라"고 말합니다. "구원에 이르도록 자라나라!" 부디 자라나십시오.

자라나다니요? 나이 든 사람에게 너무 늦지 않았을까요? 젊은 사람에게는 다소 이르지 않을까요? 제 생각은 다릅니다. 자라나고 거룩해지기에 너무 늦은 때는 없습니다. 너무 이른 때도 없습니다. 결국 우리 모두는 하나님의 인자하심을 맛보았습니다. 베드로가 말한 대로입니다. 그것은 우리의 뇌리에서 떠나지 않습니다. 때로 그것은 우리의 눈에서도 보입니다. 동물의 눈에서 동물 이상의 것을 볼 수 있듯이, 사람의 눈에서도 사람 이상의 것을 볼 수 있습니다. 여러분의 눈과 저의 눈에서도 마찬가지입니다. 우리 안에는 물론이고 그 어디에도 거룩함이 존재하지 않는다고 믿을 때에도 우리는 거룩함에 속할 수 있습니다. 저는 그렇게 생각합니다. 이것이 영화 〈간디〉를 보고 혼잡한 쇼핑몰 극장을 나서던 관객들이 하나같이 기이한 침묵에 빠졌던 이유입니다. 간디가 죽을 무렵에 소유했던 물건들이 담긴 유명한 사진을 좀처럼 잊을 수 없는 이유이기도 합니다. 안경과 시계, 샌들, 그릇 하나 숟가락 하나, 노래 책 한 권. 이만한 부요함에 비길 만한 것을 우리 중 누가 보유하고 있을까요?

여러분과 저는 아이입니다. 좀처럼 가진 것을 포기한 적이 없지만 주는 것이 받는 것보다 복이 있을 뿐 아니라 더 재미있다는 사실을 마음으로는 압니다. 그것은 성자들의 눈에서 눈물처럼 솟아오

르는 거룩한 재미입니다. 그 복된 재미 안에서 우리는 자신을 잃어
버리는 동시에 찾고, 우리의 창조 목적에 합당한 존재로 자라가기
시작합니다.

헨리 제임스(1843-1916, 미국의 소설가, 평론가. 대표작《여인의 초상》—옮긴
이)는 어느 날 형 윌리엄의 아들인 어린 조카 빌리와 헤어지면서 결
코 잊을 수 없는 말을 남겼습니다. 미로 같고 헤아릴 수 없을 만큼
미묘한 옛 소설가에게 기대할 만한 미로 같고 헤아릴 수 없을 만큼
미묘한 말들이 많이 있겠지만 그가 남긴 말은 이것이었습니다. "사
람이 사는 데 중요한 세 가지가 있단다. 첫째는 친절. 둘째도 친절.
셋째도 친절."

친절하십시오. 친절은 아무리 봐도 거룩함과는 다르지만, 거룩함
이 세상으로 들어오고 우리에게 들어오는 하나의 문이기 때문입니
다. 부드러운 친절뿐 아니라 때로는 사나운 친절도 그런 역할을 합
니다.

자신에게 충분히 친절하십시오. 그래서 자신의 안위를 위해 조
심스럽게 살아가십시오. 하지만 적어도 삶의 일부는 술 취한 선원
처럼 사십시오. 하나님을 위해(하나님을 믿는다면), 세상을 위해서(세상
을 믿는다면) 말입니다. 그렇게 함으로써 생생하게 살아나십시오.

다른 사람들에게 친절하십시오. 그들이 하는 말 아래에 놓인 거
룩함을 향한 무언의 갈망에 귀를 기울이십시오. 저는 전혀 뜻밖의
사람에게서도 그런 갈망을 볼 수 있다고 믿습니다. 거기에 귀를 기
울이고 그것을 귀하게 여기면 그들과 우리 안에서 그런 갈망이 생

겨나게 도울 수 있을지도 모릅니다.

우리가 사는 이 나라에도 친절하십시오. 뉴헤이븐, 뉴호프, 세일럼은 이 나라의 가장 오래된 마을들의 이름일 뿐 아니라 우리의 가장 거룩한 꿈을 담은 이름입니다. 그 꿈들을 가장 크게 위협하는 것은 바깥에 있는 적들의 광기가 아니라 우리 내면의 광기입니다.

"너희가 주의 인자하심을 맛보았으면 그리하라." 베드로가 편지에 쓴 이 말은 결국 우리 모두를 친절, 거룩함, 성자다움, 건전함으로 부르고 있습니다. 그것은 우리가 마침내 하나님의 은혜로 "구원에 이르도록 자라게" 하기 위해서입니다.

빛이 창으로 비쳐드는 광경. 이렇게 한자리에 모인 사람들의 침묵이 내는 소리. 서로의 존재가 주는 이 기분. 모두가 어떤 식으로건 서로 사랑을 베풀고, 하나님께 사랑을 드리고자 여기 있다는 이 느낌. 이런 순간 자체를 문으로 삼아 거룩함이 들어옵니다. 거룩함이 여러분 안에 들어가기를, 제 안에도 들어오기를, 그리하여 세상을 구원하기를 기원합니다.

교회

20

예수께서 그의 열두 제자를 부르사 더러운 귀신을 쫓아내며 모든 병과 모든 약한 것을 고치는 권능을 주시니라. 열두 사도의 이름은 이러하니 베드로라 하는 시몬을 비롯하여 그의 형제 안드레와 세베대의 아들 야고보와 그의 형제 요한, 빌립과 바돌로매, 도마와 세리 마태, 알패오의 아들 야고보와 다대오, 가나나인 시몬 및 가룟 유다 곧 예수를 판 자라.

예수께서 이 열둘을 내보내시며 명하여 이르시되 이방인의 길로도 가지 말고 사마리아인의 고을에도 들어가지 말고 오히려 이스라엘 집의 잃어버린 양에게로 가라. 가면서 전파하여 말하되 천국이 가까이 왔다 하고 병든 자를 고치며 죽은 자를 살리며 나병환자를 깨끗하게 하며 귀신을 쫓아내되 너희가 거저 받았으니 거저 주라.

마태복음 10:1-8

열두 제자 중에서 가장 유명한 사람은 시몬 베드로였던 것 같습니다. 그는 예수님이 누구신지 제일 먼저 깨달은 사람인 듯합니다. 그 덕분에 기록에 남아 있는 예수님의 유일한 언어유희가 탄생했습니다. 그때 예수님은 베드로(그리스어로 '반석'을 뜻함)라는 반석 위에 그분의 교회를 세우실 거라고 말씀하셨습니다. 그 외의 제자로는 베드로의 동생 안드레, 세베대의 두 아들 야고보와 요한, 또 다른 야고보와 가나안인으로 알려진 또 다른 시몬이 있었습니다. 알려진 바 없는 다대오와 바돌로매도 있었고, 세리 마태, 베드로의 고향 벳세다 출신의 빌립과 의심 많은 도마도 있었습니다. 끝으로 가룟 유다가 있었습니다. 그는 달빛 아래 동산에서 입맞춤으로 친구를 배신하여 그분과 접촉한 마지막 사람이 되었습니다. 물리적 고통을 가하려는 목적으로 그분에게 손을 댄 사람들을 제외하면 말입니다.

예수님은 마태가 이름을 밝혀놓은 이들과 함께 그분의 교회를 시작하셨습니다. 그런데 그들에 대해 알려진 바가 너무 적습니다. 더 알 수 있다면 웬만한 것은 아낌없이 내놓을 것 같습니다. 그들 대부분은 유대인이었던 것 같습니다. 그들은 오랜 세월 동안 혹평을 받았고, 대체로 보면 그럴 만했습니다. 예수님이 잡히시던 밤에, 그들 대부분은 친구를 지키기 위한 어떤 일도 하지 않았습니다. 그나마 베드로가 나서서 칼을 뽑아 대제사장의 종의 귀를 잘랐지만, 상황을 악화시키기 딱 좋은 행동일 뿐이었습니다. 예수님이 검으로 사는 자는 결국 검으로 망한다는 말씀과 함께 상황을 수습하지 않으셨다면 그렇게 되었을 것입니다. 검에 대한 그분의 말씀은 그때

쯤이면 제자들이 이해하지 않았을까 싶은 그분 메시지 전반의 핵심에 해당하는 내용이었습니다.

그들이 혹평을 받는 데는 이 외에도 다른 이유가 있습니다. 예수님 말씀의 요지를 도무지 파악하지 못하고, 그나마 파악했을 때에도 그에 충실하게 살지 못하는 듯 보이기 때문입니다. 이렇게 말해도 될지 모르지만 그런 면에서 그들은 여러분이나 저와 너무도 비슷합니다. 다시 말해, 그들은 사람이었습니다. 예수님은 비율은 약간씩 달라도 비겁함과 배짱, 지성과 어리석음, 이기심과 관대함, 열린 마음과 완고함이 뒤섞인 인간들을 사용하여 그분의 교회를 만드셨습니다. 거리에서 흔히 볼 수 있는 사람들이었습니다. 그분이 인간을 모아 교회를 만드신 이유는 교회의 유일한 재료가 인간이었기 때문입니다. 제가 아는 한, 지금도 교회의 재료는 인간뿐입니다. 이것은 기억할 만한 사실입니다.

예수님이 이런 인간들을 모아 교회를 만드신 후에도 그들은 여전히 인간이었습니다. 이 사실도 기억해야 합니다. 그들은 예수님을 친구로 알았습니다. 맨 앞자리에 앉아 그분의 말씀을 들었습니다. 그분과 같이 식사를 했고 시골길을 걸었습니다. 그분의 기적들을 목격했습니다. 그러나 그 모든 경험이 그들을 영웅으로 만들어주진 않았습니다. 그들은 여전히 강점과 약점을 가진 인간으로 남아 있었습니다.

끝으로, 기억해야 할 사실을 한 가지 더 말씀드리겠습니다. 교회를 이룬다는 생각은 그들의 발상이 아니었다는 것입니다. 그것은 예수님의 생각이었습니다. 그들을 교회로 만든 것은 예수님이었습니다. 그들은 생각이 맞는 사람끼리 모여 클럽을 만드는 식으로 모이지 않았습니다. 한 무리의 사람들이 모여 야구팀을 결성하거나 교사 임금 인상을 위해 여자들이 모여서 로비를 하는 식으로 모이지 않았습니다. 그들이 모인 이유는 예수님이 불러모으셨기 때문입니다. 이것이 '교회'에 해당하는 그리스어 단어 '에클레시아'의 의미입니다. '불러냄을 받은' 자들을 뜻하지요. 첫 열두 제자는 고기잡이, 세금 징수, 코셔 식당(식재료를 유대교의 율법에 따라 처리, 가공한 식당—옮긴이)이나 빨래방 운영 등 당시에 하고 있던 일에서 불러냄을 받았습니다.

누군가가 현관 계단에 나타나 여러분의 이름을 부른다고 해봅시다. 여러분은 내려가 문을 열고 무슨 일인지 보겠지요. 비가 내리고 있는데 구름 뒤에서 해가 나온다거나, 잿빛 하늘을 가로질러 무지개가 뜬다고 해봅시다. 그러면 다들 하던 일을 멈추고 그것을 바라보게 되겠지요. 손에 들고 있던 그물, 세금신고서, 카드, 골프채, 신문 따위를 내려놓고 하늘을 바라볼 것입니다. 하늘 위에서 벌어지는 일이 너무나 경이로워서 쳐다보지 않을 수가 없을 것입니다. 저는 마태가 거론한 열두 사람과 마리아, 마르다, 요안나 및 이런저런 식으로 교회의 일원이 된 온갖 남녀들이 이와 비슷한 방식으로 부름을 받고 교회를 이루었다고 생각합니다. 그리스도께서 이런저런 방식으로 그들을 부르셨습니다. 그렇게 해서 교회가 생겨났습니다. 그들은 잿빛 세상을 가로질러, 어쩌면 그들의 인생 또는 삶 자체를 가로질러 아치를 그리는 그분의 경이로움을 보았습니다. 자신의 이름을 부르는 그분의 음성을 들었습니다. 그리고 따라갔습니다.

그들은 이전에 열심히 하던 일을 계속 열심히 했던 것 같습니다. 이것은 예수님이 그들을 평범한 삶에서 불러내셨다기보다는 그들의 삶이 평범하다는 생각에서 불러내셨다는 의미입니다. 예수님은 그들을 불러 우리가 살아가는 모습이 아무리 평범해 보여도 삶은 비범하다는 것을 보게 하십니다. 예수님은 그것을 "하나님나라가 가까이 왔다"로 표현하셨고, 그들도 같은 표현으로 그 사실을 다른 이들에게 알려주라고 하셨습니다. 더없이 단조롭고 고되고 감정을 마비시키는 삶에도 보물이 묻혀 있는 밭처럼 하나님나라가 묻혀 있습니다. 하나님나라는 우리 곁에 가까이 있습니다. 우리가 몇 년째 찾고 있지만 옆방 양탄자 아래로 들어가 우리의 눈길을 끌지 못한 귀중한 유품처럼 말이지요. 우리에게 볼 눈과 들을 귀, 깨달을 지혜가 있다면 거룩함, 선함, 아름다움을 뜻하는 하나님나라가 호흡처럼 우리와 가깝고 우리 안과 세상 안에서 태어나기 위해 소리치고 있음을 알게 될 것입니다. 그 이름을 모르고 그것이 우리가 그토록 갈망하는 대상인 줄도 모를지라도, 하나님나라야말로 우리 모두가 무엇보다 갈망하는 대상이라는 사실을 알게 될 것입니다. 하나님의 나라는 우리 최고의 꿈들과 진실한 기도들의 출처입니다. 우리가 평소의 자신보다 더 낫게 행동하고 더 지혜로워지는 순간마다 우리는 하나님나라를 엿봅니다. 위기의 순간에 우리의 힘보다 더 큰 힘이 찾아오는 것 같을 때도 그것을 봅니다. 하나님나라는 우리가 있어야 할 곳입니다. 그곳은 고향이고, 우리가 깨닫건 아니건 모두가 그곳을 향한 향수에 젖어 있습니다.

입에 담배를 문 뚱뚱한 남자가 쉐비 트럭을 몰고 지나갑니다. 뒷 범퍼에 '예수님이 당신을 사랑하십니다'라고 적힌 스티커가 붙어 있고, 차량 뒷창에는 엽총이 대각선으로 매어져 있습니다. 그는 우리가 본 적이 없는 낯선 사람이 아닙니다. 다시 만난다 해도 전혀 개의치 않을 모르는 사람이 아닙니다. 그는 우리의 형제, 우리의 아버지입니다. 우리의 아들입니다. 아마도 우리는 전에 그를 본 적이 없을 것이고 다시 볼 일도 없을 것입니다. 어린이보호구역이라 시속 40킬로미터로 지나가는 그를 순간적으로 한 번 본 것이 전부입니다. 그러나 우리가 실상을 온전히 깨닫기만 한다면, 그를 마지막으로 보는 그 순간을 귀하게 여길 것입니다. 하늘에 떠오른 무지개를 귀하게 여기고, 몇 년 동안 찾다가 마침내 양탄자 밑에서 발견한 반지를 귀하게 여기듯 말이지요. 극장 앞자리에 앉아 두꺼운 안경을 쓰고 팝콘을 먹는 노파는 우리의 어머니, 누이, 커버린 딸입니다. 우리가 그 사실을 알고 그녀의 실체를 파악하면, 깡마른 목덜미와 손으로 입을 가리고 웃는 모습까지 그녀의 모든 것이 소중하게 다가올 것입니다.

삶이 평범하지 않은 것처럼 이들도 평범하지 않습니다. 비범한 사람들입니다. 삶은 비범한 것이고, 예수님은 삶의 비범성을 하나님의 나라라고 부르십니다. 그 비범성은 하나님의 나라 안에서 우리 모두가 서로에게 속한다는 데 있습니다. 가족처럼 말이지요. 우리 모두는 그 안에서 형제자매입니다. 서로의 어머니, 아버지요, 자녀들입니다. 우리는 교회로서 함께 그런 관계를 이루라고 부름을 받았습니다. 그것이 교회 됨의 의미입니다. 예수님은 하나님이 우리를 어떻게 사랑하셨는지 알려주셨고, 하나님은 우리가 그런 사랑으로 서로를 사랑하기를 원하십니다. 이것이 하나님에 대한 좋은 소식, 즉 복음입니다. 예수께서는 복음을 선포하러 오셨습니다. 서로를 사랑하고 하나님을 사랑하고 하나님의 사랑을 받는 것이 하나님 나라의 본질입니다. 그 어떤 과학적 진리나 철학적 진리, 미술이나 음악, 문학의 진리도 하나님나라의 진리만큼 중요하지 않습니다.

하나님을 사랑하는 것은 그분을 기뻐하는 것입니다. 아무것도 믿지 않아야 할 이유를 백 가지나 떠올릴 수 있을 때도 하나님을 신뢰하는 것입니다. 기도하고 싶지 않을 때도 하나님께 기도하는 것입니다. 삶의 아름다움과 슬픔과 기쁨과 신비 가운데 하나님을 기다리는 것입니다. 서로를 사랑한다는 것은 연하장을 보내듯 감상적이고 비현실적이고 우아한 방식이 아니라 가족처럼 서로를 사랑하는 것입니다. 가족은 서로 이를 악물고 싸우고 진저리를 내고 서로를 미치게 만들 때도 있지만, 마음 저 깊은 곳에서는 서로 이어져 있고 서로가 필요하다는 사실을 압니다. 서로가 없는 인생은 상상할 수도 없습니다. 서로가 차라리 안 태어났으면 좋았을 거라고 종종 생각하는 가족들도 그렇습니다.

세리 마태, 의심 많은 도마. 반석 베드로와 배신자 유다. 막달라 마리아와 나사로의 여동생 마르다. 극장에서 팝콘을 먹던 노파. 픽업트럭에 타고 있던 뚱뚱한 남자. 그들은 모두 우리의 가족이고, 여러분과 저는 그들의 가족이자 서로의 가족입니다. 예수님은 우리가 교회로서 그런 관계를 이루기를 원하십니다. 우리의 행복은 서로의 행복과, 우리의 평화는 서로의 평화와 온통 뒤섞여 있습니다. 우리의 행복과 평화는 현재 어떤 행복도 평화도 모르는 사람들과 나눌 길을 찾기 전까지 결코 온전할 수 없습니다. 예수님은 이 진리를 알리고 이 진리에 따라 살아가라고 우리를 부르십니다. 세상의 빛이 되라고 하십니다. 어두운 곳이 있으면 특히 그곳에서 빛이 되어라. 세상의 소금이 되어라. 진정 살아 있는 자의 참맛을 내어라. 참으로 살아 있어라. 남들에게 생명을 주는 사람이 되어라. 이것이 예수님이 제자들에게 말씀하신 내용입니다. 예수님은 그분의 교회인 우리가 이런 존재가 되고 이런 일을 하길 원하십니다. 서로 사랑하고 병든 자를 고쳐주라고 하십니다. 죽은 자들을 살려라. 나병환자들을 깨끗하게 하여라. 귀신을 쫓아내어라. 이것이 서로 사랑한다는 말의 의미입니다. 교회가 이런 일을 하고 있다면 예수님이 말씀하신 공동체가 되어가고 있는 것입니다. 이런 일들을 하지 않고 있다면, 좋고 유용하다는 다른 일들을 아무리 많이 해도 예수님의 말씀에 부응하는 공동체는 아닌 것입니다. 아주 간단합니다.

앞에서 말씀드린 노파는 자신이 암에 걸렸다는 사실을 잊기 위해 극장에 갔습니다. 암 자체도 치료가 어려운 질병이지만 그녀의 병은 그것만이 아닙니다. 그녀는 외로움과 두려움도 앓고 있습니다. 어떤 면에서는 그것이 암보다 더 심각합니다. 그녀는 가끔 한밤중에 잠에서 깨어 그 생각을 합니다. 그 문제로 이야기할 상대가 있으면 좋겠다, 아니 가끔 영화나 같이 보러 가서 팝콘을 나눠 먹을 상대라도 있으면 좋겠다고 생각합니다. 예수님은 그녀를 고쳐주라고 말씀하십니다.

트럭에 탄 뚱뚱한 사람에게는 에이즈에 걸려 죽어가는 아들이 있습니다. 그의 차량 범퍼에 '예수님은 당신을 사랑하십니다'라는 문구의 스티커를 붙인 사람은 그의 아내였습니다. 그러나 그는 하나님을 더 이상 믿지 않는 사람에게는 예수님이 사랑하시건 아니건 달라질 것이 없다고 생각합니다. 그의 아들에게 벌어진 것 같은 일을 그냥 내버려두는 하나님이라면, 하나님을 믿는 일이 무슨 의미가 있느냐고 생각합니다. 예수님은 그를 살려주라고 말씀하십니다.

예수님은 "병든 자를 고치며 죽은 자를 살리며 나병환자를 깨끗하게 하며 귀신을 쫓아내라"고 제자들에게 말씀하십니다. 이것이 바로 예수님이 우리에게 맡기신 일입니다. 다시 말해, 우리는 다른 무엇보다 치료자가 되어야 하고, 그러기 위해서 우리도 치료를 받아야 합니다. 하나님은 여러분과 제가 다른 누구 못지않게 치료가 절실히 필요함을 아시고, 치료받는 것과 치료하는 것은 같이 가기 때문입니다. 하나님은 우리에게도 쫓아내야 할 귀신들과 씻어내야 할 더러움이 있음을 아십니다. 신경증적 불안은 저를 괴롭히는 귀신입니다. 제 인생에서 가장 행복한 나날이 될 수 있었고 그래야 마땅했던 많은 시기 동안 곧 불행이 닥칠 거라는 불안이 불쑥불쑥 찾아와 모든 것을 망쳐놓곤 했습니다. 그러나 저는 제 인생에서 여러 번, 그런 폐허에서 일으킴을 받았습니다. 달리 말하면, 몇 번이나 죽음에서, 적어도 정신의 죽음, 마음의 죽음에서 예수님의 치유력으로 소생한 것입니다. 예수님은 우리를 불러 그분의 치유력으로 치유를 받게 하시고, 우리도 남들을 치유하라고 명하십니다.

  제 인생 중에서도 특히나 어두웠던 시간이 생각납니다. 제 아이 중 하나가 아팠는데, 그 아이에 대한 불안 때문에 저도 제 나름으로 그 아이만큼이나 아팠습니다. 그러던 어느 날 전화벨이 울렸습니다. 전화를 건 사람은 루 패트릭이라는 사람이었는데, 이후에 절친한 친구가 되었지만 당시만 해도 그리 잘 아는 사이가 아니었습니다. 그는 제가 사는 버몬트 주 루퍼트에서 1,300킬로미터 정도 떨어진 노스캐롤라이나 주 샬럿에 있는 목사였습니다. 저는 그가 자택에서 전화한 줄 알고 거기는 어떠냐고 물었는데, 지금 샬럿이 아니라고 했습니다. 루퍼트의 우리 집에서 20분 정도 떨어진 숙소에 묵고 있다고 했지요. 그는 우리 가족과 제 소식을 듣고 하루 이틀쯤 새 친구가 곁에 있으면 도움이 되지 않을까 생각했다고 했습니다. 그가 온다는 말을 미리 하지 않은 이유는 내가 그런 터무니없는 계획을 말릴 것임을 알았기 때문이었는데, 덕분에 그것은 더욱 터무니없는 계획이 되었습니다. 제게 미리 말도 없이 1,300킬로미터를 왔다는 것은, 제가 집에 없을 수도 있는 상황을 감수했다는 의미였기 때문입니다. 그러나 다행히도 저는 그때 집에 있었고, 그를 만나 하루 이틀 정도 함께 지냈습니다. 그는 제 곁에 있어주었습니다. 대단한 말을 주고받은 것은 아니고, 특별히 종교적인 활동을 같이한 것도 아니었습니다. 저의 괴로움에 대해 많은 이야기를 나눈 것도 아니었지요. 그저 두어 번 같이 산책을 나가고 한두 번 식사를 하고 파이프 담배를 같이 피웠습니다. 그를 차에 태우고 주변 지역 몇 군데를 둘러본 정도였습니다. 그것이 전부였습니다.

그가 그런 일을 위해 그렇게 먼 거리를 와주었다는 사실을 저는 잊을 수가 없습니다. 그도 그 일을 잊지 못할 거라고 확신합니다. 우리는 그리스도의 이름을 입 밖에 내지도 않았지만, 우리의 파이프 담배 향이 공기 중에 퍼져나가고 우리가 거닐었던 숲 속에 드문드문 빛이 비쳐들 때, 그분은 우리가 호흡하는 공기 중에 충만하게 임하셨습니다. 저는 그 순간에 잠시 우리 두 사람 모두 그리스도의 옷자락을 만졌다고 믿습니다. 잠시 동안 우리 둘 다 치유를 받았습니다.

우리는 이와 같이 서로에게 그리스도가 되라는 부름을 받았습니다. 베드로와 도마, 마리아, 요안나처럼, 우리는 그냥 인간이 아니라 하나님의 은혜로 변화받을 가능성이 있는 인간이 되라는 부름을 받았습니다. 그 은혜는 언제 어떻게 찾아올지 모릅니다. 파이프 담배 향기로 찾아올 수도 있고, 잿빛 하늘에 길게 걸린 무지개로 찾아올 수도 있습니다. 누군가 전화를 걸어옵니다. "20분 거리에 와 있다고요? 세상에(Good God), 말도 안 돼요!" 바로 이것입니다. 우리는 이렇게 말도 안 되는 방식으로 살아가도록 부름을 받았습니다. 하나님은 우리가 서로에게 그리스도의 손과 발과 심장이 되어주길 원하십니다.

교회 건물과 예산은 나중에 생겼습니다. 여러 형태의 교회정치, 성직자와 목회자, 침례교도와 개신교도들도 마찬가지입니다. 모두가 제일 좋은 옷을 입고 참여하는 주일예배, 주일학교와 찬양대도 다 나중에 생겼습니다. 성경공부 모임과 자선바자회도 그렇습니다. 저속한 엉터리 설교로 보는 사람 속을 쓰리게 만드는 텔레비전 설교자들도, 가끔 찾아가 들어보면 이 세상은 물론 나의 일상과도 별 관련이 없어 보이는 신앙을 선포하는 집 근처 여러 교회의 설교자들도, 가끔 하나님의 말씀 자체가 마음을 만지는 경험을 제공하는 설교자들도 다 마찬가지입니다. 다들 나중에 생겼습니다. 어쩌면 역사상 어떤 엄청난 해일이 밀려와 그 모든 것을 쓸어가버리는 것이 교회를 위한 최고의 복일지도 모릅니다. 교회 건물이 무너지고 예산은 다 사라지고 교회의 인쇄물들은 낙엽처럼 사방으로 흩어지고, 설교자와 회중의 구분까지 모두 사라져버리는 것입니다. 그러면 우리에게 남는 것은 서로와 그리스도뿐이겠지요. 그것이 맨 처음에 존재했던 전부였습니다.

"내가 진실로 너희에게 이르노니 너희가 여기 내 형제 중에 지극히 작은 자 하나에게 한 것이 곧 내게 한 것이니라"(마 25:40)고 예수님이 말씀하셨습니다. 이 말씀은 이제 이 세상에서는 서로가 서로에게 예수님이라는 뜻입니다. 병든 자를 치료하고 치료를 받으라. 죽은 사람들을 살리고 살려냄을 받으라. 중요한 모든 일은 이런 일을 행하는 데서 나옵니다. 이것이 교회의 본질입니다. 이런 일을 하지 않는다면 다른 일을 아무리 많이 해도 소용없습니다. 예수님은 제자들에게 가면서 이렇게 전파하라고 하셨습니다. "천국이 가까이 왔다." 천국이 되어라.

세상에, 천국은 집에서 20분 거리에 있습니다. 천국은 노파가 나가려고 일어나 무릎에 떨어진 팝콘 조각을 털어내는 극장에 있습니다. 천국은 뚱뚱한 남자가 자신은 믿지 못하는 범퍼스티커가 붙은 트럭을 몰고 지나가는 거기에 있습니다. 천국은 그 남자가 하늘에 떠오른 무지개라도 되듯 그를 바라보기 위해 우리가 치켜뜨는 사랑과 갈망과 축복의 눈에 있습니다.

하나님의 나라
21

하나님의 아들 예수 그리스도의 복음의 시작이라.

선지자 이사야의 글에 보라 내가 내 사자를 네 앞에 보내노니 그가 네 길을 준비하리라 광야에 외치는 자의 소리가 있어 이르되 너희는 주의 길을 준비하라 그의 오실 길을 곧게 하라 기록된 것과 같이 세례 요한이 광야에 이르러 죄 사함을 받게 하는 회개의 세례를 전파하니 온 유대 지방과 예루살렘 사람이 다 나아가 자기 죄를 자복하고 요단 강에서 그에게 세례를 받더라. 요한은 낙타털 옷을 입고 허리에 가죽 띠를 띠고 메뚜기와 석청을 먹더라. 그가 전파하여 이르되 나보다 능력 많으신이가 내 뒤에 오시나니 나는 굽혀 그의 신발끈을 풀기도 감당하지 못하겠노라. 나는 너희에게 물로 세례를 베풀었거니와 그는 너희에게 성령으로 세례를 베푸시리라.

그때에 예수께서 갈릴리 나사렛으로부터 와서 요단 강에서 요한에게 세례를 받으시고 곧 물에서 올라오실새 하늘이 갈라짐과 성령이 비둘기같이 자기에게 내려오심을 보시더니 하늘로부터 소리가 나기를 너는 내 사랑하는 아들이라. 내가 너를 기뻐하노라 하시니라.

성령이 곧 예수를 광야로 몰아내신지라. 광야에서 사십 일을 계시면서 사탄에게 시험을 받으시며 들짐승과 함께 계시니 천사들이 수종들더라. 요한이 잡힌 후 예수께서 갈릴리에 오셔서 하나님의 복음을 전파하여 이르시되 때가 찼고 하나님의 나라가 가까이 왔으니 회개하고 복음을 믿으라 하시더라.

마가복음 1:1-15

마가복음 첫 부분을 읽을 때마다 마가가 대단히 서두른다는 느낌이 듭니다. 그가 생각하는 복음의 시발점에 이르고자 조바심을 내는 것 같습니다. 예수님이 어떻게 나셨는지에 대해서는 아무 언급이 없습니다. 예수님이 세례 받으시는 대목도 한마디로 정리하고, 광야에서 받으시는 시험에 대해서도 짧게 언급만 하고 넘어갑니다. 그렇게 첫 열네 절을 숨 가쁘게 달린 후에야 목적지이자 그가 생각하는 진짜 출발점에 도달합니다. 그것은 바로 예수님이 사역을 시작하시면서 하시는 말씀입니다. 그 시점까지는 모든 일이 너무나 빨리 진행되어 세례 요한 말고는 예수님이 누구신지 아직 아무도 모릅니다. 우리 중에도 대개의 경우 예수님이 정말 누구신지 아는 사람은 거의 없다고 말할 수 있는 것과 같습니다.

예수님은 이후 2천 년 동안 역사상 그 어느 누구보다 인류 역사에 큰 영향을 끼치게 됩니다. 지금 우리는 그 사실을 잘 압니다만, 여기 마가복음 서두에서는 아직 아무도 모릅니다. 마가가 들려주는 이야기에서는 예수님의 입술에서 아직 한 음절도 소리가 나오지 않았습니다. 개미도 물고 가던 빵 부스러기를 내려놓고 귀를 기울입니다. 하늘의 별들도 숨을 죽입니다. 예수님이 무슨 말씀을 하실지 아직 세상 그 누구도 모릅니다. 어쩌면 우리도 아무것도 모르는 체하는 것이 의미가 있을 것입니다. 그러니 아직 그분의 말씀을 들어본 적이 없는 척 가장해봅시다. 어쩌면 이것은 우리가 생각하는 것보다 진실에 더 가까울지 모릅니다.

예수님은 말씀하십니다. "때가 찼고 하나님의 나라가 가까이 왔으니 회개하고 복음을 믿으라." 예수님은 이 말씀과 더불어 복음을 시작하십니다. 이것이 그분의 기록된 첫 번째 말씀입니다. 짧고 절박한 이 문장들에서 숨 가쁜 호흡이 느껴집니다. 문제는 이 말씀을 너무 잘 알아서 그 내용이 더 이상 들리지 않는 우리에게 이 말씀이 어떤 절박한 의미가 있을까, 하는 것입니다. 절박한 의미는 둘째 치고, 이 말씀이 우리에게 어떤 의미라도 있다면 그것은 도대체 무엇일까요?

적어도 "때가 찼다"는 말의 의미는 그리 어렵지 않다고 봅니다. "때가 찼다"는 끝날 때가 되었다는 뜻입니다. 이것이 이 말의 어두운 면인 것은 분명합니다. 이 말의 밝은 면은 좀 있다가 다루기로 하지요. 때가 찼다는 것은 우리가 마지막 시대를 사는 것일 수도 있다는 뜻입니다. 이 말이 적힌 샌드위치 광고판을 걸고 도로를 걸어가는 수염 달린 미치광이를 본다고 했을 때, 그 메시지를 웃어넘길 수 있었던 때가 있었습니다. 그러나 지금과 같은 핵 시대에 그것을 비웃는다면 그 사람이 오히려 미친 것이 분명합니다. 세상은 여전히 일촉즉발의 상황이고, 앞뒤 가리지 않고 거침없이 위험천만하게 퍼져나가는 소위 테러와의 전쟁의 위험은 약과일 수도 있습니다. 우리에겐 에이즈가 있고, 마약이 있고, 더 중요하게는, 사람들을 마약으로 도피하게 만드는 시대의 어둠이 있습니다. 우리는 모든 것의 '환경'이 서서히 오염되고 있다고 말합니다. 객관적인 느낌을 주는 그런 용어를 쓰면 우리가 오염시키고 있는 곳이 다름 아닌 이곳, 우리의 집이며 우리 자신이라는 사실을 숨길 수 있기라도 하듯 말입니다.

우리가 읽는 책과 신문, 우리가 보는 영화와 텔레비전은 어둠과 악마적인 것에 사로잡혀 있고 죽음과 폭력이 가득합니다. 우리가 그 안에서 뒹구는 것은 진짜 죽음, 진짜 폭력을 잊는 데 도움이 되기 때문인 듯합니다. 하나님도 아시지만, 기독교 신앙은 그리로 꼬이는 나름의 어둠과 귀신들이 있는 데다, 종교적 장사꾼들과 사기꾼들 때문에 신빙성을 잃었고 온갖 정치적 목적에 의해 심각하게 왜곡되었습니다. 게다가 존경받는 수많은 강단에서 너무나 단조롭고 천박하고 아무 열정 없이 선포되는 메시지를 듣다 보면 가끔은 기독교 신앙이 과연 살아남을 수 있을지, 과연 살아남을 가치는 있는지 회의가 듭니다. 우디 앨런의 영화 〈한나와 그 자매들(Hannah and Her Sisters)〉에 나오는 한 등장인물이 이런 마음을 잘 표현해주었습니다. "예수가 세상에 돌아와 자기 이름으로 벌어지는 일을 본다면, 구토를 금치 못할 거야."

다시 말해, 문명의 말기에 벌어지는 수많은 일들이 오늘날 벌어지고 있습니다. 끝날 때가 되었나 보다 하는 느낌뿐 아니라 끝나야 할 때가 되었다는 느낌을 피하기 어려운 순간이 있습니다. 너무 익어버린 과일처럼 우리 자신의 부패의 무게를 못 이겨 가지에서 당장 떨어질 것 같은 느낌입니다. 이것이 때가 찼다는 예수님의 말씀의 어두운 면이라고 봅니다.

만약 예수님의 이 말씀이 주후 1세기에 말 그대로 세상이 끝난다는 의미였다면, 사람이기도 하셨던 그분이 틀렸다고 봐야 할 것입니다. 그러나 이 말씀이 세상은 늘 끝나가고 있고, 당대의 로마 세계와 유대 세계 안에 자멸의 씨앗이 담겨 있었던 것처럼 우리 안에도 그 씨앗이 담겨 있으며, 결국 우리는 언제나 이런저런 식으로 스스로를 철저히 파괴할 위험이 있다는 뜻이라면 더없이 옳다고 할 수 있습니다.

그러나 예수님은 다른 말씀도 하십니다. 우리로선 하나님께 감사할 따름입니다. 예수님은 우리의 때가 끝났다고 말씀하시지만 동시에 하나님나라가 가까이 왔다는 말씀도 하십니다. 하나님의 나라는 너무나 가까이 있어서 손을 뻗으면 만질 수 있을 것 같습니다. 때로는 그 나라가 손을 뻗어 우리 손을 잡을 것 같기도 합니다. 하나님의 나라가 그렇다는 말입니다. 인간의 나라가 아닙니다. 사담 후세인의 나라도, 부시의 나라도, 오사마 빈 라덴의 나라도 아닙니다. 수십만 명이 굶어 죽는 상황에서 우리처럼 칼로리 걱정이나 하고 있는 나라들도 아닙니다. 하나님의 나라입니다. 예수님은 하나님의 나라가 가까이 왔다고 말씀하십니다. 다른 사람이 그 말을 했다면 우리는 야유를 보내어 무대에서 쫓아냈을 것입니다. 그러나 그 말씀을 하신 분은 예수님입니다. 그분을 믿지 않는 사람들이라도 그분을 야유로 쫓아낼 수는 없습니다. 그분을 실패자로 치부한 지 오래된 사람들조차도 그 말씀에 귀를 기울이지 않을 수 없습니다.

하나님의 나라? 예수님은 그 의미를 우리 머리에 새겨주시고자 거듭거듭 시도하십니다. 미친 사람처럼 비유에 비유를 쌓아올리십니다. 소리 내어 외쳐보기도 하시고 속삭이기도 하십니다. 하나님의 나라는 보화와 같고, 진주와 같고, 땅에 묻힌 씨앗과 같다고 하십니다. 하나님나라는 모두가 초청을 받지만 아무도 참석하고 싶어 하지 않는 큰 잔치와 같다고 하십니다.

예수님이 말씀하시는 하나님의 나라는 정신 나간 인간들이 아니라 자비로우신 하나님이 세상의 주인이 되시는 시간, 혹은 시간 너머의 시간이라는 의미 같습니다. 하나님나라는 무엇보다 신나고 즐거운 시간입니다. 감옥에서 나올 때, 암이 나을 때, 오랜 기다림 끝에 마침내 집에 돌아올 때와 같습니다. 그리고 예수님은 그때가 가까이 왔다고 말씀하십니다.

이 세상에 대해 우리가 아는 것들, 본 것들이 있는데 과연 이 메시지를 심각하게 받아들일 수 있을까요? 이 메시지를 오즈의 나라보다 더 진지하게 받아들일 수 있을까요? 진노와 최후 심판의 날을 믿기는 그리 어렵지 않습니다. 신문만 들여다봐도 납득이 됩니다. 그러나 하나님의 나라가 좋은 꿈 이상의 것일 수 있을까요? 지금껏 그것을 본 사람이 있을까요? 그 온전한 영광까지는 아니라도 멀리서 희미하게 어른거리는 모습이나마 엿본 사람이 있을까요?

2년 전 봄이었습니다. 저는 뉴저지에서 차량들이 빠르게 움직이는 혼잡한 고속도로를 타고 뉴욕 시로 들어가고 있었습니다. 따뜻한 날이었습니다. 햇빛이 환했고 차량들은 빛을 받아 반짝이며 달렸습니다. 하늘은 구름 한 점 없이 푸르렀습니다. 뉴어크 부근에서는 같은 방향으로 날던 거대한 은빛 비행기가 천천히 사선을 그리며 하강하다가 고속도로에서 불과 몇백 미터 떨어진 활주로에 새처럼 사뿐히 내려앉았습니다. 라디오에서 음악이 흘러나왔지만 저는 음악이 필요하지 않았습니다. 뜨거운 봄의 햇살, 도로의 웅웅거림, 대형 트럭들이 내는 요란한 소음과 제 차의 엔진에서 나는 소음, 제 생각이 돌아가는 소리까지, 그날 제 주위에는 모든 것이 음악이었습니다. 링컨 터널을 빠져나오니 뉴욕 시는 평소처럼 넘쳐나는 차량들로 혼란스럽고 야단법석이었습니다. 그런데 그와 동시에 평소와 다른 무엇인가가 있었습니다.

차량의 행렬이 멋있고 아름다웠습니다. 평소와 달랐습니다. 그것을 바라보고 듣고 냄새 맡고, 심지어 그 일부가 되는 것까지도 참으로 아름다웠습니다. 눈부시게 살아 있는 그 모습에 저는 그만 숨이 막힐 듯했습니다. 사방이 생명으로 덜컹거리고 빵빵대고 재잘거렸습니다. 사람들, 옷 색깔, 놀라운 조합을 이루는 그들의 얼굴, 택시, 상점, 눈부신 인도에 생명이 가득했습니다. 봄날이어서인지 흑인, 백인, 히스패닉에 이르는 모든 사람이 유명 인사처럼 보였습니다.

그날, 그 자리에서는 쓰레기와 아우성과 소란까지 기적이었습니다.

54번가를 따라 동쪽으로 천천히 가다 보니 건설현장이 나왔습니다. 그런데 술주정뱅이 같기도 하고 부랑자 같기도 한 누군가가 목재 더미 위에 몸을 쭉 뻗고 드러누워 있었습니다. 그곳이 알프스의 목초지이고, 그 사람은 굉장한 부자라도 되는 듯 말입니다. 저는 차를 주차장에 세우고 남은 길을 걸어갔습니다. 대형 사무실 건물 1층에 있는 높은 천장의 공공 아트리움에서 사람들이 벤치에 앉아 샌드위치를 먹고 있었습니다. 멋지게 빼입은 사람들도 있었고, 청바지에 운동화 차림도 보였습니다. 젊은 사람들, 나이 든 사람들 위로 햇빛이 쏟아졌고 주위로 푸른 식물들이 어우러져 있었습니다. 말없이 점심식사를 하는 그들 주위에서 깊은 평화가 느껴졌습니다. 광대 복장을 하고 얼굴을 하얗게 칠한 큰 남자가 국수처럼 허리춤에 잔뜩 매어놓은 길쭉한 풍선을 꺼내 불더니 끽끽 소리와 함께 이리저리 꼬아서 평화의 비둘기를 만들어 휘둥그레진 눈으로 쳐다보는 아이에게 건넸습니다. 지어낸 이야기가 아닙니다. 모두 실제로 일어난 일입니다.

그날의 광경은 꿈 같기도 했고 제가 꿈에서 깨어난 것 같기도 했습니다. 그 이전까지는 뉴욕 시의 진짜 모습을 한 번도 본 적이 없는 것처럼 느껴졌습니다. 센트럴파크 입구에 위치한 콜럼버스서클 부근의 센트럴파크 사우스를 걷고 있는데, 중년의 흑인 여성이 제 쪽으로 다가왔습니다. 그녀는 제 곁을 지나치는 순간 말을 건넸습니다. "예수님은 당신을 사랑하세요." 그 말이 전부였습니다. "예수님은 당신을 사랑하세요." 그녀는 아침인사를 건네는 듯한 일상적인 목소리로 그 말을 했고, 완전히 허를 찔린 저는 그녀가 군중 속으로 사라지고 나서야 그 말의 의미를 깨달았습니다. 저는 그녀를 찾아내어 고맙다고 말하고 싶었습니다. 그녀를 따라잡고 이렇게 말하고 싶었습니다. "그래요. 이 세상에 믿을 만한 것이 있다면 바로 그 말이라고 믿습니다. 예수님은 저를 사랑하세요. 예수님은 당신을 사랑하세요. 그분은 망조가 들고 저주받은 우리 모두를 사랑하세요."

나머지 길을 가는 내내, 저는 금으로 포장된 도로를 걷는 기분이었습니다. 달라진 것은 없었지만 모든 것이 달랐습니다. 도시가 변했고 저도 변했습니다. 남편을 위해 단장한 신부처럼 차리고 하늘에서 내려온 새로운 뉴욕이 거기 있었습니다. "하나님의 집이 사람들 가운데 있다. 하나님이 그들과 함께 계실 것이요, 그들은 하나님의 백성이 될 것이다. 하나님이 친히 그들과 함께 계시고, 그들의 눈에서 모든 눈물을 닦아주실 것이니, 다시는 죽음이 없고, 슬픔도 울부짖음도 고통도 없을 것이다. 이전 것들이 다 사라져버렸기 때문이다"(계 21:3-4, 새번역). 저는 잠깐 동안 그런 도시를 보았습니다.

한동안 그곳은 제가 보는 현재의 세상이 아니라 잠재적인 세상이었습니다. 세상 속 깊숙한 곳에 있는 그 무엇이 원하는 모습, 그렇게 되려고 준비하는 모습의 세상이었습니다. 어둠 속에서 성장을 준비하는 씨앗처럼, 반죽 안에서 작용하는 효모처럼.

저는 그 무서운 도시의 온갖 먼지와 소음과 범죄와 가난과 오염이라는 표면 아래 묻혀 있는 보물을 엿보았습니다. 그 보물은 그곳을 거룩한 도시로 만들기 위해 기다리고 있습니다. 사람들이 서로, 그리고 하나님과 사랑하며 평화롭게 살고, 기쁨의 눈물과 재회의 눈물 말고는 눈물 흘릴 일이 없는 도시 말입니다. 예수님은 무화과나무의 "가지가 연하여지고 잎사귀를 내면 여름이 가까운 줄을 아나니 이와 같이 너희도 이 모든 일을 보거든 인자가 가까이 곧 문 앞에 이른 줄 알라"(마 24:32-33)고 하셨습니다. 짧지만 대단히 감동적이었던 그날의 몇 분 동안, 뉴욕 시가 연해졌고 잎을 냈습니다. 여름 이상의 것이 가까이 왔습니다. 비범한 그 무엇이 문 앞에 이르렀습니다. 그것이 제 속에 있는 문 앞에 이르렀다는 것을 저는 의심의 여지없이 알았습니다. 예수님은 "하나님의 나라는 너희 안에"—또는 "너희 가운데"—"있느니라"(눅 17:21)고 말씀하셨는데, 잠시 동안 그 말씀이 이루어졌습니다.

가만히 귀 기울이기만 하면 전 세계에서 그 나라가 꿈틀대는 소리를 들을 수 있습니다. 좋은 일들이 여러 사람들 안에서, 그들을 통해서 벌어지고 있습니다. 그들은 한목소리로 말하지 않습니다. 어느 누구도 지도자로 떠오르지 않습니다. 그들은 여러 다양한 방향으로 나아가는 다양한 집단에 흩어져 있습니다. 어떤 이들은 전쟁 중단을 촉구하고 어떤 이들은 여권 신장을 위해 노력합니다. 어떤 이들은 시민권을 위해, 동성애자들의 권리를 위해, 인권을 위해 싸웁니다. 어떤 이들은 세계의 기아에, 어떤 이들은 해양과 열대림과 대기의 점진적 파괴에 주로 관심을 쏟습니다. 다양한 주장을 하는 다양한 사람이 있고, 그중에는 열정이 지나쳐 다른 이들에게 거부감을 주는 이들도 있습니다. 그들과 다퉈야 할 쟁점들도 많지만, 최상의 모습일 때 그들이 보여주는 행동의 근저에는 한 가지 심오한 충동이 있는 것 같습니다. 그것은 '관용', '자비', '건전함', '소망', '정의' 같은 단어로 묘사할 수 있습니다. 그 충동은 언제나 인간 마음의 일부였지만, 어둠의 세력들이 새로운 힘으로 솟아나는 이 시대에는 그 충동도 새로운 힘으로 솟아나 세상으로 들어오는 것 같습니다. 이것이 "때가 찼다"는 예수님의 말씀의 밝고 기쁘고 희망적인 측면입니다. 그것은 때가 무르익었다는 의미입니다.

인간적으로 말해서, 우리가 살아남을 일말의 가능성이 있다면, 그것은 그 깊은 충동에 따라 행동하는 남녀들이 아닐까 생각합니다. 그들이 하나님나라를 불러오지는 못할 것입니다. 하나님나라를 불러올 주체는 하나님뿐입니다. 세상의 그 어떤 선의와 더없이 고귀한 충동으로도 우리는 그 일을 해낼 수 없습니다. 그러나 예수님은 우리가 할 수 있고 해야 할 일이 있다고 말씀하십니다. 바로 회개입니다. 회개의 성경적 의미는 유감으로 여긴다거나 뉘우치는 것이 아닙니다. 회개는 180도 돌이키는 것입니다. 생각과 마음과 삶의 방향이 완전히 바뀌는 것입니다. 예수님은 개인과 나라 모두에 대해 같은 말씀을 하십니다. 광기, 잔인함, 천박함, 맹목을 등지고 우리 모두 최고의 상태일 때 보여주는 관용, 자비, 제정신, 소망, 정의를 '향해' 돌아서라.

우리는 하나님의 나라를 이루어낼 수 없습니다. 그러나 그 나라가 가까이 다가올 때 잎사귀를 낼 수는 있습니다. 서로에게 친절할 수 있습니다. 자신에게 친절할 수 있습니다. 어둠을 조금이나마 밀어낼 수 있습니다. 우리 안에서, 그리고 우리 사이에서 하나님이 그분의 나라를 이루실 수 있는 푸른 공간을 만들 수 있습니다. 변화된 도시를 떠올려보십시오. 그 조용한 장소에 모여 샌드위치를 먹던 온갖 피부색과 서로 다른 계급과 조건의 사람들. 광대와 아이. 붐비는 거리의 모든 사람을 슈퍼스타로 만들어주던 햇빛. 목재더미 위에 누워 백만장자처럼 잠자던 부랑자. 제 차를 에워싸고 밀려가던 아름다운 차량 행렬과 저의 성소에 해당하는 내면에서 굽이치던 아름다운 것들. 그쪽으로 방향을 트십시오. 모든 이여. 아직 시간이 있을 때 그리하십시오. 하나님나라를 구하며 기도하십시오. 하나님나라의 징조가 보이는지 지켜보십시오. 하나님나라가 이미 임한 것처럼 살아가십시오. 거의 그런 것 같은 순간들이 있으니까요. 천안문 광장에서 학살이 벌어지기 몇 분 전이 바로 그랬습니다. 학생들과 군인들의 온화한 모습과 너무나 거룩하고 인간적인 일이 벌어질 것만 같은 당시의 풍경을 찍은 사진들을 보면 눈물을 참기가 어렵습니다.

"복음을 믿으라." 예수님이 처음 전하신 말씀의 마지막 내용입니다. 좋은 소식을 믿으라. 거리의 흑인 여성이 한 말을 믿으라. 그녀는 센트럴파크 사우스를 바삐 지나가면서 발걸음을 멈추지도 않고 말했습니다. 멈출 시간도 없는 듯했습니다. 그녀는 마가복음처럼 달려가면서 말했습니다. "예수님이 당신을 사랑하세요." 물론 진부한 말이었습니다. 쑥스러운 말이었습니다. 혼잡한 인도에서 전혀 모르는 사람에게 불쑥 말하기에는 터무니없는 내용이었습니다. 그러나 "예수님이 당신을 사랑하세요." 그녀는 어쨌거나 그 말을 했습니다. 그리고 그것이 바로 복음, 좋은 소식입니다.

예수님 안에 있는 능력, 그 앞에서 하늘과 땅의 다른 모든 힘들이 물러나게 만드는 능력, 참새의 눈부터 머나먼 별에 이르기까지 존재하는 모든 것을 붙드는 능력은 무엇보다 사랑하는 능력입니다. 이 말은 우리가 길을 잃은 상태에서도 사랑을 받는다는 뜻입니다. 우리가 귀하다는 뜻입니다. 서로의 얼굴을 쳐다보지도 않고 거리를 지나갈 때도 우리 모두는 귀합니다. 모든 도시는 귀합니다. 세상은 귀합니다. 언젠가 누구나 귀한 시간이 끝날 때가 올 것입니다. 그러나 하나님의 나라가 가까이 왔습니다. 달라진 것은 없지만 모든 것이 달라졌습니다. 아직 시간이 있는 동안 그 나라가 우리의 귀한 손하나하나에 다가옵니다.

회개하고 복음을 믿으라고 예수님이 말씀하십니다. 돌이켜서 믿으십시오. 우리가 사랑받고 있다는 좋은 소식이 우리가 감히 소망했던 그 어떤 것보다 더 좋다는 사실을. 그 좋은 소식을 믿는 것, 그 소식에 따라 살고 그것을 지향하며 사는 것, 그 좋은 소식과 사랑에 빠지는 것이야말로 이 세상의 온갖 기쁜 일들 중에서도 가장 기쁜 일이라는 사실을 믿으십시오.

아멘, 주 예수여 오시옵소서.

짧은 두 단어

22

욥이 말을 받는다. "오늘 또 이 억울한 마음 털어놓지 않을 수 없고 그의 육중한 손에 눌려 신음소리조차 내지 못하겠구나. 그가 어디 계신지 알기만 하면, 당장에 찾아가서 나의 정당함을 진술하겠네. … 그런데, 앞으로 가보아도 계시지 않고 뒤를 돌아보아도 보이지 않는구나. 왼쪽으로 가서 찾아도 눈에 뜨이지 아니하고 오른쪽으로 눈을 돌려도 보이지 않는구나. … 차라리 온통 어둠에 싸여, 나의 얼굴이여, 흑암 속에 묻혀라."

욥기 23:1-17(공동번역)

형제들아 우리가 아시아에서 당한 환난을 너희가 모르기를 원하지 아니하노니 힘에 겹도록 심한 고난을 당하여 살 소망까지 끊어지고 우리는 우리 자신이 사형 선고를 받은 줄 알았으니 이는 우리로 자기를 의지하지 말고 오직 죽은 자를 다시 살리시는 하나님만 의지하게 하심이

라. 그가 이같이 큰 사망에서 우리를 건지셨고 또 건지실 것이며 이후에
도 건지시기를 그에게 바라노라.

고린도후서 1:8-10

오, 달변에다 공정하고 힘센 죽음이여! 누구의 말도 듣지 않던 자를 그
대는 설득했고, 누구도 감히 못했던 일을 그대는 해냈도다. 온 세상이
아첨하던 자를 오로지 그대만이 세상에서 쫓아냈고 경멸했도다. 그대
는 인간의 부풀려진 모든 위대함, 모든 오만과 잔인함과 야망을 한데
모아 이 짧은 두 단어로 덮어버렸구나. *hic jacet*(여기에 눕다).

월터 롤리

총명했지만 불운했던 월터 롤리 경(1552-1618, 영국의 탐험가, 정치
인, 시인―옮긴이)은 그의 책《세계사(History of the World)》의 끝부분에
서 이 인용문을 썼습니다. 여러분이 유서 깊은 웨스트민스터 대성
당 건물로 들어서면 그의 글이 가슴을 쳐서 숨을 가다듬지 않을 수
없을 것입니다. *Hic jacet.* "여기에 눕다." 그리고 많이들 거기에 누
워 있습니다. 성자(holy saint)였던 참회왕 에드워드(재위 1042-1066)와
지독한 골칫거리(holy terrors)였던 그의 후계자들이 같이 누워 있고,
열두 살의 에드워드 5세와 그의 삼촌 글로스터 공작 리처드(1452-
1485, 리처드 3세)도 같이 누워 있습니다. 리처드 3세가 튜더 시대 역
사가들의 주장처럼 실제로 조카를 살해했는지는 분명치 않다 해도,
그를 사생아로 선포하고 왕위를 찬탈한 것만은 분명합니다. 가난한
자들과 재산을 빼앗긴 사람들의 옹호자였던 찰스 디킨스도 거기
누워 있고, 방문자들의 발 아래 놓인 주인 모를 무덤에는 가난하고

가진 것 없는 사람들이 누워 있습니다. 그들의 수가 얼마나 되는지는 아무도 모르지요.

지금 그곳에 누운 자들이 유령이 되어 일어나 웨스트민스터 대성당에 선다면, 위대한 이들과 이름 없는 이들, 지혜로운 자들과 어리석은 자들, 오만한 자들과 비천한 자들, 성자들과 악당들이 기독교 세계의 다른 어디서도 볼 수 없는 다양한 조합을 이룬 광경을 보게 될 것입니다. 여러분과 저의 내면에도 이런 풍부하고 다양한 조합이 있습니다.

우리는 지혜롭지만 어리석기도 합니다. 어떤 면에서는 부유하고 강하지만 또 어떤 면에서는 가난하고 무력합니다. 어떤 이들에게는 친구이지만 다른 이들에게는 원수가 되고, 때로는 친구들과 심지어 자신에게도 원수가 됩니다. 하나님에 대한 믿음이 강하고 든든한 날들이 있는가 하면, 하나님이 존재하신다는 것조차 믿기 어려운 날들도 있습니다. 각 사람을 걸어 다니는 웨스트민스터 대성당으로 만드는 이런 내적 복잡성으로 인해 우리는 서로는 물론이고 대성당의 그늘을 떠나지 않는 전설적인 유령들과도 이어져 있습니다. 그들처럼 언젠가 우리도 그 짧은 두 단어로 덮일 거라는 점에서도 그들과 이어져 있지요.

그들은 거기 누워 있고, 언젠가 우리도 대성당이든 다른 어디든 눕게 될 것입니다. 그들 모두가 마침내 만났던, 달변에다 공정하고 힘센 원수를 우리도 만나게 될 것입니다. 그리고 그때까지는 기뻐할 것도 굳게 붙잡아야 할 것도 많고, 살아갈 날도 아직 많이 남았겠지만, 어떻게든 죽음의 어둠뿐 아니라 삶의 어둠도 받아들여야 합니다. 이 어둠은 앞의 두 성경 본문이 말하는 바요, 우리로 직시하게 만드는 바입니다.

그럼 우리는 어디서 희망을 찾을 수 있을까요? 우리의 안팎으로 그늘이 짙어질 때 무엇을, 누구를 바라볼 수 있을까요? 이것이 욥과 사도 바울이 던지는 질문입니다. 삼촌의 지시로 런던 탑에 갇혔던 어린 두 왕자뿐 아니라 글로스터 공작 리처드 본인도 물었을 질문입니다. 우리 모두가 물어야 하고 계속 물어야 하는 질문입니다. "누구의 말도 듣지 않던 자를 그대는 설득했고, 누구도 감히 못했던 일을 그대는 해냈도다." 우리의 믿음에는 이와 같은 원수, 죽음만이 아니라 다가오는 죽음의 전조가 되는 고통과 슬픔과 상실과 나이 듦 같은 세상의 치명적인 측면 모두에 맞서 우리를 강하게 해줄 것이 있습니까?

욥의 이야기는 다들 압니다. 그는 "온전하고 정직하여 하나님을 경외하며 악에서 떠난 자"(욥 1:1)였습니다. 그는 아주 부유하였는데 가축도 많고 땅도 많고 하인도 많고 그의 이름을 이어받을 자녀들도 많았습니다. 그런데 유명한 내기가 벌어집니다. 하나님 앞에 선 대적 사탄이 욥이 어려운 시기를 겪으면 신앙이 다 망가지고 하나님을 면전에서 저주할 것이라고 장담한 것입니다. 하나님은 내기를 받아들이시고 사탄이 이 온전하고 정직한 사람에게 끔찍한 일들을 행하도록 점차적으로 허락하십니다. 그의 가축 떼가 몰살당하고 하인들이 칼에 맞아죽고 자녀들도 모두 죽임을 당했습니다. 그렇게 해서 그를 붙들어줄 만한 것이라곤 결국 하나밖에 남지 않았습니다. 거의 파괴되다시피 한 하나님에 대한 믿음이었습니다. 그는 평생토록 하나님이 의인들에게 번영으로 보상하시고 악인들에게는 벌을 내리시는 분이라 믿었습니다. 그런데 지금 그는 끔찍한 일을 당하고 있었습니다. 하나님이 공정한 분이라면 어떻게 그런 말도 안 되는 불의를 허락하실 수 있단 말입니까? 이것이 그가 하나님께 묻고 싶었던 질문이었습니다. 어떻게 해야 하나님이 그의 말에 귀를 기울이고 그의 입장을 들어주실까요? 욥기의 저자는 그의 시대를 기준으로 천 년 전부터 전해지던 고대 설화를 토대로 위대한 시를 썼습니다. 설화는 욥의 질문을 다루고 있었고 그 시는 지난 수천 년 동안 살아남았습니다. 욥의 질문 자체가 살아남아 우리의 질문이 되었기 때문입니다. 하나님이 우리가 아는 그분이 맞다면, 하나님 맙소사, 그리스도 맙소사, 그분은 대체 어디 계시다는 말입니까?

하나님만 이 질문에 대답하실 수 있는데, 하나님이 가장 절실히 필요한 순간에 그분은 과연 어디 계실까요? 욥은 이렇게 부르짖습니다. "앞으로 가보아도 계시지 않고 뒤를 돌아보아도 보이지 않는구나. 왼쪽으로 가서 찾아도 눈에 뜨이지 아니하고 오른쪽으로 눈을 돌려도 보이지 않는구나." 인생의 어두운 시간에 깊은 수렁에 갇혀 욥처럼 부르짖어본 적이 없는 사람이 있을까요? 다들 창조주께서 이 세계에 들어오셔서 만사를 바로잡아달라고 부르짖어보지 않았습니까? 그런데 아무리 하나님이라도 그런 일이 가능할까요? 하나님이 세상에 들어오시면서도 그분이 사랑으로 만드신 세상이 그

압도적 임재로 파괴되지 않는 것이 과연 가능할까요?

비유를 하나 들어봅시다. 윌리엄 셰익스피어가 그가 쓴 희곡들의 창조주이자 신으로서 등장인물 심벨린이나 줄리엣에게 자신을 알리려 한다고 해봅시다. 그들의 유일한 현실은 그들이 등장하는 희곡뿐이고, 그들은 진정한 현실을 모르고 진짜 한여름 밤이나 폭풍우가 무엇인지도 모릅니다. 그들은 오로지 셰익스피어가 깃촉 펜으로 쓴 내용에 따라 살아갈 뿐입니다. 위대한 극작가가 자신이 누구이며 그들과 맥베스 부인(그녀는 덩컨 왕의 운명적인 입성 소식에 까마귀가 목이 쉬도록 울어대는 소리만 들을 뿐입니다), 또는 햄릿(아버지 유령이 하는 말을 들을 수 있습니다)이 어떤 관계인지 소리쳐 알리는 모습을 상상해보십시오. 그들에게는 충격적인 진실이 되겠지요. 엘리자베스 시대의 셰익스피어가 자신을 드러낼 요량으로 알아보기 힘든 사본을 주먹으로 내리치지만 누구 하나 꿈쩍하지 않습니다.

하나님의 세계에서 우리가 하나님을 직접 알 수 없는 것처럼, 셰익스피어의 희곡에 등장하는 인물들은 작가 셰익스피어를 볼 수 없고 그의 목소리를 들을 수 없고 직접 알 수도 없습니다. 캐릭터들을 포함해 그 희곡에 나오는 모든 것은 셰익스피어의 삶에서 생명을 끌어왔지만 그의 길은 그들의 길과 다릅니다. 그들이 상상할 수 있는 수준에 비하면 셰익스피어는 영원에 해당하는 곳에 거하고 있지요. 그러나 그들은 인쇄된 면에 할당된 5막 분량의 가공의 세계에만 거합니다.

그렇다면 셰익스피어는 어떻게 그들에게 다가갈 수 있을까요?

그가 자신의 다차원적 풍부함과 온전함을 그대로 간직한 채 희곡의 세계에 실제로 들어갈 수 있다면, 가공적이고 파생적인 그들의 세계에 몸으로 뚫고 들어갈 수 있다면, 종이를 찢고 흩어놓고 그 한복판으로 뛰어들 수 있다면, 그 세계를 완전히 파괴하는 결과를 낳지 않겠습니까?

어쩌면 그가 할 수 있는 최선은 자신을 또 다른 등장인물로 만들어 희곡에 등장시키는 것일지 모릅니다. 《리어 왕》 4막, 서자에게 배신당하고 적들에 의해 눈이 먼 글로스터 백작이 "신들 앞의 우리는 악동들의 손에 잡힌 파리와 같구나. 그들은 재미로 우리를 죽이는구나"라고 외치는 장면을 예로 들어봅시다. 셰익스피어가 글로스터 백작의 고뇌를 듣고 목동이나 집 없는 떠돌이로 분해 그의 옆에 나타나 그의 팔을 붙들고 이렇게 말한다고 해봅시다. 그의 고난은 악의적인 신들이 저지른 일이 결코 아니며, 귀중하고 거룩한 고난이라고. 그로 인해 그는 죽기 전에 다른 어떤 방식으로도 얻을 수 없었을 힘과 자기 이해를 갖추게 될 거라고. 그의 고난은 그 자신뿐 아니라 그가 살아가는 세계 전체에도 깊이와 아름다움을 선사해줄 거라고. 백작은 그를 작은 극작품의 세계에 성육한 위대한 저자로 알아볼까요? 아마 그렇지 않을 것입니다. 미쳐버린 세상의 반쯤 미쳐버린 거지로 치부하겠지요.

그러면 셰익스피어가 거기서 더 나가 글로스터 백작의 고통을 완전히 없애주기로 마음먹는다고 해봅시다. 작품을 완전히 다시 써서 에드먼드가 그를 배신하지 않고 콘월과 리건이 그의 눈을 뽑지 않게 한다고 합시다. 그는 자신이 구상했던 훌륭한 극작품을 통째로 망치지 않고, 글로스터 백작의 운명을 완전히 바꾸어 그 캐릭터를 망가뜨리는 일 없이 그 작업을 마칠 수 있을까요? 하나님의 천재성에 비길 수 있는 저자의 천재성은 등장인물들을 꼭두각시처럼 조종하여 그가 원하는 사람들이 되게 하는 것으로 나타나지 않습니다. 저자가 창조한 세상에 등장인물들이 자유롭게 지내며 자신들의 잠재력에 부응하는 존재가 되고, 저자의 창조하는 마음과 정신에서 나와 그의 풍성한 진리에 이르게 하는 것으로 나타납니다. 여러분과 제가 하나님의 마음에서 나와서 영원히 그 마음의 일부가 되는 것처럼 말이지요.

글로스터 백작처럼 욥은 하나님께서 그의 세상으로 들어와 그에게 닥친 어둠을 몰아내고 그를 구해달라고 부르짖었습니다. 우리는 그 어둠이 어떤 것인지 잘 압니다. 그러나 고린도후서의 사도 바울은 그가 당한 어둠이 어떤 것인지 우리의 상상에 맡겨놓고 있습니다. 그저 "우리가 아시아에서 당한 환난"이라고만 말할 뿐입니다. "힘에 겹도록 심한 고난을 당하여 살 소망까지 끊어"졌다고 말합니다. 그 환난이 어떤 것인지는 아무도 모르지만, 그와 같이 환난을 겪을 때의 고통을 모를 사람이 누가 있겠습니까? 각자의 인생을 돌아보며 견딜 수 없는 슬픔의 순간들을 떠올리지 않을 사람이 누가 있습니까?

제 경우, 그런 순간들은 종종 헤아릴 수 없는 기쁨의 순간들과 함께 찾아왔습니다. 예를 들면 2년 전, 제가 계단에서 첫 손주를 처음 만났을 때가 그랬지요. 제 딸 다이나가 아기를 품에 안고 내려오고 있었고 저는 잔뜩 긴장한 채 아이를 보러 올라가던 참이었습니다. 제가 사랑했던 수많은 사람들의 피가 혈관에 흐르는 작은 사내아이 올리버, 부서질 듯한 그 두 살배기 아이는 하나님이 허락하시면 저의 몇 조각을 품고 제가 결코 보지 못할 미래를 살아갈 것입니다. 아이는 이 세상으로 내려오는 길이었고, 저는 이 세상을 벗어나 우리 모두를 기다리는, 하나님만 아시는 상상도 못할 세상으로 올라가는 중이었습니다. 물론 이 세상 너머에 우리를 기다리는 세상이 있어야 성립하는 말이겠지요. 그런데 왜 눈물이 났을까요? 한편으로는 그 아이를 처음으로 보는 기쁨 때문이었고, 다른 한편으로는 아이가 들어가는 세상이 큰 기쁨뿐 아니라 크나큰 슬픔도 가득한 곳이라는 인식, 제가 이 아이의 장래 모습을 알지 못한 채 언젠가 죽게 되듯 이 아이도 그렇게 될 거라는 깨달음 때문이었습니다. 욥의 고뇌와 바울의 절망에 비할 바는 아니지만—어쩌면 심연을 들여다볼 만큼 강한 이들은 성자들뿐인지도 모릅니다—동일한 재료가 어우러져 만들어진 깨달음이기에 저는 마음 깊은 곳에서 욥처럼 부르짖게 됩니다. "그가 어디 계신지 알기만 하면!" 우리가 상상할 수 있는 모든 세계 너머에 계시면서 우리 눈에서 모든 눈물을 닦아내시고 우리 마음에서 죽음을 닦아내시고 만물을 새롭게 창조하시는 그분을 찾을 수만 있다면 얼마나 좋을까!

욥과 바울 모두 인생이 끝나기 전에 그분을 찾았습니다. 그분의 이름을 알았던 사람은 바울뿐이긴 했지만요. 하나님은 착한 사람들에게 나쁜 일이 벌어지는 이유와 월터 롤리 경이 말한 짧은 두 단어 'hic jacet'이 결국 착한 사람과 나쁜 사람 모두를 덮어버리는 이유를 묻는 욥의 질문에 대답하시지 않았습니다. 그러나 욥이 정말 원했던 것은 대답이 아니었을 것 같습니다. 고통의 문제에 대한 신학적 설명이 주어졌다면 그는 이전보다 더 지혜로워졌겠지만 여전히 고통받았을 것입니다. 저는 욥이 정말 추구했던 것은 하나님의 대답이 아니라 하나님의 함께하심이었다고 믿습니다. 물론 욥이 마침내 발견한 것도 그것이었습니다. 하나님이 세상을 파괴하지 않고 세상으로 들어가신 방법은 욥의 마음으로 들어가시는 것이었습니다. 욥이 하나님께 부르짖었던 그의 마음 깊은 곳 말입니다. 그리고 하나님은 같은 방식으로 우리 모두에게 자신이 함께하심을 알리십니다.

하나님은 성경 전체에서도 가장 위대한 아리아를 펼치시며 화려한 시로 창조의 온갖 신비와 위엄을 제시하십니다. 그리고 그 신비는 궁극적으로 헤아릴 수 없는 것임을 보여주시는데, 그제야 욥은 이렇게 말합니다. "내가 주께 대하여 귀로 듣기만 하였사오나 이제는 눈으로 주를 뵈옵나이다"(42:5). 욥에게 무엇보다 필요한 것이 바로 이것이었습니다. 고통에 대한 설명이 아니라 고통 한복판에서도 우리와 함께하시는 하나님, 우리를 위하시는 하나님, 우리를 결코 놓지 않으시는 하나님이 존재하신다는 계시 말입니다.

바울은 다메섹에서 몇 킬로미터 떨어진 곳에서 이와 동일한 엄청난 발견을 했습니다. 그는 자칭 그리스도인이라 하는 이단 종파의 신도들을 벌하기 위해 그들을 잡아서 예루살렘으로 끌고 가려고 가던 길이었습니다. 그런데 그리스도께서 친히 나타나셔서 그의 이름을 부르시고 그가 남은 인생과 목숨을 바칠 만한 새로운 믿음을 주셨습니다. 그 믿음에 이끌려 그는 오랜 세월 후 이렇게 기록했습니다. "내가 확신하노니 사망이나 생명이나 … 현재 일이나 장래 일이나 … 다른 어떤 피조물이라도 우리를 우리 주 그리스도 예수 안에 있는 하나님의 사랑에서 끊을 수 없으리라"(롬 8:38-39).

부자 욥도 천막 제조자 바울도 그들의 가장 어두운 순간에 빛을 발견했고, 그 빛이 그들을 발견했습니다. 그것은 어둠 속에 비치는 빛이요, 어둠이 끝내 이길 수 없는 빛입니다. 여러분과 저도 그 빛을 발견하면 좋겠습니다. 한때 세상이 그 이름 앞에 떨었던 웨스트민스터 대성당에 누운 위인들도, 이름이 거의 잊힌 다른 모든 사람들도 그렇게 되면 좋겠습니다. 그들의 유령이 지금 우리 앞에 벌떡 일어서고 오래전 굳어버린 혀가 풀려 다시 말을 할 수 있게 된다면, 상상도 못할 하나님의 은혜와 자비를 한목소리로 이야기할 것입니다. 저는 그렇게 믿습니다.

믿음과 픽션

23

대략 1년 전, 제 친구가 세상을 떠났습니다. 재치 있고 우아하고 다양한 면모를 가진 영국 사람이었지요. 예순여덟 삶의 어느 아침, 그는 깨어나지 않았습니다. 더할 나위 없이 편안한 죽음이었습니다만 그를 보내야 하는 사람들은 편안하지 않았습니다. 그와의 이별을 준비할 시간이 없었고, 감당할 수 있는 작별의 말이나 어색한 무언의 방식으로 그에게 마지막 인사를 건넬 기회가 없었기 때문입니다. 그는 3월에 세상을 떠났고 5월에 저희 부부가 그의 집에서 하룻밤을 묵으며 미망인과 시간을 보냈습니다. 그리고 그날 밤, 저는 짧은 꿈을 꾸었습니다. 꿈속에서 친구는 우리 부부가 묵었던 어두운 손님용 침실에 서 있었습니다. 자주 입던 암청색 스웨터와 흰색 슬랙스 차림이었지요. 생전과 똑같은 모습이었습니다. 저는 그에게 정말 보고 싶었다고, 다시 만나서 정말 반갑다고 말했습니다. 그는 그 말에 뭐라고 반응을 보였습니다. 저는 그에게 물었습니다. "자네 거기 있는 거 맞나, 더들리?" 저는 그가 실제로, 진짜로 거기 있는 것인지, 아니면 제가 꿈을 꾸고 있는 것인지 물은 것이었습니다. 그는 자기가 정말 거기 있다고 대답했습니다. "증명할 수 있나?" 제가 물었습니다. "물론이지." 그는 그렇게 말하고 스웨터에서 실을 한 가닥 뽑아서 제게 건넸습니다. 저는 그것을 엄지와 집게손가락으로 잡았는데 너무 생생한 감촉에 놀란 나머지 잠에서 깨어났습니다. 그것이 전부였습니다. 마치 그가 그것만 전하고 가려고 일부러 찾아온 것만 같았습니다. 다음 날 아침식사 시간에 제가 꿈 이야기를 꺼냈는데, 말이 다 끝나기도 전에 아내가 옷을 입다가 카펫에서 그 실오라기를 봤다고 말했습니다. 전날 밤에는 분명히 아무것도 없었다고 했지요. 저는 직접 확인해볼 요량으로 위층으로 달려갔고, 아내가 말한 자리에 엉켜 있는 암청색 실오라기 하나를 발견했습니다.

또 다른 사건이 있습니다. 얼마 전 저는 가장 싫어하는 교통수단 이용을 앞두고 준비 차원에서 공항 바를 찾았습니다. 한산한 시간이어서 손님은 저밖에 없었고 죽 놓여 있는 빈 의자 중 하나를 골라 앉으면 되었습니다. 각 의자 앞 판매대의 카드꽂이에는 그날의 음료나 그 비슷한 것을 알리는 카드가 있었습니다. 그런데 제가 앉을 자리 앞 판매대의 카드 위에는 다른 카드에 없는 작은 금속조각이 붙어 있었습니다. 저는 그것을 자세히 들여다보았습니다. 누군가가 꽂아둔 것이 분명한 넥타이핀이었습니다. 그리고 거기에 세 글자가 새겨져 있었습니다. C.F.B. 제 이름의 머리글자였습니다.

끝으로 하나 더 얘기할까요? 어느 이른 아침에 저는 성공회 교회에서 영성체(성찬)를 받고 있었습니다. 사제는 제가 아는 사람이었습니다. 저는 그가 영성체 난간을 따라 이 사람 저 사람을 향해 몸을 움직이는 소리를 들으며 무릎을 꿇은 채로 차례를 기다렸습니다. 그는 '그리스도의 몸, 하늘의 빵'이라고 말했습니다. 그리스도의 몸, 하늘의 빵. 그런데 그가 제 앞에 왔을 때 그 사이에 한 단어를 집어넣었습니다. 저의 이름이었습니다. "그리스도의 몸, 프레디, 하늘의 빵."

제 친구에 대한 꿈은 그냥 꿈이었을 수도 있습니다. 카펫에 떨어져 있던 실오라기는 굳이 초자연적인 요소를 끌어들이지 않아도 설명할 수 있습니다. 넥타이핀은 그렇게 설명하기가 좀 더 어렵습니다. 거기에 제 머리글자 중 한두 개가 아니라 세 개가 다 바른 순서로 찍혀 있을 수학적 확률은 대단히 낮을 것 같습니다. 하지만 그것도 우연의 일치일 수 있다고 생각합니다. 그런데 두 경우 모두 다른 가능성도 갖고 있습니다. 그 가능성이 비록 파격적인 것으로 들린다 해도, 열린 마음을 가진 사람이라면 그 가능성을 처음부터 배제할 수는 없을 것이고, 어떤 면에서는 그 다른 가능성이 바로 제가 이 자리에서 말하고자 하는 내용의 핵심입니다.

어쩌면 제 친구는 꿈을 통해 정말 저를 찾아온 것인지도 모릅니다. 그 실오라기는 그가 왔다는 것을 알리기 위해 남긴 증표였을 수도 있습니다. 어쩌면 하나님의 은혜로 죽은 자들이 생명을 돌려받는 것이 사실인지도 모릅니다. 몸의 부활 교리가 교리에 불과한 것이 아닐 수도 있다는 것이지요. 어둠 속에 서 있던 친구의 모습은 희미하기는커녕 더없이 단단해 보였고 우리의 대화는 너무나 산뜻하고 현실적이었기에 초현실적이거나 유령 같다는 느낌은 들지 않았습니다. 그 친구는 너무나 진짜처럼 느껴졌습니다. 넥타이핀 이야기는 너무나 비범한 일이어서 잠시 저는 그것이 현실이라는 것이 믿어지지 않았습니다. 이 말은 꼭 해둬야 할 것 같습니다. 저는 그 핀을 손에 쥐고서도 부정하고 싶은 마음이 먼저 들었습니다. 세상이 돌아가는 상식적인 방식과 너무나 배치되는 일이라 말도 안 되는 우연의 일치 정도로 무시하고 넘어가는 것이 더 쉽고 혼란도 적기 때문이지 싶습니다. 우리 모두 그런 경향이 있지요. 그러나 그것은 우연의 일치가 아닐지도 모릅니다. 커튼 뒤를 살짝 들여다본 일, 무대 옆에서 속삭이는 희미한 섭리의 소리를 들은 것일 수도 있습니다. 누군가가 제가 올 줄 알았던 것입니다. 저는 예정대로 제때 제대로 간 것이었습니다. 저는 혼자가 아니었습니다.

영성체 난간에서 벌어진 일은 좀 다릅니다. 사제가 제 이름을 아는 것은 비범한 일이 아니었고, 그때 제 이름을 부른 것도 마찬가지였습니다. 나중에 알고 보니 그것은 그의 습관이었습니다. 그러나 그 일이 제게 미친 영향은 비범했습니다. 저는 기습을 당했습니다. 깊은 감동을 받았습니다. 제 평생 처음으로 이런 생각이 들었습니다. 예수님이 최후의 만찬에서 빵을 집어 들고 "이것은 너희를 위하여 주는 내 몸이라" 하신 것은 인류 전체를 대상으로 의식(儀式) 차원에서 하신 말씀일 뿐 아니라, 이제껏 존재했고 언젠가 존재하게 될 모든 남녀노소 개개인을 하나하나 생각도 못한 방식으로 염두에 두신 말씀이라는 것이었습니다. 저로서는 예수님이 저를 위해 그런 말씀을 하셨다는 사실이 그야말로 생각도 못한 일이었습니다. 가장 거룩한 성찬의 자리에서 그분은 우리의 공식 이름만이 아니라 오랫동안 가깝게 알고 지낸 사람들만 아는 이름으로 우리를 아십니다. 우리가 주일에 교회에서 견실하고 그럴듯한 시민의 모습을 보여주어서가 아니라, 자기 자신 말고는 세상 누구도 잘 모르는 온갖 천박함과 너저분함이 내면에 있음에도 우리를 있는 그대로 받아주시는 것입니다. 우리의 쓰라림과 허위, 혼란, 성깔, 색욕, 열의 부족을 말입니다. 하늘의 빵, 프레디? 그 많은 사람 중에? 몰리가? 빌이? 우스꽝스럽고 작은 아무개가? 지루하기 짝이 없는 그 노인 네가? 비범한 일입니다. 영성체 난간에서 벌어진 일은 하늘에서 내린 계시처럼 보였습니다. 과연 그럴까요?

이 세 가지 사소한 사건의 비범한 점은 단 하나, 제가 호들갑을 떨었다는 것뿐일 수도 있습니다. 매일 누구에게나 벌어지는 흔해 빠진 사건이고 아무 의미가 없을 수도 있습니다. 그러나 반대로, 너무나 깊고 강력하고 아름다워서 우리가 정면으로 바라보면 그대로 소멸되고 말 신비를 엿볼 기회일 수도 있습니다.

둘 중 한쪽의 가능성에 인생을 걸어야 한다면 저는 어느 쪽에 걸게 될까요? 여러분은 어느 쪽에 거시겠습니까? 그렇다, 지고의 하나님이 존재하신다, 그런 언어가 더 이상 유효하지 않다면, 더없이 깊은 신비와 의미가 존재한다는 쪽에 거시겠습니까? 아니다, 그런 사건은 그냥 벌어지는 것일 뿐, 아무 의미가 없다, 개개인이 그 사건에 이런저런 의미를 부여하는 것에 불과하다는 쪽에 거시겠습니까?

오늘 저녁에는 '그렇다'에 걸고 내일 아침에는 '아니다'에 걸 수도 있습니다. 우리가 어느 쪽에 인생을 걸었는지 알 수도 있고 모를 수도 있습니다. 입술과 정신과 마음이 발과 다른 선택을 내릴 수도 있습니다. 그러나 모든 사람이 내기를 합니다. 어느 쪽에 거는가에 따라 인생이 달라질 수 있으니 우리는 인생을 걸고 내기를 한다고 할 수 있습니다. 물론 우리가 이기는 쪽에 걸었는지 확신할 길은 없습니다. 양쪽 모두 증거는 부분적이고 취약하고 모호합니다. 누군가의 말처럼 우연의 일치는 익명으로 일하시는 하나님의 방식일 수도 있고, 그냥 우연의 일치일 수도 있습니다. 치유와 소망을 안겨주는 꿈이 소망적 사고의 산물에 불과할까요? 아니면 다른 세계에서 온 메시지일까요? 어느 쪽에 걸건 믿음의 행위라는 점에서는 같습니다.

히브리서는 그 유명한 11장에서 종교적 믿음이 "바라는 것들의 확신이요, 보이지 않는 것들의 증거"(1절)라고 말합니다. 그리고 노아, 아브라함, 사라, 다른 믿음의 사람들에 대해 이렇게 말합니다. "이 사람들은 모두 믿음을 따라 살다가 죽었습니다. 그들은 약속하신 것을 받지는 못했지만, 그것을 멀리서 바라보고 반겼으며, 땅에서는 길손과 나그네 신세임을 고백하였습니다. 이런 말을 하는 사람들은 자기네가 고향을 찾고 있다는 것을 나타내는 것입니다"(11:13-14, 새번역).

그러므로 믿음(faith)은 종교생활의 다른 면들과 분명히 다릅니다. 종종 이 단어로 '기독교 신앙(faith)'이나 '이슬람 신앙' 같은 종교적 신념을 나타내기는 하지만 둘을 혼동해서는 안 됩니다. 믿음은 신학과 다릅니다. 신학은 조리 있고 체계적이고 질서정연한 반면, 믿음은 무질서하고 단속적이고 놀라움이 가득합니다. 믿음은 신비주의와도 다릅니다. 믿음은 그 대상을 기껏해야 멀리서 바라볼 뿐이지만 신비주의자는 황홀경에 빠져 그 대상과 하나가 됩니다. 믿음은 윤리와도 다릅니다. 윤리의 관심사는 믿음처럼 하나님과 우리의 관계가 아니라 주로 우리 서로의 관계이기 때문입니다. 어쩌면 믿음은 예배와 가장 가까운 것 같습니다. 믿음과 예배는 본질적으로 하나님에 대한 반응이고 지성뿐 아니라 감성과 신체감각도 참여한다는 공통점이 있습니다. 하지만 예배는 일관적이고 구조가 갖춰져 있고 집중하고 자기가 하는 일을 아는 반면, 믿음은 이 땅에서 외국인과 나그네이고 아무것도 확신하지 못합니다. 믿음은 향수병입니다. 믿음은 목이 메는 것입니다. 특정한 위치보다는 지향하는 움직임이고, 확실한 것보다는 직감에 가깝습니다. 믿음은 기다림입니다. 믿음은 공간과 시간을 통과하는 여행입니다.

누군가 제게 다가와 저의 믿음에 대해 말해달라고 한다면, 저는 결국 믿음의 여정을 말하게 될 것입니다. 지난 세월 동안 있었던 우여곡절, 꿈들, 기이한 순간들, 직관들을 말하게 될 것입니다. 인생은 당구에서 초구를 칠 때 당구공들이 사방으로 흩어지듯 무턱대고 사건이 꼬리에 꼬리를 물고 이어지는 것이 아니라, 소설의 플롯 같은 것이 있어서 사건들이 어떻게든 어딘가로 이어진다는 느낌에 대해서도 이야기해야 할 것입니다. 여러분이나 제가 어떤 믿음을 갖고 있건, 그 믿음은 우리에게 벌어진 일에 대한 이야기와 분리할 수 없습니다. 그렇기 때문에 저는 이 주제에 가장 잘 맞는 문학형식이 픽션이라고 봅니다.

믿음과 픽션은 모두 시공간 안에서 전진하는 여행이고 그 여행으로부터 생명을 끌어옵니다. 실은 바로 그 여행이라고 할 수 있지요. 믿음과 픽션은 추상적이고 지적인 것보다는 구체적인 것, 현세적인 것, 개별적인 것들을 포함합니다. 둘 모두 개념보다는 길에서 만나는 여러 사람, 벌어지는 온갖 일, 공항의 바, 친구와 마지막 식사를 하는 방 같은 이런저런 장소가 더 중요합니다. 픽션은 사랑과 증오, 웃음과 눈물, 절망과 희망 같은 반대의 것들을 동시에 품을 수 있고, 믿음도 물론 그렇습니다. 믿음은 본질상 보는 동시에 보지 못하는 것입니다. "내가 믿나이다. 나의 믿음 없는 것을 도와주소서!"(막 9:24) 이 구절이 믿음의 특성을 가장 잘 표현하지 않았나 싶습니다. 믿음과 픽션 모두 '옛날 옛적에'로 시작하고, 분위기와 강도와 방향이 끊임없이 달라지면서 성장합니다. 믿음은 변화와 성장을 멈추는 순간 그 자리에서 죽어버립니다. 픽션도 마찬가지입니다. 둘의 공통점은 이뿐이 아닙니다.

우선, 둘 다 어둠에서의 도약으로 시작됩니다. 노아, 아브라함, 사라, 그 외에 누구라도 약속한 대로 이루어지는 것을 못 보고 죽는 상황에서 그 약속이 나중에 과연 지켜질지 어떻게 알겠습니까? 고향을 찾는 여행 끝에 과연 목적을 이루게 될지는 또 어떻게 알겠습니까? 소설이나 이야기를 쓰는 사람 중에 그 내용이 어떻게 이어지고 어떻게 끝나고 어떤 결과를 낳을지, 과연 자신의 글이 들려줄 만한 가치가 있는지 확실히 아는 이가 있겠습니까? 처음부터 이야기 전체를 파악하고 완전히 틀어쥐고 있는 작가들은 조심해야 할 것입니다. 이야기를 펼쳐나갈 때 행운이 깃들 여지를 거의 남겨두지 않게 되니까요. 아브라함과 사라가 그들의 이야기를 '살아갈' 때 자신들이 하는 일을 다 꿰고 있었다면 은혜가 들어설 여지가 별로 없었겠지요.

'픽션(fiction)'이라는 단어는 '형성하다', '빚다', '가장하다'라는 뜻을 가진 라틴어 동사에서 나왔습니다. 그것이 픽션이 하는 일이고, 여러 면에서 볼 때 믿음이 하는 일이기도 합니다. 우리는 자신에게 벌어진 온갖 일과 벌어지기를 바라는 일들로 뒤범벅이 된 인생에서 믿음을 빚어내고 이야기를 빚어냅니다. 그런 일들이 이야기와 믿음의 원재료입니다. 그런데 저와 같은 작가들은 뒤범벅된 인생에 형태를 부과하려 하기보다는 그로부터 어떤 형태가 나오는지, 그 안에 어떤 형태가 숨어 있는지 보려고 노력합니다. 그것이 어떤 방향으로 움직이는지 감지하려고 노력합니다. 귀를 기울입니다. 등장인물들이 작가의 예술적 목적이라는 북소리에 발맞추어 걷도록 강요하지 않고 그들 자신에게 충실할 진짜 자유를 어느 정도 남겨줍니다. 부수적 인물들이 주요 인물이 될 조짐을 보여준다면, 적어도 한 번은 기회를 줘야 합니다. 픽션에서는 여러 쪽이 넘어간 다음에야 진짜 주요 인물이 드러나기 때문입니다. 현실에서도 절친한 친구나 정신과 의사보다 어느 기차역에서 만나 30분간 이야기를 나눈 낯선 사람이 나의 진정한 고향을 파악하는 데 더 큰 역할을 했음을 여러 해가 지난 후에야 알게 될 때가 있지 않습니까.

물론 저는 작가로서 이런저런 기술을 씁니다. 어떤 장면을 넣고 어떤 장면을 뺄지 궁리합니다. 대화를 쓰기로 결정한 대목에서는 그것이 저의 독백으로 들리지 않고 사람들이 이야기를 나누는 것 같은 느낌을 주려고 몇 시간이고 공을 들입니다. 저의 이야기를 들려줄 적절한 어조를 찾아내는 데도 공을 들입니다. 다시 말해 적절한 문체, 궁극적으로는 적절한 단어로 말하려고 애씁니다. 문장 하나하나, 페이지 한 쪽 한 쪽에 신선함과 힘과 생명력이 담긴 적절한 단어를 찾아 넣는 일이 가장 힘든 부분입니다. 그러나 제 목소리가 작품 전체를 지배하지 않게 하려고 노력합니다. 제임스나 헤밍웨이 같은 위대한 문장가들의 한계가 바로 그들이 만들어낸 캐릭터들의 목소리를 다 잊어버린 후에도 작가인 그들의 목소리가 오랫동안 기억이 난다는 데 있습니다. "너희는 가만히 있어 내가 하나님 됨을 알지어다"(시 46:10). 저는 이 시편 기자의 신앙적 조언을 언제나 훌륭한 문학적 조언으로도 받아들였습니다. 톨스토이가 가만히 있는 식으로, 앤터니 트롤럽(1815-1882, 영국의 소설가)이 가만히 있는 식으로 있으면, 등장인물들이 스스로 말하게 되고 그 과정에서 생명력을 얻을 수 있습니다.

우리는 믿음과 픽션 모두에서 경험이라는 원재료로 형태를 빚어냅니다. 행운과 은혜를 향해 어떻게든 문을 열어두고 싶다면, 재료에 형태를 강요하기보다는 형태를 발견한다는 마음으로 재료를 빚어야 합니다. 그리고 우리는 믿음과 픽션 모두에서 가장(假裝)을 합니다. 상상하기로서의 가장, 보이지 않는 것들에 보이는 이미지를 부여한다는 의미에서의 가장 말입니다. 픽션은 사진과 같은 사실성을 갖출 수 없지만, 최고의 픽션은 훌륭한 초상화처럼 내면의 보이지 않는 진실을 가장할 수 있습니다. 최고의 픽션은 이 세상에서 인간으로 존재하는 경험을 충실히 담아낼 수 있고, 우리가 쓰는 픽션은 그 경험에서 어떤 부분을 다루는가에 따라 종류가 나뉩니다. 제가 언제나 가장 관심을 가졌던 부분은 처음에 소개한 세 사건이 잘 보여줍니다. 설명할 수 없이 눈물이 나는 순간, 말도 못하게 깜짝 놀라는 순간, 등줄기에 전율이 흐르는 순간, 저 너머나 내면 깊숙한 곳에서 엿본 그 무엇이 뇌리에서 떠나지 않는 순간이지요. 저는 인간의 경험 중 바로 이런 부분을 저의 픽션으로 쓰려고 합니다. 저는 그 부분을 '가장'하는 일, 즉 그에 대한 이미지를 만들어내는 일에 가장 관심이 있습니다. 그런 의미에서라면 종교 소설가라는 꼬리표를 받아들일 수 있습니다. 그 외의 다른 의미라면 거북하기 짝이 없는 꼬리표지요.

저는 픽션에서 설교나 선전을 하지 않으려고 정말 노력합니다.

모종의 설교성 메시지를 예를 들어 전달하기 위해 플롯이나 등장 인물을 생각해내지 않습니다. 어떤 신학적 요점을 생생하게 전달하려고 욕심내지도 않습니다. 사람들이 각자의 삶에서 하나님의 임재일지도 모를 어떤 것에 영향을 받는 이야기를 생각해내려고 노력할 따름입니다. 저는 우리 모두가 '하나님의 임재'에 영향을 받는다고 믿으니까요. 물론 그런 일을 이런 식으로 표현하는 일은 절대 없을 것입니다. 제 경험에 따르면 하나님이 우리 삶에 나타나시는 방식은 잘 잡히지 않고 모호합니다. 언제나 의심의 여지가 있고, 언제나 숨 쉴 여지가 있습니다. 인생에는 하나님을 가리고 하나님의 가능성조차 부정하는 것들이 너무나 많기에 하나님을 통째로 부인하고 싶은 마음이 강하게 들 때가 있습니다. 하지만 그럼에도 불구하고 우리는 믿음을 가질 수 있습니다. '그럼에도 불구하고'가 바로 믿음입니다. 이것이 제가 소설가로서 충실하고자 노력하는 부분입니다. 다른 소설가들이 여자로 존재하는 경험이나 제1차 세계대전에 참전한 보병이라는 경험에 충실하려 노력하는 것과 비슷합니다. 이 모든 노력에서 가장 중요한 태도는 정직일 것입니다.

종교 소설가가 되려고 하는 사람은 하나님의 임재로 환하게 빛나는 시기뿐 아니라 그분의 부재로 어두워지는 시기에 대해서도 정직해야 합니다. 그 역시 모든 사람과 다름없이 어두운 시기를 겪었기 때문입니다. 제가 리오 베브에 대해 쓴 네 권의 소설(《사자 구역(Lion Country)》, 《열린 마음(Open Heart)》, 《사랑의 축제(Love Feast)》, 《보물찾기(Treasure Hunt)》)에서는 끔찍한 일들이 벌어집니다. 베브의 아내 루실은 술김에 아기를 죽입니다. 오랜 시간이 지난 후 베브는 아내에게 당신은 어린양의 피로 깨끗이 씻김을 받았다고 말합니다. 그러자 그녀는 이렇게 대답합니다. "베브, 나를 씻어낸 것은 말 오줌이 전부였어요." 그리고 그녀는 자살합니다. 애프터셰이브 로션 향을 풍기던 가엾은 브라우니는 세상의 선함에 대한 장밋빛 믿음이 그의 중국칼처럼 가짜라는 판단을 내리고 결국 믿음을 버립니다. 미리암 파는 암으로 죽어가면서 자신이 정말 "어딘가로 가는" 것인지, 아니면 "성냥불처럼 그냥 꺼져버리는지" 궁금해 합니다. 소설의 화자이자 무기력하고 정처 없는 젊은이인 '안토니오 파'는 《사자 구역》에서 어떤 것에도, 누구에게도 마음을 주지 않습니다. 그러나 리오 베브와의 관계를 통해 서서히 종교적 믿음의 가능성을 받아들이게 됩니다. 어쨌거나 그는 자신에게 벌어지는 일들을 통해 하나님의 소리에 귀를 기울이는 법을 배웁니다. 귀를 기울여야 할 하나님이 있을 경우를 대비해서 말이지요. 어쩌면 그가 듣는 것은 "시간의 날개 달린 전차가 서둘러 다가오는" 것이 전부일 수도 있습니다. 혹시 그 이상의 무엇인가가 있다면, 그가 말할 수 있는 최대치는 네 편 소설의 마지막에 해당하는 대목에서 볼 수 있습니다. 거기서 그는 론레인저의 이미지를 동원해 그리스도를 나타냅니다. "솔직히 말해, 가끔 다른 것도 들려온다. 멀리서 천둥처럼 울리는 말발굽 소리나 그 외로운 현자(론레인저─옮긴이)의 대사인 '하이 요, 실버. 가자!'가 아니다. 내 인디언의 심장이 희미하게 두근대는 소리와 꺼져가는 빛의 은빛 속임수에 불과할지도 모르는 대상에 대고 그래야 해서가 아니라 안 그럴 수가 없어서 '키모사비'라고 가끔 속삭이는, 내 어둠 속 어딘가를 걷는 톤토(론레인저의 조수—옮긴이)의 희미한 발소리다."*

네 권의 베브 시리즈에는 아름다운 일들뿐 아니라 끔찍한 일들도 벌어집니다. 인생의 실상을 균형 있게 보여주기 위해 제가 지어냈다기보다는 현실 세계에서 그렇듯 픽션의 세계에서도 상당 부분 저절로 벌어지는 일들입니다. 픽션을 통해 설교를 하거나 메시지를 전하려는 속셈이 있다면 마음에 드는 일만 벌어지게 하겠지만, 픽션은 믿음처럼 시공간 속에서 전진하는 여행이자 내면으로 들어가는 여행이기 때문에 그 안에는 놀라운 일이 가득합니다. 최고의 멋진 일들, 즉 자신의 할 일이 선전이라고 생각하는 종교 저술가들이라면 아마도 대부분 조작하고 통제할 일들은 뜻밖에 찾아오는 경향이 있고, 그것이 그런 일들의 가장 멋진 점입니다. 베브 시리즈를 다시 예로 들자면, 저는 그 첫 권인 《사자 구역》을 상당히 진행한 다음에야 베브가 성자(聖者)라는 놀라운 결론에 도달했습니다.

성자에 대한 소설을 의도적으로 써나간다고 상상해봅시다. 과연 철저한 실패를 면할 길이 있을까요? 거룩함만큼 진짜처럼 보이게 꾸미기 어려운 것도 없습니다. 거룩함만큼 호소력을 부여하고 매력적으로 만들기가 어려운 것은 결코 없습니다. 성자 됨을 사람이 성취할 수 있는 어떤 것으로 생각하거나 이글스카우트(보이스카우트 단

---

* *The Book of Bebb*(New York: Atheneum, 1979; San Francisco: HarperSanFrancisco, 1990), p.530.

원의 최고 영예. 지역사회 봉사를 통해 얻는 공로 기장 등 21개 이상의 공로 배지가 필요하다―옮긴이)가 되는 것 같은 방식으로 거룩해져야 한다고 생각하면 곤란합니다. 그런 관점으로 성자를 창조하게 되면 리틀 넬(찰스 디킨스의 《골동품 가게》에 나오는 감상적인 여주인공―옮긴이)과 유사한 결과물이 나옵니다.

분명히 말씀드리지만, 거룩함은 미덕 같은 인간적 자질이 아닙니다. 거룩함(그런 것이 존재한다면)은 하나님다움(하나님 같은 것이 존재한다면)이고, 거룩함은 하나님이 그들 안에서 행하시는 일입니다. 거룩함은 적어도 처음에는 전혀 도덕적이지 않은 사람들 안에서 하나님이 특히 잘 벌이시는 일 같습니다. 아씨시의 프란체스코나 막달라 마리아를 생각해보십시오. 지나치게 도덕적인 사람은 자신이 자력으로 이미 성자가 되었다고 생각할 가능성이 오히려 높은데, 그런 사람에게는 진짜 거룩함이 찾아올 수가 없습니다. 리오 베브는 이글스카우트가 아니었습니다. 그는 신학 학위 공장을 운영했고, 수수료를 받고 우편으로 목사 안수를 주는 사람이었습니다. 아동을 상대로 한 외설적 노출 죄로 교도소에서 5년을 복역했습니다. 쌍둥이 형제의 아내와 정을 통해 아이를 얻기도 했습니다. 하지만 그는 모험을 감수하는 사람이었습니다. 고무공처럼 둥글고 통통한 체형에 어디로 튈지 모르는 성격이었습니다. 그는 가식이 없었습니다. 같이 있기 좋은 사람이었습니다. 무엇보다도, 비범하게 살아 있었습니다. 적어도 제게는 그러해서 그에 대해 쓰는 동안 저는 매일 아침 빨리 서재로 들어가고 싶어 안달할 정도였습니다. 그때 저는 그가 성자라는 것을 깨닫게 되었을 뿐 아니라 성자가 무엇인지도 알게 되었습니다.

성자는 생명을 주는 자입니다. 이전에 저는 그 사실을 몰랐습니다. 성자는 다른 사람들처럼 약점과 심연을 가진 존재이지만, 그가 우리 삶에 영향을 주면 우리는 새로운 방식으로 살아납니다. 삶의 목적이 없고 심사가 꼬여 있는 안토니오 파는 처음에 베브의 사기꾼 행각을 폭로하겠다고 나섰지만 그를 알게 되면서 점점 생기를 얻게 됩니다. 베브의 파란머리 연인인 80대의 신지론자 거트루드 커노버도 그랬습니다. 더욱 이례적인 사실은, 작가인 저도 그랬다는 것입니다. 저는 책을 좋아하고 혼자 있는 것을 선호하는 사람이지만 나이가 들면서 온갖 용감무쌍한 행동과 말을 하고 있습니다. 베브가 제 인생과 제 픽션에 들어오기 전에는 생각도 못했던 일입니다. 제가 처음에 구상한 캐릭터는 소설에서 제자리를 잡은 지금의 베브와 전혀 달랐습니다. 때로는 오히려 베브가 저를 생각해낸 것이 아닌가 싶기도 합니다. 원래 저는 전혀 다른 캐릭터를 염두에 두고 있었는데, 베브 시리즈를 쓰면서 딱 맞는 비옷에 티롤 모자를 쓴 그의 모습이 드러났습니다. 그는 뜻밖의 인물이었습니다. 제게 과분한 캐릭터였지요. 그는 어떤 조건도 요구하지 않았습니다. 어떤 단서도 달지 않았습니다. 거저 주어진 선물이었습니다.

종교적 용어로 말하자면 은혜가 바로 그런 것입니다. 은혜는 하나님의 내어주심입니다. 믿음은 독자적인 것(*sui generis*)이 아닙니다. 믿음은 주어진 은혜에 대한 반응입니다. 믿음은 아주 희미하게

나마 뭔가를 본 적이 있습니다. 믿음의 사람들이 이 땅의 외국인과 나그네로 자처하는 이유는 살아오면서 어디서 어떻게든 고향을 엿볼 기회가 있었기 때문입니다. 어쩌면 카펫에 떨어져 있던 작은 암청색 실오라기가 은혜였는지도 모릅니다. 그것이 저의 스웨터에서 나온 것으로 입증된다 해도 달라질 것은 없습니다. 우리가 보는 것이 은혜로 보는 것이니까요. 믿음을 갖는다는 것은 우리가 보는 것에 반응하여 남은 평생 그것을 갈망하며 사는 것입니다. 온갖 멋진 일들과 끔찍한 일들을 겪으며 그것에 부응해서 살아가고 그것을 향해 살아가려고 노력하는 것입니다. 그것을 공기처럼 들이쉬고 그것으로 강해지는 것입니다. 그것을 다시 들여다보고 더 잘 보게 되는 것입니다. 믿음을 잃는 것은 바라보기를 멈추는 것입니다. 믿음을 잃는 것은 브라우니처럼, 멀리서 봤던 모든 것이 자신의 근사한 꿈에 불과했다고 결정하는 것입니다.

'뮤즈'라는 개념이 바로 같은 상황을 '영감을 주는 여신'의 작용으로 표현한 것입니다. '숨을 불어넣음'을 뜻하는 '영감(in-spiration)'이라는 말 자체가 또 다른 표현이지요. 믿음에서처럼 픽션에서도 우리가 운이 좋고 그것을 들이마실 정도로 열려 있다면 우리 바깥에 있는 무엇인가가 우리 안으로 불어넣어집니다. 종교 소설의 작가라면 특히나 이런 식으로 열려 있어야 합니다. 직감을 더 많이 발휘하고 모험을 더 감수해야 합니다. 자신들이 하는 일을 너무 틀어쥐려 해서는 안 됩니다. 장인정신과 문학적 기교는 살짝 내려놓고, 별나고 색다르고 헝클어진 상태를 더 받아들여야 합니다. 존 업다

이크나 워커 퍼시와는 좀 거리를 두고 커트 보네거트나 피터 드브리스나 G. K. 체스터턴과 더 가까워져야 합니다. 플래너리 오코너의 이야기를 예로 들면, 저는 저자 자신이 기습을 당해 작품 여기저기서 번쩍이는 깨달음과 격렬한 감정에 사로잡히는 것을 느낍니다. 그녀는 거룩한 것들과 인간적인 것들에 대해 뜻밖의 발견을 하는데, 자신이 어디로 가는지 그리로 어떻게 가게 될지 미리 알았다면 그런 발견은 없었을 것입니다. 독자인 우리도 놀란 그녀와 함께 신선함과 경이를 맛봅니다.《카라마조프 씨네 형제들》도 이런 유형의 고전적 사례가 될 것 같습니다. 펄펄 끓는 부야베스(프랑스식 생선 수프—옮긴이) 같은 위대한 책이지요. 이야기가 곁길로 새고 이리저리 뻗어나가고 너무 많은 캐릭터가 등장하고 지나치게 긴 것은 사실입니다. 하지만 도스토옙스키가 머리에 떠오르는 모든 것을 작품 안으로 들일 여지를 남겨두었기 때문에 여기저기에서 어쩌면 바로 성령께서 친히 들어오실 수 있었던 것이고, 제가 볼 때는 그로 인해 《카라마조프 씨네 형제들》이 최고의 종교 소설이 될 수 있었습니다. 다시 말해, 이 책은 종교적 체험을 다룬 소설이 아닙니다. 이 소설을 읽는 것 자체가 하나의 종교적 체험입니다. 낮은 곳에 임하신 하나님과 그분의 끔찍한 부재 모두를 통해 그분을 체험하게 해주기 때문입니다.

그것은 성령일까요? 뮤즈일까요? 그저 행운일까요? 누가 감히 자신 있게 말할 수 있겠습니까? 그러나 믿음의 여정에서 가끔 자기 자신보다 더 나은 모습이 되는 것이 가능한 것처럼—"너희는 … 하나님의 성령이 너희 안에 계시는 것을 알지 못하느냐?"(고전 3:16)라고 바울은 묻습니다—픽션을 만드는 작업에서도 자신이 아는 것보다 더 많이 쓰는 것이 가능합니다. 베브는 성자였습니다. 어쨌건 성자 같은 사람이었습니다. 제가 마침내 그를 마무리한 다음부터, 또는 그가 저를 마무리한 다음부터는 다른 부류의 사람이 나오는 소설을 쓰기가 아주 어려웠습니다. 저는 15세기 연금술사와 20세기의 여성 소설가, 뉴잉글랜드 식당의 접시닦이, 요양원의 노부인 등을 시도해봤습니다. 하지만 아무리 해도 캐릭터가 살아 움직이지 않았습니다. 그들 모두 나름의 방식으로 저와 너무 비슷했고, 오랜 세월 살다 보니 제 자신이 좀 지겨워졌던 것 같습니다. 게다가 수많은 작가들이 이미 그와 같은 사람들에 대한 소설을 쓰고 있고, 그중 상당수는 저보다 그 일을 훨씬 잘 해내고 있는데, 거기다가 무엇을 더 보탤 이유가 무엇이겠습니까? 그러다 저는 깨달았습니다. 그런 캐릭터들이 제게 맞지 않았던 더 근본적인 이유는 베브 이후로 제가 작가로서 관심이 가는 대상은 성자들뿐이었다는 것입니다.

그들에게는 생명력이 가득합니다. 그들은 세상의 신비와 긴밀히 접촉하고 그 신비에 자신을 완전히 열어놓고 있기에 전혀 예상할 수 없습니다. 성자에게는 무엇이나 가능합니다. 아무리 애를 써도 그들을 가만히 있게 하거나 뜻대로 쥐고 흔들 수 없습니다. 그러던 어느 날, 저는 순전히 우연히, 또는 은혜로, 또는 행운으로, 전에는 이름도 들어보지 못한 역사 속 성자를 접하게 되었습니다. 1065년에 잉글랜드에서 태어나 1170년에 죽은 고드릭이라는 인물이었습니다.

여러분도 저처럼 성자가 아니라면, 아무 자료도 없는 상태에서 성자에 대해 쓸 수 있는지 여쭈어보고 싶습니다. 저처럼 성자를 소설의 화자로 삼아 그의 경력과 내면생활 전체를 다루어야 하는 경우라면 더욱 난감하겠지요. 고드릭은 거의 천 년 전의 사람으로 다른 세계에 살았고 다른 언어를 썼고 다른 방식으로 세상을 보았습니다. 그에 관해 조사를 좀 하기는 했습니다만, 진짜 역사 소설가들이 할 만한 철저한 조사는 아니었습니다. 저의 관심사는 당시의 역사적 상황이 아니라 고드릭이라는 인물에게 있었기 때문입니다. 하지만 당시의 유럽, 특히 잉글랜드에서 벌어진 상황을 대충 파악할 수 있을 정도는 자료를 읽어두었습니다. 주로 말할 수 없이 유용한 《영국인명사전(Dictionary of National Biography)》을 통해 정보를 얻었지요. 고드릭의 생애에 중요한 역할을 했던 리보 수도원의 엘레드 수도원장, 윌리엄 2세의 재무장관을 역임한 라널프 플람바드 더럼 주교 같은 역사적 인물들에 대해 할 수 있는 대로 알아냈습니다. 고드릭이 로마와 예루살렘으로 순례를 갔을 때 그곳이 어떤 모습이었는지 알아보려 했지만 신통한 결과를 얻지는 못했습니다. 제1차 십자군 원정을 조금 깊이 살펴보았는데, 고드릭이 거기 짤막히 참전했던 것 같았기 때문입니다. 고드릭에 대한 주된 출전은 더럼의 레지널드라고 알려진 수도사가 당대에 쓴 전기입니다. 고드릭과 개인적인 친분이 있었던 그 수도사는 제 소설에도 등장합니다.

중세 라틴어로 된 그 전기는 한 번도 다른 언어로 번역된 적이 없었습니다. 그런데 제 이름 머리글자가 적힌 넥타이핀을 발견한 것에 비길 만한 놀라운 일이 벌어졌습니다. 제 라틴어 공부는 50년 전카이사르의 《갈리아 전기》에서 멈추었기에, 제가 할 수 있는 일이라곤 영어 색인에서 도움이 될 것 같은 대목을 찾고 사전의 도움을받아 해당 본문의 요지라도 파악해보는 것이 전부였습니다. 그 작업을 막 시작했을 때, 기숙학교에 가 있던 딸아이가 전화를 해서 주말에 친구 몇 명을 집에 데려가도 되느냐고 물었습니다. 그런데 알고 보니 딸아이의 친구 중 하나가 학교의 고전학과 과장이었습니다. 그는 반경 160킬로미터 안에서 그 일을 도울 수 있는 유일한 사람이었습니다. 우리 집에서 머문 이틀 동안 그는 저녁시간을 내어제가 찾은 구절을 그 자리에서 번역해주었습니다.

그러나 저는 지금 이것보다 더 기묘하고 더 귀한 것을 이야기하고 있습니다. 은혜 비슷한 것에 의해 어떻게 우리가 가끔 자신보다나은 사람이 되거나 아는 것보다 더 많이 쓰게 되는지에 대해서 말입니다. 자료조사 작업은 빈약하기 짝이 없었지만, 그럼에도 불구하고 고드릭은 제게 살아 있는 사람이 되었습니다. 저는 고드릭이라는 인물을 받았습니다. 그가 생각하는 방식, 말하는 방식, 그의인간적 면모, 그의 거룩함. 작가가 생각을 하고 노력을 하고 통상적인 도구를 사용하는 것만으로 한 인물을 생생하게 빚어낼 수 있는것은 아닙니다. 그것보다 더 신비한, 뭔가 다른 일이 일어나야 합니다. 고드릭은 제게 살아 있는 존재가 되었을 뿐 아니라, 제가 썼다고 말할 수 없는 생명과 반전을 지닌 말을 했습니다. 저는 이 일을 으스스한 현상으로 그려낼 생각은 없습니다. 그의 말을 쓴 사람은 물론 저였습니다. 어떤 의미에서 제가 그 말들을 만들어냈고, 저라는 사람의 내면 지하 2층에서 그 말들을 건져 올렸습니다. 그러나 그 말들은 저보다는 그와 더 많이 가깝습니다. 그가 없었다면 제가 그 말들을 찾아내 쓰지 못했을 거라고 저는 확신합니다.

잉글랜드 북부의 은둔자였던 노인 고드릭은 더럼에서 몇 킬로미터 떨어진 웨어 강에 사계절 내내 몸을 담가 육신의 고행을 실천했습니다. 몸이 너무 쇠약해져서 웨어 강까지 갈 수 없게 되자 그는 종자를 시켜 동정녀 마리아를 위해 자신이 지은 예배당에 구덩이를 파고 강물을 채우게 했습니다. 그렇게 해서 여전히 웨어 강에서 몸을 씻을 수 있게 한 것입니다. 한겨울에 강물에서 몸을 씻는 것과 나중에 예배당 작은 웅덩이에서 몸을 씻는 것이 무엇을 의미하는지에 대해 그가 소설 안에서 묘사한 대목을 소개합니다.

우선, 냉기가 타는 듯이 몸을 찔러 거의 숨이 멎을 지경이 된다. 사지는 고통으로 욱신댄다. 그대로 미쳐버릴 것 같다. 쥐들이 침몰하는 배에서 빠져나가듯, 분노한 내 정신이 두개골에서 벗어나려 든다. 숨을 헐떡인다. 숨이 턱 막힌다. 그러다 서서히 복된 마비상태가 찾아온다. 다리도 없고 팔도 없다. 심장도 멎어버린다. 둥둥 떠 있는 두 손은 내 것이 아니다. 내가 두르고 있는 오래된 피부가 육신에서 느끼는 전부다.

"찬양하라, 찬양하라!" 나는 꺽꺽거린다. 거룩하고 차갑고 어두운 모든 것을 주신 하나님을 찬양하라. 우리가 잃어버린 모든 것, 세월의 강이 떠나보낸 모든 것으로 인해 하나님을 찬양하라. 고통이 지나간 뒤의 잠잠함을 주신 하나님을 찬양하라. 공허함을 주신 하나님을 찬양하라. 바다로 쏟아지려고 달려가는 오래된 웨어 강아, 하나님을 찬양하라. 죽어감과 죽음의 평화를 인하여 하나님을 찬양하라.

마리아를 위해 나무로 지은 작은 예배당에서 나는 웨어 강 물을 담을 구덩이를 팠다. 퍼킨이 강물을 양동이로 떠와 구덩이에 부어넣는다. 이제는 제대로 걷지도 못하는 나, 기어가서 강물을 만난다. 강물은 차가운 무릎으로 나를 받아 나의 죄를 씻어준다. 때로는 강물 깊은 곳에 별이 보일 때까지 그 옆에 무릎을 꿇고 앉아 있기도 한다.

그 별은 때로는 잠잠하고, 때로는 춤을 춘다. 마리아의 별이다. 웨어 강의 작은 웅덩이 안에서 별이 내게 윙크한다. 나는 별에게 윙크한다. 우리가 나누는 비밀을 다 말할 순 없지만 이것만큼은 얘기할 수 있다. 찾은 것에 비하면 잃은 것은 아무것도 아니고, 지금까지의 모든 죽음을 생명 옆에 놓으면 컵 하나 채우기에도 부족할 거라고.*

가장하기는 픽션 창작에 꼭 있어야 합니다. 상상하기, 이미지 만들기. 내면 깊숙이 들어가기. 그러나 그것만으로는 아무래도 부족한 감이 있습니다. 고드릭은 제가 몰랐던 것들을 말해주었습니다. 그는 자신의 어떤 것과 먼 과거에 속한 어떤 것을 제게 드러냈습니다. 그는 저 자신의 어떤 부분과 그리 멀지 않은 미래의 어떤 것도

---

* *Godric*(New York: Atheneum, 1980; San Francisco: Harper&Row, 1983), pp.95-96.

드러냈습니다. 저는 늙을 것입니다. 죽을 것입니다. 저는 그의 눈을 통해서 처음으로 죽음의 불가피성을 넘어 죽음의 자비를 보았습니다. "모든 것을 잃었다. 모든 것을 찾았다." 저는 이 말이 옳다는 것과 언젠가 옳은 것으로 드러날 것을 믿습니다. 그러나 옛 성자의 입술에서 흘러나오는 말에서는 확신과 축복이 느껴집니다. 저는 거기에서 제 자신의 말로는 얻을 수 없는 용기를 얻습니다.

이것이 저 같은 사람들이 글을 쓰는 이유일까요? 계속 용기를 얻기 위해. 제 소설과 같은 글들은 어둠 속에서 부는 휘파람 같은 것일까요? 그런 것 같습니다. 어둠 속에서 휘파람을 부는 것은 어둠이 존재하는 전부가 아님을 스스로 '확신'하기 위한 시도만이 아닙니다. 그것은 어둠이 존재의 전부가 아니며 존재하는 모든 것의 끝도 아님을 '상기'시켜줍니다. 어둠 속에도 희망이 있기 때문입니다. 어둠 속에서도 우리는 휘파람을 불 힘이 있고 때로는 그것이 우리의 힘만은 아닌 것 같다는 생각이 듭니다. 그 힘은 어둠을 저지할 만큼 강력하기 때문입니다. 여러분이 어둠 속에서 휘파람으로 부는 곡들은 그 희망, 그 힘으로 여러분이 만드는 이미지입니다. 여러분이 쓰는 책입니다.

우리의 믿음도 이와 똑같이 어둠 속에서 부는 일종의 휘파람이라 부를 수 있을 것입니다. 믿음으로 살아가는 것. 픽션을 쓰는 것. 여러분은 둘 모두를 통해 무엇인가를 형성하고, 빚고, 가장합니다. 어쩌면 둘의 가장 큰 공통점은 주의를 기울인다는 데 있을 것입니다. 페이지마다 장마다 이야기가 펼쳐집니다. 날마다 해마다 여러분의 이야기, 여러분 인생의 이야기가 펼쳐집니다. 이런저런 일들이 벌어집니다. 사람들이 오고 갑니다. 장면이 움직입니다. 시간이 흐르고 시간이 다 됩니다. 어쩌면 이 모두가 완전히 무의미할지도 모릅니다. 그러나 어쩌면 말로 다 할 수 없이 의미심장할 수도 있습니다. 어느 쪽인지 알고 싶다면 주의를 기울이십시오. 우리가 사랑하는 세상이지만 우리를 무서워 죽을 지경으로 만들기도 하는 세상에서 진정 인간이 된다는 것은 무엇일까요. 이 사실에 주의를 기울이도록 돕는 모든 픽션은 적어도 저의 시각에서는 종교 소설입니다.

누군가의 입에서 뜻밖에 흘러나오는 여러분의 이름. 좋은 꿈. 기묘한 우연의 일치. 눈에 눈물이 솟는 순간. 여러분의 삶에 생기를 가져다주는 사람. 어쩌면 가장 작은 사건이 가장 큰 실마리를 쥐고 있는지도 모릅니다. 우리가 찾는 대상이 하나님이라면(우리는 그런 식으로 생각하지 않고 절대 그런 단어를 사용하지 않겠지만, 저는 우리 모두가 그렇다고 생각합니다) 아직 그분을 찾지 못한 이유는 제대로 된 곳을 보지 않아서일지도 모릅니다.

주의를 기울이십시오. 작가의 입장에서 지금까지 제가 한 말을 요약하자면 이 한 문장으로 충분할 것 같습니다. 고향을 찾는 여행을 위한 믿음의 부적이나 구호로서도 제격이라고 생각합니다.

성서는 양서

24

　가끔씩 소설을 펴내는 작가로서 저는 소설이라는 형식의 가장 큰 매력이 무슨 일을 해도 그냥 넘어갈 수 있다는 점이라고 늘 생각해왔습니다. 줄거리에서 벗어나 고래와 관련된 상세정보를 끝없이 늘어놓는《모비딕》이나 온갖 주제로 끝없이 가지를 뻗는《율리시스》,《신사 트리스트럼 샌디의 인생과 생각 이야기》,《펨브로크 백작 부인》이 그렇습니다.《황금의 잔(The Golden Bowl)》같은 헨리 제임스의 후기 소설도 떠올릴 수 있는데, 이 소설의 주인공은 이야기도 아니고 등장인물들도 아닌 광기 어린 문체입니다. 앤터니 트롤럽의《구빈원장(The Warden)》은 사실상 문체라는 것이 없습니다. 투명한 창유리 너머를 보듯, 나이 든 셉티머스 하딩이 섬세한 양심에 이끌려 추는 춤을 독자가 오직 그의 목소리만 들으며 지켜보게 합니다. 물론 성경은 소설이 아니지만 그 안에서 시도하지 않는 것이 거의 없고 다루는 내용마다 대체로 괜찮은 성취를 이루어냅니다. 그런 의미에서 성서(The Good Book)는 대단히 훌륭한 책이기도 합니다. 지루하기로 악명 높은 몇몇 부분은 제외하고 말입니다. 그냥 좋은 책 한 권이 아니라 수 세기에 걸쳐 많은 이들이 여러 다른 목적 또는 다양한 관점에서 쓴 66권이 담긴 도서관이라 말하는 것이 나을 수도 있겠습니다만, 어떤 의미에서는 그래도 여전히 한 권의 책입니다. 무엇인가가 그것을 하나로 묶어주고 있습니다. 성서를 생각할 때 우리는 그것을 어떤 식으로든 통일된 하나의 책으로 여깁니다.

예를 들어, 소설가들은 창세기의 첫 몇 장이 이후에 펼쳐질 모든 내용의 무대를 마련하고 성경의 모든 위대한 주제들을 예시하는 구조를 부러워할 만합니다. 창조는 성경의 여러 주제 중 하나입니다. 성경은 "태초에 하나님이 창조하시니라"라는 선포로 시작되고 마지막 책 요한계시록에 이르기까지 같은 내용을 거듭 반복합니다. 성경의 묘사에 따르면, 하나님이 하신 여러 일들 중 으뜸은 무엇인가를 만드신 것입니다. 하나님은 세상을 더없이 찬란하게 만드셨고 시편은 그에 대한 경이감을 끊임없이 토로합니다. "해와 달아 그를 찬양하며 밝은 별들아 다 그를 찬양할지어다. 하늘의 하늘도 그를 찬양하며 하늘 위에 있는 물들도 그를 찬양할지어다. 그것들이 여호와의 이름을 찬양함은 그가 명령하시므로 지음을 받았음이로다"(시 148:3-5).

어둠 속의 비밀

322

하나님은 거창한 독백을 통해 욥에게 자신이 얼마나 대단한 존재인지 알리시면서 창조세계를 친히 거론하십니다. 바다의 샘과 눈 창고가 그분의 것이라고 하십니다. 젊은 사자가 굴속에 웅크리고, 타조는 오만한 날개를 퍼덕이고, 베헤못이 솥처럼 물을 부글부글 끓게 하는 것은 하나님이 헤아릴 수 없는 기막힌 독창성으로 놈들을 그렇게 만드셨기 때문입니다. 물론 하나님은 남자와 여자도 만드셨습니다. 그들을 가장 사랑하셨기 때문인지, 아니면 하나님을 사랑하는 데 너무나 서툰 그들에게 닥칠 온갖 역경을 보상하기 위해서인지는 몰라도, 하나님은 그들을 그분과 약간 비슷하게 만드셨습니다. 창세기는 그들이 타락하고 끔찍한 선고가 내려진 후에도 "하나님이 아담과 그의 아내를 위하여 가죽옷을 지어 입히시니라"(3:21)라고 적고 있습니다. 성경의 나머지 부분 전체가 다루는 내용은 어떤 면에서 창조세계를 원래대로 회복시키시고 태초에 영광스럽게 창조하신 이 세계를 다시 영광으로 옷을 입히시려는 창조주의 끝없는 수고의 기록입니다.

하나님은 모든 민족에게 복을 주시고자 이스라엘이라는 민족을 만드셨습니다. 그들이 곁길로 샜을 때는 선지자들을 세워 그들의 순종을 이끌어내고자 하셨습니다. 하나님은 내키지 않으셨지만 기름을 부어 그들을 다스릴 왕을 세우셨습니다. 하나님의 백성이 그분을 버리고 다른 신들을 쫓아다니자 하나님은 그 민족 안에 소수의 신실한 무리를 만드셨습니다. "이새의 그루터기에서 한 싹"(사 11:1, 쉬운성경)을 내신 것입니다. 그 소수의 무리마저 모두 사라지자,

하나님은 마침내 내려오시어 한 사람을 두 번째 아담으로 만드셨습니다. 그는 다른 누구와도 달랐습니다. 사도 바울이 골로새 교인들에게 그 신비를 설명하며 했던 말처럼 "하나님께서는 그분의 안에 모든 충만함을 머무르게 하시기를 기뻐하"(1:19, 새번역)셨기 때문입니다. 방대한 창조의 과정 전체가 마침내 그 한 사람 안에 집약되었고, 열두 제자를 통해 완전히 새로운 민족에게로 조금씩 다시 흘러들어갔습니다. 새 이스라엘인 교회는 인간적 면모로 판단하면 언제나 누더기에다 부실하기 짝이 없지만 창조주께서 창조세계를 보존하기 위해 그 거룩함 가운데 만드신 또 다른 옷입니다. 창세기는 하나님이 세상을 만드셨고 세상이 그분의 것이기 때문에 좋든 싫든 사랑하기를 멈출 수가 없다는 것을 보여줍니다. 지금 같은 모습의 인류는 세상이 끝날 때까지 계속 실패하겠지만, 그 끝에도 하나님이 계실 것입니다. 요한은 이것을 성경의 끝부분에서 이야기합니다. 하나님이 "보라, 내가 만물을 새롭게 하노라"(계 21:5) 하고 외치시는데, 그 말씀이 그분의 입술에서 사라지기 전에 그분이 창조하신 새 예루살렘이 신부처럼 하늘에서 내려옵니다.

창조는 이 비범한 '책 중의 책'의 첫 몇 장에 윤곽이 드러난 테마 중 가장 큰 것이라고 할 수 있고, 다른 모든 주요 테마들도 그 몇 장에 함축되어 있습니다. 하나님이 아담과 하와에게 하신 말씀, 즉 그 치명적인 나무의 열매만 먹지 않는다면 에덴이 모두 그들의 것이라는 말씀에서 옛 율법의 언약이 나옵니다. 둘이 하나님의 말씀을 무시하고 그 열매를 먹으면서 이스라엘과 우리 모두의 비극적 역사가 펼쳐지지요. 그리고 그들을 놓지 않는 하나님의 사랑을 상징하는 가죽옷을 통해 새로운 은혜 언약이 등장합니다. 이 언약이 그들에게 요구하는 것은 하나님이 옷을 입혀주시도록 허락하는 것뿐입니다. 사도 바울의 이해에 따르면, 잘못을 저지른 아담의 얼굴에서 예수님의 모습이 희미하게 보입니다. 예수님은 올바르게 행하셨고 올바르셨고 만물을 마침내 올바르고 온전하게 만들기 위해 살고 죽으셨습니다. "행복한 가정은 서로 닮았지만, 불행한 가정은 모두 저마다의 이유로 불행하다." 톨스토이는 이 첫 문장으로 총 800쪽이 넘는 《안나 카레니나》의 향후 내용이 들어설 무대를 아름답고도 잊을 수 없는 방식으로 마련합니다. 성경이라는 방대한 도서관을 여는 창세기의 첫 몇 장에 대해 같은 말을 할 수 있습니다.

창세기가 전체 드라마의 무대를 마련한다면 물론 출연 배우들도 있습니다. 누가 그 수를 셀 수 있겠습니까? 누가 그들의 다양성을 묘사할 수 있겠습니까? 족장과 사사, 왕과 창녀, 농부와 제사장, 한마디로 가능한 모든 부류의 남녀, 영웅과 악당, 그리고 우리처럼 이쪽이 되었다 저쪽이 되었다 하는 사람들이 다 나옵니다. 물론 주인공은 하나님입니다. 그분이 모든 것을 지배하시고 모든 것이 그분을 중심으로 돌아갑니다. 성경은 하나님의 책입니다. 거대한 흰 고래가 없는 《모비딕》을 상상할 수 없듯, 하나님 없는 성경도 상상할 수 없습니다. 하지만 거대한 흰 고래처럼 하나님도 잘 보이지 않습니다. 날이 서늘할 때에 에덴동산을 거니시는 모습으로 잠시 등장하시지만 거기에도 그분에 대한 묘사는 없고, 이후에 나오는 천 쪽이 넘는 분량 내내 마찬가지입니다. 그분은 너무나 거룩하셔서 그분을 보기만 해도 죽게 됩니다. 그리고 하나님의 형상이나 하나님처럼 여길 수 있는 하늘 위, 땅 아래의 어떤 형상도 새겨 만들지 말라는 계명이 이스라엘 신앙의 기본입니다. 하나님은 모세가 그분의 영광이 지나가는 것을 볼 수 있도록 반석 틈에 몸을 숨기게 하시면서 이렇게 말씀하십니다. "네가 내 등을 볼 것이요 얼굴은 보지 못하리라"(출 33:23). 모세가 시내 산에서 하나님과 대화하고 내려왔을 때 그의 얼굴은 기이한 빛으로 환하게 빛났고, 사람들이 그에게 다가가기를 두려워하여 모세는 수건으로 얼굴을 가려야 했습니다(출 34:29-35). 성경에서 하나님은 그분을 만난 사람들의 얼굴과 삶에 반사된 모습으로만 볼 수 있습니다. 신약성경 전체가 사도 바울처럼 "예수 그리스도의 얼굴에 있는 하나님의 영광"(고후 4:6)을 본 사람들의 경험에서 자라나온 것입니다.

하나님은 공간 속에서 보이지 않습니다. 발자크의 작품 《인간희극》에서 발자크를 볼 수 없는 것처럼 말입니다. 그러나 그분의 소리는 들을 수 있습니다. 하나님의 말씀을 들을 수 있는 것은 말이 공간 대신 시간을 따라 전진하기 때문입니다. 영원이 시간에 거할 수는 없지만 수직이 수평을 파고들듯 시간 속으로 파고들 수 있습니다. 성경에서 하나님은 말씀하시는 분으로 자신을 알리십니다. 선지자들과 족장들, 제사장들과 시인들에게 말씀하시고 그들을 통해 말씀하십니다. 이스라엘의 역사나 사람들의 개인사에서도 그분의 능하신 행적을 통해 말씀하십니다. 사람들의 개인사에서는 그들이 하나님께 귀 기울이거나 삶의 행보를 그분께 맞출 때는 물론이고, 때로 그렇지 않을 때도 여전히 말씀하십니다. 성경은 하나님의 말씀입니다. 하나님에 대한 말이자 하나님이 자신에 대해 하시는 말씀입니다. 성경은 또한 하나님의 끝없는 말이기도 합니다. 그분이 수많은 사람들에게 허락하신, 예측할 수 없고 파악하기 힘든 자기노출이지요. 이때 하나님이 쓰시는 매개체를 히브리어로 '다바르'라고 하는데, 이것은 '말'과 '행동'을 모두 뜻합니다. 일이 벌어지게 만들기 때문에 행동이기도 한 말이면서, 의미를 드러내기 때문에 말이기도 한 행동입니다.

이렇게 말하면 하나님이 너무나 멀고 다가갈 수 없는 모호한 존재로 느껴질지 모르지만, 성경의 묘사를 따라가다 보면 하나님이 전혀 그런 분이 아니라는 것을 알 수 있습니다. 하나님은 때로는 진노하시고 때로는 사랑을 베푸십니다. 질투하십니다. 웃으십니다. 산통 중인 여자처럼 부르짖으십니다. 아브라함의 친구이십니다. 도시들을 파괴하십니다. 엘리야가 들었던 세미한 음성으로 말씀하시고 우렛소리로 모세에게 응답하십니다. 역사의 대재앙을 통해 수천수만의 사람들에게 자신을 알리시고, 다른 수천수만의 사람들에게는 자신을 감추십니다. 설명할 수 없고 끔찍한 일이지만, 하나님은 죽음을 앞둔 그리스도께 자신을 감추셨습니다. 하나님이 궁극적으로 어떤 분인지 말할 수 있는 유일한 존재인 하나님 그분이 친히 말씀하십니다. 그분은 "너희의 하나님인 나 주(主)"(레 19:2, 새번역)라고 모세에게 말씀하시는데, 이것은 "나는 곧 나다"(출 3:14)라는 말을 달리 표현한 것입니다. 신비, 능력, 의(義), 사랑도 마찬가지입니다. 우리가 하나님을 묘사하는 데 쓰는 모든 말은 하나님이 자기 뜻을 드러내시는 행위를 '말씀하신다'고 하는 것과 마찬가지로 결국에는 조악합니다. 하나님은 그 어느 것도 아니십니다. 그 모두이십니다. 그분은 하와, 라헬, 아합, 한나, 밧세바, 유다가 경험한 분입니다. 그분은 우리 각자가 경험한 분입니다. 그분은 거룩하십니다. 그분은 하나님이십니다.

　우리는 하와와 한나, 유다와 아합 같은 사람들, 그리고 나머지 등장인물들이 어떻게 생겼을지 궁금해 합니다. 그러나 대부분의 경우 성경은 보는 것보다 듣는 것에 더 관심이 있고, 등장인물들의 용모에 대해서는 거의 말해주지 않습니다. 하나님의 경우도 마찬가지지요. 다윗은 잘생긴 빨간 머리에 눈이 아름다웠다고 합니다. 요셉은 형들의 질시를 한 몸에 받은 채색옷을 갖고 있었지요. 솔로몬의 아가서에 나오는 신부의 가슴은 백합화 꽃밭에서 풀을 뜯는 한 쌍 사슴 같고 쌍둥이 노루 같습니다. 예수님은 배의 고물에서 베개를 베고 주무셨습니다. 사석에서 만난 바울은 약하고 말주변도 변변치 못한 인물이었습니다. 그들에 대해 더 볼 수 있다면 참 좋겠지요. 당대뿐 아니라 이후에도 줄곧 중요하게 여겨졌던 주요 인물들의 경우에는 특히 그렇습니다. 아브라함과 사라를 예로 들어볼까요? 마침내 아이를 갖게 될 거라는 천사의 말을 들었을 때 모래바람에 찌든 그들의 나이 든 얼굴에 어떤 표정이 떠올랐을지 궁금하지 않습니까? 그 표정을 한번 엿보는 것은 그들에게 아이가 귀중했던 것만큼이나 귀중한 경험이 될 것입니다. 비스가 산에 서서 북쪽의 단과 납달리 지파의 땅부터 남쪽의 네겝과 요단 골짜기까지 응시하던 모세의 표정도 궁금합니다. 그는 자신이 그 땅을 밟아보지도 못하고 죽게 되리란 것을 알고 있었습니다. 영광의 절정에 있을 때의 솔로몬이나 불편한 소식을 들고 온 천사와 조우한 마리아는 어땠을까요? 우리는 폭풍이 몰아칠 때 예수님이 배의 고물에서 베고 주무셨던 베개를 보는 것까지는 허락을 받았지만 정작 그분의 머리는 보지 못했습니다. 예수님이 어떤 목소리로 말씀하셨는지, 주무실 때나 깨어 계실 때 어떤 모습이었는지, 지쳤을 때 그분의 어깨가 어떻게 굽었는지 전혀 모릅니다. 하지만 우리는 보지 않고도 많은 내용을 압니다. 우리는 '드바림'('다바르'의 복수형—옮긴이), 곧 행동이기도 한 말을 통해 그들 모두를 알고 하나님을 압니다. 그리고 그런 식으로 예수님을 압니다.

성경은 등장인물들의 놀라운 말들로 가득합니다. 이삭은 에서의 옷을 입은 야곱에게 속아 넘어가 자기 앞에 무릎을 꿇은 사람이 에서라고 생각하고 코를 킁킁거리며 이렇게 말합니다. "내 아들의 향취는 여호와께서 복 주신 밭의 향취로다"(창 27:27). 이 부분을 읽고 있으면 렘브란트가 구사했을 법한 명암법으로 다채롭고 감동적으로 그린 눈먼 노인이 우리 앞에 나타납니다. "내 아들 압살롬아, 내 아들, 내 아들 압살롬아! 차라리 내가 너를 대신하여 죽었더면, 압살롬 내 아들아 내 아들아!"(삼하 18:33) 자신을 배신한 아들이 전투에서 쓰러졌다는 소식을 듣고 다윗이 한 말입니다. 이 말을 통해 다윗의 가장 인간적인 면모와 왕다운 면모를, 직접 보지 않고도 볼 수 있습니다. 광란의 노력에도 불구하고 바알을 불러내어 제물을 올려놓은 장작더미를 불태우게 하는 데 실패한 선지자들을 매서운 말로 조롱한 엘리야, 그의 얼굴에 어렸을 황홀함이 눈에 선합니다. "큰 소리로 부르라. 그는 신인즉 묵상하고 있는지 혹은 그가 잠깐 나갔는지 혹은 그가 길을 행하는지 혹은 그가 잠이 들어서 깨워야 할 것인지"(왕상 18:27). 카메라로 찍어도 이 장면을 그렇게 잘 포착할 수는 없을 것입니다.

말하는 사람들의 특성을 드러내고 그들을 우리 눈앞에 생생하게 살려내는 대화들도 있습니다. 사울 왕은 죄책감을 느끼면서도 신분을 숨긴 채 밤중에 엔돌의 마녀를 찾아가, 죽은 사무엘을 불러달라고 합니다. 생전에 사무엘은 그의 친구이자 양심이었고 가장 확고한 적이었습니다.

"나를 위하여 신접한 술법으로 내가 네게 말하는 사람을 불러 올리라" 하니

여인이 그에게 이르되 "네가 사울이 행한 일 곧 그가 신접한 자와 박수를 이 땅에서 멸절시켰음을 아나니 네가 어찌하여 내 생명에 올무를 놓아 나를 죽게 하려느냐?" 하는지라.

사울이 여호와의 이름으로 그에게 맹세하여 이르되 "여호와께서 살아 계심을 두고 맹세하노니 네가 이 일로는 벌을 당하지 아니하리라" 하니

여인이 이르되 "내가 누구를 네게로 불러 올리랴?" 하니

사울이 이르되 "사무엘을 불러 올리라" 하는지라.

여인이 사무엘을 보고 큰 소리로 외치며 사울에게 말하여 이르되 "당신이 어찌하여 나를 속이셨나이까? 당신이 사울이시니이다."

왕이 그에게 이르되 "두려워하지 말라. 네가 무엇을 보았느냐?" 하니

여인이 사울에게 이르되 "내가 영이 땅에서 올라오는 것을 보았나이다" 하는지라.

사울이 그에게 이르되 "그의 모양이 어떠하냐?" 하니

그가 이르되 "한 노인이 올라오는데 그가 겉옷을 입었나이다" 하더라.

사울이 그가 사무엘인 줄 알고 그의 얼굴을 땅에 대고 절하니라(삼상 28:8-14).

빌라도와 예수님이 처음으로 대면하여 만났을 때 나눈 대화도 볼 만합니다.

"네가 유대인의 왕이냐?"

"이는 네가 스스로 하는 말이냐? 다른 사람들이 나에 대하여 네게 한 말이냐?"

"내가 유대인이냐? 네 나라 사람과 대제사장들이 너를 내게 넘겼으니 네가 무엇을 하였느냐?"

"내 나라는 이 세상에 속한 것이 아니니라. 만일 내 나라가 이 세상

에 속한 것이었더라면 내 종들이 싸워 나로 유대인들에게 넘겨지지 않게 하였으리라. 이제 내 나라는 여기에 속한 것이 아니니라."

"그러면 네가 왕이 아니냐?"

"네 말과 같이 내가 왕이니라. 내가 이를 위하여 태어났으며 이를 위하여 세상에 왔나니 곧 진리에 대하여 증언하려 함이로라. 무릇 진리에 속한 자는 내 음성을 듣느니라."

"진리가 무엇이냐?"(요 18:33-38)

하나님이 태고의 어둠을 향해 창조의 말씀을 하시자 첫 번째 날에 빛이 생겨났습니다. 우리가 서로에게 말하고 귀를 기울이면 우리 개별적 신비의 어둠 속에서 우리가 누구인지를 알리는 진리의 빛이 생겨나게 됩니다.

성경의 페이지들을 가득 메우고 있는 수많은 사람들. 그들은 말합니다. 귀를 기울입니다. 그리고 모습을 드러냅니다. 우리가 그들을 선과 악의 알레고리적 전형으로 대하지 않고 우리 모두가 그렇듯 어느 날은 착했다가 다른 날은 악했다가 때로는 착하면서도 악한, 피와 살을 가진 남녀로 보고 귀를 기울일 때 차례차례 모습을 드러냅니다. 노아는 세상 모든 사람 중에서 하나님의 은혜를 입은 단 한 사람이었습니다. 그러나 그도 자기가 기른 포도로 만든 술을 벌컥벌컥 마시다 정신을 잃고 말았습니다. 믿음의 본이자 하나님의 친구였던 선조 아브라함도 사랑하는 아내를 구하기 위해 목숨을 걸기보다는 파라오의 하렘으로 아내를 순순히 넘겨주었습니다.

쌍둥이인 에서와 야곱 중에서 하나님이 거룩한 꿈으로 찾아가시고 열두 지파의 아버지이자 약속의 담지자인 이스라엘로 선택하여 삼으신 자는 흠 없는 에서가 아니라 모사꾼에다 사기꾼인 야곱이었습니다. 종교화에 등장하는 예수님의 제자들에겐 후광이 비치지만, 복음서 이야기를 보면 그들은 대체로 보통 사람들과 다를 바 없습니다. 첫 자리를 차지하려고 서로 경쟁하고, 끊임없이 헛다리를 짚고, 상황이 어려워지면 제 한목숨 보전하는 데만 관심이 있습니다. 하나같이 그랬지요. 예수님조차도 경건한 전통이 수 세기에 걸쳐 그려낸 것보다 훨씬 복잡하고 인간적인 모습으로 나와 있습니다. 고향 나사렛 사람들은 그분을 너무나 불쾌하게 여겨 절벽에서 밀어 떨어뜨릴 뻔했습니다. 그분은 어머니에게 냉혹하게까지는 아니라도 싸늘하게 말씀하십니다. 겟세마네에 이르러 눈앞에 놓인 일이 생생한 공포로 다가오자, 그분은 피를 땀처럼 쏟으며 하나님께 그 일에서 벗어나게 해달라고 간청합니다. 마가의 기록에 따르면, 그분이 십자가에서 마지막으로 남긴 말은 당당한 믿음의 선언이 아니라 버림받고 절망한 이의 외침이었습니다.

다시 말해, 성경의 인물들은 다른 어떤 존재이기에 앞서 진짜 인간이었습니다. 그들이 활동한 곳은 주일학교 교재에 등장하는 세상이 아니라 어둠과 빛이 뒤섞인 도스토옙스키의 소설 같은 곳이었습니다. 그곳에서는 고통이 사람을 구원하기도 하고 사람의 마음을 돌처럼 굳어지게 만들기도 했습니다. 이 세상에서 하나님은 생명을 주는 임재로 자신을 알리기도 하시지만, 그분의 끔찍한 부재로만 자신을 알리기도 하십니다. 성경은 그런 세상에 사는 사람들에게 벌어진 이야기들을 모아놓은 책으로, 각 이야기에 등장하는 인물들도 제각각이고 이야기를 들려주는 방식도 그만큼 다양합니다. 예를 들면 창세기의 앞부분에는 창조의 두 이야기가 나란히 나오는데, 하나는 그레고리오 성가처럼 장엄하면서 운율이 느껴지고, 다른 하나는 손주에게 들려주는 이야기처럼 담백하고 인간미가 넘칩니다. 야곱과 그의 아들 요셉에 대한 이야기들은 두 번째 창조 이야기처럼 수수한 문체로 펼쳐지지만 구조가 복잡하고 심리적 동기가 가득하며 세부 내용이 풍부하게 담겨 있습니다. 특히 야곱의 경우는 그보다 다면적이고 매혹적이고 그럴듯한 소설 캐릭터를 찾기가 어려울 정도입니다.

그런데 다니엘서에 등장하는 느부갓네살의 금 신상 이야기는 문체가 전혀 다릅니다.

느부갓네살 왕이 금으로 신상을 만들었으니 높이는 육십 규빗이요 너비는 여섯 규빗이라. 그것을 바벨론 지방의 두라 평지에 세웠더라. 느부갓네살 왕이 사람을 보내어 총독과 수령과 행정관과 모사와 재무관과 재판관과 법률사와 각 지방 모든 관원을 느부갓네살 왕이 세운 신상의 낙성식에 참석하게 하매 이에 총독과 수령과 행정관과 모사와 재무관과 재판관과 법률사와 각 지방 모든 관원이 느부갓네살 왕이 세운 신상의 낙성식에 참석하여 느부갓네살 왕이 세운 신상 앞에 서니라. 선포하는 자가 크게 외쳐 이르되 백성들과 나라들과 각 언어로 말하는 자들아, 왕이 너희 무리에게 명하시나니 너희는 나팔과 피리와 수금과 삼현금과 양금과 생황과 및 모든 악기 소리를 들을 때에 엎드리어 느부갓네살 왕이 세운 금 신상에게 절하라. 누구든지 엎드려 절하지 아니하는 자는 즉시 맹렬히 타는 풀무불에 던져 넣으리라 하였더라. 모든 백성과 나라들과 각 언어를 말하는 자들이 나팔과 피리와 수금과 삼현금과 양금과 및 모든 악기 소리를 듣자 곧 느부갓네살 왕이 세운 금 신상에게 엎드려 절하니라(단 3:1-7).

이 이야기에는 세련된 문학적 기교가 가득합니다. 이야기 전체에 걸쳐 무심하고 낭랑하게 계속 등장하는 악기들과 관리들의 명칭은 놀라운 풍자적 효과를 가져다주고, "느부갓네살 왕이 세운 금 신상"이라는 표현은 등장할 때마다 세상의 그 어떤 것도 언젠가 금 신상이 무너지는 것을 막지 못하고, 바벨론의 척도로 보아도 인간의 모든 영광이 헛되고 일시적임을 일깨워줍니다. 전도서조차도 이 메시지를 그렇게 잘 전달하지는 못합니다.

욥기의 저자는 고대의 설화를 바탕으로 다른 종류의 문학적 기교를 발휘해 심오한 시로 빚어내는데, 그 결과물은 이스라엘이 만든 그 어떤 작품보다 고전극에 가깝습니다. 이스라엘의 사명은 하나님의 자비를 모든 민족에게 전하는 것이고, 요나서의 저자는 그 점을 극적으로 보여주기 위해 제가 볼 때 성경의 그 어떤 책보다 고급 희극에 근접한 이야기를 들려줍니다. 고집불통 선지자는 이방인들에게 구원의 길을 전하면서도 끊임없이 불평을 쏟아내고, 이야기의 끝부분에서 하나님은 뜨겁게 내리쬐는 태양에 대한 요나의 분노를 더 이상 그늘을 제공하지 못하고 시들어버린 박 넝쿨에 대한 연민으로 오인하는 척하십니다.

성경에는 허구적 이야기와 구분되는 역사적 기록의 영역도 있습니다. 사무엘하 9-20장과 열왕기상 1-2장에 나오는 다윗 왕궁의 흥미진진한 모습은 목격자의 증언으로 보이는데, 고대 세계의 그 어떤 역사 기록 못지않게 설득력이 있고 철저하며 생동감이 넘칩니다. 그 부분에서 다윗이라는 인물이 어떻게 묘사되는지 잘 살펴보십시오. 때로는 무자비하고 때로는 감정에 휘둘리며 유약하기까지 한 그의 모습이 매우 인상적입니다. 그는 눈 하나 깜빡하지 않고 우리야를 죽이라는 명령을 내리는가 하면, 죽은 친구 요나단의 절름발이 아들에게 피난처를 제공합니다. 그의 통치 말년의 기록은 특히나 생생합니다. 밧세바가 후계자 문제로 바가지를 긁는 대목과 아름다운 젊은 처녀 아비삭을 품에 안고 자는데도 다가오는 죽음의 냉기를 그의 늙은 뼈에서 몰아낼 수 없었다는 대목을 떠올려보십시오.

온갖 이야기와 등장인물과 문체를 담고 있는 이 방대한 책보다 더 뛰어난 모음집은 생각하기 어렵습니다. 이 책은 더없이 다양한 방식으로 하나님을 (복수하시고 호전적이고, 사랑과 궁휼이 많으신 분으로) 묘사하고 인간도 묘사하며, 하나님이 그분과 인간의 교제와 인간과 인간의 교제 모두를 원하시는 분임을 보여줍니다. 하지만 그런 다양성에도 불구하고, 거대한 드라마 전체는 여전히 서로 조화를 이룹니다.

창세기는 하나님과 인간을 묘사하고 하나님의 뜻을 드러내는 일의 일부를 감당합니다. 무대를 마련하고 주요 테마 모두를 소개하는 프롤로그이지요. 주요 테마들도 그 일부를 감당합니다. 창조, 언약, 율법, 죄, 은혜가 모든 역사와 이야기, 시편 안팎의 모든 시와 예언에 두루 엮여 있습니다. 주요 등장인물들도 그 일부를 감당합니다. 거룩하신 하나님이 모든 쪽마다 스며들어 계시고, 아브라함과 사라, 모세와 라합, 다윗과 사무엘, 여러 선지자 등 히브리서가 나열하는 믿음의 영웅들은 그들의 시대는 물론이고 그들 민족의 오랜 기억 속에 계속해서 등장합니다. 그리고 그리스도인들에게 당연한 말이지만, 성경을 하나로 붙들고 있는 존재는 예수님입니다. 성경은 그분의 책이자 그분에 대한 책이기 때문입니다.

끝으로, 성경은 그 비범한 다양성에도 불구하고 단일한 플롯으로 엮여 있다고 말할 수 있습니다. 그 플롯은 간단합니다. '하나님이 세상을 창조하시고, 세상이 길을 잃고, 하나님이 세상을 찾아 원래 창조한 목적대로 영광스럽게 회복시키신다.' 따라서 성경은 하나님이 만드시고 잃어버려 끊임없이 찾으시는 여러분과 저에 대한 책이고, 그런 의미에서 성경을 한데 묶어주는 것은 바로 우리라고 말할 수 있을 것입니다. 여기에 한마디를 덧붙일 수 있겠지요. 성경은 인류가 이제껏 배출한 그 어떤 책보다도 여러 의미에서 우리를 하나로 묶어주는 책이기도 하다는 것을 말입니다.

바울이 사랑을 전합니다

25

그리스의 수사학자 알키프론은 회고록에서 이렇게 썼습니다. "나는 아직 고린도에 가보지 않았다. 그곳 부자들의 짐승 같은 생활과 가난한 사람들의 비참한 삶을 잘 알기 때문이다." 그리고 아리스토파네스(주전 445-385, 고대 그리스 최대의 희극시인—옮긴이) 시대 이후부터 고린도는 그 이름에서 파생된 동사까지 있는 특별한 도시였습니다. "고린도인처럼 되다"는 엉망이 된다는 뜻이었습니다. 그리스 본토와 펠로폰네소스 반도를 잇는 지협에 위치한 고린도는 무역과 장사의 중심지였습니다. 주민의 대다수가 이민자들이었고 해 아래 모든 곳에서 온 선원들이 자신이 믿는 신을 데려와 거리를 누볐습니다. 그중 몇 가지만 꼽자면 이집트에서 온 이시스와 세라피스,

수리아에서 온 아스타르테, 에베소에서 온 아르테미스가 있었습니다. 고린도의 지리적 특징 중 가장 두드러진 것은 아크로고린도라는 높은 봉우리였는데, 그 정상에 아프로디테 여신에게 바친 신전이 서 있었습니다. 그 여신이 다른 모든 신들보다 뛰어나고 모든 시민의 마음에 자리 잡고 있다는 상징이었습니다. 그리스의 역사가 스트라본에 따르면, 아프로디테 신전에는 천 명이나 되는 신전 매춘부가 있었습니다. "자고로 고린도에 가면 안 된다"는 말은 누구도 문제 삼지 않는 고대의 건전한 상투적 조언이었습니다.

사도 바울은 그 말을 마음에 새겼어야 했습니다. 주후 50년경 그는 처음으로 그곳에 도착했고, 사도행전은 그 결과를 짧지만 생생하게 기록하고 있습니다. 그는 유대인 부부 브리스길라와 아굴라의 집에 들어가 같이 지냈습니다. 그들 부부는 클라우디오스 황제가 모든 유대인에게 로마를 떠나라고 명령했을 때 고린도로 이주했지요. 그들은 바울을 지역의 회당에 소개했고 그는 초대를 받아 특별 손님으로 회당에서 설교를 했습니다. 그곳에서 바울은 고작 20년 전에 예루살렘에서 십자가에 못 박혔던 나사렛 사람 예수가 유대인들이 오랫동안 고대해온 메시아이자 생명의 주인이라고 열정적으로 선포했습니다. 일부 회당 지도자들은 그를 신성모독자에다 이단자 취급을 하며 회당을 떠나 다시는 나타나지 말라고 했습니다. 그는 그 말대로 했지만 이미 많은 유대인들이 그의 말을 듣고 새로운 신앙으로 개종한 후였고 그중에는 회당장 그리스보도 있었습니다. 거기에 더해 바울은 회당 바로 옆집 사람이던 디도 유스도의 집에서 기독교회를 세웠고 1년 반 동안 그곳에서 복음을 가르쳤습니다. 이후 장소를 옮겨 선교활동을 이어가기로 결정하고 에게 해를 건너 에베소에 도착했고, 바로 여기서 몇 년 후 고린도에 남겨두고 온 개종자들로부터 편지를 받게 됩니다. 그 편지의 답장으로 쓴 것이 바로 고린도전서입니다.

고린도의 교인들이 제기한 구체적인 질문들과 그에게 조언을 구한 교회의 문제들에 대한 바울의 답변은 고린도전서에서 가장 중요한 부분도, 가장 흥미로운 부분도 아닙니다. 하지만 그런 대목들은 이 편지의 기록 목적을 잘 보여줍니다. 여기서 바울의 주된 관심사는 로마서와 갈라디아서의 경우처럼 종교적 교리를 해설하는 일이 아닙니다. 그는 기독교 신앙을 질서정연하게 소개하려 하지 않았습니다. 그저 고린도 교회 교우들과 직결된 구체적인 문제들에서 그들의 잘못을 바로잡아주려 했을 뿐이지요. 그러다 곁길로 새는 과정에서 그의 어떤 글보다 유려하고 감동적이며 그의 사람됨을 보여주는 몇몇 구절이 탄생했습니다.

그 구체적인 문제들에 대해 좀 더 알았으면 하는 아쉬움은 피할 수 없습니다. 독자를 감질나게 하는 내용이 많습니다. 바울이 첫인사 부분에서 언급한 소스데네가 고린도의 유대인들이 바울을 로마인 총독 갈리오에게 끌고 가 처벌받게 하려 했다가 실패하자 홧김에 대신 두들겨 팼던 소스데네와 동일 인물일까요? 그때 갈리오는 유대인들끼리의 말다툼은 지루해 죽겠다는 취지의 말을 길게 한 후에 그들을 모두 법정에서 쫓아냈습니다(행 18:12-17). 글로에의 집 사람들(고전 1:11)이 에베소에 있던 바울에게 고린도 교회 소식을 알려주었는데, 정작 고린도 교회 사람들은 바울에게 보낸 편지에서 그 일을 언급하지 않았던 것 같습니다. 여기 나오는 글로에는 누구이며, 그녀의 집 사람들은 누구였을까요? 노예였을까요, 가족이었을까요? 그녀는 고린도 교회 교인들 중 몇 명 되지 않았던 부유한 교인이었던 것 같습니다. 바울의 말에 따르면 고린도 교회의 교인들은 대체로 신분이 낮은 사람들, 빈털터리들이었습니다. 바울이 떠난 후 고린도에서 설교했던 알렉산드리아 출신의 유대인 아볼로에 대해서도 더 알 수 있다면 아주 흥미로울 것입니다. 바울이 철학적 달변을 폄하한 대목과 고린도후서에서 사용한 "거물급 사도들"(11:5, 새번역)이라는 신랄한 표현이 혹시 아볼로를 두고 한 말일 수도 있을까요? 유려한 히브리서의 저자가 바울이 아니라 아볼로라는 루터의 생각이 옳을 수도 있을까요? 아니면 다른 사람들이 생각한 것처럼, 바울을 집에 들인 여주인 브리스길라가 히브리서를 썼을까요? 사도행전에서 그들 부부가 아볼로를 따로 데려다가 "하나님의 '도'를 더 자세하게 설명하여주었다"(18:26)고 알려주는 대목을 보면 그녀의 이름이 남편보다 먼저 나옵니다. 이것은 적어도 그녀가 신학적 문제에서 집안의 주도권을 쥐고 있다는 뜻일 가능성이 있습니다. 어쨌거나 바울이 고린도전서를 쓸 당시 두 사람 모두 바울과 함께 에베소에 있었고, 그는 그들의 고향인 고린도의 교인들에게 인사하면서 그들의 안부인사도 전합니다.

바울은 등장인물들에 대해 파편적인 그림만 보여주고 있지만,

그들이 처한 일반적인 상황은 분명하게 알려주고 있습니다. 어떤 식으로건 상황이 엉망이었던 것은 분명합니다. 이후 기독교 세계가 처할 운명을 미리 보여주기라도 하듯, 작은 고린도 교회가 이미 많은 분파로 쪼개져 있었습니다. 한 분파는 바울을 추종했고, 다른 이들은 그의 후계자 아볼로를, 다른 이들은 사도 베드로를, 네 번째 분파는 그리스도를 따랐습니다. 그리스도를 따르는 이들이 누군지는 모르지만, 예수님의 인성을 부인하는 기독교 영지주의 집단일 가능성이 있습니다. 은사주의자들(*pneumatikoi*)의 무리도 생겨났는데, 이들은 방언과 '예언' 같은 영적 은사를 가졌다고 주장했고 툭하면 서로 잘났다고 영적 경쟁을 하고 다른 사람들을 무시했습니다. 교인 중 한 사람이 계모와 부부처럼 함께 살았는데, 이런 관계는 유대교 율법뿐 아니라 로마법에서도 잘못된 것으로 규정하고 있었습니다. 당시만 해도 성찬식은 지금처럼 전병 한 조각과 포도주 한 모금이 아니라 교회 전체가 교인 중 한 사람의 집에 모여 온전한 식사를 나누는 자리였습니다. 그리고 어떤 이들은 이때 실컷 먹고 취했습니다. 목록은 계속 이어집니다. 상황은 더할 나위 없이 나쁩니다. 바울은 그들에게 이렇게 썼습니다. "형제들아 내가 신령한 자들을 대함과 같이 너희에게 말할 수 없어서 육신에 속한 자 곧 그리스도 안에서 어린아이들을 대함과 같이 하노라. … 너희 가운데 시기와 분쟁이 있으니 어찌 육신에 속하여 사람을 따라 행함이 아니리요?"(3:1-3).

시기와 분쟁은 약과였습니다. 고린도의 교회, 아니 다른 모든 곳의 교회가 영적으로 말하면 아직 첫니도 안 난 평범한 사람들로 이루어져 있었습니다. 그들은 노예, 부두 노동자, 상인, 도공, 주부, 청동 세공인, 가죽 세공인 등이었습니다. 그들은 여느 누구보다 나을 바 없었고 적어도 한 가지 면에서는 오히려 못했습니다. 바울은 그들이 "그리스도 예수 안에서 거룩하여"졌다고 믿었고 훨씬 좋은 모습을 보여줄 거라고 기대했기 때문입니다. 바울은 그의 유명한 은유를 구사해 그들이 그리스도의 몸이며 그들 각각이 그리스도의 눈, 귀, 손이라고 썼습니다만, 그들이 살아가는 모습은 그리스도의 눈에 핏발이 서게 하고 귀가 빨갛게 물들게 하며 타락한 세상에서 그분이 하나님의 일을 수행하는 데 방해가 될 따름이었습니다. 그들이 내놓은 것은 비참한 혼란이었고, 바울에게 무엇보다 힘들었던 것은 그로 인해 찾아온 비참한 심정이었습니다. 고린도전서가 여러 면에서 본질적으로 다룬 내용은 바로 환희에 찬 소망과 충돌하는 허무감과 절망감, 불안하고 종종 고뇌에 흔들리는 믿음이 만들어내는 '그럼에도 불구하고'와 '그렇기 때문에' 사이의 끔찍한 긴장입니다.

바울은 고린도 사람들의 질문에 최선을 다해 대답했습니다. 성과 결혼에 대한 질문, 교회 내 여자들의 역할에 대한 질문, 고기를 먹는 것이 합당한지 여부를 묻는 질문. 마지막 질문은 고린도 같은 이방 도시에서는 양고기 구이 한 점까지도 모종의 신에게 바쳐졌을 가능성이 높았기에 대두된 것이었습니다. 바울은 신학보다는 전통에 호소하는 방식으로 친절하게 대답합니다. 정욕이 불같이 타는 것보다 결혼하는 것이 낫다는 그의 충고는 이후 수 세기에 걸쳐 널리 울려 퍼졌습니다. 여자는 교회에서 두건을 써야 하고 말을 해서는 안 된다고 했습니다. 교인들이 먹는 고기가 세라피스나 아스타르테에게 바쳐진 것이라도 문제될 것은 전혀 없었습니다. 그리스도께서는 그런 종교적 매임에서 그들을 자유롭게 해주신 분이기 때문입니다. 그러나 만약 그들이 고기를 먹는 것 때문에 그 문제를 중요하게 여기는 다른 교우의 믿음이 흔들리게 된다면, 물론 그 교우를 위해 고기를 먹지 말아야 합니다. 그러나 바울에게 진짜 질문은 이 모든 것보다 더 깊숙한 곳에 자리 잡고 있음이 분명합니다. 그는 "십자가의 말씀이 멸망할 자들에게는 어리석은 것"(1:18, 새번역)이라고 썼습니다. 그것은 어리석은 것이다, 논의 끝? 과연 가능한 얘기일까요? 이것은 그의 마음 깊은 곳에서 다른 어떤 것보다 그를 사로잡았던 질문임이 분명합니다.

유죄판결을 받은 중죄인이 하나님의 용서와 변화를 이끌어내는 사랑의 전달자였다는 메시지는 누구도 받아들이기 어려운 것이었고 몇몇 사람들에게는 특히 더 어려웠습니다. 바울이 '헬라인들'이라 부른 헬라화된 지식인들에게 이것은 터무니없게 보일 뿐이었습니다. 십자가에 못 박힌 유대인. 플라톤이 가르친 미와 선의 상징으로 이보다 더 추하고 부적절한 것이 있을까요? 다윗의 후손으로 오는 왕-메시아는 그 위엄 앞에 모든 민족이 무릎을 꿇어야 할 존재라고 믿는 경건한 유대인이 볼 때 십자가에 달린 메시아라는 것은 더할 나위 없이 모욕적인 이미지가 아니겠습니까? 바울은 두 반응 모두 잘 이해했습니다. 그는 십자가의 메시지를 "어리석게 보이는 말씀 선포"(1:21, 우리말성경)라고 표현했고, 그것이 지적이고 종교적인 이들에게도 어리석게 보일뿐더러 어느 쪽으로도 치우치지 않지만 상황이 어려워질 때 곁에 있어줄 무난한 신을 원했던 평범한 고린도 사람들에게도 어리석게 보인다는 것을 알았습니다. 바울의 하나님은 그들이 추구하는 신과 전혀 달랐고 바울은 먼저 그 사실을 인정하고 나섰습니다. 따지고 보면, 상황이 어려워졌을 때 누가 예수님 곁을 지켰습니까? 바울은 심지어 "하나님의 어리석음"을 말하기까지 합니다(1:25). 아프로디테 신전을 부끄럽게 만들 만큼 대단한 신전을 지을 수 있는 거물급 인사들을 추종자로 뽑지 않고, 약한 자, 멸시받는 자, 어리석고 찢어지게 가난한 사람들을 추종자로 뽑는 신을 달리 어떻게 묘사할 수 있겠습니까?

원수를 위해 기도하라, 너의 코가 석 자라도 가난한 자들을 걱정하라, 너를 필요로 하는 사람이 누구든 아낌없이 자신을 내어주어 온전함을 이루라. 기회를 놓치지 않고 기선을 제압해야 앞서 나갈 수 있지만, 그 정도는 웬만한 초등학교 4학년 학생도 다 아는 사실이지만, 그래도 너는 이웃을 사랑하라. 바울은 이 신이 이런 것을 요구하신다고 썼습니다. 이 하나님은 그런 분이었습니다. 예수님은 그런 분이었습니다. 물론 바울은 똑똑한 초등학교 4학년짜리가 아는 세상의 지혜가 결국에는 어리석고, 하나님의 더없는 어리석음이 궁극적인 지혜임을 열정적으로 주장합니다. 그의 말을 누구보다 귀담아들은 윌리엄 셰익스피어는 이 역설을 중심에 놓고《리어 왕》을 썼습니다. 어리석고 약하고 멸시받는 자들이었던 광대, 에드거,

켄트, 코딜리어, 글로스터 백작은 파멸한 왕에게 목숨을 걸고 충성한 끝에 리건, 고네릴, 에드먼드 등의 강력한 간계를 물리치고 승리했습니다. "코딜리어야, 그런 희생에 대해서는 신들이 향을 피워줄게다." 리어는 코딜리어에게 그것이 그들의 승리라고 말합니다. 그 이전에 바울이 이사야의 말을 인용해서 이렇게 밝힌 것과 같지요. "하나님이 자기를 사랑하는 자들을 위하여 예비하신 모든 것은 눈으로 보지 못하고 귀로 듣지 못하고 사람의 마음으로 생각하지도 못하였다"(2:9).

그러나 셰익스피어도 바울도 인생의 마지막 커튼이 내려올 때 이 사랑의 하나님을 사랑했던 이들과 그분을 거들떠보지도 않던 이들이 똑같이 죽는다는 사실을 알았습니다. 바울은 신상품을 둘러보듯 새 종교를 살피는 고린도 사람들도 그 사실을 다 안다는 것을 파악하고 있었지요. 그래서 문제는 그가 선포한 복음이 그 무엇보다 어리석어 보인다는 것과 그것이 실제로 더없이 어리석은 소리일 수 있다는 것이었습니다. 정말 끔찍한 가능성이었지만, 바울은 전혀 위축되지 않고 그것을 잉크로 꾹꾹 적어놓았습니다. "만일 그리스도 안에서 우리가 바라는 것이 다만 이 세상의 삶뿐이면 모든 사람 가운데 우리가 더욱 불쌍한 자이리라"(15:19).

바울은 에드먼드가 믿었던 것처럼 냉혹한 자연의 신만이 유일하게 가치 있는 신이고, 공정한 자가 아니라 적응을 잘하는 자가 오래 살아남으며, 결국 정글의 법칙만이 중요한 법칙으로 드러날 가능성을 고려해봤을 것입니다. 그는 담담하게 이렇게 말했습니다. "그

리스도께서 만일 다시 살아나지 못하셨으면 우리가 전파하는 것
도 헛것이요 또 너희 믿음도 헛것이며 … 죽은 자가 다시 살아나지
못한다면 '내일 죽을 터이니 먹고 마시자' 하리라"(15:14, 32). 이 부
분을 읽으면 그의 말이 신학적이고 논증적인 주장일 뿐 아니라 개
인적인 고백이자 본인의 가장 어두운 불안에서 나온 것이라는 느
낌을 피할 수 없습니다. 그는 "우리는 그리스도 때문에 어리석[다]"
(4:10)고 썼는데, 그 말은 그리스도께서 거룩하신 것처럼 거룩한 바
보라는 뜻입니다. 그러나 만약 그리스도의 마지막이 다른 모든 사
람처럼 죽음으로 끝났다면, 그리스도인들은 저주받은 바보들이 되
고 그리스도 본인은 가장 비극적으로 속은 자가 되었을 것입니다.
바울은 이 사실을 잘 알고 있었습니다. "바로 이 시각까지 우리가
주리고 목마르며 헐벗고 매 맞으며 정처가 없고 … 비방을 받은즉
권면하니 우리가 지금까지 세상의 더러운 것과 만물의 찌꺼기같이
되었도다"(4:11-13). 그가 토로하는 이방인의 사도로서의 삶도 충분
히 힘겨웠지만, 그를 정말 괴롭힌 것은 내면의 괴로움과 정처 없음
이었습니다.

이 편지에서 그는 그리스도를 본 일에 대해 자세히 묘사하지 않
습니다. 그냥 그리스도를 봤다고 진술할 따름입니다. 그 상황은 다
른 곳에서 묘사하고 있습니다. 그는 고린도에 있을 때도 그 이야기
를 했던 것이 분명합니다. 며칠 동안 눈을 멀게 만들었던 빛, 그의
이름을 부르던 목소리 이야기를 했겠지요. 그는 그리스도께서 하
고많은 사람 중에 그리스도인 박해를 전문으로 담당했던 자기에

게 나타나신 그 순전하고 아찔한 은혜를 결코 잊지 못했습니다. 그를 용서하셨을 뿐 아니라 특별히 불러 이방인의 사도의 일을 맡기신 그리스도의 은혜를 말입니다. 그 이후에 바울이 한 일, 쓴 글은 모두 다메섹 도상의 그 비범한 만남에서 환하게 타오른 것입니다. 그런데 그보다 더 비범한 사실이 있었습니다. 죽음이 그리스도의 끝이 아니었다면, 그들에게도 마찬가지일 것이라는 점이었습니다. "아담 안에서 모든 사람이 죽는 것과 같이, 그리스도 안에서 모든 사람이 살아나게 될 것입니다"(15:22, 새번역). 그들 모두가 그리스도 안에 있었고(바울이 즐겨 쓰는 표현 중 하나이지요) 그리스도께서도 그들 모두 안에 계셨기에 그들이 최후에 맞이할 것은 죽음이 아니라 생명이 될 터였습니다. 그것은 육체를 안 좋게 보았던 그리스의 이원론자들의 주장처럼 육체 없는 생명이 아니라, 더 이상 혈과 육에 속한 것이 아니라 새로운 형태의 놀라운 몸, '썩지 아니할 것이고 … 영광스러운 것으로 다시 살아날 … 신령한 몸'(15:42-44)을 입게 될 생명입니다.

"보라 내가 너희에게 비밀을 말하노니." 그의 어조가 노래로 바뀌고 환희에 넘칩니다. "우리가 다 잠잘 것이 아니요 마지막 나팔에 순식간에 홀연히 다 변화되리니 … 우리 주 예수 그리스도로 말미암아 우리에게 승리를 주시는 하나님께 감사하노니 그러므로 내 사랑하는 형제들아 견실하며 흔들리지 말고 항상 주의 일에 더욱 힘쓰는 자들이 되라. 이는 너희 수고가 주 안에서 헛되지 않은 줄 앎이라"(15:51, 57-58). 그의 콧구멍이 커지는 것이 보이는 듯합니다.

이것은 그가 가장 멀리, 가장 깊이 바라본 것입니다. 어둠의 심연보다 더 멀리 바라본 것이며 그가 말할 수 있는 가장 빛나는 것입니다. 그런데 바로 다음 순간 그는 본론으로 돌아가 예루살렘 교회를 위해 헌금을 어떻게 모아야 하고, 모은 돈을 어떻게 보내야 할지, 그 이후에 그가 언제 어디로 갈 것인지 설명합니다. 마지막 나팔이 언제 울릴지 누가 알겠습니까? 그때까지 그들이 해야 할 일이 많습니다. 하지만 바울이 언급한 대로, 큰 기쁨의 그곳에 이르기 전, 이 세상에 있는 동안, 기뻐할 일 역시 많습니다.

그 일들 중에 주의 만찬이 있습니다. 그런데 일부 고린도 교인들 때문에 이것이 혼란의 도가니로 바뀌고 있었습니다. 바울은 먼저 그들을 꾸짖습니다. 그의 문장은 짧고 날카롭습니다. 그는 말도 안 되게 행동하는 그들에게 분노했습니다. "내가 너희에게 무슨 말을 하랴?"(11:22). 그다음 갑자기 언어가 달라지고 어조도 바뀝니다. 그의 말은 황혼의 적막 비슷한 분위기로 시작됩니다. 자신이 묘사하는 장면에 완전히 빠져들어 마치 그곳에 가 있는 듯 살짝 몽롱한 기운마저 돕니다. 물론 그는 그 자리에 없었지요. 하지만 그 자리에 있었던 사람들을 알고 있었습니다. 예를 들면 오랜 동료이자 그가 맞선 적도 있는 베드로가 있었지요. 베드로는 예수님과 모든 제자들이 마지막으로 식사했던 그 자리에 대한 기억을 들려주었을 것입니다. 바울은 베드로의 기억과 같은 그런 기억을 활용하고 있는 것 같은데, 정작 그는 그렇게 말하지 않습니다. 그는 자신이 하는 말이 "주께 받은 것"(11:23)이라고 합니다. 그 말뜻을 누가 알 수 있을까요? 그가 받은 것은 아마 최후의 만찬의 의미, 그때 예수님이 하신 마지막 말씀의 온전한 진리였을 것입니다. 어쨌건, 그는 그때 있었던 일을 자세히 회상하고, 예수님이 잡히시던 밤을 회상하고, 예수님이 떡을 들고 떼어 감사하시던 일을 회상하고, 포도주를 회상합니다. 그의 말을 듣다 보면 그 모든 일이 벌어진 이후로 채 몇 년이 흐르지 않았다는 사실을 처음으로 제대로 깨닫게 됩니다. 최후의 만찬은 함께하지 못했어도 그 이전에 예수님과 함께 먹고 마셨던 사람들이 당시에도 여전히 살아 있었습니다. 그들은 그분의 음성을 알았고, 그분이 군중 가운데 섞여 있어도 알아볼 수 있었을 것입니다. 바울은 예수님이 하신 말씀을 회상합니다. 빵이 그분의 몸이라고 하셨습니다. 포도주가 그분의 피라고 하셨습니다. 빵과 포도주를 먹고 마시는 것은 곧 그분을 먹고 마시는 것이요, 그분의 생명을 그들의 삶과 그들 안에 받아들이는 것이라 하셨습니다. 이 식사는 그분의 죽음이 성취한 것과 그 의미를 선포하는 일이었기에, 그것을 술 취한 자들의 난장판으로 만드는 것은 질병과 죽음의 위험을 자초하는 꼴이었습니다. 주의 만찬은 주께서 영광 중에 다시 오실 때까지 그들에게 주신 위로이자 큰 선물이었습니다. 그리고 또 다른 선물이 있었습니다.

고린도전서 13장은 우리에게 매우 친숙한 말씀입니다. 그보다 더 친숙한 구절은 사복음서에도 없습니다. "내가 사람의 방언과 천사의 말을 할지라도 … 내가 어렸을 때에는 말하는 것이 어린아이와 같고 … 거울로 보는 것같이 희미하나." 이렇게 친숙한 구절은 오래 지니고 있다 보니 매끈하게 닳아버린 동전과도 같습니다. 시간이 지나면 그것이 어디서 나왔는지 가치가 얼마나 되는지 알아보기 힘들게 됩니다. 바울은 예언, 방언, 치유, 기적 등 영적 선물(은사)들에 대해 말하면서, 그것 때문에 추가적인 불화가 생겨서는 안 되고, 한 가지 은사를 받은 사람들이 다른 은사를 받은 사람들을 폄하해서도 안 된다고 가르쳤습니다. 그는 모든 그리스도인이 그리스도의 몸의 일부이고 모든 부분이 다 필요하다고 말합니다. "눈이 손더러 내가 너를 쓸데가 없다 … 하지 못하리라." 은사는 종류를 가리지 않고 다 귀하게 여겨야 합니다. 그다음에 그는 "너희는 더욱 큰 은사를 사모하라"(12:21, 31)고 말합니다. 그리고 그의 글 중에서 가장 많이 회자될 내용을 써내려갑니다.

바울은 가장 큰 은사가 '아가페'라고 말합니다. 그것이 없으면 믿음과 구제, 순교도 무의미하고 큰 지혜도 아무 가치가 없습니다. 킹제임스역본의 번역자들은 그리스어 단어 '아가페'를 'charity'로 옮겼는데, 17세기의 용례로 볼 때는 무난한 선택이었습니다. 부자가 가난한 사람에게, 운 좋은 사람이 운 나쁜 사람에게, 강한 자가 약한 자에게, 사랑스러운 자가 사랑스럽지 못한 자에게 베푸는 인애(仁愛)가 charity였으니까요. 그러나 우리 시대에 charity는 많은 경우 흔쾌하지 않고 상대를 낮추어보는 자선을 나타내기에, 현대의 번역자들은 흔히 그 단어를 'love'라고 옮깁니다. 그러나 아가페 사랑을 에로스 사랑과 혼동해서는 안 됩니다. 바울은 이 둘을 분명히 구분합니다.

에로스 사랑은 위로 향하는 사랑입니다. 우리의 빈자리를 채우기 위한 사랑, 사랑스럽고 사랑할 만한 대상을 향한 사랑입니다. 베아트리체를 향한 단테의 사랑, 안토니우스를 향한 클레오파트라의 사랑, 부모를 향한 아이의 사랑, 하나님을 향한 인류의 사랑입니다. 윌리엄 블레이크는 달에 사다리를 걸쳐놓은 사람을 작게 그려놓고 그 아래에다 진한 글씨로 이렇게 써놓았습니다. "난 원해! 난 원해!" 이것이 에로스가 늘 하는 말입니다. 아가페는 다릅니다. 아가페는 원하지 않습니다. 줍니다. 비어 있지 않습니다. 가득 차고 흘러넘칩니다. 바울은 이 구분을 분명히 하려고 노력합니다. 아가페는 오래 참지만 에로스는 안달합니다. 아가페는 모든 것을 견디지만, 에로스는 자기 뜻대로 하겠다고 우깁니다. 아가페는 친절합니다. 시기하지 않고 자랑하지 않고 무례하지 않습니다. 이유가 있어서가 아니라, 비가 내리고 해가 빛나듯 그냥 사랑합니다. 아가페는 모든 것을 참습니다. 심지어 십자가에 못 박히는 것까지 참습니다. 아가페는 비범한 힘을 갖고 있습니다.

아가페는 다른 면에서는 무력하지만 한 가지 힘을 갖고 있습니다. 이것을 가장 잘 보여주는 이야기가 〈미녀와 야수〉가 아닐까 합니다. 미녀는 야수가 아름답기 때문에 사랑하는 것이 아닙니다. 야수를 사랑해서 아름답게 만들지요. 다시 말해, 결국 아가페는 인류를 향한 하나님의 사랑입니다. 인간들은 하나님의 선물로 아가페가 주어지는 드문 순간에만 그런 식으로 사랑할 힘이 생깁니다. 변화를 일으키는 사랑, 무조건적인 사랑, 무슨 일이 있어도 한결같은 사랑으로 사랑할 힘 말입니다. "사랑은 없어지지 않는다"는 바울의 말은 감상적이거나 듣기 좋으라고 하는 말이 아닙니다. 에로스에는 분명히 끝이 있습니다. 가장 고상한 형태의 에로스라도 욕망의 대상이 달갑지 않게 되거나 욕망이 사라지면 끝이 납니다. 그러나 아가페는 하나님이 영원한 것처럼 영원합니다. 아가페는 하나님의 본질이기 때문입니다. 바울은 그것을 다메섹 도상에서 경험했고, 어느 모로 보나 탐탁지 않을 그를 하나님이 사랑하심을 알게 되었습니다. 어쨌거나 바로 그 순간에, 송충이 눈썹에 O자형 다리를 한 박해자가 어린아이의 일을 버렸고, 탁한 유리를 통해 보듯 희미하게 보는 것이 아니라 얼굴을 맞대고 보듯 진리 자체를 순식간에 보았습니다. 나중에 그가 말한 대로, 그분이 그를 아신 것같이 그분을 알게 되었습니다.

본인이 누구보다 먼저 인정했겠지만, 그 후에도 그는 다른 사람들과 마찬가지로 많은 부분에서 여전히 엉망진창이었습니다. 괴로운 의심과 우울함, 적의, 흥분, 약점이 가득했고, '육체의 가시'도 있었습니다. 그 정체는 알 수 없지만 그는 고린도후서에서 자신이 "너무 자고하지 않게" 막아주는 하나님의 방편이라고 해석한 바 있었지요. 그의 모난 모습, 보다 나은 모습이 편지를 마무리하며 친필로 쓴다고 말하는 대목에 다 드러나 있습니다.

"만일 누구든지 주를 사랑하지 아니하면 저주를 받을지어다. 우리 주여 오시옵소서. 주 예수 그리스도의 은혜가 너희와 함께[할지어다]"(16:22-23). 저주, 기도, 축복의 순서입니다. 이 모두는 한데 뒤섞여 있습니다. 이 모두는 바울 안에도 뒤섞여 있었지요. 그러나 다음을 보십시오. "나의 사랑이 그리스도 예수 안에서 너희 무리와 함께할지어다"(16:24). 그는 편지 마지막에서 사랑을 전합니다. 여기서 그는 다시 그 단어를 쓰지요. 그가 받았던 가장 귀한 것, 그가 줄 수 있는 가장 귀한 것, 아가페 사랑입니다.

청소년과 고통의 청지기

26

청소년을 뜻하는 영어단어 'adolescent'는 라틴어 동사 'adol-
escere'에서 나왔고, 이 단어는 '~쪽으로'를 뜻하는 'ad'와 '자라다'
라는 뜻의 'alescere'로 이루어진다는 데 모든 사전이 동의합니다.
이 단어는 성장하는 과정에 있는 사람들을 가리킵니다. 간단합니
다. 청소년들은 성인이 되는 과정에 있는 사람들인데, 성인을 뜻하
는 영어단어 'adult'는 'adolescere'의 과거분사형에서 나왔습니
다. 다시 말해 성인은 다 자란 사람들, 성장이라는 골치 아프고 복
잡한 과정을 넘어선 사람들입니다. 청소년은 정의상 성인이 이미
도달한 상태를 향해 나아가는 중에 있습니다.

이 어원이 마음에 드는 부분은 'adolescent'에서 경멸적인 의

미─"Don't be so adolescent(유치하게 굴지 마)." "That is a very adolescent way of looking at things(그건 상황을 아주 미숙하게 바라보는 거야)."─를 제거하고 순전히 임상적 용어로 만들어준다는 점입니다. 곤충의 세계에서 유충이 번데기가 되고 성충이 되듯, 인간 세계에서는 아이가 청소년을 거쳐 성인, 어른이 됩니다. 우리가 애벌레처럼 자연 질서의 일부라는 사실을 기억하는 것은 건전한 일입니다. 인간에게 있는 온갖 신비와 모호함에도 불구하고 우리가 어떤 수준에서는 집파리와 마찬가지로 명확하게 분류될 수 있다는 말을 들으면 안심이 됩니다.

물론 이 어원에 대해 맘에 안 드는 부분도 있습니다. 모든 것이 아주 깔끔하게 떨어진다는 느낌이 든다는 점입니다. 우리는 다른 여느 동물과 마찬가지로 동물계의 일원이지만, 다른 동물보다 더 신비하고 모호한 존재입니다. 적어도 우리는 자신을 그런 식으로 경험합니다. 어쩌면 성장의 과정이 쇠똥구리보다 우리가 더 골치 아프고 복잡하지 않을 수도 있겠으나 그렇게 느껴지는 것은 사실입니다. 생리적으로 우리는 청소년기를 뒤로하고 성인기에 들어섰습니다. 우리는 성인처럼 보입니다. 말하는 것도 성인 같고 대체로 성인처럼 세상을 살아갑니다. 그러나 그 과정이 라틴어 어원이 시사하는 것만큼 포괄적으로 이루어질까요? 우리는 과거분사가 뜻하는 것처럼 다 자란 이들의 무리에 완전히 합류한 것일까요? 나비에게 고치 시절이 지난 일인 것처럼 우리에게는 성장이 지난 일이 되었을까요? 생리적으로는 그렇습니다만 지적으로는 분명하지 않습니다. 그러면 심리적, 정서적으로는 어떨까요? 성적인 면은요? 영적으로는요? 제가 누군가를 대신해서 대답할 마음은 없습니다만, 제가 내놓을 대답에 대해서는 주저하지 않겠습니다.

법적으로 저의 청소년기는 수십 년 전에 끝났습니다. 저의 세 아이 중 막내가 사십 정도 되었으니, 그들의 청소년기도 제게는 거의 기억 속의 일이 되었습니다. 저는 로렌스빌 고등학교에서 5년, 필립스엑서터 고등학교에서 9년을 가르쳤습니다. 제가 청소년기에서 공식적으로 벗어난 이후에도 상당한 기간 동안 청소년들과 상당히 긴밀한 접촉을 유지한 셈입니다. 하지만 1967년 이후로는 중고등학교에서 가르친 적이 없으니 그것도 이미 오래전의 일입니다. 다시 말해, 저는 청소년기에 대해 권위 비슷한 것을 가지고 말할 자격을 갖추지 못했습니다. 하지만 단 한 가지 부분에서는 예외라고 생각합니다. 저는 나이가 팔십입니다. 자식들을 키웠고 열 명의 손주가 있습니다. 여러 책을 썼습니다. 이름 뒤에는 학위가 여럿 따라붙고 목사라는 직함까지 있습니다. 극장과 숙박시설을 이용할 때 할인을 받습니다. 그러나 저를 성인이나 성년이라고 말하는 것은 지나친 단순화이고 심하게 말하면 완전히 틀린 말이라고 할 수 있습니다. 저의 상태는 과거분사가 아니라 현재분사, 심지어 현수분사(의미상의 주어와 주절의 주어가 다른 분사―옮긴이)입니다. 저는 다 자란 사람이 아니라 자라는 사람, 더듬더듬 찾아가는 사람이며, 그런 성장과 더듬거림을 통해 어디로 가고 있는지 혹은 어디로 가야 하는지도 모를 때가 많습니다. 저는 달라붙을 명사를 찾는 동사적 형용사이고, 어떤 자아로 자라날지 탐색하면서 자라는 존재입니다. 외적으로 볼 때 저의 여드름은 1945년경에 깨끗해졌습니다. 그러나 내적으로 보면 여드름은 물론이고 저 자신에 대한 당혹스러움과 혼란까지 여전히 남아 있습니다. 제가 청소년기에 대해 자신 있게 말하는 이유는 여러 면에서 여전히 청소년기에 있기 때문입니다. 이것이 제가 이 주제로 강연을 하며 내세울 수 있는 유일한 자격 조건입니다. 저는 일종의 잡종이며, 청소년이나 성인이라는 각각의 용어로는 제대로 담아낼 수 없는 성인 청소년입니다. 그러니 공식 어원은 여기서 던져버리기로 합시다. 어떤 시점까지는 유용했지만 그다음부터는 적어도 저의 경우에는 쓸모가 없어졌으니까요.

그러면 제가 대안이 될 만한 어원을 제시해보겠습니다. 이렇게 말하면 그럴싸하게 들리지만 제가 만들어낸 것입니다. 언어학적 사실과는 아무 관련이 없지요. 하지만 공식 어원보다는 제가 경험한 청소년기의 본질을 제대로 담아낸다고 생각합니다. 정확성과는 거리가 멀지만 저는 영어단어 'adolescent'의 어원을 이렇게 풀어보겠습니다. 이 단어는 라틴어 전치사 'ad'(~로 향하여)와 라틴어 명사 'dolor'(고통)로 이루어져 있습니다. 이렇게 보면 'adolescent'는 고통의 과정에 있는 사람들, 더 구체적으로는 고통 자체를 발견하는 과정에 있는 사람들을 가리키는 용어가 됩니다. 어떻게든 고통을 받아들이고 고통에 대처하는 법을 알아내고 고통에서 살아남는 법과 자신이 만난 고통을 모쪼록 인간적이고 창조적으로 활용하는 법을 알아내려 시도하는 과정에 있는 사람들 말입니다. 공식 어원에 따르면 청소년은 분명히 자라나는 사람들이지만, 저의 가짜 어원을 적용하면 그들은 인간 경험 중에서도 고통이라는 구체적 영역에서 자라나는 사람들입니다. 청소년들은 아담과 하와처럼 금단의 열매를 맛보는 과정에 있고, 세상에 선과 악이 동시에 존재하며, 살아 있는 기쁨과 살아서 자신으로 존재하는 슬픔, 상처가 공존함을 발견하는 과정에 있습니다. 청소년들은 고타마 붓다처럼 인생이 고통이라는 사성제[불교의 네 가지 진리. 고집멸도(苦集滅道). 존재하는 것이 괴로움이라는 '고', 괴로움의 원인이 번뇌의 모임이라는 '집', 괴로움을 멸할 수 있으며 그 상태가 열반이라는 '멸', 괴로움을 멸하는 여덟 가지 수행의 길을 말하는 '도'―옮긴이]의 첫 번째 진리를 깨닫습니다. 인생에는 행복한 일도 많지만 고통이 보편적이고 불가피한 현실이며 그것을 직시하고 받아들이는 것이 지혜의 시작이고 인간 성장의 핵심에 해당한다는 것이 그 내용이지요.

청소년기 이전의 아이들도 고통을 압니다. 이것은 부인할 수 없는 사실입니다. 학대받는 아이, 버림받은 아이, 굶주리거나 병든 아이, 이런저런 식으로 가정과 학교에서 고통받는 아이들이 있습니다. 신문에는 아이들에 관한 끔찍한 일들이 가득하고, 어린 시절의 고통에 대해서는 누구나 할 말이 있을 것입니다. 그러나 저의 어린 시절을 회상해볼 때, 인생의 그 단계에서는 벌어지는 힘든 일의 고통스러움은 피할 수 없어도 인생의 본질이 고통이라는 깨달음에는 이르지 못하도록 막는 자연적 면역력이 존재하는 듯합니다. 어린 소년이 학교에서 다른 학생에게 얻어맞습니다. 어린 소녀가 키우던 고양이가 차에 치이는 장면을 봅니다. 어머니가 세상을 떠납니다. 그러나 다음 날이나 다음 주가 돌아올 무렵, 아이들은 어떻게든 그 일을 떨쳐내는 듯 보입니다. 정신의학에 따르면 아이들은 그런 일을 내면 깊숙한 곳에 던져놓고, 그 때문에 몇 년 후에는 거기서 온갖 문제가 생겨납니다. 그러나 적어도 아동기가 지속되는 동안에는 그 일이 영영 사라진 것처럼 보이고, 얻어맞은 아이는 팝콘 봉지를 무릎에 놓고 텔레비전 앞에 앉아 화면에서 펼쳐지는 내용을 넋 놓고 쳐다봅니다. 아버지에게 맞아 멍들고 부은 한쪽 눈 따위는 안중에도 없는 듯합니다. 아이들은 하루하루 살아가는 능력을 타고나는 것처럼 보입니다. 나쁜 날이 있습니다만, 그다음에는 썩 나쁘지 않은 날, 심지어 좋은 날도 옵니다. 그러다 다시 나쁜 날이 오기도 합니다. 그러나 대체로 아이들은 지난 일을 차곡차곡 재어두지 않는 것 같습니다. 제가 지어낸 어원 분석에 따르면 청소년기는 고통을 차곡차곡 재어둘 때 시작됩니다.

저는 1950년대에 로렌스빌 고등학교에서 교사로 있으면서 겪었던 일을 토대로 소설 속의 한 장면을 썼습니다. 20년 전에 쓴 그 소설에 나오는 짧은 장면입니다. 소설 속의 화자는 안토니오 파라는 젊은 교사입니다.

중학교 3학년 학생들에게 반어법이 무엇인지 장황하게 설명했던 기억이 난다. 내가 설명을 시작하기 전부터 대부분의 학생들이 그것을 잘 이해하고 있는 것 같았지만 입을 다물고 있기가 뭐해서 계속 설명을 이어갔다. 나는 외적 의미와 내적 의미에 대해 말했다. 반어적인 진술이라는 것은 열린 귀를 가진 사람들에게는 다른 뜻으로 들리는 진술이라고 설명했다. 마르쿠스 안토니우스는 장례연설에서 카이사르를 살해한 로마인들을 가리켜 명예로운 사람들이라 불렀는데 그 말의 내적 의미는 그들이 불량배 무리라는 뜻이었기 때문에 그는 반어법을 구사한 것이라고 했다. 그러나 학생들이 별다른 반응을 보이지 않자 나는 좀 더 깊이 들어갔다. 반어적 진술만 있는 것이 아니라 반어적 상황이라는 것도 있다고 말했다. 학생들의 침묵은 깊어졌다. 학생들 중에 스티븐 쿨라크라는 작고 통통한 소년이 있었는데, 중학교 3학년치고는 덜 여문 편이었다. 그것은 학생의 얼굴에도 나타났다. 얼굴은 둥글고 발그레했고 아이 특유의 신중한 눈을 하고 있었다. 그는 사람의 말이 두 가지 의미를 가질 수 있다는 점은 알겠는데, 벌어진 상황이 그럴 수 있다는 것은 이해가 되지 않는다고 말했다. 그래서 나는 내 침묵 속으로 깊숙이 손을 넣어 첫 번째로 손에 잡히는 사례를 끄집어냈다. 한 신부(新婦)가 결혼식 날을 맞이했다고 해보자. 그런데 하얀 드레스와 면사포를 두르고 교회로 가던 그녀가 차에 치어 죽어버렸다. 나는 그것이 반어적 상황이라고 말했다. 그녀가 새로운 인생을 시작하는 바로 그날 그녀의 인생이 끝났기 때문이다. 그 두 가지가 이루는 반어법. 이제 스티븐은 반어적이라는 말의 의미를 파악했을까? 레드배런 스웨트셔츠 차림으로 책상에 앉아 내가 내놓은 우울한 사례를 가지고 고민하던 그의 모습이 눈에 선하다. 그러다 그 발그레한 얼굴에 희미하고 의미심장한 그 무엇이 스치는가 싶더니 학생은 마침내 이렇게 말했다. "이제 알겠어요. 농담 같은 거군요." 그리고 나는 그가 정말 그것을 이해했음을 알 수 있었다. 국기에 대한 맹세가 액자에 담겨 벽에 걸려 있고 판지로 만든 크리스마스 화환이 창에 붙어 있는 교실에서 스티븐 쿨라크는 잠시도 입을 다물지 못했던 친절한 파 선생님으로부터 반어법이 무엇이고 농담이 무엇인지 배웠고, 귀를 열어놓는 실수를 저지른 바람에 인생이 무엇인지까지도 배웠다. 읽기와 쓰기를 제외하고, 영어 수업 시간에 교사가 아이들에게 가르치는 것은, 안타깝게도, 교사 자신이지 싶다.*

제가 그랬던 것처럼, 소설의 화자 안토니오 파도 어린 소년에게 붓다의 사성제 중 첫 번째 진리를 가르친 장본인이 되었다는 데 죄책감을 느낍니다. 그러나 그의 도움이 없었다 해도 어차피 그 학생은 조만간 인생을 통해 그 교훈을 배우게 될 테고, 그것도 대단히 거칠게 배우게 될 것이라는 사실을 알고 위안을 삼을 수 있을 것입니다. 어쩌면 교사의 주된 임무는 고통의 불가피성을 부드럽게 가르치는 것일지도 모릅니다. '청소년(adolescent)'이라는 단어에 제가 부여한 의미, 즉 'dolor(고통)를 차곡차곡 재어두는 사람'이라는 의미로 보면 교사들도 청소년이긴 매한가지입니다. 그들의 가장 고귀한 소명은 스티븐 쿨라크 같은 학생들이 세상의 진상을 보도록—알아야 대비를 할 테니—도울 뿐 아니라, 고통이 가치가 있고 그들

---

* *The Book of Bebb*(New York: Atheneum, 1979; San Francisco: HarperSanFrancisco, 1990), p.313.

의 가장 귀한 보물이 될 가능성이 있음을 보도록 돕는 것일지도 모릅니다.

셰익스피어의 《헨리 5세》에는 아쟁쿠르 전투 전날을 묘사하는 합창이 나옵니다. "이제 그때를 한번 추측해보라/살며시 다가오는 속삭임과 세상을 삼키는 어둠이/우주라는 넓은 그릇을 채우던 그때를." 우리는 아쟁쿠르 전투만큼 유명하지는 않지만 그 못지않게 중대한 전투의 속삭이는 어둠을 생각해봅시다. 전투의 장소는 우주라는 넓은 그릇의 한구석에 자리 잡은 집입니다. 거기서 여덟아홉 살쯤 되던 저와 부모님, 남동생이 함께 살았습니다. 당시의 많은 가족들처럼 우리도 돈이 부족했습니다. 아버지는 술을 너무 많이 마시는 것만 빼면 성실하고 배려심 많은 젊은이였고 잘생긴 얼굴에 매력도 많았습니다. 여러 해 동안 아버지는 아내와 어린 두 아들을 더 잘 부양하기 위해 계속 직업을 바꾸어가면서 애쓰고 있었습니다. 어머니는 아름답지만 요구가 많고 좀처럼 만족하지 못하는 젊은 여성이었습니다. 여러 면에서 좋은 어머니이긴 했지만 썩 좋은 아내는 아니었습니다.

어느 날 저녁, 술을 잔뜩 마신 아버지가 차를 몰고 어딘가로 가기로 마음먹었습니다. 어머니는 아버지가 운전을 할 상태가 아니라며 차 열쇠를 내어주지 않았습니다. 저는 벌써 잠자리에 든 상태였는데, 어머니가 위층으로 올라와 제게 차 열쇠를 주셨습니다. 그리고 무슨 일이 있어도 아버지에게 차 열쇠를 주면 안 된다고 하셨습니다. 어떤 경로를 통해서인지 제게 열쇠가 있다는 사실을 알아내신 아버지는—저로서는 어머니에게 들었다고 생각할 수밖에 없습니다—위층으로 올라와 제게 열쇠를 달라고 하셨습니다. 아버지는 트윈 베드의 한쪽에 앉으셨고 맞은편 침대에 누운 저는 이불을 머리까지 뒤집어쓰고 열쇠를 쥔 손을 베개 밑에 넣어놓고 있었습니다. 아버지는 거기 앉아 제게 열쇠를 달라고 간청하셨는데, 얼마나 오랫동안 그렇게 계셨는지 모르지만 제게는 영원처럼 느껴지는 시간이었습니다. 저는 이불을 뒤집어쓰고 그대로 누워 아무 말도 하지 않았습니다. 어떻게 해야 하는지, 어떻게 있어야 하는지, 무슨 말을 해야 하는지도 알 수가 없었기 때문입니다. 어느 시점엔가 어머니가 방으로 들어와 아들 앞에서 부끄럽지도 않느냐고 아버지를 나무랐던 것 같습니다. 그 작은 아쟁쿠르 전투가 어떻게 끝났는지 기억이 안 납니다만, 저는 결국 잠이 들었던 것 같습니다. 아버지의 간청이 귓가에 계속 맴돌았고, 아버지에게 건네지 않았던 차 열쇠를 꽉 쥔 손은 여전히 베개 밑에 들어가 있었습니다. 아이였던 저는 당시의 고통을 분명히 느꼈습니다. 그 사실은 그토록 오랜 세월이 지난 지금도 그 일을 기억하고 있다는 데서 확인할 수 있습니다. 하지만 당시에는 아이 특유의 회복력을 발휘해 그와 비슷한 여러 고통스러운 다른 장면들과 함께 그 일을 떨쳐버렸습니다. 나쁜 날들도 있었고 좋은 날들도 있었습니다만 저는 오리 등 뒤로 넘어가는 물처럼 인생의 순간순간을 흘려보내는 아이의 능력을 발휘해 그런 날들을 오는 그대로 받아내었습니다. 저는 선악을 알게 하는 나무가 자라는 동산에 살았지만 그 열매를 맛보지 않았습니다.

청소년기로 깊숙이 들어선 지 50년 정도 되어서야 비로소 저는 그 일을 《마법사의 조류(The Wizard's Tide)》라는 짧은 자전적 소설에서 그려내었습니다. 그리고 지금으로부터 2년 전인 어느 날, 텍사스 서부의 한 수련회 자리에서 60명 정도의 사람들에게 그 소설의 몇 쪽을 소리 내어 읽어주었습니다. 저는 읽어 내려가면서 사람들이 감동하는 것을 느낄 수 있었습니다. 그것은 제가 그 장면을 유려하게 써내서가 아니라 최선을 다해 한 아이의 소박한 언어로 썼기 때문이 아닐까 싶습니다. 그 대목을 들으면서 그들 안에 있던 그와 비슷한 어린 시절의 고통스러운 기억들이 깨어났던 것이지요. 제가 읽기를 마치자 하워드 버트라는 사람이 다가와 몇 마디를 했는데, 그의 말에 저는 이전에는 분명히 보지 못했던 것에 눈을 뜨게 되었습니다. "살면서 많은 고통을 겪으셨군요. 그리고 고통의 좋은 청지기로 살아오셨어요."

　그는 칭찬으로 한 말이었지만 저에겐 그렇게 들리지 않았습니다. 저는 저 자신을 고통의 좋은 청지기로 내세울 생각이 없었습니다. 그 말이 무슨 의미인지도 모르겠거니와, 제가 그런 존재라는 생각도, 그렇게 될 의도도 없었으니까요. 그러나 그의 말은 제가 전혀 생각하지 못했던 것이었고, 이후에도 저의 뇌리에서 떠나지 않았습니다. 저는 '청지기 정신'이 교회 예산을 세우는 주일이나 전 교인을 대상으로 연간 헌금 작정 요청을 할 때 목사가 늘어놓는 다소 지루한 교회 용어라고 생각해왔습니다. 청지기는 모종의 관리자, 돈이나 부동산이나 원양크루즈의 객실을 맡아서 관리하는 사람인

데, 우리에게 벌어지는 가슴 아픈 일들을 맡아서 관리한다는 것은 무슨 뜻일까요? 하고많은 것 중에서 어떻게 고통의 청지기로 살아갈 수 있을까요?

붓다는 고통이 인생의 저류이자 기반암이라고 말했습니다. 삶은 모험이고 도전이고 공동체입니다. 산다는 것은 이 땅의 좋은 것들을 맛보고 만지고 냄새 맡고 보고 듣고 즐거워하는 것입니다. 친구를 사귀고 친구가 되는 것입니다. 창조하는 것입니다. 종교에 끌리는 사람은 삶을 통해 하나님을 찾는 것이고, 그렇지 않은 사람은 하나님 대신 그 무언가를 찾아서 흩어진 나날들에 의미와 목적과 가치를 부여하려 할 것입니다. 그러나 붓다는 이 모든 것 아래에 놓인 것, 이 모든 것의 복잡한 구조 안에 불가분하게 얽혀 있는 것이 바로 슬픔 그 자체라고 말합니다. 어린 시절에 겪었던 슬픈 일들 정도가 아닙니다. 이것을 이해하기 시작하는 순간에 우리는 청소년이 됩니다. 루크레티우스는 이것을 두고 '*lachrymae rerum*(만물의 눈물)'이라 했는데, 가장 행복한 때를 포함한 모든 것의 끝이 소멸과 상실이라는 사실을 보이는 것마다 눈물을 자아낸다는 의미입니다. 청소년들은 나이가 열넷이건 여든이건 이 지식을 향해 자라는 과정에 있는 사람들이고, 이 지식을 가지고 성장하여 다소나마 장성한 사람이 됩니다.

고통을 다루는 방법은 많은데, 가장 솔깃한 방법은 잊어버리는 것입니다. 세상뿐 아니라 자신으로부터도 고통을 숨기는 것입니다. 스토아학파가 그러듯 꿋꿋이 버티는 것입니다. 이것은 백인 앵글

로색슨 신교도(WASP)들의 전형적인 모습이지 싶습니다. 이들은 어릴 때부터 어려운 일이 있어도 혼자 간직해야 하고, 여덟 번째 대죄이자 가장 치명적인 죄는 자기연민이라고 배웁니다. 다른 사람들이 슬픈 일을 당할 때 불쌍히 여기는 것은 정당하지만, 자신에게 슬픈 일이 닥치면 비밀로 해야 한다고 배웁니다. 아버지가 술을 너무 많이 마실 때도, 다급해진 어머니가 입이 거칠고 사나운 여자가 될 때도, 아이가 두려움에 떨며 살 때도, 부부관계가 파탄 나거나 사업이 실패하거나 시험을 가망 없이 망쳤을 때도 대응규칙은 동일합니다. 최대한 그것을 느끼지 말고 얼마나 아픈지 누구에게도 털어놓지 말아야 합니다. 가장 중요한 것은 그것에 대해 말하지 않는 것입니다. 가족 이외의 사람들에게는 물론이거니와 결국에는 가족에게도, 심지어 자신에게도 말하지 말아야 합니다.

고통을 묻어버리는 것은 고통에서 살아남는 길이므로 결코 무시하거나 제쳐버려서는 안 됩니다. 감히 말하지만 이 방법은 과거 우리 모두에게 도움이 된 적이 있었고 지금도 계속 도움이 되고 있습니다. 그러나 이 방법은 성장하는 길은 아닙니다. 청소년기를 거쳐 성인기로 들어가는 길은 아닙니다. 여러분에게 일어난 고통스러운 일들을 아무 일도 없던 것처럼, 또는 그런 일이 있었어도 중요한 일이 아니었던 것처럼 잊어버릴 수 있다면, 여러분의 내면 가장 깊숙한 곳에 있는 가장 인간적인 잠재력들도 현실로 나타나지 않을 것입니다. 차 열쇠를 손에 쥔 어린 소년은 오랜 세월이 지난 후에야 본인과 부모님과 남동생 모두가 참여했던 옛 아쟁쿠르 전투에 대해 뭔가를 이해하게 되었고, 어쩌면 그때 그들은 용감하고 친절하고 지혜롭고 진정한 가족이 될 수 있었을지도 모르고, 심지어 분노와 눈물의 속삭이는 어둠 저 끝에서 화해하고 치유받을 수 있었을지도 모른다는 사실을 깨닫게 되었습니다.

고통을 무시하지 않으면 거기에 갇혀버릴 수도 있습니다. 디킨스의 《위대한 유산》에 나오는 미스 해비셤이 그런 경우입니다. 그녀는 사랑하는 사람에게 버림받고 난 뒤에 남은 평생을 어두운 방에서 살아갑니다. 입지 못한 웨딩드레스는 누더기로 변해가고 입도 대지 않은 웨딩케이크는 거미줄 사이에서 썩어갑니다. 그녀는 희화화된 존재이지만, 살아오면서 어떤 고통 때문에 더 이상 나아가지 못하고 그 상태에서 멈춘 채 적들이 가득한 세상에서 자신의 원통함을 끝없이 들이켜는 모든 이들을 의미할 수도 있습니다. 그러나 적 중에서도 최악의 적은 자기 자신입니다. 다시 디킨스로 돌아가봅시다. 《데이비드 코퍼필드》에는 직업적 과부라 할 만한 거미지 부인이 나옵니다. 그녀는 오래된 검은 비단 손수건에 코를 훌쩍이며 "난 외롭디 외로운 사람이에요"라고 끝없이 징징댑니다. 그런 식으로 관심과 동정을 얻으려는 것인데, 오랜 세월 동안 고통 속에서 뒹굴다 보니 그것 말고는 관심과 동정을 얻는 법을 모르게 된 것입니다. 디킨스의 도움이 없더라도 우리는 고통을 실패의 변명거리로 삼는 자신의 모습을 희화화할 수 있습니다. 불행한 유년기, 허약한 심장, 재정적 재난 등의 끔찍한 일만 없었다면 우리가 인생에서 얼마나 멋진 일을 해낼 수 있었을지 누가 알겠습니까. 이런 방법 또는 더 많은 방법으로 우리는 우리에게 닥치는 최악에 힘껏 대처하는데, 그 덕분에 우리가 최악의 상황에도 무너지지 않는다면 이런 방법들의 유용성을 절대 부정할 수 없을 것입니다. 그러나 이런 방법들은 생존에 도움이 되긴 해도 우리가 성장하고 달라지고 보다 온전한 인간에 가깝게 변화하는 데는 도움이 되지 않습니다. 우리는 동화 속 공주처럼 각자 받은 지푸라기로 지붕을 이어 비바람을 막을 뿐, 그것을 황금으로 바꾸는 일은 하지 않습니다. 그것이 우리가 할 수 있는 일인데도 말입니다.

하워드 버트가 말한 고통의 '청지기'가 된다는 것은 무엇일까요? 저는 그것이 예수님께서 그분의 가장 이상하고, 어떤 면에서는 가장 어두운 비유에서 말씀하시는 한 가지 주제라고 생각합니다. 그 비유가 이상한 이유는 그 내용이 우리가 생각하는 방식과 너무나 다르게 흘러가기 때문이고, 어두운 이유는 냉혹하고 불공평한 느낌이 강하게 들기 때문입니다. 마태복음에 나와 있는 예수님의 그 비유는 이렇습니다.

또 하늘나라는 이런 사정과 같다. 어떤 사람이 여행을 떠나면서, 자기 종들을 불러서, 자기의 재산을 그들에게 맡겼다. 그는 각 사람의 능력을 따라, 한 사람에게는 다섯 달란트를 주고, 또 한 사람에게는 두 달란트를 주고, 또 다른 한 사람에게는 한 달란트를 주고 떠났다. 다섯 달란트를 받은 사람은 곧 가서, 그것으로 장사를 하여, 다섯 달란트를 더 벌었다. 두 달란트를 받은 사람도 그와 같이 하여, 두 달란트를 더 벌었다. 그러나 한 달란트 받은 사람은 가서, 땅을 파고, 주인의 돈을 숨겼다. 오랜 뒤에, 그 종들의 주인이 돌아와서, 그들과 셈을 하게 되었다. 다섯 달란트를 받은 사람은 다섯 달란트를 더 가지고 와서 말하기를 '주인님, 주인께서 다섯 달란트를 내게 맡기셨는데, 보십시오, 다섯 달란트를 더 벌었습니다' 하였다. 그의 주인이 그에게 말하였다. '잘했다! 착하고 신실한 종아. 네가 적은 일에 신실하였으니, 이제 내가 많은 일을 네게 맡기겠다. 와서, 주인과 함께 기쁨을 누려라.' 두 달란트를 받은 사람도 다가와서 '주인님, 주인님께서 두 달란트를 내게 맡기셨는데, 보십시오, 두 달란트를 더 벌었습니다' 하고 말하였다. 그의 주인이 그에게 말하였다. '잘했다, 착하고 신실한 종아! 네가 적은 일에 신실하였으니, 이제 내가 많은 일을 네게 맡기겠다. 와서, 주인과 함께 기쁨을 누려라.' 그러나 한 달란트를 받은 사람은 다가와서 말하였다. '주인님, 나는, 주인이 굳은 분이시라, 심지 않은 데서 거두시고, 뿌리지 않은 데서 모으시는 줄로 알고, 무서워하여 물러가서, 그 달란트를 땅에 숨겨두었습니다. 보십시오, 여기에 그 돈이 있으니, 받으십시오.' 그러자 그의 주인이 그에게 말하였다. '악하고 게으른 종아, 너는 내가 심지 않은 데서 거두고, 뿌리지 않은 데서 모으는 줄 알았다. 그렇다면, 너는 내 돈을 돈놀이 하는 사람에게 맡겼어야 했다. 그랬더라면, 내가 와서, 내 돈에 이자를 붙여 받았을 것이다. 그에게서 그 한 달란트를 빼앗아서, 열 달란트 가진 사람에게 주어라. 가진 사람에게는 더 주어서 넘치게 하고, 갖지 못한 사람에게서는 있는 것마저 빼앗을 것이다. 이 쓸모없는 종을 바깥 어두운 데로 내쫓아라. 거기서 슬피 울며 이를 가는 일이 있을 것이다'(25:14-30, 새번역).

인생에는 좋은 때도 있고 나쁜 때도 있습니다. 인생 자체가 모두에게 다양한 방식으로 펼쳐지고, 좋은 일과 나쁜 일, 고통과 즐거움, 행운과 불운이 여러 가지로 뒤섞여 나타납니다. 저는 이것이 바로 이 비유의 핵심이라는 것을 알게 되었습니다. 이 비유가 제기하는 질문은 이것입니다. '우리는 각자 받은 이 뒤섞인 삶, (하나님을 믿는다면) 하나님이나 각자 처한 상황, 유전자 등 부자가 상징하는 그 무엇이 안겨준 불공평한 패를 가지고 무엇을 할 것인가?' 비유 안에 등장하는 상업 용어를 쓰자면, 우리는 너무나 다양하고 풍부하다 못해 머리카락이 쭈뼛 서는 이 주어진 삶을 통해 어떻게 하면 최대한 많은 이익을 남길 수 있을까요? 여기서 저의 가장 큰 관심사는 우리가 받은 고통인데, 예수님의 경우도 마찬가지였던 것 같습니다. 예수님도 이 땅에서 30년 정도를 사시면서 많은 고통을 당하셨으니까요. 두 종은 받은 것으로 같은 일을 하고, 세 번째 종은 전혀 다른 일을 하여 근본적으로 다른 결과를 맞이합니다. 물론 세 번째 종에게 벌어진 일에서 냉혹함과 어둠이 등장합니다.

세 번째 종은 받은 것—우리의 목적상 그가 받은 고통에만 초점을 맞추기로 합시다—을 가져다가 묻어버립니다. 땅에 구덩이를 파고 거기다 숨깁니다. 그렇게 해서 그는 시대를 초월해 거의 모든 사람과 피를 나눈 형제요, 영혼의 동반자가 됩니다. 미스 해비셤은 어두운 방에 묻혀 지냅니다. 거미지 부인은 검은색 레이스 손수건에 얼굴을 묻습니다. 우리는 비극적인 기억, 나만 아는 두려움, 털어놓지 못한 외로움, 말할 수 없는 욕망을 몇 년째 묻어둡니다. 몇 년 후 부자가 세 번째 종을 불러다 물었을 때 종은 "무서웠다"고 말하는데 그럴 만도 했습니다. 우리 모두 두려워할 충분한 이유가 있습니다. 인생은 지옥처럼(as hell) 무서우니까요. 저는 이 단어를 가볍게 쓰지 않습니다. 종은 "주인이 굳은 분이시라, 심지 않은 데서 거두시고, 뿌리지 않은 데서 모으시는 줄" 알았다고 말합니다. 그 말은 넘치지도 모자라지도 않은 진실입니다. 하나님은 자비로운 분이지만 굳은 분이기도 하십니다. 인생은 놀랍지만 힘듭니다. 이 세상에서 벌어지는 힘들고 끔찍한 일들은 강하고 용감하고 지혜롭고 영웅이 되라고 촉구하지만 그때 우리가 할 수 있는 거라곤 가라앉지 않고 간신히 버티는 것이 전부입니다. 그래서 우리는 땅과 자신의 내면, 분주함, 그 외 여러 가지 것들에 구멍을 파고 끔찍한 일들을 숨깁니다. 달리 말하면 끔찍한 일로부터 숨는 것이지요. 그것을 이유로 우리를 나무라는 것은 부당해 보입니다. 세 번째 종을 나무라는 것 역시 마찬가지입니다. 가라앉지 않으려고, 빠져죽지 않으려고 하는 행동을 나무라다니요. 그러나 비유 안에는 엄청나게 충격적인 말이 나옵니다. 부자는 세 번째 종을 "악하고 게으른" 종이라고 부릅니다. 이 종은 여러 면에서 우리 모두를 상징할 수 있습니다. 종이 왜 악할까요? 밝은 데 꺼내놓고 의미 있는 일을 이루는 데 썼어야 할 것을 묻어버렸기 때문입니다. 왜 게으를까요? 절대 손해 보지 않는 안전한 선택은 아무것도 하지 않는 것과 같기 때문입니다. 부자는 종에게 애초에 주었던 얼마 안 되는 것마저 빼앗고, 그가 "바깥 어두운 데로" 내쫓길 것이라고 말합니다. 그리고 "거기서 슬피 울며 이를 가는 일이 있을 것"이라고 덧붙입니다. 이것은 세상의 빛이자 평강의 왕이라 불리셨던 분의 입에서 나온 비범한 이야기입니다.

제가 생각하는 이 비유의 의미는 이렇습니다. 고통을 묻으면 온갖 다른 것들도 덩달아 묻히기 십상이고 그렇게 묻히는 것 중에는 기쁨도 있습니다. 그렇게 묻혀버린 삶은 그 자체가 어둠이고 울음이고 이를 가는 일이며, 우리를 그리로 내쫓는 장본인은 다름 아닌 우리 자신입니다. 자신의 삶을 묻는 것은 성장을 멈추는 것과 같습니다. 여러 해 동안 손을 베개 아래 넣었던 어린 소년의 마음속 깊은 부분이 그렇게 성장을 멈추었고 디킨스의 소설에 나오는 두 노파도 그러했습니다. 삶을 파묻으면 땅속에서 시들고 쪼그라들 수밖에 없습니다. 더없이 외로워집니다. 오히려 처음보다 더 생기를 잃게 됩니다. 가혹하고 어둡고 부당한 말로 들릴 수도 있지만 세상이 그렇습니다. 이것이 진실입니다.

이 비유에 따르면 다른 두 종은 상황을 제대로 이해하고 자신이 받은 것으로 해야 할 일을 하는 사람들입니다. 부자는 그들을 "착하고 신실한 종"이라고 부릅니다. 그 착함의 본질은 바로 그들의 신실함인 듯 보입니다. 그들은 주인에 대한 믿음, 삶 자체에 대한 믿음에 힘입어 주어지는 삶을 묻어버리지 않고 어떻게든 일이 풀려나갈 거라는 믿음을 가지고 삶의 고통까지 고스란히 받아들여가며 온전히 살아나갔습니다. 비유에 따르면 그들은 자신이 받은 다양한 액수의 돈을 가지고 "가서, 그것으로 장사를" 하였는데, 제가 볼 때 이 대목의 핵심은 바로 '장사'라는 단어에 있습니다.

장사는 우리가 가진 것을 주고 그 대가로 우리에게 필요한 것을 받는 일입니다. 우리가 가진 것은 본질적으로 우리 자신이고 우리가 필요로 하는 것은 서로서로입니다. 착하고 신실한 종들은 삶을 묻어버리는 이들이 아니라 삶을 주고받는 이들이었습니다. 두려움에 눌려 자신을 닫아버리지 않고 위험하지만 소망을 품고 자신을 활짝 열었습니다. 기쁨을 주고받는 일은 자연스럽게 이루어집니다. 자신을 선포하고 나누는 것이 기쁨의 본질이기 때문입니다. 흔히 말하는 대로, 기쁨은 자제할 수 없습니다. 기쁨은 흘러넘칩니다. 그리고 고통의 경우도 그렇게 되어야 한다고 비유는 말하는 것 같습니다. 우리는 아플 때 그 언제보다 생명에 민감한 상태가 됩니다. 아플 때, 스스로를 구원할 능력이 없다는 것과 자신을 열어놓기만 하면 구원하고 치유하는 우리 너머의 능력을 경험할 수도 있음을 그 언제보다 분명히 인식하게 됩니다. 서로의 필요성을 그 언제보다 분명히 인식하고, 서로에게 더없이 분명히 닿게 됩니다. 우리가 손을 내밀기만 한다면, 다른 이들의 손길에 자신을 내어주기만 한다면 말입니다. 어린 소년이 "무서워요"라고 말할 수만 있었다면 좋았을 겁니다. 아버지가 어린 소년에게 "나도 무섭단다. 어떻게 해야 할지 모르겠어"라고 말할 수 있었다면 좋았겠지요. 삶이 고통스러울 때 우리는 삶과 더없이 긴밀히 이어지고, 소망과도 그렇게 긴밀히 이어집니다. 하지만 여기엔 단서가 붙습니다. 다른 사람이 우리 곁에 있고 우리 편이 되어주기를 바라는 소망이 있어야 합니다.

　고통의 좋은 청지기가 되려면 이 모든 것이 다 필요합니다. 자신의 삶에 대해 깨어 있어야 하고, 벌어지는 일의 기쁨뿐 아니라 고통에도 자신을 열고 그것을 향해 손을 내밀어 접촉하는 모험을 감수해야 합니다. 고통의 시간에는 우리 존재의 얕은 곳에서 벗어나 깊은 곳을 성찰하게 되니까요. 우리가 내면의 깊은 곳에서 반드시 진주를 발견하게 될지, 우리의 고통이 틀림없이 행복한 결말을 맞게 될지, 그 고통이 끝나기는 할지 보장할 수는 없습니다만, 적어도 그 깊은 곳에서 가장 진솔하고 인간적인 우리의 모습과 다른 사람들의 모습을 발견할 가능성은 있습니다. 적어도 어두운 방 안에 갇혀 지내던 미스 해비셤처럼 고통 속에서 홀로 살아갈 필요는 없다는 사실을 발견할 가능성은 있습니다. 어쩌면 보편적인 고통의 경험이야말로 우리 모두를 형제자매와 부모자식으로 만들어주는 일인지도 모르니까요. 한 사람의 이야기는 우리 모두의 이야기이니까요. 그리고 고통 자체가 대단히 값진 진주입니다. 그것이야말로 감정(passion)을 공감(compassion)으로 바꾸고, 자아의 감옥에서 벗어나 여러 자아들이 이루어내는 풍경을 향해 나아가고, 지푸라기를 황금으로 바꾸는 방법입니다. 하워드 버트가 저를 가리켜 고통의 좋은 청지기였다고 말한 이유는 분명합니다. 제가 저의 고통을 다룬 책으로 그에게 감동을 주었고, 그 책을 쓰면서 제가 제 존재의 깊은 곳을 새롭게 보게 된 것처럼 그도 그의 내면 깊은 곳으로 들어가게 해주어 치유를 맛보게 했기 때문입니다. 그러나 자신의 고통을 소재로 책을 써야만 좋은 청지기가 될 수 있는 것은 아닙니다. 오히려 자신의 고통으로 책을 쓰면 그 고통이 책에 담긴 내용 정도로 축소될 위험이 있습니다. 자신의 고통에 대해 이야기하고 돌아다닐 필요는 없습니다. 고통에 짓눌려 무너지지만 않는다면 우리는 고통을 통해 인간미를 갖출 수 있습니다. 설명이 필요 없는 그런 인간미는 우리를 더 인간답게 만들고, 우리로 인해 다른 이들도 인간답게 되도록 도울 수 있습니다.

성장 과정에 있는 사람들이라는 일반적인 의미의 청소년들을 생각해봅니다. 특히 이곳과 같은 학교나 전혀 다른 학교에 다니는 젊은 남녀들을 생각해봅시다. 우리가 그들에게 무엇을, 어떻게 가르치며 어떤 목적으로 가르치는지 생각해봅니다. 기본적으로 우리는 청소년들에게 세상을 상대하는 법을 가르치는 것 같습니다. 세상이 어떻게 시작되었는지 알게 하려고 역사를 가르칩니다. 세상이 무엇으로 만들어졌고 어떻게 작동하는지 알려주려고 과학을 가르칩니다. 세상과 제대로 소통하게 하고 세상이 그들에게 뭔가를 전달할 때 그 말을 이해할 수 있게 하려고 모국어를 포함해 여러 언어를 가르칩니다. 훈련된 신체가 무엇을 할 수 있는지 감각을 길러주기 위해 체육을 가르치고, 탁월함과 이기는 능력을 배양하고 지더라도 패배를 씩씩하게 받아들일 줄 아는 능력을 키워주기 위해 운동경기를 가르칩니다. 여기에다 예술과 세계의 종교를 포함시킨다면 청소년들은 세상이 지금까지 진리, 아름다움, 거룩 같은 위대한 무형의 것들에 대해 어떤 꿈을 꾸었는지 어느 정도 알게 될 것입니다. 우리는 대체로 말보다는 행동으로, 책보다는 본을 보여주는 방식으로 청소년들이 세상에서 살아갈 때 큰 힘이 될 도덕적 가치들을 가르칩니다. 정직, 성실, 근면, 신중함, 자기확신, 용기, 독립심 같은 가치 말이지요. 다시 말해, 우리는 청소년들에게 자제(control)와 유능함(competence)을 가르칩니다. 세상이 어떤 곳인지 알려주고, 그 안에서 자제력을 잃지 않고 유능하게 살기 위해 꼭 알아야 할 것들을 말해주는 것입니다. 우리가 이런 것들을 가르치는 것은 학생들뿐 아니라 세상을 위해서이기도 합니다. 세상이 끊임없이 세상을 위협하는 혼란에 굴복하지 않으려면, 젊은이들이 이런 것들을 꼭 알아야 합니다.

그런데 저는 청소년들과 우리 교사들 모두가 알아야 할 또 다른 것이 있다고 믿습니다. 성서신학자 월터 브루그만은 이것을 짧은 구절에서 설명하는데, 이제껏 제가 만난 그 누구보다 잘 말하고 있습니다. 그는 구체적으로 교회 교육을 두고 말했지만 제가 볼 때는 교육 일반에도 적용할 수 있습니다.

성인 교인에게 교회학교가 그의 성장에 미친 영향에 대해 묻는다면, 그는 책이나 교육과정이나 성경 이야기 등에 대해 말하지 않을 것입니다. 교회학교에서 주로 기억에 남는 것은 교사이고, 배움은 '만남'입니다. 그렇다면 교회에서도 유능함을 기르는 교육을 생각하는 전형적인 미국식 사고방식에 문제가 있다는 말이 됩니다. 만남으로 사람이 유능해지지는 않습니다. 우리가 만들어낸 세상을 상당 부분 해체할 작정이 아니라면, 물론 유능함이 필요합니다. 그러나 우리의 관심사는 유능함이 아니라 만남입니다. 만남 없이 유능함만 추구하는 교육이 기약하는 것은 죽음의 가치들과 무서운 선택지뿐이라는 사실을 우리는 너무 늦게, 그리고 느리게 배우고 있습니다. 그리고 어쨌거나 도덕이나 성경 이야기를 통해 '유능'해질 수는 없습니다. 하지만 삶을 변화시키는 만남은 가능하고, 이를 통해 새롭게 존재하는 길이 열릴 수 있습니다. 이것이야말로 교회 교육의 핵심이 되어야 합니다. … 우리는 통제와 예측 가능성을 선호하고, 질보다 양에 집착하고, 안정과 안전을 추구합니다. 그러다 보니 우리의 관심사와 우선순위도 삶의 의외성과 새로움의 요소를 줄이는 데 쏠려 있습니다. 그러나 새로움과 의외성이 사라지면, 은혜와 치유와 기쁨도 찾아보기 어렵게 됩니다. 여러 비판자들이 지적한 바 있지만, 우리 삶에서 의외성과 새로움의 경험이 억압을 받게 되면 놀라움이 사라지고, 놀라움이 없는 곳에는 충만한 건강, 온전함, 성숙에 이르는 일도 있을 수 없습니다.*

교육은 만남이라고 브루그만은 말합니다. 올바른 삶은 자신이 받은 것으로 장사하는 것과 같다고 예수님은 비유에서 말씀하십니다. 이것은 자신의 인간됨에 충실하게 사는 일이요, 그로 인해 우리와 함께 사는 사람들과 우리 자신 모두가 자신의 인간됨을 숨기지

---

* Walter Brueggemann, *Living Toward a Vision*(New York: United Church Press, 1987), pp.167-171.

않게 되는 것을 말합니다. 이것이 장사(주고받음)와 만남이 가리키는 바요, 그 결과로 놀랍게도 여러분 모두에게 새로운 삶이 찾아올 수 있습니다. 브루그만의 표현대로, 새로운 은혜와, 치유, 기쁨이 찾아올 수 있다는 말입니다. 저는 여기서 인간됨에 필연적으로 따라오는 고통에 집중했습니다. 고통이야말로 주고받기보다 묻어버리기 가장 쉬운 경험이라고 믿기 때문입니다. 우리에게 고통의 불가피성을 알려준 존재는 붓다만이 아닙니다. 제가 제대로 들었다면 예수님도 그 말씀을 하셨습니다. 그리고 예수님이 "수고하고 무거운 짐 진 자들아, 다 내게로 오라"(마 11:28)고 하신 말씀은 우리 모두를 위한 것이라고 믿습니다. 젊은이들과 나이 든 사람들, 운 좋은 사람들과 운 나쁜 사람들, 프렌치 힐을 신고 무대 위를 위태롭게 걸어가 학위를 받는 젊은 여성과 요양원에서 텔레비전을 보는 노인. 이들 모두가 무거운 짐을 지고 있습니다. 여러분이 누구이건, 어디서 어떻게 살고 있건, 인생은 소심한 겁쟁이들의 몫이 아닙니다.

저는 엉터리 어원을 만들어내어 'adolescent'의 의미가 성장만이 아니라 특별히 고통의 경험 속으로 들어가 그 경험에 의해 자라는 것이라고 설명했습니다. 저는 뒤집어쓰고 있던 이불을 걷어내고 열쇠를 쥐고 있던 손을 펴야 한다고 말했습니다. 자신의 고통에 마음을 열고 그것을 향해 손을 내밀어 접촉해야 한다고 말했습니다. 그렇게 해야 비로소 여러분의 고통이 여러분의 가장 풍성한 보물이 될 수 있기 때문입니다. 그러나 인간됨에는 고통뿐 아니라 기쁨도 따라옵니다. 우리가 가장 아픈 시간들뿐 아니라 가장 복된 시간들의 좋은 청지기도 되고자 한다면, 기쁨의 경험에 충실하게 살고 기쁨을 주고받고 기쁨의 땅에서 만나는 일도 있어야 합니다.

이 모두가 교육자들에게 어떤 실용적 의미가 있는지 저는 모릅니다. 하지만 이것은 교육과정이나 기본적인 교수기법의 변화보다는, 작지만 의미심장한 마음의 변화가 있어야 한다는 뜻인 것 같습니다. 엄연히 존재하는 구분을 부정할 수는 없겠지만, 교사와 학생, 설교자와 회중, 부모와 자녀는 각 명칭이 암시하는 대로 대척점에 멀찍이 서 있기보다는 서로가 다 살아 있는 장에서 최대한 자주 만나는 것이 좋습니다. 그곳에서는 모두가 배울 것이 많습니다. 서로를 통해서도 배우지만, 삶 자체의 근원에 해당하는 여러 이름을 가진 신비로부터도 배울 것이 많습니다. 우리 존재의 가장 깊고 가장 사적인 차원에 '대해' 말하는 것이 늘 필요하지는 않겠지만, 저는 우리가 그 깊은 차원에서 서로에게 말하고, (그 못지않게 중요한 것으로) 서로에게 귀를 기울이고, 자신의 내면 깊은 곳을 성찰하며 살도록 부름을 받았다고 생각합니다. 우리 모두는 고통스럽게 자라가고 진정한 성인기 비슷한 것을 향해 더듬거리며 나아가는 청소년입니다. 우리가 살아가면서 가르치고 배워야 하는 가장 귀한 가치는 어쩌면 월터 브루그만이 말하는 놀라움인지도 모릅니다. 삶에서 경험하는 만남과 주고받음으로 생길 수 있는 끝없는 능력, 우리를 치유하고 축복하며 마침내 우리를 진정 '인간다운' 존재로 변화시킬 능력에 놀랄 줄 아는 역량 말이지요.

집을 향한 갈망

27

"즐거운 나의 집." "집만 한 곳은 없다." "집은 모자를 거는 곳이다." 재치 있는 한 친구는 이렇게 말하더군요. "집은 사람이 자신을 걸어두는 곳이다." 이런 비문도 있습니다. "뱃사람이 집에 왔네, 바다를 떠나 집에. / 사냥꾼이 집에 왔네, 산에서 나와 집에." '집'이라는 단어가 무엇보다 먼저 연상시키는 것은 어떤 장소입니다. 온전한 의미에서의 집은 어쩌다 보니 한동안 살게 된 장소가 아니라, 그곳을 다른 모든 장소와 명확히 구분시켜주는 아주 특별한 속성들을 가진 아주 특별한 장소입니다. '집(home)'이라는 단어는 한 장소, 보다 구체적으로 말하면 그 장소 안에 있는 하나의 가옥을 떠올리게 합니다. 그곳을 생각하면 다채롭고 복잡한 감정이 들고, 그곳에서만 편안함(at home)이 느껴집니다. 다시 말해 그곳에 있으면 내가 있어야 할 곳, 나의 공간에 있다는 생각이 들고, 당장에는 상황이 별로 안 좋아도 결국엔 어떻게든 모든 일이 잘될 것 같은 느낌이 듭니다. 집에 대해 생각할 때, 우리는 결국 유년기에 살던 집을 회상하게 됩니다. 그곳은 인생이 시작된 장소, 살아가면서 꿈속이나 기억 속에서라도 계속 되돌아가게 되는 장소이며, 여러분이 인식하건 못하건 남은 평생 실제로든 마음속으로든 그곳과 닮았거나 그곳을 연상케 하는 장소를 찾게 되는 경향이 있습니다. 어릴 때 그런 장소를 가져보지 못한 사람들은 그런 집에 대한 모종의 환상을 갖고 있으며, 그들에게는 그런 환상이 앞의 경우와 같은 역할을 합니다.

저는 1926년에 태어났습니다. 그래서 어린 시절이 1930년대의 대공황기와 대부분 겹칩니다. 경제적 상황에 따라 아버지가 이 직장 저 직장을 계속 전전했기에, 우리 가족도 이곳저곳으로 계속 이사를 다녔고 그 결과 우리가 살았던 많은 주택 중 단 한 곳도 제가 앞에서 설명한 것 같은 의미의 집이 되지 못했습니다. 그러나 저에게도 그런 의미의 집이 있었습니다. 저는 1938년경에 그 집을 마지막으로 보았는데, 그 이후에도 오랫동안 그곳에 대한 꿈을 꾸었고, 처음 그 집을 방문했던 무렵의 저와 나이가 비슷한 손자를 둔 지금도 종종 그 집 생각을 합니다.

그곳은 외조부모님의 소유였던 하얀 미늘판 주택이었습니다. 펜실베이니아 주 피츠버그 교외의 이스트리버티에 있었지요. 보다 구체적으로 말하면 이스트리버티의 사설 거주지 우들랜드로(路)였는데, 제복 차림의 경비가 정문에 상주하면서 외부인의 출입을 통제했습니다. 외할아버지는 칠십 대에 거의 파산 지경에 이르러 외할머니와 함께 그곳에서 나와 노스캐롤라이나에서 여생을 보내셨는데, 그전까지 20년 정도는 부자였고 부자들이 사는 고급주택에 사셨습니다. 우들랜드로의 다른 주택들도 다 고급스러웠고, 그중에는 앤드루 멜론의 거처도 있었습니다. 언덕에 지어진 외할아버지 집에는 구부러지는 가파른 차로가 있고 푸른 잔디와 칠엽수가 집을 둘러싸고 있었습니다. 5월이면 칠엽수에서 하얀 꽃이 피었는데 동생과 저는 지독히 끈적거리는 꽃봉오리와 나뭇잎, 나뭇가지 등을 골풀바구니에 넣고 휘저어 '마녀의 비약(秘藥)'이라고 불렀습니다. 칠엽수는 윤기 있는 갈색 열매를 맺었습니다. 우리는 가시가 있는 단단한 껍질을 쪼개고 그 안의 열매에 핀을 꽂아 작은 의자를 만들거나 줄에 매달아 공중에 던지며 놀았고 각자의 칠엽수 열매를 서로 부딪쳐 어느 쪽이 오래 버티는지 대결을 하기도 했습니다.

집 앞쪽 전면에는 벽돌 테라스가 있었고 일층에는 프랑스식 창이 많았습니다. 이층에는 내닫이창이, 삼층에는 지붕창들이 있었고 그 뒤쪽으로 망 창문이 달린 베란다형 침실이 있었습니다. 침실 밑에는 주방이 있었는데 전기냉장고가 나오기 전이라서 아연으로 두른 아이스박스가 설치되어 있었습니다. 얼음 장수가 그리로 얼음을 배달했는데, 지금도 그 기억을 떠올리면 퀴퀴하고 동굴 같은 냄새가 풍기는 듯합니다. 현관의 긴 홀 오른쪽에 있는 서재에는 유리문이 달린 책꽂이와 책들이 늘어서 있었습니다. 그중에는 프랑스의 위대한 삽화가 좁의 정교한 전면 컬러 삽화가 실린 얇은 2절판의 프랑스 역사 그림책과 증조할아버지 골레이 씨가 수집한 찰스 디킨스 전집이 있었습니다. 디킨스 전집은 송아지 가죽으로 제본해 법률서 분위기가 났고 표지에 할아버지 이름이 찍혀 있었습니다. 현관 홀의 왼쪽에는 거실이 있었는데, 말털로 만들고 선홍색 다마스크직(織)으로 감싼 소파가 아주 불편하고 따끔거렸던 기억이 생생합니다. 거실에 있던 중국제 꽃병은 당시의 저만 한 사내아이가 들어가 숨어도 될 만큼 컸습니다. 라비니아 홀트라는 어린 소녀를 그린 1840년대의 영국풍 초상화도 있었습니다. 그림 속의 소녀는 물방울무늬의 흰색 오건디 드레스에 회청색 허리띠를 둘렀고, 늘어뜨린 왼손에는 가늘고 긴 분홍빛 꽃이 들려 있었습니다. 아니, 꽃이 아니라 인동덩굴인지도 모르겠습니다. 지하에는 당구장이 있었습니다. 그 푸르스름한 당구대는 제가 아는 한 누구도 쓰지 않았고, 동생과 저, 사촌 데이비드 위크는 당구장 벽에 걸린 낙타사슴의 머리를 더러운 타구(唾具: 가래나 침을 뱉는 통―옮긴이)의 신으로 숭배하는 시늉을 하곤 했는데 왜 그랬는지는 기억이 나지 않습니다. 거기에 있는 키 큰 책장들에는 노란색의 문고판 프랑스 소설들이 가득했는데, 프랑스와 스위스 혈통을 물려받은 저의 외할머니가 주로 이끌었던 '프랑스 동맹'의 아줌마들이 가끔씩 와서 책을 빌려가곤 했습니다.

 현관 홀의 끝에 있는 넓고 하얀 계단을 올라가면 벤치가 놓여 있고 층계참이 나왔고 거기서 꺾어지는 층계를 올라 이층에 이르면 어른 침실들이 나왔습니다. 외할머니와 외할아버지가 쓰시던 침실에는 내닫이창이 있었고 햇살이 가득 비치는 창턱 밑에는 긴 의자가 놓여 있었는데, 저는 거기에 앉아 외할머니의 작은 저금통을 비우고 동전을 헤아리곤 했습니다. 저금통은 제1차 세계대전 당시 프랑스 병사의 철제 헬멧 모양이었습니다. 계단은 삼층까지 이어졌고, 삼층에서 층계 난간 사이로 카펫이 깔린 홀 바닥을 내려다보면 아찔했습니다. 제가 여러 해 동안 꿈속에서 다시 찾아갔던 곳은 그 집의 삼층이었습니다. 남동생과 저의 침실이 삼층에 있었고, 겨울 아침이면 가정부 엘런이 우리가 침대에서 나오기 전에 침실에 있는 가스난로에 불을 붙여주었습니다. 삼층에는 하인들의 방도 있었습니다. 그 외 여러 방이 있었는데 그곳에는 증기선 꼬리표들이 잔뜩 붙은 뚜껑이 불룩한 궤짝들과 묶여 있는 판지상자들, 원형의 파리산 모자상자들, 그리고 동생과 제가 끝내 다 탐험하지 못한 온갖 보물들이 가득했습니다. 제가 오랫동안 꿈에서 계속 그곳을 찾는 이유가 어쩌면 그것인지도 모르겠습니다. 그 집에서 애플소스를 끓이는 냄새가 지금도 또렷이 기억이 납니다. 맞물려 이은 짙은 색 판자를 댄 주방에서 요리사 윌리엄스가 풍미를 더하기 위해 소스에 계피를 넣었고, 불 위에서 소스가 졸아들면서 나는 향은 따스하고 은은하면서도 톡 쏘는 듯했고, 편안함과 다정함이 가득한 분위기를 만들었습니다.

그곳에 무엇이 있었기에 제가 유년 시절에 거쳐갔던 다른 주택들과 달리 유독 집으로 느껴졌을까요? 지속성이 그 이유 중 하나였습니다. 다른 집들은 제게 왔다가 갔지만 그 집만은 언제나 거기 있었고 미래에도 늘 그곳에 있을 것 같았습니다. 매일 아침 열한 시에 엘런이 버터밀크 한 잔을 은쟁반에 담아 외할머니께 갖다드렸고, 시내 사무실에 나가신 외할아버지는 저녁식사 전 칵테일 한 잔을 할 시간에 맞추어 석간신문을 겨드랑이에 끼거나, 도중에 빵집에 들러 산 뭔가를 들고 귀가하셨지요. 요리사가 자리를 비우는 토요일 저녁에는 외할머니의 성장배경의 절반에 해당하는 뉴잉글랜드를 기념하여 언제나 소금에 절인 돼지고기, 당밀 등과 함께 구운 마호가니 빛깔의 콩, 건포도가 든 보스턴 흑찐빵에 진한 블랙커피를 곁들여 식사를 했습니다. 커피는 찌꺼기를 걸러내기 위해 달걀껍질과 함께 주전자로 진하게 끓여낸 후 각설탕 몇 개와 뻑뻑한 거품이 일 정도의 크림으로 단맛을 냈습니다.

아름다움도 이유 중 하나였습니다. 저는 '아름다움'이라는 단어를 알기 전부터 온몸으로 아름다움을 받아들였습니다. 그림들, 책들, 푸른 잔디밭, 목이 구부러지는 수도꼭지에서 흘러나온 물이 은빛 가닥을 이루며 주방용 개수대로 콸콸 내려가는 소리, 술 장식이 달린 전등갓 안에서 빛나는 황혼녘의 등잔 불빛, 외할머니가 저녁에 가끔 입으셨던 산홋빛 안감에 꽃과 새들이 잔뜩 수놓이고 무릎까지 내려오는 비단으로 된 만다린 코트, 집 뒤쪽 풀이 웃자란 테니스코트 옆에 차고로 쓰이던 하얀 마구간, 거기 있는 차들 중 어머니가 신여성으로 지내던 시절에 타시다가 이후에는 방치된, 연어색

가죽으로 의자의 겉감을 바꾼 우아하고 오래된 마몬 자동차.

그러나 이 모든 것보다 더 그 주택이 집으로 느껴진 이유, 또는 그 모든 것의 중심에 있던 존재는 외할머니셨습니다. 저는 외할머니를 '나야'라고 불렀는데, 그 이유는 역사 속으로 묻혀버렸습니다. 외할머니를 어떻게 떠올리면 좋을까요? 외할머니는 책과 음악과 당신 아버지의 언어였던 프랑스어를 사랑하셨습니다. 제네바에서 이주해온 그분은 남북전쟁 때 북군 편에서 싸우시다가 피터스버그 포위공격 때 저격수의 총탄에 어깨부상을 당하셨고 결국 그 때문에 돌아가셨습니다. 외할머니는 체스터필드 담배와 진 잉겔로(1820-1897, 영국의 시인, 소설가—옮긴이)의 소설, 저녁식사 전의 다이키리 칵테일을 사랑하셨고, 이제껏 제가 만난 누구보다 재치 있고 유창하고 우아한 영어로 말씀하셨습니다. 과거에 대해 말씀하기를 좋아하셨는데, 저는 디킨스 뺨칠 놀라운 묘사력으로 그 시절에 생기를 불어넣는 외할머니의 이야기를 즐겁게 경청했습니다. 외할머니가 현재에 대해 말씀하실 때는 우리 두 사람이 주인공인 동시에 이층 특별석에 나란히 안전하고 편안하게 앉아 관람하는 유쾌한 연극처럼 느껴졌습니다. 외할머니가 제게 베푸신 사랑은 어머니의 사랑처럼 제가 없으면 안 되는 절박한 필요에서 생겨난 것이 아니었습니다. 저라는 사람에 대한 외할머니의 관심과 당신처럼 책을 좋아하고 당신이 거는 마법에 끝없이 황홀해하던 외손자가 당신에게 보이는 관심에서 느끼는 기쁨과 더 관련이 있었습니다.

저의 서른네 살 생일에 아흔한 살이 되었던 외할머니는 제게 이런 편지를 보내셨습니다. "앞으로 네게 많고 많은 행복한 세월이 있기를 바란다. 그동안 네가 나에게 기쁨이 되었던 것처럼 너도 살아가면서 네게 기쁨이 될 누군가를 만났으면 좋겠구나. 너보다 젊은 세대의 누군가를 말이다." 우들랜드로의 그 주택에는 다른 여러 장점이 있었지만, 외할머니께서 제게 선사한 비범한 기쁨과 그분의 존재가 만들어낸 심오한 안정감과 행복감이 없었다면 그곳은 제게 집이 될 수 없었을 것입니다. 덕분에 저는 '집'이라는 단어를 들을 때 우선은 처음 말한 대로 어떤 장소를 떠올리지만, 그다음으로는 사람을 떠올리게 되었습니다. 그리고 어쩌면 가장 중요한 것은 사람들이고, 궁극적으로는 한 명의 사람일지도 모른다고 믿게 되었습니다.

우들랜드로의 그 집이 과연 제 말처럼 그렇게 멋진 곳이었을까요? 저의 기억이 그 집의 모습을 다른 형태로 바꿔놓은 것은 아닐까요? 대답은 간단합니다. 물론 그 집은 모든 면에서 멋졌습니다. 아마 제가 빠뜨리고 말하지 않은 여러 면에서 더욱 멋졌을 것입니다. 다른 수많은 것들을 놓아버린 저의 기억이 유독 그 집만은 놓지 않고 계속 새롭게 만들어온 이유도 바로 그것이 아닌가 싶습니다. 바다의 파도가 희미하게 빛나는 절벽을 끊임없이 새롭게 만드는 광경과 비슷할 것입니다. 그렇게 무섭고 뾰족한 것들이 모두 닳고 나면 그 끝에 어떤 느낌이 남게 됩니다. 어떻게 말해야 제대로 표현할 수 있을까요? 그것은 사랑과 정의와 질서와 평화의 느낌입니다. 그 집을 떠난 이후 저는 그것을 다시 찾고 제 안에 든든히 세우기를 갈망해왔습니다.

이 모든 것을 생각하면 아내와 제가 서로와 우리 세 딸을 위해 만든 집에 대한 궁금증이 입니다. 우리 부부는 각기 유년기를 보낸 집이 있었고 의식적으로건 무의식적으로건 그 기억을 활용해 우리 가족의 새 집을 만들어왔습니다. 30년 남짓 우리 다섯 식구는 같은 집에서 살았습니다. 처음에는 방학 때만 그러다가 나중엔 내내 같이 살았으니 우리 집이 어디인가에 대해 의문을 품거나 하는 일은 없었습니다. 그곳은 저의 외할머니 댁보다 훨씬 작은 하얀 미늘판 주택이었지만 훨씬 높은 언덕에 있었고 잔디밭이 아니라 버몬트 남부 한구석의 목초지, 초원, 나무들로 둘러싸여 있었습니다. 여러 개의 작은 침실과 작지만 좁은 거실이 하나 있었는데, 거실이 다른 모든 방과 다 이어져 있었기 때문에 거기 앉아 있으면 지붕 아래서 일어나는 일들을 웬만큼 다 알게 되었습니다. 늘 지켜보고 마음 졸이는 아버지였던 제게 이런 구조는 (바라건대) 아이들을 끊임없이 예의주시한다는 인상을 주지 않으면서 아이들이 들고나는 것을 주의 깊게 지켜보게 해주는 장점이자 단점이 있었습니다. 그러나 아이들이 자라면서 시끄러워지기 시작하자 저는 가끔씩 거기서 벗어날 수 있는 공간을 갈망하게 되었고, 그래서 큰 거실이 딸린 부속건물을 지었습니다. 그곳의 거실은 독립전쟁 이전에 지어진 쓰러져가는 헛간 두 채의 은회색 외장재를 가져다 벽을 마감한 공간이었습니다. 저는 새 거실에 멋진 책들이 가득한 책꽂이들(좀의 삽화가 들어 있는 프랑스 역사책처럼 나야가 소장했던 책도 몇 권 있었습니다)을 채워넣었는데, 외할머니 집의 서재를 의식적으로 모방한 것은 아니었지만 그에 대한 기억이 제 마음 한구석에 있었던 것은 분명합니다. 나야처럼, 그리고 거의 확실히 나야 때문에 저는 우리 가문의 과거에 매료되었습니다. 친가 쪽에 있던 19세기 중엽의 독일인 이주민들과 외가 쪽의 영국인, 프랑스인, 펜실베이니아 주 화란인, 구 뉴잉글랜드인의 조합, 그리고 그 외의 다른 모든 것이 흥미로웠습니다. 그래서 저는 집안의 문서보관자이자 집안의 무덤을 지키는 사람이 되었고, 책장 밑에 있는 벽장에다 오래된 사진첩, 문서, 편지, 족보 등을 최대한 많이 모았습니다. 저의 관심사를 알게 된 여러 친척들이 소장품들을 보내주었고 가문의 여러 물건들로 구성된 수집품들이 구색을 갖추었습니다. 저는 바로 그 은회색 방에서 20년 동안 책을 읽고 썼습니다. 그곳에서 음악을 들었고 제 삶의 여러 갈망과 두려움과 욕망과 거룩함에 귀를 기울였습니다. 가족이 함께 숲에 가서 나무를 잘라 와 다듬고 직접 만든 장식물들로 꾸민 3미터 높이의 크리스마스트리를 꾸미며 최고의 성탄절들을 보낸 곳도 바로 그 거실이었습니다.

우리가 만들어가는 집에 아내가 들여온 것은 제 것과 전혀 달랐습니다. 그녀가 뉴저지에서 어린 시절을 보낼 때 즐거움의 주된 원천은 저와 달리 실내가 아니라 야외에 있었습니다. 그녀는 말과 온갖 종류의 동물들을 사랑했고 정원에서 이것저것 키우는 것을 좋아했으며 대부분의 사람들이 책을 통해 배우고 기억하려고 애를 써야 겨우 아는 나무와 새와 꽃들을 거의 선천적으로 알고 있었습니다. 그녀는 너비 15미터 길이 30미터의 채소밭을 가꾸고 도처에 꽃을 심었습니다. 아이들에게는 각각 타고 다닐 말과 사랑하고 돌봐줄 동물들을 구해주었습니다. 샤미에게 준 아라우카나 닭 몇 마리는 세 가지 다른 색의 알을 낳았고, 다이나에게 준 돼지 한 마리는 대형 냉장고만 한 크기로 자라나 대단한 성깔을 자랑했습니다. 캐서린에게 준 엷은 황갈색 토겐부르크종 염소는 마당을 이리저리 뛰어다니며 베리들을 떨어뜨리고 옆으로 길쭉한 뜻 모를 눈으로 언덕을 바라보곤 했습니다.

다시 말해, 우리가 집안에 들여놓은 것은 다른 모든 사람과 마찬가지로, 우리 자신이었습니다. 우리는 각자 아는 최고의 것과 각자가 가진 최선의 모습으로 집을 꾸몄고, 미련해서 몰랐던 모든 것과 서로의 그늘진 면도 집에 들여놓았습니다. 자신의 그늘을 알아보고 거기에서 교훈을 얻어 그 영향력을 제거할 만큼 스스로를 잘 알지 못했기 때문입니다.

그곳은 아주 온전한 의미에서 우리에게 집이 되어주었습니다. 그곳에서 우리는 부모와 부부로서 나름대로 최선을 다했습니다. 그곳은 우리가 거대한 바깥세상으로부터 서로와 아이들을 최대한 안전하게 지키기 위해 창조한 작은 세상이었습니다. 아이들이 잘못되면 어쩌나 하고 바깥세상을 두려워한 쪽은 아내보다도 저였습니다. 저는 제 유년기의 어둡고 위험한 시간들을 너무도 생생하게 기억하고 있었기 때문입니다. 그 시기는 그때도 저의 큰 부분이었지만 지금도 여전히 그렇습니다. 버몬트의 그 집에서 저는 언제나처럼 주로 책에서 피난처를 발견했습니다. 책은 사람과 달리 늘 같은 이야기를 같은 방식으로 들려주고, 필요할 때는 언제나 곁에 둘 수 있지만, 더 이상 필요하지 않으면 언제든 옆으로 치워버릴 수 있으니까요. 제 아내는 동물들의 세계와 뭔가를 기르는 행위가 피난처였다고 말할 것입니다.

　외할머니의 집이 어린 제게 그랬던 것처럼 우리 부부가 만든 집이 아이들에게 행복한 집이 되었을까요? 혹시라도 제가 용기를 내어 물어본다면 아이들은 뭐라고 대답할까요? 제 과도한 관심 때문에 아이들을 숨도 못 쉬게 틀어쥐진 않았을까요? 혹시 제 아내가 아이들을 제대로 붙잡아주지 못한 것은 아니었을까요? 시내에 나가거나 이웃을 찾아가기도 쉽지 않은 깊은 시골에 자리를 잡은 것이 너무 고되거나 고립된 생활을 강요하진 않았을까요? 제가 우들랜드로에서 발견한 사랑과 정의, 질서와 평화를 제 아이들이 언덕 위 우리 집에서 발견했을까요? 아이들이 나이가 들어가면 우리와 함께 살던 집에서 누렸던 최고의 것들을 활용하여 남편과 아이들과 함께 나름의 집을 만들어갈까요? 저는 이 질문들에 대한 답을 하나도 모릅니다. 아마 아이들 스스로도 그 답을 다 알지는 못하겠지요. 어쩌면 아직 삼십 대 초반이라 육십 대 후반인 제가 저의 유년기를 바라보는 것처럼 초연하게 유년기를 돌아볼 수 없을지도 모르겠습니다. 저는 이런 생각들을 수차례 곱씹어본 다음에야 비로소 저의 진정한 집이 어디인지 깨달았습니다. 그곳은 아버지가 자살하셨던 무렵 열 살쯤 된 저와 동생이 전전하던 그 어떤 장소도 아니고 우리가 가장 행복했던 장소들도 아니었습니다. 저의 집은 우리가 한 번도 자리 잡고 산 적이 없고 가끔씩 방문하기만 했던 이스트리버티의 바로 그 주택이었습니다. 제 아이들이 버몬트의 주택을 자신의 '진정한 집'으로 기억할까요? 혹시 '진정한 집'은 우리 힘으로 만들어낼 수 있는 가장 행복한 집에도 붙이기 곤란한 단어는 아닐까요? 진정한 집은 그 자체를 넘어서는 어떤 실재를 가리키는 말 아닐까요?

제가 여러 해 전에 쓴 《보물찾기》라는 소설에는 등장인물이 집으로 돌아오는 장면이 있습니다. 화자인 안토니오 파라는 젊은이는 몇 주 동안 집을 떠나 있다가 돌아오면서 어린 아들이 몇몇 다른 아이들과 함께 그를 위해 만들어놓은 표지판을 봅니다. 거기엔 'WELCOME HONE'이라고 적혀 있었습니다. 'home'에서 'm'의 마지막 작은 다리가 하나 빠져 있었지요. 안토니아 파는 그것을 처음 보고 이렇게 말합니다. "참 묘하게 내 처지와 딱 들어맞았다. 집은 좋기는 한데, 집에서 뭔가 빠졌거나 제대로 안 돌아가고 있었다. 큰 것은 아니고 그저 획 하나, 가는 선 하나에 불과하지만, 작은 획 하나로 많은 것이 달라질 수 있다." 얼마 후 그는 이 일을 다시 떠올리고 이렇게 말을 덧붙입니다. "WELCOME HONE, 표지판에는 그렇게 적혀 있었다. 나는 기드온과 바락과 삼손과 다윗과 나머지 모든 무리를 다시 떠올리지 않을 수 없었다. … 그들에겐 작지만 결정적인 무엇인가가 빠져 있었고, 그래서 어디를 가고 무슨 일을 만나든 눈이 침침해지고 발이 평평해질 때까지 그것을 계속해서 찾왔던 것이다. … 결국, 우리가 만나는 사람을 제대로 파악한다면, 모든 이에 대해 이렇게 말할 수 있을 것이다."*

물론 여기서 언급하는 것은 히브리서 11장입니다. 히브리서 저자는 성경적 신앙의 위대한 영웅들을 나열한 후에 이렇게 적고 있습니다. "이 사람들은 모두 믿음을 따라 살다가 죽었습니다. 그들은 약속하신 것을 받지는 못했지만, 그것을 멀리서 바라보고 반겼으며, 땅에서는 길손과 나그네 신세임을 고백하였습니다. 이런 말을 하는 사람들은 자기네가 고향을 찾고 있다는 것을 나타내는 것입니다"(13-14절, 새번역).

운이 좋을 경우, 우리는 태어난 곳이 집이거나 저처럼 유년기에 다른 곳에서 집을 찾을 것입니다. 그것이 여의치 않다면 집에 대한 좋은 꿈이라도 찾을 것입니다. 운이 이어질 경우, 장성한 후에 결혼을 하고 가족을 꾸려서 자신과 가족을 위해 다른 집을 만들겠지요. 우리는 그 어느 곳보다 집에서 가장 편안하고 평화롭고 일체감을 느낍니다. 안토니오 파가 돌아오는 장면을 구상할 때만 해도 저는 오랫동안 집을 떠나 있다가 돌아가는 그의 큰 기쁨을 보여주는 장면 정도로 생각했습니다. 그런데 난데없이, 제 머릿속에 'm'에서 다리 하나가 빠진 표지판이 머릿속에 떠올랐습니다. 저도 전혀 예상치 못한 일이었습니다. 표지판 내용을 'home'이 아니라 'hone'으로 할 계획은 원래 없었습니다. 그것은 제가 고안해낸 소설적 장치

---

* "Treasure Hunt," in *The Book of Bebb*(SanFrancisco: HarperSanFrancisco, 1990), p.529.

가 아니었습니다. 그냥 그것이 보였을 뿐입니다. 저의 책들과 꿈들이 흘러나오는 내면 깊은 곳으로 철자가 잘못된 표지판과 함께 계시가 주어진 것입니다. 안토니오 파는 마침내 집에 와서 너무나 기쁘면서도, 그곳에는 작지만 결정적인 무엇이 빠져 있음을 깨달았습니다. 그 무엇 때문에 그는 이전의 기드온과 바락처럼 자신이 어떤 의미에서는 집에서도 길손이고 나그네라는 느낌을 잠시나마 받았습니다. 집으로 돌아온 바로 그 순간, 그는 존재의 깊은 차원에서 자신이 집 없는 떠돌이라는 사실과, 빠진 그것이 무엇이건 간에 남은 인생은 그것을 갈망하고 찾아다니며 보내게 될 것임을 깨달았습니다.

영어 단어 'longing(갈망)'은 시간이나 공간에서 길이를 뜻하는 단어 'long'과 어원이 같고 'belong(속하다)'이라는 단어와도 어원이 같습니다. 그래서 큰 의미로 볼 때 '갈망한다(to long)'는 것은 멀리 떨어져 있는 어떤 것, 우리가 소속감을 느끼는 대상이자 우리의 소유라고 느끼는 어떤 것을 오랫동안 열망한다는 뜻입니다. 집(고향, home)에 대한 갈망은 너무나 보편적이어서 이것을 가리키는 특별한 단어가 아예 따로 있습니다. '향수(homesickness)'지요. 지금까지 제가 다룬 것은 노스탤지어로 알려진 향수, 또는 집으로서의 과거를 향한 갈망입니다. 제가 피츠버그의 외할머니 댁에서 찾아낸 거의 모든 사진에는 건물만 등장합니다. 긴 벽돌 테라스와 프랑스식 창이 보이는 정면 사진이 있고, 베란다형 침실과 그 아래 베란다에 붙은 주방, 외할아버지 할머니 침실의 내닫이창, 중앙 층계 첫 번째 층계참의 높은 아치형 창문이 보이는 뒷면 사진이 있습니다. 라비니아 홀트가 그랜드피아노 너머로 바깥을 내다보는 거실 내부 사진도 있는데, 그랜드피아노 위에는 술장식이 달린 숄이 덮여 있습니다. 제가 기억하는 한 피아노를 치는 사람은 나야뿐이었습니다. 나야는 가끔 한 손가락으로 이런저런 곡을 쳤는데, 나야의 피아노 연주 실력이 딱 그 정도였기 때문입니다. 또 다른 사진에는 서재가 나옵니다. 벽난로 한쪽에 고리버들 공작의자가 놓여 있고, 서재 한쪽 끝에는 하얀 소파가 놓여 있습니다. 저는 그 소파에서 나야를 도와 일요일 십자말풀이를 함께 했습니다. 여러 사진들 중에 인물 사진이 딱 하나 있는데, 그 인물은 바로 나야입니다.

사진 속 계절은 겨울인데도 얼음이 녹았습니다. 녹은 눈이 헐벗은 나뭇가지들에 붙어 있고 대기에는 안개가 자욱합니다. 정면 테라스에서 서 있는 나야의 옆모습이 보입니다. 나야는 깊은 생각에 잠긴 채 잔디 쪽을 내다보고 있습니다. 모피 재킷과 모피 모자를 두르고 두 손은 재킷 호주머니에 넣고 있습니다. 신발 위에 갈로쉬(방한방수용 덧신—옮긴이)를 신고 있는데, 당시에는 그것을 '북극화(arctics)'라고 불렀습니다. 테라스는 여기저기 눈이 녹은 전면을 제외하고 전부 눈으로 덮여 있고, 젖은 벽돌에 나야의 그림자가 비칩니다. 그 사진을 보면 1934년 또는 그 근처 어느 해의 겨울날 피츠버그의 냉기가 그대로 전해집니다. 젖은 모피와 젖은 털장갑 냄새가 나는 듯하고, 금속지퍼를 끝까지 잠그지 않은 채로 북극화를 신고 걸을 때 나는 쟁그랑 소리까지 들리는 것 같습니다. 마당에 눈이 잔뜩 쌓여 있고 그 놀라운 집과 나야가 거기 있습니다. 여덟 살의 내가 느꼈던 흥분이 뱃속에서 그대로 느껴지는 것 같습니다. 하지만 그곳은 이미 돌아갈 수 없는 집입니다. 그 집이 오래전에 허물어지고 그 자리에 다른 집이 들어섰으며 거기 살던 사람들도 대부분 오래전에 영영 세상을 떠났으니 그리로 돌아갈 수 없다는 사실은 더욱 분명합니다. 그러나 때로는 요령만 알면 어떻게든 돌아갈 수 있을 것만 같은 기분이 듭니다. 기억을 조금만 더 끌어내고 의지를 조금만 더 발휘하면 그 눈 쌓인 테라스로 다시 돌아갈 수 있을 것만 같고, 모피 재킷을 입은 나야가 저를 반기며 장갑 낀 손으로 정문을 열어줄 것만 같습니다. 우리는 계피 향 가득하고 등이 켜진 황혼의 그 집으로 함께 들어갈 수 있을 것만 같습니다. 그러나 저는 지금까지 그 요령을 터득하지 못했고, 그렇기 때문에 저의 향수를 만성이자 불치의 병으로 받아들여야 합니다.

반면 버몬트의 주택은 지금도 그 자리에 있습니다. 하지만 7년 전 우리는 거기서 나와 언덕 아래로 몇백 미터 떨어진 곳에 있는 장인장모님의 옛집으로 들어갔기에 이제 그곳은 우리가 상주하기 이전의 게스트하우스 상태로 되돌아갔습니다. 제 아이들이 지금도 가끔 그곳에서 묵긴 하지만 저는 잘 안 갑니다. 그 때문에 이사 나온 지 얼마 안 되어 제가 그 주택에 사과했던 기억이 납니다. 주위에는 아무도 없었고 저는 거실에 서서 우리가 더 이상 여기 살지 않고 잘 찾아오지도 않는다고 해서 속상해하지 말라고 큰소리로 말했습니다. 우리가 너에게 불만이 있다고 생각하면 절대로 안 된다고 했습니다. 우리는 여기서 정말 멋진 세월을 보냈고 참 행복했다고, 정말 감사한 마음과 애정을 품고 너를 늘 기억할 거라고 했는데, 모두 사실이었습니다. 정말 피치 못할 상황이 아니면 제가 그리로 잘 안 가는 이유는 따로 있습니다. 그곳은 빈자리로 가득하기 때문입니다. 아이들의 방에는 여전히 어릴 때 갖고 놀던 봉제 동물인형과 크레용과 책과 그림이 널려 있지만, 그 아이들은 이제 아이 엄마가 되었습니다. 그 시절의 제 아이들은 한때 젊었던 저와 마찬가지로 더 이상 존재하지 않는 것 같습니다. 이 모든 것이 주는 달콤한 슬픔은 이루 말할 수가 없습니다. 덧없는 꿈처럼 완전히 사라졌으면서도 꿈처럼 뇌리에서 맴도는 우들랜드로의 주택이 슬프고, 여전히 거기 있지만 더 이상 집이 아닌 버몬트의 주택도 슬픕니다.

돌아올 수 없는 과거가 아니라면, 여러분은 갈망하는 집을 찾아 어디를 바라보십니까? 안토니오 파가 말하는 정신의 향수병, 현재의 집조차도 진정한 집이 되지 못하게 만드는 빠져 있는 그 무엇을 향한 갈망에 어떻게 대처하시나요? 저도 알았으면 좋겠습니다. 하지만 제가 아는 거라곤 안토니오처럼 저 역시 대단히 중요한 그 무엇이 빠져 있다고 느낀다는 것과 저는 그것이 무엇인지 쉽사리 이름을 댈 수가 없고 그것을 찾기 전에는 누구도 그 이름을 댈 수 없을 거라는 사실 정도입니다. 그래서 그것을 찾을 때까지 기드온과 바락과 기타 믿음의 선조들처럼 저도 슬픔과 상실감을 안고 살아갑니다. 이 슬픔과 상실감은 어디서 오는 걸까요? 우리가 이 땅에서 길손과 나그네라는 느낌과 지금까지 멀리서 희미하게 보기만

했던 고향을 찾을 수만 있다면 땅끝이 아니라 그 너머까지도 갈 수 있다는 생각에서 옵니다. 여러분은 고향을 찾기 위해 가십니까? 저는 그동안 어디를 찾아 헤매었을까요?

저에겐 책을 쓰는 일이 그런 모색의 과정이었을 수도 있겠다는 생각이 듭니다. 하지만 그렇게 생각하게 된 것은 아주 최근의 일입니다. 저는 40년 넘게 책을 써왔습니다. 일을 할 때는 장소에 상관없이 하루에 세 시간에서 다섯 시간 동안 펠트펜을 한 손에 들고 줄 없는 하얀 공책을 무릎 위에 놓은 채 혼자 앉습니다. 쓰려는 것이 소설이건 논픽션이건, 하루를 시작할 때는 작품의 진행방향에 대해 대략적인 생각을 갖고 있습니다. 하지만 막상 펜을 들고 앉으면 생각했던 방향으로 글이 나아가지 않거나, 예상했던 방식, 의도했던 속도로 진행되지 않을 때가 대부분입니다. 시간이 느려지다 못해 시간의 경과를 전혀 알아채지 못하거나 아무것도 쓰지 못한 채로 몇 시간이 통째로 지나가버리기도 합니다. 그러다 보면 주위의 소리들도 희미하게 사라집니다. 누군가 풀 베는 기계를 돌리는 소리, 차로에서 개 짖는 소리, 집 안 다른 곳에서 나는 말소리 등이 더 이상 들리지 않습니다. 저를 성가시게 만들던 일들이 완전히 사라집니다. 수리가 필요한 텔레비전, 한 주 동안 연락이 없는 것으로 보아 뭔가 끔찍한 재난이 닥친 것이 분명한 딸, 전날 디너파티에서 벌였던 정치 논쟁에서의 처참한 패배도 온데간데없습니다.

제 앞의 하얀 종이에 실제로 글을 써넣는 사이사이에 저의 눈길은 거의 언제나 왼쪽 아래 바닥을 향합니다만, 저는 바닥을 보는 것이 아닙니다. 실은 아무것도 보지 않습니다. 뭔가를 한다고 할 때 우리가 이해하는 의미를 기준으로 생각하면 저는 아무것도 하고 있지 않습니다. 저는 그냥 있을 뿐이지만, 제가 볼 때 대단히 격렬하고 뭔가에 집중하지 않는 방식으로 있는 것입니다. 뭔가를 표현할 올바른 방식이나 등장인물의 입에서 나올 다음 말이나 한 단락에서 다음 단락으로 우아하게 넘어가는 법을 찾는 것도 아닙니다. 제가 이해하는 수준으로 그 과정을 표현하자면, 저는 제 속에서 빈 공간이 열리도록 두었다가 뭔가가 그 자리를 채우기를 기다릴 뿐입니다. 그러고 있으면 감사하게도 뭔가가 그 자리를 채웁니다. 'WELCOME HONE'이라고 적힌 표지판. 제 혼자서 상상할 때보다 더욱 진실에 가까운 말을 하는 등장인물. 전혀 예상하지 못한 문장에서만 받을 수 있는 감동을 주고, 제 자신은 전혀 깨닫지 못했지만 사실 반쯤 굶주려 있던 어떤 것을 음식을 떠먹여주듯 공급하는 설교의 한두 문장. 이렇게 말해도 될 것 같습니다. 저는 제가 무엇을 하는지 미처 깨닫지도 못한 채 집을 찾아 여러 장소를 헤맸는데, 그중 하나가 깊이를 알 수 없는 제 안의 그 텅 빈 공간이라고 말입니다. 그리고 때로는 거기 그 그늘진 곳에서 멀리서나마 집을 엿보았다고 말입니다.

때로는 집을 찾는 모색의 과정이 육체적 갈망과도 이어져 있는 것 같다는 생각이 듭니다. 우리는 젊은 시절이나 그 이후로도 오랫동안, 아름다운 상대를 보면 간절함과 사무침과 열렬함으로, 심지어 숨 막히는 경이감으로 그 대상을 갈망하게 됩니다. 이러한 현상

어둠 속의 비밀

은 다른 이의 아름다움을 성적으로 소유하고 나도 그의 소유가 되고 싶다는 갈망—성경적 숙어에서 '안다'가 이런 의미입니다—아래에 다른 사람을 인간적으로 온전히 알고 그에게 나를 알리고 싶은 갈망이 놓여 있음을 암시합니다. 그리고 그 아래에는 문제의 핵심에 더 가까운 갈망, 즉 자신이 있어야 할 자리에 온전히 있고 싶은 갈망이 놓여 있습니다. "설사 내 어떤 미인을 보고 / 탐을 내어 차지했더라도, 이는 그대의 꿈에 불과하오." 존 던은 연인에게 이렇게 썼습니다(《새 아침》). 제가 잠시 바라보았고 속절없고 주체할 수 없이 갈망했던 아름다운 사람들을 생각할 때, 그들을 향한 제 마음 가장 깊은 곳에 무엇보다 향수가 있지 않았을까 하는 생각이 듭니다.

끝으로, 제가 그동안 헤맨 곳을 생각해보니 또 다른 겨울이 떠오릅니다. 이스트리버티의 1934년 겨울이 아니라, 뉴욕 시의 1953년 겨울입니다. 당시 저는 소설을 쓰려고 애쓰던 스물일곱 살의 미혼 남이었는데, 소설은 이런저런 이유로 살아 움직이지 않았습니다. 지금 생각하면 제가 너무 애를 썼던 게 아닌가, 제 안의 빈 공간이 열리도록 내버려두는 일의 중요성을 미처 깨치지 못했던 탓이 아닌가 싶습니다. 제가 살던 집 옆에 마침 교회가 하나 있었는데, 조지 버트릭이라는 분이 그곳의 담임목사셨습니다. 소설이 안 써져서 우울하기도 하고 시간도 남아돌았기 때문에 저는 일요일 아침마다 그분의 설교를 들으러 가기 시작했습니다. 저는 교회에 꾸준히 나가는 사람은 아니었지만 그분의 설교가 들을 만하다는 말을 누군가에게 듣기도 했습니다. 그런데 그분의 설교는 정말 들을 만했습니다. 우선 저는 그분이 진짜 신자라는 사실을 알게 되었습니다. 제 경험상 그렇지 못한 설교자들이 매우 많았거든요. 아마 그들도 이성적, 신학적으로는 제가 믿는 내용을 다 믿었겠지만, 그들의 믿음에는 저에게까지 전해지는 열정, 그들 자신에게 활기를 불어넣는 열정이 없었습니다. 버트릭 목사님은 설교단을 내려치는 설교자와는 거리가 멀었습니다. 그러나 그분의 열정은 묘하게 거친 달변에서 느껴졌고, 청중이 늘 듣는 말씀을 본문으로 삼는데도 생전 처음 듣는 것처럼 청중이 그 말씀에 귀를 기울이고 거기 담긴 거룩함에 주목하게 만드는 능력에서도 드러났습니다. 당시는 모든 교인이 목사를 가까운 친구로 여기고 초면부터 이름을 부르기 이전의 시절이었습니다. 저는 요즘의 그런 관행이 문제가 있다고 보는데, 적어도 제가 교회를 찾은 이유는 편한 친구 하나 더 사귀자는 것이 아니라 선지자와 제사장과 목회자를 찾기 위해서였기 때문입니다. 버트릭 목사님은 멋지게도 제게 세 가지가 다 되어주셨습니다. 저는 그보다 더 따뜻하고 친절한 사람을 만나보지 못했지만 우리는 친구가 되지 못했고, 그 부분에 대해 저는 감사하게 생각합니다. 교인들 중에 그분을 조지라고 편하게 부르는 사람이 있었는지 모르겠지만 저는 들어보지 못했습니다.

12월 중순이었던 것 같습니다. 목사님이 설교 시간에 하신 한 말씀을 저는 결코 잊을 수가 없습니다. 그 전주에 목사님이 교회를 나와 사택으로 돌아가려는데, 계단에 있던 어떤 사람이 다른 누군가에게 묻는 말을 우연히 엿들었다고 했습니다. "성탄절에 집에 가십

니까?" 당시의 버트릭 목사님의 모습이 지금도 눈에 선합니다. 성
서대 불빛으로 목사님의 안경이 번뜩였고, 그분은 커다랗고 어둑한
예배당 안에서 귀를 기울이는 모든 청중을 바라보면서 "성탄절에
집에 가십니까?"라고 다시 물었습니다. 그 질문을 받고 제 눈에서
눈물이 쏟아졌습니다. 그분의 답을 기다릴 필요도 없었습니다. 결
국 우리의 집은 베들레헴의 구유, 한밤중에 황소도 무릎을 꿇었던
그곳이었습니다.

그 겨울 오전, 버트릭 목사님은 집은 그리스도께서 계신 곳이라
고 말했습니다. 그리고 그다음 해 가을, 저는 작가로서 계획했던 모
든 것을 제쳐놓고 유니온 신학교로 갔습니다. 제 자신도 깜짝 놀랄
만한 그런 선택을 내린 데는 자꾸만 흘러내리는 눈물도 한몫을 했
습니다. 제가 집을 찾아 그리로 간다고 의식적으로 생각했던 것 같
지는 않지만, 그것이 그 결정의 진상이라고 저는 생각합니다.

집을 찾는 모색이 저를 어디로 이끌었습니까? 전혀 다르지만 모
두 훌륭한 너덧 명의 교사가 있는 유니온 신학교였습니다. 구약학
과의 제임스 밀렌버그는 자신의 주제로 활활 타오르고 있어서 그
의 강의를 들으면 덩달아 불붙지 않을 수가 없었습니다. 신약학과
의 존 녹스는 탁월한 외과의사의 철저함과 섬세함을 발휘해 학생
들을 이끌고 사복음서와 바울서신을 헤치고 나갔습니다. 그분들의
음성을 들은 지 거의 40년이 흘렀지만 그분들의 살아 있는 신앙은
오늘날까지 계속해서 저에게 양분을 제공하고 있습니다. 1958년에
버트릭 목사님의 교회에서 목사안수를 받고 난 후, 저는 집을 찾다

들어선 길을 계속 따라갔고 세상에서도 제 안에서도 다른 식으로
는 발견할 수 없었을 여러 곳을 거쳤습니다.

그 길은 1960년대에 저를 필립스엑시터 고등학교로 이끌었습니
다. 저는 그곳에서 십 대 소년들에게 기독교 신앙을 가르치고 전하
려고 시도했습니다. 학생들은 종교라는 개념 일반에 대해 너무나
적대적인 동시에 매우 총명하고 말을 잘하고 발이 빨랐지요. 덕분
에 그곳에서 보낸 짜릿하고 겁나는 9년 동안 저는 대체로 우둔하고
말도 잘 못하고 비할 바 없이 고지식한 사람처럼 느껴졌습니다. 집
으로 가는 길은 이런저런 어려움에 처한 사람들에게로 저를 이끌
었고 지금도 이끌고 있습니다. 그들은 제가 목사라는 사실을 알고
나서 위로든 치유든 뭔가 받을 수 있기를 기대하며 저를 찾았습니
다. 옛날 같았으면 그런 식의 부담스러운 만남을 두려워하고 피했
을 저이지만 이제는 뭔가 지혜롭고 소망을 줄 만한 말을 찾으려고
노력합니다. 그런데 그 과정에서 저는 조금씩 깨닫게 되었습니다.
제가 그들에게 줄 수 있는 가장 귀한 것은 제가 찾아낸 말이 아니
라 말로 표현하건 아니건 제 안에 있는 그리스도의 일부라는 사실
을 말이지요. 너무나 드물어서 안타깝지만, 집으로 가는 길은 제 안
의 신성하고 더없이 고요한 장소로도 저를 이끌었습니다. 제가 믿
기로 그곳은 제 자신이 기도하기보다는, 사도 바울의 표현대로 성
령께서 친히 제 안에서 저를 위해 "말할 수 없는 탄식으로"(롬 8:26)
기도하시는 곳입니다.

집을 찾는 여정은 계속되었고 저는 근년 들어 작가로서 이전 같

으면 제 상상력이 미치는 곳이라고 생각하지 못했을 먼 세상에 이르렀습니다. 저는 11세기 잉글랜드에 살았던 고드릭이라는 옛 은둔자가 자신이 공경의 대상이 되었다는 사실에 아연한 채로 이렇게 말하는 것을 들었습니다. "나를 만지고 나의 손길을 느끼려고 사람들이 온다. 내 손에서 어떻게든 그리스도를 느끼고 이런 손이 가진 위로라도 얻으려고 온다. 내 손은 그 자체로 보면 누구의 손보다 나을 바가 없다. 아니, 한때 가졌던 것을 거의 다 잃어 몸이 떨리고 총기도 떨어지는 이 나이엔 오히려 다른 이의 것만 못하다. 그러나 내 손은 장갑과 같아서 그 안에 다른 손이 있고, 사람들이 지푸라기 십자가를 들고 나타나 찾는 것은 바로 그 손이다. 그들이 갈망하는 것은 거룩이다. 어떤 미친 우연에 의해 내 손이 그것을 줄 수 있다면, 내 손 안에 거룩한 손이 있어 그들을 만져줄 수 있다면, 나는 그들을 밤낮으로 만져줄 것이다. 사랑의 그리스도여, 게으른 은둔자가 그 외에 달리 무슨 소용이 있겠나이까?"*

저는 또 5세기 아일랜드의 성자인 항해자 브렌단을 만났습니다. 그리고 그가 이제 막 개종시킨 누더기 차림의 습지 사람들 앞에서 설교하는 것을 들었습니다. "그는 그들에게 그리스도의 소식을 바로 어제 일어난 일처럼 들려주었다. … 그리스도께서 장로들을 속여 어둠의 행위를 하다 걸린 여자가 돌에 맞아 죽지 않게 한 이야기를 들려주자 사람들은 웃었다. 그리스도께서 새 무덤에 묻혀 있던 나사로를 불러내시고 물 위를 걸으셨다고 말해주자 그들은 벌

---

* *Godric*(SanFrancisco: Harper&Row, 1983), p.43.

린 입을 다물지 못했다. 그리스도께서 산 위에서 하신 거룩한 말씀과 … 금빛 눈을 한 우윳빛 비둘기 같은 성령께서 그들이 우유처럼 부드럽고 황금처럼 진실하게 살도록 도우실 것임을 들려주자 그들의 눈에 물기가 어렸다."*

그리고 저는 주전 2000년의 어느 날, 어딘가로 시간을 거슬러 올라갔습니다. 야곱이 눈먼 아버지 이삭으로부터 형 에서가 받을 축복을 훔치고 나서 나중에 이렇게 말하는 대목입니다. "내가 아버지의 축복을 가지고 달아난 것이 아니었다. 아버지의 축복이 (달아나는 낙타처럼) 나를 데리고 달아났던 것이다. 이후 나는 입 안의 모래를 느끼며 자주 자비를 청했다. 나는 축복이 낙타처럼 무릎을 꿇어 마침내 나를 내려놓게 만들려고 이크크크 소리쳤다. 축복의 뒷다리 쪽에는 앞으로 내달리면서 묻은 오줌이 뒤덮여 있었다. 긴 다리로 혹을 흔드는 그 걸음걸이는 바람 속의 넝마처럼 어설프고 제멋대로다. 나는 그 사향냄새 나는 가죽에 얼굴을 묻는다. 나는 축복이 나를 데려가는 곳에 가게 될 것이다. 그것은 아름답고 끔찍하다. 축복은 자신의 목적을 좇아 황량한 언덕을 달린다."**

지금까지 말씀드린 것이 제가 집을 찾다가 이르게 된 몇 가지 장소입니다. 그 과정에서 제가 발견한 것이 무엇일까요? 이 정도는 분명히 주장할 수 있을 것 같습니다. 저는 모르는 사람들로부터 1년에

---

* *Brendan*(SanFrancisco: Harper&Row, 1988), pp.49, 48.
** *The Son of Laughter*(SanFrancisco: HarperSanFrancisco, 1993), pp.85-86.

대략 300-400통의 편지를 받습니다. 그들은 제가 인생의 대부분을 할애해 썼던 책들이 이런저런 식으로 그들의 목숨을 건져주었다고, 어떤 경우에는 그 덕분에 말 그대로 목숨을 구했다고 말합니다. 그런 편지를 받으면 대단히 당혹스럽습니다. 그들은 모르지만, 대개의 경우 저도 그들 못지않게 길 잃은 사람이고 제 안에도 그들 못지않게 어둠이 가득하며 절실한 필요가 넘쳐나기 때문입니다. 제 목숨이라도 구하는 법을 알았으면 좋겠습니다. 그들은 제가 성자라도 되는 듯이 편지를 써 보내지만, 그들이 완전히 틀렸다는 사실을 어떻게 하면 분명히 알려줄 수 있을지 모르겠습니다.

그러나 제가 이제 막 발견하기 시작한 사실이 있습니다. 이 모든 것에도 불구하고, 어떤 의미에서 그들의 말은 옳다는 것입니다. 저는 제 책들이나 때로는 저의 실제 삶에서 최상의 상태일 때 다른 사람들에게 성자가 될 잠재력을 갖습니다. 제가 말하는 성자는 생명을 주는 사람입니다. 여러 기독교 신조가 생명의 주인이자 생명을 주시는 분으로 묘사하는 성령의 어떤 것을 다른 이들에게 전해줄 수 있는 사람입니다. 때로 하나님이 은혜를 주시면, 저는 다른 사람들에게 그리스도가 될 잠재력을 갖습니다. 물론 우리 모두가 그렇습니다. 생명을 주고 생명을 구하고 치유하는 능력, 성자가 되는 능력, 그리스도가 되는 능력이 우리 안에 있습니다. 드물긴 하지만 어떤 순간에는 우리 자신에게도 그 능력을 발휘할 수 있습니다.

그 능력이 제 안에 살아 있고 저를 통해 살아 있을 때, 저는 진짜 집에 가장 가까이 다가갑니다. 제가 이제껏 거쳐왔던 여러 집들의 사랑과 정의와 질서와 평화 안에서 엿보았을지도 모르는, 그러나 그 온전한 모습은 언제나 놓쳤던 거룩함을 발견하고, 그 거룩함에 내 자신을 알리는 상태에 가장 가까이 이릅니다. 저는 그렇게 믿습니다. 저는 평생 하루도 빠짐없이 갈망해온 집을 이미 찾았다고 주장할 수 없습니다. 그러나 저는 그리로 가는 길을 제 마음속에서 찾았습니다. 어쩌면 그 길을 항상 알고 있었는지도 모릅니다. 버트릭 목사님이 옳았습니다. 우리가 갈망하고 우리가 속한 집은 결국 그리스도가 계시는 곳입니다. 집은 그리스도의 나라이고, 그 나라는 그곳을 찾아 탕자처럼 세상을 헤치고 가는 우리 안에도 있고 우리 사이에도 존재합니다.

거대한 춤

28

그 뒤에 예수께서 디베랴 바다에서 다시 제자들에게 자기를 나타내셨는데, 그가 나타나신 경위는 이러하다. 시몬 베드로와 쌍둥이라고 불리는 도마와 갈릴리 가나 사람 나다나엘과 세베대의 아들들과 제자들 가운데서 다른 두 사람이 한자리에 있었다. 시몬 베드로가 그들에게 말하기를 "나는 고기를 잡으러 가겠소" 하니, 그들이 "우리도 함께 가겠소" 하고 말하였다. 그들은 나가서 배를 탔다. 그러나 그날 밤에는 고기를 한 마리도 잡지 못하였다.

이미 동틀 무렵이 되었다. 그때에 예수께서 바닷가에 들어서셨으나, 제자들은 그가 예수이신 줄을 알지 못하였다. 그때에 예수께서 제자들에게 물으셨다. "얘들아, 무얼 좀 잡았느냐?" 그들이 대답하였다. "못 잡았습니다." 예수께서 그들에게 말씀하셨다. "그물을 배 오른쪽에 던져라. 그리하면 잡을 것이다." 제자들이 그물을 던지니, 고기가 너무 많이 걸려서, 그물을 끌어올릴 수가 없었다. 예수가 사랑하시는 제자가

베드로에게 "저분은 주님이시다" 하고 말하였다. 시몬 베드로는 주님
이시라는 말을 듣고서, 벗었던 몸에다가 겉옷을 두르고, 바다로 뛰어
내렸다. 그러나 나머지 제자들은 작은 배를 탄 채로, 고기가 든 그물을
끌면서, 해안으로 나왔다. 그들은 육지에서 백 자 남짓밖에 떨어지지
않은 곳에 들어가서 고기를 잡고 있었던 것이다.

그들이 땅에 올라와서 보니, 숯불을 피워 놓았는데, 그 위에 생선이 놓
여 있고, 빵도 있었다. 예수께서 제자들에게 말씀하셨다. "너희가 지금
잡은 생선을 조금 가져오너라." 시몬 베드로가 배에 올라가서, 그물을
땅으로 끌어내렸다. 그물 안에는, 큰 고기가 백쉰세 마리나 들어 있었
다. 고기가 그렇게 많았으나, 그물이 찢어지지 않았다. 예수께서 그들
에게 말씀하셨다. "와서 아침을 먹어라." 제자들 가운데서 아무도 감히
"선생님은 누구십니까?" 하고 묻는 사람이 없었다. 그가 주님이신 것을
알았기 때문이다. 예수께서 가까이 오셔서, 빵을 집어서 그들에게 주시
고, 이와 같이 생선도 주셨다.

요한복음 21:1-13(새번역)

몇 년 전 아내와 저, 그리고 당시 스무 살이던 딸 샤미는 플로리
다 주 올랜도의 화려한 관광지 씨월드(Sea World)에 갔습니다. 그곳
은 많은 사람, 요란한 음악, 미키마우스 티셔츠 등의 신나는 요소
외에도, 주요 볼거리 때문에 아주 유명해졌습니다. 그 볼거리는 수
정처럼 맑은 거대한 청록색 물탱크에서 펼쳐집니다. 물탱크 한쪽
끝에 단이 튀어나와 있고 그 위에서 수영복 차림의 예쁘고 잘생긴
젊은 남녀들이 쇼를 진행합니다. 우리가 갔던 날은 날씨가 정말 좋
았습니다. 빛나는 물 위로 플로리다의 밝은 햇빛이 비쳤고 머리 위
로는 구름 한 점 없는 푸른 하늘이 펼쳐졌습니다.

쇼는 이렇게 시작되었습니다. 주어진 신호에 따라 대여섯 마리의 범고래[영어로는 'killer whale'(살인고래)이라고 합니다만, 녀석들은 우리를 어떻게 부를지 궁금합니다]가 물탱크로 풀려나오는데, 빙글빙글 돌아가며 헤엄치는 녀석들만큼 살인자의 모습과 거리가 먼 동물도 해 아래 없을 것 같습니다. 눈부신 하늘과 태양, 단 위의 아름다운 젊은이들, 부드러운 남부의 공기, 즐겁게 공연하는 것처럼 보이는 범고래들과 그 못지않게 즐거워하며 공연을 지켜보는 수많은 관객들이 어우러진 모습이 마치, 사람과 짐승과 해와 물과 땅과 하늘, 심지어 하나님까지 창조세계 전체가 참여하는, 상상도 못할 만큼 아름답고 크고 즐거운 춤판이 벌어진 것 같았습니다. 그런데 저는 그 한복판에서 제 눈에 눈물이 가득한 것을 발견하고 깜짝 놀랐습니다.

쇼가 끝난 뒤, 옆자리의 아내와 딸에게 고개를 돌려 그 이야기를 했더니 두 사람도 눈물이 났다고 대답했습니다. 몇 년 후 워싱턴에 있는 설교자대학의 한 세미나에서 그 일을 이야기했는데, 강연이 끝난 뒤 한 사람이 제게 다가왔습니다. 잉글랜드 솔즈베리 대성당의 주임사제라고 했습니다. 그는 자신이 몇 주 전에 전한 설교의 일부를 보겠느냐고 물었습니다. 그 대목에서 그는 최근에 플로리다 주 올랜도의 씨월드라는 곳에 가서 비범한 장관을 보았는데, 그 한복판에서 불현듯 자신의 눈에 눈물이 가득한 것을 발견했다고 밝히고 있었습니다.

아내와 저, 딸아이 샤미와 휴 디킨슨. 제가 볼 때 우리가 눈물을 흘린 이유는 분명합니다. 우리는 그날 평화의 나라를 엿보았고 그 광경에 마음이 부서질 것 같았기 때문입니다. 몇 분간 우리가 본 것은 에덴이었습니다. 창조세계의 중심부에서 펼쳐지는 거대한 춤의 일부였습니다. 우리는 세상이 처음 만들어졌을 때 왜 "새벽 별들이 기뻐 노래하며 하나님의 아들들이 다 기뻐 소리를 질렀"(욥 38:7)는지, 감옥에 갇혀 처형을 기다리던 사도 바울이 "주 안에서 항상 기뻐하라 내가 다시 말하노니 기뻐하라"(빌 4:4)고 말했던 이유가 무엇인지 보았습니다. 우리는 예수님이 "지금 우는 자는 복이 있나니 너희가 웃을 것임이요"(눅 6:21)라고 하신 말씀의 의미를 일부나마 엿보았습니다.

세상에는 어둠이 가득하지만, 저는 우리가 하고많은 곳 중에서도 어둠의 핵심부이자 바가지 상술로 유명한 플로리다 주 올랜도의 여행지에—누가 그것을 믿을 수 있겠습니까?—상상도 못할 기쁨이 있음을 보았다고 생각합니다. 세상은 우리에게 나쁜 일을 저지르고, 우리도 세상과 서로를 상대로, 어쩌면 무엇보다 우리 자신을 상대로 나쁜 일을 저지르지만, 반짝이는 범고래들이 태양을 향해 솟구쳐 오를 때 눈부시게 빛나던 환한 물속에서 저는 우리가 기쁨에 속한 존재임을 보았습니다. 기쁨이 우리의 집이고, 제 눈에 어렸던 눈물은 무엇보다 향수의 눈물이었습니다. 하나님은 기쁨 가운데, 기쁨을 위해 우리를 창조하셨고, 세상과 우리 안에 있는 온갖 어둠도 끝내 우리를 그 기쁨에서 끊을 수 없습니다. 하나님이 우리를 그분의 형상으로 창조하셨다는 말이 무엇을 의미하건, 그 안에는 우리가 그분을 믿을 수 없을 때조차, 영적으로 파산상태라고 느낄 때조차도 그분의 흔적이 우리 안에 깊이 새겨져 있다는 뜻이 들어 있다고 생각합니다. 우리 피에는 하나님의 기쁨이 들어 있습니다.

저는 우리의 눈물이 말해주는 것도, 우리의 믿음이 말해주는 것도 전부 기쁨이라고 믿습니다. 행복이 아닙니다. 행복은 일이 우리 뜻대로 풀릴 때 찾아오는 것이기에, 상황이 뜻대로 풀리지 않을 때 필연적으로 따라오게 되는 불행의 전조이기도 합니다. 그리고 결국 누구나 그런 시기를 맞게 됩니다. 그러나 기쁨은 어떤 일이 벌어지거나 벌어지지 않아서 찾아오는 것이 아니라, 그저 우리가 살아 있는 존재이고 하나님이 만드신 세상의 헤아릴 수 없는 풍성함뿐 아니라 두려움의 일부이기에 가끔씩 솟아납니다. 예수님이 몇 시간 후에 죽게 될 줄 아시면서 친구들과 함께 마지막 식사를 하실 때, 그분은 어떤 의미에서도 행복하지 않았고 친구들에게 행복을 준다고 하지도 않으셨습니다. 그분은 여러분과 제게도 그렇게 말씀하시지 않습니다. 예수님은 행복보다 더 귀한 것을 주겠다고 하십니다. 그것은 세상이 자기 힘으로 주거나 빼앗을 수 없는 것입니다. "내가 이것을 너희에게 이름은 내 기쁨이 너희 안에 있어 너희 기쁨을 충만하게 하려 함이라"(요 15:11). 슬픔만큼 절절한 기쁨. 그날 오후 혼잡한 관람석에서 제 눈에 눈물이 솟게 했던 기쁨입니다.

누군가 주일마다 교회에 나가는 우리의 모습을 보고 그 안에서 벌어지는 일의 중심에 기쁨이 자리 잡고 있다는 사실을 추측할 수 있을까요? 올랜도에서 그토록 강력하게 뿜어져 나오던 기쁨을 교회에서 조금이라도 엿보게 됩니까? 그러기를 바랍니다. 그렇기를 기도합니다. 어쩌면 예배당에 놓인 꽃의 신선함과 향기 속에서, 타오르는 촛불 속에서 그 깜빡임을 볼 수 있을지도 모릅니다. 실체를 확신하지 못하는 그 무엇을 갈망하고 그것을 향해 손을 뻗는 우리의 내면에서 그 반향을 어느 정도 느낄 수 있을지도 모릅니다. 어쩌면 아주 가끔씩 포도주의 맛이 우리 혀를 건드리거나 찬양이나 기도나 설교의 어떤 대목이 잠시 살아나 우리 마음을 감동시킬 때, 우리 안에 기쁨에 찬 무엇이 꿈틀거리는지도 모릅니다. 햇살이 비쳐드는 진홍색, 짙은 청록색의 스테인드글라스 창이 보석처럼 기쁨을 일깨우기도 합니다. 그러나 솔직히 말해 저는 오랫동안 교회를 다니지만 교회에서 그와 같은 기쁨, 커다란 범고래를 하늘로 뛰어오르게 만든 그것을 일부라도 발견한 일이 거의 없다고 실토해야겠습니다.

　무엇보다 우리는 사랑받는 존재입니다. 이것이 복음이 말하는 좋은 소식입니다. 제일 좋은 옷을 입고 언행을 조심하고 좋은 면만 보여주는 주일 교회에서의 모습으로만 사랑받는 것이 아니라, 혼자만 아는 모습, 강하고 기쁨에 넘치는 면모는 물론 가장 나약하고 비루한 면모까지 사랑받습니다. 이 복음이 진짜일지도 모른다고 믿는 사람들이 모이는 곳이 교회라면 방금 내기경마에서 이긴 사람들이 모인 자리와 같아야 마땅할 것입니다. 우리는 신도석의 모든 남녀가 친숙하거나 낯선 타인이 아니라 오래전에 잃어버렸던 형제자매라는 사실을 방금 발견한 사람들처럼 서로 얼싸안아야 마땅할 것입니다. 우리 모두 지금까지 다른 정원을 걸어왔고 다른 무덤 앞에 무릎을 꿇었지만, 인간적으로 말해 모두 같은 장소에서 나왔고 우리를 기다리는 복된 신비를 향해 나아가고 있기 때문입니다. 이 기쁨은 교회뿐 아니라 우리의 삶에서도 찾아보기 힘듭니다. 이 기쁨은 삶이 참으로 거룩한 것이라고 가끔씩 간신히 믿는 데 그치지 않습니다. 제 아내와 딸과 영국인 주임사제와 제가 그 순간의 광채를 공통적으로 경험하고 그 속으로 각각 달려들었던 것처럼 그 거룩함 속으로 정면으로 달려들게 합니다. 어쩌면 우리가 무엇보다 갈망하는 것은 바로 거룩함일지도 모르겠습니다.

요한복음의 마지막 장에는 씨월드의 그 순간과 공통적인 특징을 보이는 순간이 등장합니다. 여기에도 물, 물고기, 태양과 하늘이 있고, 제 추측이 틀리지 않다면 그 일이 벌어졌을 때 그 자리에 있던 일부 사람들의 눈에는 눈물이 고였을 것입니다. 물은 디베랴 바다였고, 거기서 어부 출신 제자들은 원래 하던 일을 하고 있었습니다. 예수님의 십자가 처형이 있은 지 일주일 정도 지난 시점이었습니다. 그날 이후 예수님은 그들 중 일부에게 나타나셨고 뭔가 말씀하셨고 약속도 하셨습니다. 도마는 그분의 손을 만지기까지 했습니다. 그러나 그다음에 그분은 다시 사라지셨습니다.

어느 날 밤 베드로가 여섯 친구를 모았고 그들은 같이 고기를 잡으러 갔습니다. 바다에서 아무것도 잡지 못했지만, 어쩌면 그들이 찾고자 했던 것은 물고기가 아니라 그들이 잃어버린 분 없이 또 다른 밤을 지낼 방법이었는지도 모릅니다. 그런데 요한이 말합니다. "이미 동틀 무렵이 되었다." 그리고 해변에서 90미터 남짓 떨어져 있던 그들의 눈에 숯불의 불빛과 그 옆에 서 있는 사람의 모습이 보였습니다. 처음에 그들은 그가 누구인지 알아보지 못했습니다. 그 사람은 그들에게 물고기를 좀 잡았느냐고 물었고, 그들이 한 마리도 못 잡았다고 하자 배 오른쪽으로 그물을 던져보라고 했습니다. 이번에는 운 좋게도 물고기를 많이 건져 올렸습니다. 요한은 물고기 수를 정말 세어보고 그 수를 기억하고 있었던 것처럼 그 수가 무려 153마리나 된다고 적어놓았습니다. 그때 제자 중 하나가 해변에 있는 사람이 예수님이라는 것을 알아보고 베드로에게 말했고, 베드로는 고래처럼 물속으로 뛰어들어 어찌어찌 헤엄을 쳐서 누구보다 먼저 허겁지겁 해변으로 갔습니다.

그가 예수님과 나눈 짧은 대화는 뇌리에서 계속 맴돕니다. 베드로가 한 말은 여러분과 제가 거기 있었다면 했을 법한 말과 너무나 비슷하기 때문입니다. 예수님은 베드로에게 그분을 사랑하느냐고 물으시고, 베드로는 그렇습니다, 사랑합니다, 라고 대답합니다. 그는 예수님을 사랑한다고 말합니다. 여러분과 저는 예수님을 본 적이 없지만, 그렇다 해도 그분을 전혀 사랑하지 않기는 어렵습니다. 예수님이 누구시며 그분에 대해 무엇을 믿어야 하는지 잘 모르는 상태이고, 하나님이 아시듯 그동안 그분을 썩 잘 따르지 못했다 해도(그것이 무슨 뜻이건), 쑥스러워서 반쯤은 가린 방식으로라도 그분을 사랑하게 됩니다. 예수님은 베드로가 세 번이나 그분을 사랑한다고 말하게 하시고 그때마다 사실상 같은 내용으로 대답하십니다. "내 어린 양을 먹이라." "내 양을 치라." "내 양을 먹이라."(요 21:15-17)

우리 눈에 눈물이 솟게 하는 기쁨은 예수님이 말씀하시는 서로를 먹이는 일과 관련이 깊은 것 같습니다. 말 그대로 먹을 것이 없어 굶주리는 사람들이 있고, 하나님만 아시는, 작지만 생명을 소생시키는 친절과 이해의 행위에 굶주린 사람들도 있습니다. 말 그대로건 비유적인 의미건, 여러분과 제가 서로를 먹이고, 서로의 필요를 돌보고, 이런저런 식으로 서로를 보살피는 것은 땅과 하늘과 남자와 여자와 물과 짐승이 어울려 추는 춤의 일부가 되는 일입니다. 시편 기자에 따르면 이 춤은 큰물로 손뼉 치게 하고 언덕들로 기뻐 노래하게 만듭니다.

"내 양을 먹이라." 예수님은 하루의 첫 번째 햇살이 하늘 널리 퍼져나갈 때 베드로에게 이렇게 말씀하셨습니다. 그러나 그 이전에 다른 말씀도 하셨습니다. 여섯 명의 다른 제자들은 배를 해변에 대고 나서 숯불 옆으로 다가갔습니다. 불 옆에 계신 분이 예수님이라는 것을 알고 있었지만 완전히 확신하진 못했고, 자신들이 생각하는 바로 그분이 맞는지 물어볼 용기가 나지 않았습니다. 그분은 그들에게 방금 잡아온 물고기를 좀 가져오라고 하신 다음 어떤 말씀을 하셨는데, 제 추측이 맞다면 그 말씀에 그들의 눈에 눈물이 맺혔을 것입니다. 하나님의 어린양. 평강의 하나님. 높은 데서 내려온 새벽. 우리가 그분의 입술을 바라보며 상상할 법한 온갖 비범한 말씀 대신에 예수님은 이렇게 말씀하셨습니다. "와서 아침을 먹어라."

저는 예수님이 우리 모두에게 이 말씀을 하신다고 믿습니다. 그분의 양, 어린양을 먹이라는 말씀이 분명합니다. 그러나 먼저 그분이 우리를 먹이시도록 맡겨야 합니다. 그분이 자신의 일부로 우리를 먹이시도록 말입니다. 포도주를 홀짝이고 빵조각을 먹을 때. 태양과 물과 하늘이 어우러진 춤 안에서. 우리에게 정말 필요한 사람들과 우리를 정말 필요로 하는 사람들의 얼굴에서. 숯불로 요리하는 아침식사의 냄새에서. 우리가 그분을 어디서 찾게 될지, 찾는다 해도 과연 그분을 알아볼지 누가 알겠습니까? 그분이 정말 누구였는가 하는 진실에 조금이라도 근접하는 내용을 아는 사람이 있을까요? 그러나 저는 기도합니다. 우리 모두 그분을 어디선가, 어떻게든 찾게 되기를. 그분이 자기 생명의 일부를 우리에게 주셔서 우리의 공허함을 채워주시기를. 그분의 빛의 일부를 주셔서 우리의 어둠을 몰아내주시기를.

그날의 뉴스

29

화 있을진저 너희 부요한 자여 너희는 너희의 위로를 이미 받았도다.
화 있을진저 너희 지금 배부른 자여 너희는 주리리로다.
화 있을진저 너희 지금 웃는 자여 너희가 애통하며 울리로다.

누가복음 6:24-25

저녁 여섯시 반이나 일곱 시가 되면 우리는 텔레비전을 켜고 CBS나 NBC나 ABC로 채널을 맞춥니다. 정말 진지한 사람이라면 PBS를 택하겠지요. 그렇게 채널을 맞춰놓고 소파에 등을 기대고 앉아 그날의 뉴스에 귀를 기울입니다. 그것이 현실과 접촉하고 세상을 보는 전망을 유지하고 상황 파악을 하는 방법입니다. 우리가 속한 세계에서 바쁘게 살아가느라 자꾸 잊어버리는 사실, 우리가 사는 작은 세계 너머에 우리 모두를 포함하는 또 다른 큰 세계가 있다는 사실을 상기하는 방법이기도 하지요.

뉴스는 매일 저녁마다 다르지만 날이 가고 해가 가도 자꾸만 다시 등장하는 특정한 주요 테마들이 있습니다. 어디선가 언제나 전쟁이 벌어지고 있습니다. 중동에서, 아프리카에서, 우리 동네의 거리에서. 사람들은 지배력을 얻고자, 권력을 차지하고자, 복수하고자, 자유를 얻고자, 더 큰 몫을 차지하고자 늘 다른 사람들과 싸웁니다.

그러나 동전의 반대쪽을 보면, 늘 평화를 모색하는 노력이 있습니다. 국가원수들이 모여 오랜 불만을 토로하고 조정과 타협의 새로운 가능성을 검토합니다. 아랍인들이 이스라엘 사람들과 마주보고 앉습니다. 노사가 협상 테이블에 앉습니다. 세상은 싸움 못지않게, 싸움을 끝내고 평화를 이룰 방법도 늘 모색하고 있습니다.

또, 세상은 언제나 굶주리고 있습니다. 굶주림은 빠지지 않고 등장하는 큰 테마입니다. 굶주리는 이들의 통계수치는 너무나 끔찍해서 머릿속에 담아둘 수가 없습니다. 때로는 담아두지 않기로 선택하기도 하지요. 제3세계에서만 아니라 전 세계에서 수십만 명이 굶어죽고 있습니다. 그중 상당수는 어린이입니다. 버몬트 주 맨체스터의 제가 사는 곳 근처에는 매주 스쿨가(街)의 노인복지관에 많은 사람이 줄을 섭니다. 그들은 지역교회들이 모아준 음식을 받아 간신히 먹고삽니다. 풍요로 가득한 이 나라에도 들어가 살 집이나 먹을 음식이 없는 사람들, 아예 둘 다 없는 가족들이 수없이 많습니다.

주요 테마는 계속 등장하는 마지막 테마, 무주택 또는 노숙자 문제로 이어집니다. 제가 뉴욕에 살던 어린 시절에는 바우어리가(街) 같은 곳까지 가봐야 노숙하는 사람들을 볼 수 있었습니다. 그런데 요즘에는 거리마다 노숙인들이 있습니다. 슬럼가만이 아니라 멋진 거리도 마찬가지이고, 뉴욕만이 아니라 이 나라 모든 도시의 사정이 똑같습니다. 그들은 누군가 걷어찰 때까지 인도, 뜨거운 바람이 나오는 환풍구, 역 대합실 등에 누워 있고, 건물 출입구와 교회 층계에 몸을 누입니다. 더없이 추운 겨울밤에는 온기를 얻기 위해 오래된 신문지로 속을 채운 포장박스 안에 들어가거나 더러운 옷가지로 몸을 감쌉니다. 빈털터리에다 잊혀진 사람들입니다. 몸을 피할 곳이 없고, 자기 소유의 공간이 없고, 그들이 속한 곳도 없습니다. 누군가 말한 대로 집은 나를 받아주는 곳인데, 이 사람들은 세상 어디에도 그런 곳이 없습니다.

싸움. 평화의 모색. 굶주림. 주거 문제. 저녁마다 우리는 거실에 앉아 깜빡이는 화면을 통해 그날 세계에서 벌어진 일들을 지켜봅니다. 우리가 그 일들에 대해 어떻게 대처할지 선택하는 일, 즉 우리의 시간과 에너지를 어떤 일에 투자할지, 어떤 후보에게 표를 던질지, 마음이 끌리는 곳에 얼마나 많은 돈을 기부할지를 결정하는 일은 세상의 구원뿐 아니라 우리 영혼의 구원에도 크고 지대한 중요성을 가지는 문제들입니다. 그러나 우리는 이 문제들뿐 아니라 또 다른 그날의 뉴스에도 주목해야 합니다. 우리가 파악해야 할 또 다른 상황, 놓쳐서는 안 될 또 다른 현실이 있습니다.

세계 뉴스의 머리기사를 장식하는 일들 외에도, 여러분과 제가 속한 좀 더 작고 사적인 세계에서 벌어지는 일들이 있고, 그 세계에서 우리 개개인에게 일어난 하루 사건들을 알리는 뉴스도 있습니다. 그 일들 중에는 너무 작아서 우리가 크게 개의치 않는 일들도 있고 우리 발밑의 땅을 뒤흔드는 일들도 있습니다만, 크건 작건 그 일들은 우리가 누구이고 자신의 삶으로 무엇을 하고 있으며 삶은 우리에게 무슨 일을 하고 있는지가 담긴 매일의 이야기를 구성합니다. 그 뉴스는 우리가 어떤 존재가 되고 있는지, 혹은 되지 않고 있는지 알려줍니다.

어쩌면 그 뉴스를 들여다보는 최고의 시간은 불을 끄고 잠이 들기를 기다리며 어둠 속에서 누워 있는 밤 시간일 것입니다. 그때는 지난 24시간 동안, 또는 지난 24년 동안 여러분과 제가 참전해온 전쟁을 돌아보는 시간입니다. 어떤 식으로건 매일 전쟁을 벌이지 않는 사람은 없습니다. 우리는 하다못해 자신을 상대로라도 싸움을 합니다. 또, 그때는 우리의 평화 모색을 돌아보는 시간입니다. 우리가 시간을 들여 그 외에도 많은 것을 추구하지만 그 모든 것 아래를 들여다보면 우리가 가진 다른 모든 보물을 기꺼이 내어주고서라도 얻기 원하는 보물은 평화, 진정한 평화이기 때문입니다. 어둠 속에서 누워 이렇게 자문해볼 수 있을 것입니다. 나는 어떤 전투에서 이기고 있을까? 어떤 전투에서 지고 있을까? 아예 싸우지 않는 편이 나은 전투는 무엇이고, 좀 더 효율적이고 용감하게 싸워야 할 전투는 무엇일까? 우리는 교회를 다니는 사람들입니다. 점잖은 사람들이지요. 우리는 위장을 잘하고 싸웁니다. 폭격수라기보다는 저격수에 가깝고, 흔히 격한 말보다는 차가운 침묵을 무기로 씁니다. 그렇다고 해서 우리의 전쟁이 실질적이지 않다거나 승패에 따르는 결과가 가벼운 것은 절대 아닙니다.

어쩌면 승패의 결과가 가장 큰 전쟁은 우리 모두가 내면에서 벌이는 전쟁일 것입니다. 외로움, 지루함, 절망, 자기 의심에 맞서 싸우는 전투, 두려움과 벌이는 전투, 거대한 어둠에 맞선 전투입니다. 모든 곳의 모든 사람이 성경 전체에서 전폭적으로 공감할 수 있는 말은 아마도 사도 바울이 로마 교회에 보낸 편지의 이 한 대목일 것입니다. "내가 원하는 바 선은 행하지 아니하고 도리어 원하지 아니하는 바 악을 행하는도다"(7:19). 이것은 우리 모두가 벌이는 내면의 전투를 가장 생생하게 요약한 말입니다. 이 전투는 우리가 반쯤 탄식하면서 품고 있는 온갖 위장된 적의, 또는 크게 위장되지 않은 적의로부터 벗어나려는 시도입니다. 우리가 우리에게 있는 최고의 잠재력을 발휘하여 우리 자신과 서로에게 지혜롭고 사랑이 많은 친구가 되기 위한 전투입니다. 우리가 아쉬운 것을 받기 위해서만이 아니라 우리의 것을 내어주기 위해서도 손을 내미는 사람이 되기 위한 몸부림입니다.

이 전투는 가족 간에도, 부부 사이에도 벌어지는 전쟁, 공개적으로 벌이기도 하지만 많은 경우 너무나 은밀하게 진행되어 전쟁을 한창 벌이면서도 그 사실을 거의 인식하지 못하는 전쟁입니다. 부모와 자식 사이에도 존재하고, 어떤 차원에서는 서로 우군이지만 다른 차원에서는 적군, 경쟁자, 이방인인 사람들 사이에서 계속되는 전쟁입니다. 전쟁의 당사자들은 깊고 고통스러운 상처를 주고받습니다. 상처는 눈에 보이지 않고 출혈도 대체로 내출혈로 나타납니다. 우리는 살아남기 위해 싸우고, 사랑받기 위해 싸우며 단순히 주목을 받기 위해서도 싸웁니다. 저격과 소규모 접전, 방어적 기동, 노골적 침략, 게릴라 전복활동은 우리 모두의 삶의 일부입니다.

남북전쟁을 다룬 켄 번즈의 텔레비전 시리즈에서 내레이터는 1913년, 게티즈버그 전투 50주년 기념일에 벌어진 놀라운 사건을 소개합니다. 남북 군의 생존자들이 '피켓의 돌격'(Pickett's Charge, 게티즈버그 전투의 승패를 결정한 남군의 돌격작전. 지휘관의 이름을 딴 이 공격은 1.2킬로미터의 평야를 지나 능선에 자리 잡은 북군을 향해 달려드는 것이었다. 빗발처럼 쏟아지는 포탄과 라이플 총탄을 뚫고 능선을 향해 달린 이 공격은 처절한 실패로 끝났다. 공격에 참가한 남군 가운데 절반 이상이 돌아가지 못했고 북군도 많은 사상자가 났다—옮긴이)을 재연하기로 했습니다. 북군의 참전용사들은 모두 능선 위 바위틈에 자리를 잡았고 남군 참전용사들은 그 아래 평야를 지나 행진하기 시작했는데, 그때 비범한 일이 벌어졌습니다. 바위틈에 있던 노인들이 평야를 건너오는 노인들을 향해 달려 내려가면서 크게 울음을 터뜨렸습니다. 그들은 반세기 전과 달리 전투 대신 두 팔을 벌려 서로를 안았습니다. 그들은 서로 껴안고 소리 내어 울었습니다.

어둠 속에 누워 끝나가는 하루의 뉴스를 회상하면서, 우리 모두가 참여하고 있지만 남들은 잘 모르는 작은 전쟁들 중 어떤 것이 이렇게 끝날 수 있을지 자문해볼 수 있겠습니다. 그 노인들이 게티즈버그의 평야에서 서로의 품에 안길 때 보았던 것을 볼 눈이 우리에게 있다면 말이지요. 이런저런 식으로 우리와 전쟁을 벌이는 사람들과의 불화가 대개는 그들보다 우리 탓이 크다는 사실을 알아볼 수 있다면 좋겠습니다. 우리가 도무지 참지 못하는 그들의 결점은 많은 경우 우리 안에 있는 결점의 변형일 뿐이기 때문입니다. 우리가 그 사실을 잘 인지하지 못할 뿐이지요.

몇 년 전 한 만찬장에서 저는 여러 해 동안 알고 지내던 여성분의 옆자리에 앉게 되었습니다. 제가 모든 면에서 귀하게 여기고 존경하는 분이었지만, 그분보다는 저의 탓이 큰 한두 가지 이유로 우리 사이에는 종종 그늘이 드리웠고 분위기도 거북했습니다. 저는 며칠 전 밤에 그녀가 나오는 꿈을 꾸었다는 이야기를 했습니다. 저는 지금 만찬 식탁 앞에 나란히 앉아 꿈 이야기를 하는 것처럼 꿈에서도 나란히 앉아 있다가 제가 그녀를 돌아보며 "사랑합니다"라고 말했다고 전했습니다. 그다음 저는 바로 그 순간까지도 온전히 이해하지 못하고 있던 말을 했습니다. 꿈에서 그녀에게 한 말이 사실이라고 말입니다. 저는 그녀가 저 못지않게 감동한 것을 금세 알 수 있었고, 곧바로 우리 둘 사이는 더 이상 거북하지 않고 치유와 기쁨이 가득했습니다. 그것은 아주 작은 순간에 불과했지만, 제 인생의 '그날의 뉴스'로 보자면 하나의 전쟁의 끝을 알리는 일이었고, 그녀와 저와 우리 모두가 무엇보다 갈망하는 평화를 조금이나마 엿보게 해주었습니다.

여러분과 저는 문자적 의미의 굶주림을 알지 못합니다. 매일 수천 명이 굶어 죽는 세상이지만, 우리는 풍요에 둘러싸여 살아갑니다. 우리는 배가 불룩하고 팔다리는 작대기 같고 또래보다 한참 나이 들어 보이는 얼굴에 눈은 초점을 잃은 제3세계 어린이들의 텔레비전 영상을 배부른 상태로 지켜봅니다. 그들의 굶주림을 지면에서 쓸어버릴 방법을 찾지 못한다면, 우리를 기독교국가라고 부르는 것이 어떤 의미이건 우리 나라, 우리가 이룩한 문명에 하나님이 자비를 베푸시기를 바랄 수밖에 없을 것입니다. 풍요의 한복판에서 우리도 나름의 끔찍한 굶주림에 시달리고 있음을 깨닫지 못한다면 하나님이 우리에게도 자비를 베푸시기를 바랄 수밖에 없습니다.

우리도 굶주림에 시달립니다. 알려지고 싶고, 이해받고 싶고, 사랑받고 싶고, 내면의 평화를 얻고 싶은 굶주림입니다. 뭔가를 받고 싶은 굶주림만 있는 것이 아닙니다. 종종 우리는 깨닫지 못한 채로 다른 사람들에게도 그런 것들을 채워주고 싶은 굶주림을 느낍니다. 그들도 그런 것들이 없어 굶주리고 있으니까요. 우리는 사랑받을 뿐 아니라 사랑하고, 용서받을 뿐 아니라 용서하고 싶어 합니다. 어쨌거나 지금의 우리를 만들어준 좋은 시절과 힘든 시절 모두를 누가 알아주고 이해해주며 서로서로를 충분히 알고 이해하고 싶은 굶주림이 있습니다. 그 굶주림이 채워진다면 결국 우리는 모두 다 똑같이 좋은 시절과 힘든 시절이 있다는 사실과, 그렇기에 온 세상에 진짜 이방인은 없다는 사실을 깨닫게 될 것입니다.

예수님이 이웃을 우리 자신처럼 사랑하라고 명령하셨을 때, 그 명령은 우리 이웃만이 아니라 우리를 위한 것이기도 했습니다. 굶어 죽어가는 아이들을 먹일 방법을 찾도록 돕지 않으면 그 아이들과 더불어 우리 존재의 소중한 일부분도 같이 굶어 죽고 맙니다. 음식이 아니라 관심과 정에 굶주린 사람들에게 우리의 마음을, 우리의 일부를 내어주지 않으면 우리는 인간으로서 쪼그라들고 불구가 되고 맙니다.

우리는 깜깜한 방에서 이불 속에 눕습니다. 책상에는 아이들의 사진이 있습니다. 옷은 옷장에 걸려 있고 카펫 깔린 바닥에는 한 조각 달빛이 비쳐듭니다. 편안하고 친숙한 물건, 장면, 소리가 우리를 둘러쌉니다. 날씨가 안 좋아도 몸을 피할 곳이 있습니다. 살다가 상황이 어려워지면 뒤로 물러나 상처를 치유하고 몸을 추스를 곳이 있습니다. 그러나 수만 명의 사람들, 그중에서 수천 명의 아이들은 바람을 피하고 몸을 누일 곳을 찾아 거리를 배회합니다. 예수님이 말씀하셨습니다. "화 있을진저 너희 부요한 자여, 너희는 너희의 위로를 이미 받았도다. 화 있을진저 너희 지금 배부른 자여, 너희는 주리리로다. 화 있을진저 너희 지금 웃는 자여, 너희가 애통하며 울리로다." 너무나 부담스러운 말씀인지라 이 말씀을 본문으로 하는 설교는 듣기가 어렵습니다. 우리 같은 사람들에게 자주 선포되는 본문이 아닙니다. 너무 정곡을 찌르는 말씀이기 때문입니다. 그러나 투표권도 없고 힘도 없고 자기들을 위해 로비해줄 사람도 없는 이들, 도시의 거리를 길고양이처럼 배회하는 이들의 불편한 모습을 피하려 들고, 얼굴 없는 이들과도 같은 집 없는 이들을 잊어버린다면 우리에게 화가 있을 것입니다. 그리고 그날 하루 우리 삶에서 벌어진 일들을 정리한 뉴스에 매일 밤 귀 기울이면서 우리 자신의 집 없는 상태를 기억하지 않는다면 우리에게 화가 있을 것입니다.

우리의 집 없는 상태라는 것은 도처에 여러 집이 있지만 그 어디에서도 정말 집에 있는 기분이 들지 않는다는 뜻입니다. 정말 집에 있는 기분이란 진정한 평화로움을 말합니다. 그런데 우리 삶은 너무 복잡하게 얽혀 있어서 모두에게 진정한 평화가 있기 전에는 어느 누구에게도 진정한 평화가 있을 수 없습니다. 이것은 세계 뉴스뿐 아니라 우리 각 사람의 그날의 뉴스에도 깔려 있는 진실입니다.

어둠 속의 비밀

30

그날에 그들 중 둘이 예루살렘에서 이십오 리 되는 엠마오라 하는 마을로 가면서 이 모든 된 일을 서로 이야기하더라. 그들이 서로 이야기하며 문의할 때에 예수께서 가까이 이르러 그들과 동행하시나 그들의 눈이 가리어져서 그인 줄 알아보지 못하거늘 예수께서 이르시되 너희가 길 가면서 서로 주고받고 하는 이야기가 무엇이냐 하시니 두 사람이 슬픈 빛을 띠고 머물러 서더라. 그 한 사람인 글로바라 하는 자가 대답하여 이르되 당신이 예루살렘에 체류하면서도 요즘 거기서 된 일을 혼자만 알지 못하느냐. 이르시되 무슨 일이냐. 이르되 나사렛 예수의 일이니 그는 하나님과 모든 백성 앞에서 말과 일에 능하신 선지자이거늘 우리 대제사장들과 관리들이 사형 판결에 넘겨주어 십자가에 못 박았느니라. 우리는 이 사람이 이스라엘을 속량할 자라고 바랐노라. 이뿐 아니라 이 일이 일어난 지가 사흘째요 또한 우리 중에 어떤 여자들이 우리로 놀라게 하였으니 이는 그들이 새벽에 무덤에 갔다가 그의 시체는 보지 못하고 와서 그가 살아나셨다 하는 천사들의 나타남을 보았다 함이라. 또 우리와 함께한 자 중에 두어 사람이 무덤에 가 과연 여자들이 말한 바와 같음을 보았으나 예수는 보지 못하였느니라 하거늘 이르시되 미련하고 선지자들이 말한 모든 것을 마음에 더디 믿는 자들이여, 그리스도가 이런 고난을 받고 자기의 영광에 들어가야 할 것이 아니냐 하시고 이에 모세와 모든 선지자의 글로 시작하여 모든 성경에 쓴 바 자기에 관한 것을 자세히 설명하시니라. 그들이 가는 마을에 가까이 가매 예수는 더 가려 하는 것같이 하시니 그들이 강권하여 이르되 우리와 함께 유하사이다. 때가 저물어가고 날이 이미 기울었나이다 하니 이에 그들과 함께 유하러 들어가시니라. 그들과 함께 음식 잡수실 때에 떡을 가지사 축사하시고 떼어 그들에게 주시니 그들의 눈이 밝아져 그인 줄 알아보더니 예수는 그들에게 보이지 아니하시는지라.

누가복음 24:13-31

사복음서의 저자들은 그들이 전해야 할 이야기의 가장 중요한 부분에 이르면 속삭이듯 말합니다. 저는 이것이 늘 놀라웠습니다. 제가 말하는 부분은 물론 부활에 대한 대목입니다. 죽으셨던 예수님이 더 이상 죽은 상태가 아니었습니다. 살아나셨습니다. 여기 계십니다. 그런데 사복음서에 따르면 그 사실을 선포하는 천사 합창단은 없었습니다. 하늘에서 갑작스러운 빛의 폭발이 있지도 않았습니다. 단 한 사람도 그 일이 벌어지는 것을 보지 못했습니다. 이후에 무덤에 도착한 막달라 마리아는 부활한 예수님을 보고 처음엔 그늘진 곳에 서 있는 동산지기인 줄 알았습니다. 이후 그분을 알아본 그녀가 안으려고 다가오자 예수님은 그러지 말라고 하셨습니다. 그녀가 그분을 안으면 절대로 놓지 않을 것을 우려하기라도 하듯 말이지요. 아마 여러분과 저도 예수님을 품에 안게 된다면 절대로 그분을 놓지 않을 것 같습니다. 제자들은 예수님이 다시 살아나셨다는 말을 들었을 때 있을 수 없는 일이라고 무시했고, 도마의 경우에는 직접 그분을 보았을 때조차도 예수님이 몸의 상처를 만지게 해줄 때까지 여전히 믿지 못했습니다. 그 후에 그들이 동틀 녘에 고기를 잡으러 갔을 때 예수님이 해변에 서 계신 것을 보면서도 또다시 알아보지 못했고, 그분이 모래사장에 숯불을 피워놓고 아침식사를 준비하신 후 먹으러 오라고 하실 때에야 비로소 알아보았습니다.

다시 말해, 사복음서 저자들의 기록에 따르면, 예수님은 죽음에서 돌아오시되 이글이글 타오르는 영광 가운데 오신 것이 아니라 처음에는 여기, 다음에는 저기서 깜빡이다 결국 보이지 않게 되는 어둠 속의 촛불처럼 오셨습니다. 그들이 세상을 개종시킬 목적으로 이 모든 일을 지어낸 것이라면, 마지막 때에 그분이 다시 오실 것을 두고 "하늘에 있는 군대들이 희고 깨끗한 세마포 옷을 입고 백마를 타고" 그분을 따르고 그분의 눈은 "불꽃같고 그 머리에는 많은 관"(19:14, 12)을 썼다고 기록한 요한계시록의 묘사와 비슷하게 그 장면을 그려냈을 것입니다. 그러나 사복음서는 그 일을 그렇게 말하지 않습니다. 그 일을 최대한 그럴듯하게 묘사하려고 시도하지 않습니다. 사실을 있는 그대로 묘사하려고 최선을 다할 뿐입니다. 저자들은 그 일이 이제껏 벌어진 것 가운데 가장 비범한 일이라고 믿었지만 너무나 조용하게 말합니다. 그들이 하는 말을 제대로 들으려면 가까이 다가가서 귀를 기울여야 할 정도입니다. 그들은 그 일을 비밀처럼, 너무나 귀중하고 거룩하고 부서지기 쉽고 믿기 어렵고 진짜 있었던 일처럼 말합니다. 그 일을 달리 이야기하는 것은 그 명예를 더럽히는 일처럼 보일 정도입니다. 그들처럼 부활을 선포하려면 이렇게 속삭여야 할 것입니다. "그리스도께서 살아나셨어요."

그런데 여러 세기에 걸쳐 기독교회는 그 일을 속삭인 것이 아니라 소리쳐 알렸습니다. 누가 그것을 나무랄 수 있겠습니까? 사도 바울은 솔직하게, 있는 그대로 속내를 털어놓으며 고린도 교인들에게 이렇게 썼습니다. "그리스도께서 만일 다시 살아나지 못하셨으면 우리가 전파하는 것도 헛것이요 또 너희 믿음도 헛것이며"(고전 15:14). 그래서 온 세계 교회들이 그리스도께서 참으로 부활하셨고 우리의 믿음이 영광스럽게 입증되었다고 선포할 때는 당연히 목청껏 소리치고 깃발을 힘껏 휘두릅니다. 성찬대에는 백합을 몇 줄씩 늘어놓고, 성대한 성가대가 바흐나 헨델의 곡을 부릅니다. 힘찬 설교가 울려 퍼집니다. 근사한 옷차림의 교인들이 신도석을 가득 채웁니다. 이것은 모든 것에 대한 믿음을 거의 잃어버리다시피 한, 사람 잡는 미친 세상에서도 이 기적 중의 기적이 정말 일어났다고 믿는 사람들, 혹은 그 사실을 믿고 싶어 하는 사람들, 적어도 믿을 수만 있다면 믿는 것이 너무나 멋질 최고의 기적임을 인정하는 사람들이 있음을 선포하는 강력하고 멋진 기회가 될 수 있습니다. 그러나 성대한 부활절 축하에는 어두운 면이 있습니다. 행사가 요란하고 화끈할수록, 우리는 성대한 새해 전야 파티에 참여한 하객 중에서 즐겁지 않은 사람은 자기 혼자뿐이라고 느끼는 사람과 비슷한 심정이 될 수 있습니다. 때로는 부활주일에 벌어지는 온갖 멋진 일들이 우리 내면의 상황은 그에 전혀 못 미친다는 사실을 평소보다 더 뚜렷이 의식하게 만드는 계기가 될 수 있습니다.

부활절 이후의 주일들이 귀중한 이유가 여기 있습니다. 부활을 상대적으로 차분하고 은은하게 기념하는 주일의 풍경은 사복음서에 따르면 그리스도의 부활이 실제로 일어난 방식에 더 가까울 뿐 아니라, 더 중요하게는 여러분과 제가 경험하게 될 부활의 현실에도 더 가까울 것이기 때문입니다. 부활절의 꽃과 음악과 들뜬 분위기가 빠진 일상적 주일들은 예루살렘에서 10킬로미터 떨어진 엠마오로 가던 두 제자의 이야기가 펼쳐지는 어느 날과 비슷합니다.

그날 아침에 그들은 예수님의 무덤이 비어 있는 것을 보았다는 여자들의 보고를 들었습니다. 그러나 누가는 "이 말이 어처구니없는 말로 들렸으므로, 그들은 여자들의 말을 믿지 않았다"(24:11, 새번역)고 적고 있습니다. 그들은 여자들의 말을 허황되게 여기고 믿지 않았습니다. 그들이 터덜터덜 길을 가는 동안 저녁이 가까워오고 해가 지기 시작했는데, 죽은 자들 가운데서 다시 살아나신 예수님이 그들이 가는 길에 합류하셨습니다. 그러나 그들은 그분이 예수님인 줄 알지 못했습니다. 누가의 말대로 "그들의 눈이 가리어져서 그인 줄 알아보지 못"했던 것입니다. 뇌리에서 떠나지 않는 이 이야기에서 가장 인상적인 부분은 그 눈인 듯합니다. 그들의 눈은 저와 여러분의 눈을 떠올리게 합니다. 우리가 사는 이 세상을 보면서도 정말 중요한 것만 빼고 모든 것을 다 보는 눈이라니 이 얼마나 비범한 일입니까.

플로리다에 겨울이 오면 제가 거의 매일, 아침 일찍 식전에 다녀오는 산책 코스가 있습니다. 그런데 그곳이 제게는 엠마오로 가는 길과 같다는 생각이 듭니다. 물론, 엄밀히 말해 엠마오로 가는 길은 아니지요. 그 길을 따라가면 제 가족이 사는 평행사도(平行砂島, 모래와 자갈 등이 퇴적되어 해안선을 따라 길게 늘어선 섬. 바다로부터 육지를 보호하는 방파제와 같은 형상을 하고 있어 'barrier island'라고 불림―옮긴이)와 본토를 나누는 내륙수로를 따라 5킬로미터 정도 걷게 됩니다. 길은 아무도 없이 쭉 펼쳐져 있습니다. 지구상에서 이보다 더 아름다운 곳이 있을까 싶습니다. 인적이 없고 주위의 모든 것이 너무도 상쾌하고 고요한 새벽에는 특히나 그렇습니다. 수로는 넓은 강처럼 흐르고 그 위로 하늘이 비칩니다. 눈처럼 하얀 왜가리와 따오기, 숯처럼 새까만 긴꼬리검은찌르레기붙이 등 멋들어진 새들이 날고, 푸른 풀과 나무들이 끊임없이 펼쳐져 있습니다. 1,600킬로미터가 넘는 길이라도 기꺼이 달려와서 볼 만한 광경이지만, 그 한복판에 있어도 실제로 그 광경을 보려면 얼마나 씨름이 필요한지 모릅니다.

저는 주위를 보는 대신에 제가 하고 있는 일과 해야 할 일을 생각합니다. 사랑하는 사람들과 어떻게 사랑해야 할지 알 수 없는 사람들을 생각합니다. 써야 할 편지들과 집 안의 수리해야 할 물건들, 오래된 불만과 갈망과 후회를 생각합니다. 미래에 대해 염려하고 꿈을 꿉니다. 다시 말해, 저는 생각 속에서 길을 잃은 나머지—여기서 '길 잃은'이라는 말이 적합한 것이, 길을 모르는 낯선 동네에 들어선 것처럼 완전히 방향을 잃었기 때문입니다—제가 어디 있는지 아는 것도, 심지어 그 자리에 있는 것조차도 쉽지가 않습니다. 대개의 경우 저의 상태는 어둠 속에서 걷거나 눈을 감고 집에 앉아 있는 것과 다를 바 없습니다. 눈이 오히려 제 주위에서 무슨 일이 벌어지는지 알아보지 못하게 막습니다.

그러나 가끔, 은혜로, 저는 적어도 그중 일부를 알아봅니다. 가끔 제게 거기 드러누우라고 소리치는 것 같은 푸른 초장을 걷고 있음을, 발길 닿는 대로 잔잔한 물가를 걷고 있음을 알아봅니다. 미풍에 흔들리는 야자나무와 머리 위를 선회하는 새의 모습에서 거룩하고 말할 수 없는 그 무엇이 뒤얽힌 생각의 음침한 골짜기에서도 제 영혼을 소생시키려 하는 것을 알아봅니다. 체크무늬 셔츠 차림으로 잔디깎이 차를 모는 젊은이를 보고 손을 흔드니 그도 손을 흔듭니다. 저는 그의 인사에 거룩해집니다. 흰 새떼가 날아오르는 광경을 보며 제 마음도 같이 떠오릅니다.

그곳엔 특별한 나무 한 그루가 있습니다. 산책코스의 최북단에 있어서 제가 늘 보는 나무입니다. 그 나무를 반환점으로 삼아 다시 집으로 발길을 돌립니다. 나무에 붙은 푯말에는 바난나무라고 적혀 있지만 숨겨진 진짜 이름은 푯말과는 무관합니다. 여러 개로 이루어진 나무 몸통이 하나로 얽혀서 서로를 지지하고, 여러 개의 뿌리는 공중으로 뻗어나가는 가지들만큼이나 넓게 땅 위로 구불구불

뻗어나갑니다. 여기저기 큰 가지에서 가느다란 공기뿌리가 내려오고 시간이 지나면 그것이 또 다른 몸통이 되어 나이 든 근육질 팔처럼 가지의 무게를 떠받칩니다. 나뭇잎들이 갈색으로 변하고 말라버린 부분도 한두 군데 있지만 나무는 마른 잎들도 푸른 잎 못지않게 자랑스럽고 당당하게 하늘 높이 쳐듭니다. 저는 늘 그 앞에 잠시 멈추어 거친 회색 나무껍질을 손으로 만지거나 볼을 갖다 댑니다. 너무나 강하고 아름다운 그 나무를 축복하는 것입니다. 누가 보면 가망 없이 별난 사람으로 여길 것입니다. 그 나무는 그곳에 얼마나 오랜 세월 서 있으면서 숱하게 많은 맑은 날씨와 궂은 날씨를 보내고, 추가로 몸통을 내려보내어 쪼개지는 것을 막고, 마른 잎이 섞인 나뭇잎을 왕관처럼 썼을까요? 그 순전한 인내 때문이었지 싶습니다. 어느 날 아침 딱 한 번, 저는 저도 모르게 나무의 축복을 받기 위해 거기에 손을 댔습니다. 그것을 축복하기 위해서가 아니라, 저도 그 놀라운 우아함과 용기 비슷한 것을 가지고 노년과 죽음을 향해 나아가기를 바란 것이지요.

예수님이 말씀하셨습니다. "내가 주릴 때에 너희가 먹을 것을 주었고 목마를 때에 마시게 하였고 나그네 되었을 때에 영접하였고 헐벗었을 때에 옷을 입혔고 병들었을 때에 돌보았고 옥에 갇혔을 때에 와서 보았느니라"(마 25:35-36). 예수님은 이렇게 말씀하실 수도 있었을 것 같습니다. "내가 나무였을 때, 너희는 나를 축복하고 내게 축복을 청하였느니라." 그리스도께서 부활하셔서 이 세상에 살아 계신다고 믿는 것은 우리가 그분의 생명으로 더욱 생기를 얻게 해줄 통로가 될 수 없는 장소나 사람이나 사물은 이 세상에 없다고 믿는 것입니다. 언제이건 우리가 더욱 생기를 얻게 될 때, 우리가 더 용감해지고 강해지고 아름다워질 때는, 비록 엠마오로 가던 두 제자처럼 우리 눈이 가려져 그분을 알아보지 못한다 해도, 그리스도께서 우리와 함께하신다고 확신할 수 있습니다.

물론 두 제자가 그리스도를 알아보지 못했던 것은 그분이 죽어 세상을 떠났다고 생각했기 때문이었습니다. 예수님이 그들에게 무슨 이야기를 하던 중이냐고 물으시자, 신약성경의 그 어떤 대목보다 비애에 가득 찬 대답이 돌아왔습니다. "우리는 이 사람이 이스라엘을 속량할 자라고 바랐노라." 그들은 그렇게 말했지만 그들의 바람은 예수님의 죽음과 함께 죽어버리고 말았습니다. 그들은 일부 제자들이 믿는 것처럼 그분이 살아 계신지 보러 무덤으로 찾아갔지만 그분의 흔적은 찾을 수 없었습니다. 그들은 산책 도중의 저처럼, 자신들의 슬프고 뒤엉킨 생각 속에서 길을 잃어 그분을 알아보지 못했습니다. 여러분과 저 역시 세상 속을 걸어가다 그분을 만나도 절대로 알아보지 못할 것입니다. 그들처럼 우리의 눈도 어둠에 너무 익숙해져 있고 우리의 믿음은 빛이 우리 앞에서 환하게 타오른다고 해도 그것의 실재를 믿지 못할 만큼 약하기 때문입니다.

〈쉰들러 리스트〉는 홀로코스트를 다룬 영화입니다. 주인공 오스카 쉰들러는 전시의 부당이득자, 바람둥이, 술꾼, 나치의 좋은 친구였지만, 최대한 많은 유대인을 아우슈비츠의 가스처형실에서 구해낸다는 생각에 사로잡히게 되었습니다. 그런 생각을 하게 된 이유를 본인도 잘 이해하지 못합니다만, 그는 유대인들을 그의 공장 중 한 곳에서 일하도록 징발하는 방식으로 결국 1,100명을 살려냈습니다. 이 영화는 나치 성자, 오스카 쉰들러의 이야기입니다. 어둡고 고뇌에 찬 세상에서 박해받는 유대인들이 화면에 나올 때마다 우리는 그들의 얼굴에서 거듭거듭 그리스도의 얼굴을 보게 됩니다. 하지만 그들을 박해하는 자들의 눈에는 지면에서 쓸어버려야 할 민족만 보였습니다. 영화 속의 비인간적이고 인간이기를 포기한 죽음의 수용소 소장은 타락한 천사의 얼굴을 하고 있는데, 그것은 모든 사람 안에 거하시는 그리스도께서 완전히 죽어버린 사람의 얼굴입니다. 그리고 이 영화에는 빨간 코트를 입은 소녀가 나옵니다.

이 영화는 다큐멘터리나 옛날 뉴스영화처럼 거의 흑백으로 촬영되었지만, 어린아이들이 놀거나 사람들이 달려가거나 열차 화물칸으로 떠밀려 들어가는 장면에서 가끔 잿빛의 바다 가운데 촛불처럼 깜빡이는 것이 보입니다. 그것은 빨간 코트를 입은 어린 소녀의 모습으로, 유일한 칼라입니다. 나치들이 폴란드 크라쿠프 게토에서 유대인을 발견하는 대로 철저히 사살하는 과정에서 관객은 빨간 코트의 소녀가 침대 밑에 몸을 숨기는 것을 봅니다. 그러나 여기저기서 가끔씩 보이던 소녀는 학살이 완료된 후 산더미처럼 쌓인 시체들 사이에 거의 묻혀버린 빨간 코트의 일부가 보이면서 더 이상 나타나지 않습니다.

저는 두 제자가 엠마오로 가는 길에서 예수님을 알아보지 못했지만 예수님은 그들을 알아보셨고, 세상에 그들 두 사람밖에 없는 것처럼 그들을 보셨다고 믿습니다. 저는 부활이 2천 년 전에 일어난 비범한 사건에 그치지 않는 이유가 바로, 제가 이 말을 하고 여러분이 이 말을 듣고 있는 지금도 그분이 우리 각 사람을 그렇게 바라보신다는 데 있다고 믿습니다. 알아보지 못하는 눈 때문에 여러분과 제가 잘 보지 못하는 이 어두운 세상에서, 참새까지도 주목하시는 분이 우리 각 사람을 빨간 옷을 입은 그 아이처럼 보십니다. 그분이 우리를 보시기 때문에 죽음의 어둠 속에서도 우리를 놓치지 않으시고 우리는 서로를 놓치지 않는다고 저는 믿습니다. 우리가 그분을 알아보건 아니건, 그분을 믿건 믿지 않건, 그분의 이름을 알건 모르건, 그분은 거듭거듭 다가오셔서 우리가 걷는 길을 따라 한동안 동행하신다고 저는 믿습니다. 그리고 우리에게 벌어지는 어떤 일, 또는 우리가 보는 그 무엇이나 우리가 아는 그 누군가를 통해—언제, 어떻게, 어디서 그런 일이 있을지 누가 알겠습니까?—그분이 우리에게 생명의 빵과 새로운 희망을 내미시고, 어두운 세상도 이길 수 없는 새로운 빛을 보게 해주신다고 믿습니다.

이것이 바로 부활주일에 은나팔 소리가 알리는 말씀입니다. 그리고 부활절이 지나고 은나팔 소리가 희미해져서 먼 메아리 정도로 남을 때, 어둠 속의 비밀처럼 우리에게 속삭이는 말씀입니다. 잿빛 세상에서 빨간 코트처럼 우리 사이에서 깜빡이는 구원의 거룩한 말씀입니다.

보는 마음

31

그날, 곧 주간의 첫날 저녁에, 제자들은 유대 사람들이 무서워서, 문을 모두 닫아걸고 있었다. 그때에 예수께서 와서, 그들 가운데로 들어서서서, "너희에게 평화가 있기를!" 하고 인사말을 하셨다. 이 말씀을 하시고 나서, 두 손과 옆구리를 그들에게 보여주셨다. 제자들은 주님을 보고 기뻐하였다. [예수께서] 다시 그들에게 말씀하셨다. "너희에게 평화가 있기를 빈다. 아버지께서 나를 보내신 것같이, 나도 너희를 보낸다." 이렇게 말씀하신 다음에, 그들에게 숨을 불어넣으시고 말씀하셨다. "성령을 받아라. 너희가 누구의 죄든지 용서해주면, 그 죄가 용서될 것이요, 용서해주지 않으면, 그대로 남아 있을 것이다."

열두 제자 가운데 하나로서 쌍둥이라고 불리는 도마는, 예수께서 오셨을 때에 그들과 함께 있지 않았다. 다른 제자들이 그에게 "우리는 주님을 보았소" 하고 말하였으나, 도마는 그들에게 "나는 내 눈으로 그의 손에 있는 못자국을 보고, 내 손가락을 그 못자국에 넣어보고, 또 내 손을 그의 옆구리에 넣어보지 않고서는 믿지 못하겠소!" 하고 말하였다.

여드레 뒤에 제자들이 다시 집 안에 모여 있었는데 도마도 함께 있었다. 문이 잠겨 있었으나, 예수께서 와서 그들 가운데로 들어서셔서 "너희에게 평화가 있기를!" 하고 인사말을 하셨다. 그리고 나서 도마에게 말씀하셨다. "네 손가락을 이리 내밀어서 내 손을 만져보고, 네 손을 내 옆구리에 넣어보아라. 그래서 의심을 떨쳐버리고 믿음을 가져라." 도마가 예수께 대답하기를 "나의 주님, 나의 하나님!" 하니, 예수께서 도마에게 말씀하셨다. "너는 나를 보았기 때문에 믿느냐? 나를 보지 않고도 믿는 사람은 복이 있다."

요한복음 20:19-29(새번역)

제가 목회자가 되려고 공부했던 신학교에 뛰어난 구약성경 교사가 계셨는데, 그분이 하신 말씀 중에 기억에서 떠나지 않는 것이 있습니다. '성경의 이야기들이 하는 말을 우리 자신에 대한 이야기로 듣기 전까지는 제대로 들을 수 없다'는 말씀이었습니다. 그분은 상상력을 발휘해 우리를 그 이야기 속으로 집어넣어야 한다고 말했습니다. 우리가 바로 탕자라고 상상해야 합니다. 그는 집에 도착하면 면전에서 문이 쾅 하고 닫히지 않을까 두려워하며 왔다가 자기를 환영하며 억세게 껴안는 아버지의 품에 안기자 깜짝 놀라고 맙니다. 그리고 정말 죄송하고 다시는 그러지 않겠다는 취지의 준비해온 말을 간신히 꺼냅니다. 하나님께 정말 죄송하고 다시는 그러지 않겠다고 주일마다 기도하는 여러분이나 저의 모습과 하나도 다르지 않습니다. 우리는 착한 강도가 작열하는 태양 아래 팔다리를 벌린 채 옆에서 죽어가는 분에게 이렇게 말하는 자리에 자신을 집어넣어야 합니다. "예수여, 당신의 나라에 임하실 때에 나를 기억하소서." 이것은 지금까지 우리가 드린 모든 기도, 앞으로 드릴 모든 기도의 핵심입니다. 우리는 같은 기도를 이렇게 저렇게 형태를 달리해서 말할 뿐입니다. 저를 기억하소서. 저를 기억하소서. 예수여, 기억하소서.

제가 알기로 성경의 이야기 중에서 오늘 요한복음의 이야기만큼 우리 자신을 대입해보기 쉬운 대목도 없습니다. 사건이 벌어진 그 방과 여러분과 저의 내면처럼 그늘과 모호함과 갈망과 의심과 희미한 거룩함이 가득한 세상에서 예수님을 믿기 위해 고투하는 이야기니까요.

때는 부활이 일어난 그날 저녁입니다. 어두운 방에는 한 사람을 제외한 모든 제자가 모여 있습니다. 문은 굳게 닫아걸었습니다. 제자들은 그날 밤 예수님을 잡아갔던 사람들이 다시 자기들을 잡으러 올까 봐 너무나 무서웠기 때문입니다. 집이 삐걱대는 소리, 바람에 나무가 흔들리는 소리, 개 짖는 소리. 들려오는 모든 소리가 그들을 잡으러 층계를 오르는 발소리처럼 들립니다. 말을 할 때도 잘 들리지 않을 만큼 작은 소리를 내는 그들의 모습이 상상이 됩니다. 방은 작고 사람은 많고 그들의 두려움이 풍기는 냄새로 공기는 매캐합니다. 그날 새벽 동트기 전에 막달라 마리아가 다시 살아나신 예수님을 봤다고 전했지만, 그녀의 말을 믿는 사람들조차도 큰 위안을 받지는 못했습니다. 그들에게 그분이 필요한 바로 그 장소에 그분이 다시 살아난 모습으로 함께 계시지 않았기 때문입니다. 그런데 갑자기 그분이 그곳에 나타나셨습니다. "예수께서 와서, 그들 가운데로 들어서"셨다고 요한은 말합니다. 그리고 예수님이 그들에게 말씀하셨습니다.

"샬롬!" "너희에게 평화가 있기를!" 평화와는 거리가 먼 그들에게 가장 절실한 말씀이었지만, 요한의 이야기를 들어보면 그들은 너무 놀라 자신들이 들은 말을 이해하지 못했고, 그 말씀을 하신 분이 누군지 알아보지도 못했던 것 같습니다. 그래서 예수님은 상처 입은 손과 옆구리를 그들에게 보여주셔야 했고, 그제야 비로소 그들은 그분을 알아보았습니다. "아버지께서 나를 보내신 것같이, 나도 너희를 보낸다." 예수님은 이렇게 말씀하시고 그들에게 숨을 불어넣으셨습니다.

상상력을 발휘해 이 대목에 우리를 대입해볼 수 있을까요? 예수님이 내쉬는 숨을 그들 안으로, 그분의 생명을 그들의 삶으로 들이마시는 현장에 우리를 집어넣을 수 있을까요? 제가 볼 때 우리는 스스로 생각하는 것보다 이런 경험에 더 가까이 가는 경우가 종종 있습니다. 저는 그리스도께서 신자와 불신자 가릴 것 없이 모든 사람의 내면 깊숙한 곳에 거하시고, 우리가 깨닫건 깨닫지 못하건, 치유와 소망을 거듭 가져다주신다고 생각합니다. 우리가 다른 사람의 필요를 채우고자 내민 손이 다름 아닌 그리스도의 손이었던 순간들, 우리가 다른 사람의 슬픔이나 기쁨, 심지어 우리 자신의 슬픔이나 기쁨에 북받쳐 흘리는 눈물이 그리스도의 눈물인 순간들이 있다고 저는 생각합니다. "성령을 받으라." 예수님은 그늘진 그곳에서 제자들에게 말씀하셨고, 저는 우리가 각자 생각하는 것보다 성령의 많은 부분을 우리의 그늘로 받아들였다고 생각합니다.

예수님이 나타나셨을 때 그 자리에 없었던 한 명의 제자는 물론 도마였습니다. 하지만 그는 다른 모든 제자 못지않은 예수님의 친구이자 그분을 따르는 사람이었습니다. 도마가 아는 한, 예수님은 돌아가셨고 그것으로 모든 상황은 끝났습니다. 막달라 마리아가 예수님을 보았다는 소식은 도마도 알고 있었고 그날 저녁에는 친구들도 같은 주장을 했지만, 도마는 그분을 보지 못한 상황이었습니다. 예수님을 봤다는 다른 제자들의 말에 도마가 보인 반응에서는 가감 없는 진실이 느껴집니다. "나는 내 눈으로 그의 손에 있는 못자국을 보고, 내 손가락을 그 못자국에 넣어보고, 또 내 손을 그의 옆구리에 넣어보지 않고서는 믿지 못하겠소!" 신약성경에는 도마가 쌍둥이라고 나오는데, 그의 쌍둥이 형제가 누구인지 알고 싶다면 제가 말씀드릴 수 있습니다. 제가 그의 쌍둥이 형제이고, 저의 추측이 틀리지 않다면 여러분도 그렇습니다.

그리스도를 보지도 못했는데 어떻게 그분이 살아 계신다고 믿을 수 있습니까? 제가 오늘 아침에 해가 떴다고 믿는 것은 머리 위 하늘에 해가 있기 때문입니다. 제가 여러분과 제가 살아 있다고 믿는 것은 이 자리에서 우리가 서로를 보고 있기 때문입니다. 그러나 예수님이 죽으신 후에 다시 살아나셨고 오늘까지도 살아 계시다는 기독교 신앙의 핵심 주장이자 가장 거룩한 신비로 말하자면, 우리는 그것을 어떻게 믿을 수 있습니까?

우리가 그분에 대해 믿을 수 있는 것들이 많습니다. 모든 선한 사람들 중에서도 그분이 가장 선하셨다고 믿을 수 있습니다. 역사상 다른 누구도 하나님의 사랑을 그렇게 감동적이고 잊을 수 없는 방식으로 구현한 적이 없다고 믿을 수 있습니다. 이후 수 세기에 걸쳐 그분의 이름으로 저질러진 어리석은 행동과 야만적 행위들은 헤아릴 수 없을 정도지만, 그분의 생애의 아름다움과 거룩함은 여전히 변함이 없고 세상이 이제껏 배출한 모든 위대한 성인들 중에서도 그분이 여전히 가장 사랑스럽고 가장 따를 만한 분이라고 믿을 수 있습니다. 그러나 그분을 자기 눈으로 보지 않는 한 여러분과 제가 실제로 살아 있는 것처럼 그분이 살아 계시다고 믿을 수 없다는 도마의 말이 무슨 뜻인지 우리 모두 마음속으로 안다고 저는 생각합니다.

우리가 기억해야 할 것이 있습니다. 우리가 보는 데 쓰는 기관은 눈이 전부가 아니고 최고의 기관이 아니라는 것입니다. 우리 눈이 볼 때 여름에는 산이 푸르고 가을에는 불꽃색입니다. 우리 눈이 볼 때 어린 소녀의 코에 주근깨가 있고, 머리는 흔히 빗질이 필요하고, 그 아이가 잠잘 때는 볼이 상기되면서 촉촉해집니다. 우리 눈이 볼 때 에이브러햄 링컨이 암살되기 며칠 전에 찍은 사진들에는 쉰여섯의 나이에 시간 자체만큼 나이 들어 보이는 사람이 있습니다. 우리 눈이 볼 때 저 아래에 있는 작은 시골교회는 새로 페인트칠을 해야 하고 펌프오르간을 연주하는 통통한 여성은 코미디언 필즈(W. C. Fields)를 닮았으며 어느 주일에는 교회 좌석이 4분의 1밖에 차지 않습니다.

그러나 이 모든 것은 사실들에 불과합니다. 눈이 볼 수 있는 것은 사실이 전부이니까요. 눈은 진실을 볼 수 없습니다. 산에 대한 진실은 대단히 아름답다는 것입니다. 아이에 대한 진실은 그 아이가 너무나 귀하다는 것입니다. 그래서 필요할 경우 아이의 목숨을 구하기 위해 우리가 조금도 주저하지 않고 목숨을 내어줄 것이라는 데 있습니다. 에이브러햄 링컨에 대한 진실은 그가 너무나 다채롭고 깊은 인간미를 갖춘 위인이어서 워싱턴의 링컨 기념관에 서면 자신도 모르게 눈에 눈물이 고인다는 것입니다. 그 초라한 작은 교회의 진실은 하나님만 아시는 이유들로 그곳에 거룩함이 가득하다는 것입니다. 이와 같은 진실은 머리에 달린 눈이 아니라 마음의 눈으로 보는 것입니다.

예수님은 제자들 앞에 처음 나타나시고 여드레 후에 같은 방에 있던 그들에게 다시 나타나셨습니다. 그런데 이번에는 도마가 그들과 함께 있었습니다. 이번에도 예수님은 그들에게 "평화"를 말씀하셨습니다. 그다음에 도마를 보시고 그 순간 세상에서 중요한 사람은 도마뿐인 것처럼 그에게만 말씀하셨습니다. 우리는 두 사람이 마주보고 서 있는 모습을 상상할 수 있습니다. 아마 방에는 등잔불만 켜져 있었을 테고 그들의 그림자가 벽 위로 깜빡거렸을 것입니다. 예수님은 제가 듣기에 질책이라기보다는 엄청난 친절을 베푸셔서 이렇게 말씀하셨습니다. "네 손가락을 이리 내밀어서 내 손을 만져보고, 네 손을 내 옆구리에 넣어보아라. 그래서 의심을 떨쳐버리고 믿음을 가져라." 그런 제안을 하신 것은 비범한 일이었습니다만, 도마는 말씀이 귀에 들어오지 않았던 것 같습니다. 그의 인생에서 처음으로, 도마는 예수님의 얼굴만이 아니라 그분의 진실을, 그분이 자신에게 어떤 분이신가에 대한 진실을 보았던 것 같습니다. 그 진실에 비추어보니 다른 모든 것은 갑자기 중요하지 않게 되었고, 그분이 진짜인지 확인하기 위해 손으로 그분을 만져볼 필요가 없었습니다. 도마는 자신의 내면에서 갑작스레 경험한 실재에 감동한 나머지 이렇게 말하는 것 말고는 아무것도 할 수 없었던 것 같습니다. "나의 주님, 나의 하나님!" 아마도 속삭이는 말이었지 싶습니다. 마음의 눈으로 그분을 본 도마는 그 이상 할 수 있는 말이 없었고 그 이상의 말은 할 필요도 없었습니다. 상상력을 발휘해 우리 자신을 도마의 자리에 집어넣어볼 수 있을까요? 우리는 도마가 그랬던 것처럼 예수님의 진실을 그렇게 가까이서 본 적이 있을까요?

저는 우리가 본 적이 있다고 믿습니다. 우리가 아는 것보다 더 많이 보았을 거라고 믿습니다. 그리고 다른 바로 그 경험들이 다른 무엇보다 우리를 주일마다 교회로 이끈다고 믿습니다. 그분을 사랑하고 섬겼던 지인들의 얼굴과 삶에서 우리가 예수님의 진실을 엿보았다고 저는 믿습니다. 각자 그들의 이름을 속으로 되뇌어봅시다. 저는 우리가 사복음서의 지면에서도 그분을 뵈었다고 믿습니다. 언제 말입니까? 어떤 은혜의 기적에 의해 그 지면이 살아나는 순간, "수고하고 무거운 짐 진 자들아 다 내게로 오라. 내가 너희를 쉬게 하리라"(마 11:28)는 구절이 바로 우리에게 주시는 말씀처럼 느껴지

는 순간에 말입니다. 그분에게 영광을 돌리기 위해 만들어진 예술
작품을 통해서도 그분을 보았다고 믿습니다. 바흐의 〈마태수난곡〉
이나 유럽의 오래된 교회들의 벗겨지고 희미해진 프레스코화에 등
장하는, 꿈속을 거닐듯 벽을 누비시는 예수님의 모습을 통해서 말
입니다.

저는 우리가 가끔은 교회에서도 그분을 본다고 믿습니다. 특히
그분에 대한 우리의 끝없는 재잘거림이 잠시 멈추는 때, 기다리며
귀를 기울이는 침묵 속에서 그분은 잠시 우리와 함께하십니다. 한
번은 어떤 목사님이 성찬의 포도주를 건네며 제 이름을 불러 제가
놀랐던 기억이 납니다. "그리스도의 피, 프레디, 구원의 잔." 그 순간
저는 갑자기 깨달았습니다. 그리스도께서 우리를 기억하실 뿐 아니
라 십자가 위에서 착한 강도를 기억하셨던 것처럼 우리 각 사람을
이름으로 기억하신다는 것을. 그분이 인간적 교감이 없는 종교적인
의미에서 우리를 받아주시는 것이 아니라, 탕자 비유에 나오는 아
버지가 돌아온 탕자를 얼싸안고 집으로 맞아들인 것처럼, 우리 한
사람 한 사람이 없이는 잔치가 완전하지 못할 것처럼 우리를 환영
하신다는 것을 말입니다.

저는 우리가 각 사람 안에 살아 계신 그분의 성령에 감동하여 서
로에게 그리스도가 될 수 있었던 드문 순간에 예수님을 보았고, 우
리가 그분의 영에 저항하고 우둔함과 슬픔에 사로잡혀 서로를 외
면했던 순간에도 그분을 보았다고 믿습니다. 무엇보다, 우리가 갈
망하는 대상이 무엇인지 알지 못할 때조차도 그분을 향한 끝없는

갈망 가운데 그분을 보았다고 믿습니다.

"너는 나를 보았기 때문에 믿느냐?" 예수님이 우리의 쌍둥이 형제 도마에게 물으셨습니다. 제 생각에 도마는 눈으로 본 것 때문이 아니라 마음으로 본 것 때문에 믿었습니다. 그는 눈으로 요셉과 마리아의 아들 예수, 여느 사람과 비슷한 인물—키가 한두 뼘 정도 크고, 몸무게는 몇 킬로그램 더 나가고, 머리는 이 색깔 눈은 저 색깔인—을 보았지만, 마음으로는 어쩌면 생전 처음으로 그가 운명적으로 사랑하고 추구할 분, 남은 평생 최선을 다해 따라가려고 노력해야 할 분을 보았습니다. 이것은 중요한 문제였습니다. 지금 우리가 예수님을 눈으로 볼 수 없듯 도마에게도 더 이상 그분을 육신의 눈으로 볼 수 없는 때가 올 것이었기 때문입니다.

그날 예수님이 제자들에게 하신 마지막 말씀은 "나를 보지 않고도 믿는 사람은 복이 있다"였고, 저는 이 말씀이 다른 누구보다 여러분과 저를 향해 하신 것이라고 생각합니다. 우리는 도마가 본 것처럼 그분을 눈으로 보지 못했습니다. 그분을 보는 것이 소중한 경험이긴 하겠으나, 그로 인해 달라지는 것은 결국 없을 것 같습니다. 세상 모든 변화의 근원이신 분이 계십니다. 우리는 가끔 은혜로 그분을 보았고, 마음을 열어놓고 있기만 하면 언제라도 그분을 볼 수 있습니다.

마음으로 그분을 보는 것은 결국 그분처럼 사는 것만이 가치 있는 유일한 삶인 줄 아는 것입니다. 마음으로 그분을 보는 것은 그분을 믿을 뿐 아니라 서로에게 조금씩 그분의 치유의 생명을 실어 나르는 사람이 되어가다가 마침내 우리 내면이 치유를 받고 온전해지고 살아나는 것입니다. 마음으로 그분을 보는 것은 용기를 내어 마침내 참된 마음, 용감한 마음을 기르는 것입니다. 이것이 여러분 모두와 제 자신을 향한 저의 더없이 간절한 소망이자 기도입니다.

예수님이 안 보이잖아

32

작은 자들아, 내가 아직 잠시 너희와 함께 있겠노라. 너희가 나를 찾을 것이나 일찍이 내가 유대인들에게 너희는 내가 가는 곳에 올 수 없다고 말한 것과 같이 지금 너희에게도 이르노라. … 시몬 베드로가 이르되 주여, 어디로 가시나이까. 예수께서 대답하시되 내가 가는 곳에 네가 지금은 따라올 수 없으나 후에는 따라오리라. … 너희는 마음에 근심하지 말라. 하나님을 믿고 또 나를 믿으라. 내 아버지 집에 거할 곳이 많도다. 그렇지 않으면 너희에게 일렀으리라. 내가 너희를 위하여 거처를 예비하러 가노니 가서 너희를 위하여 거처를 예비하면 내가 다시 와서 너희를 내게로 영접하여 나 있는 곳에 너희도 있게 하리라. 내가 어디로 가는지 그 길을 너희가 아느니라. 도마가 이르되 주여, 주께서 어디로 가시는지 우리가 알지 못하거늘 그 길을 어찌 알겠사옵나이까. 예수께서 이르시되 내가 곧 길이요 진리요 생명이니 나로 말미암지 않고는 아버지께로 올 자가 없느니라.　　요한복음 13:33, 36, 14:1-6

예수님은 몇 안 되는 가장 가까운 친구들과 함께 마지막 식사 자리에 앉으셨을 때 그것이 마지막인 줄 아셨습니다. 굳이 메시아가 아니어도 알 수 있는 사실이었습니다. 로마인들이 그분을 노리고 있었습니다. 유대인들이 그분을 노리고 있었습니다. 이유는 추측해볼 따름이지만, 그분의 친구 중 한 사람도 그분을 노리고 있었고 예수님은 그 사실도 알고 계셨던 듯합니다. 다시 말해, 그분은 자신의 시간이 거의 다 되었고 그들과 다시는 다 같이 모이지 못하리라는 것을 아셨습니다.

모임장소였던 다락방에서는 잊을 수 없는 장면이 펼쳐집니다. 그림자들. 아무도 움직이지 않는 가운데 아주 신중하면서도 열중해서 말하는 사람들의 낮은 목소리. 그들은 아직 시간이 있을 때 할 말을 다 하고, 제대로 말하고 싶었을 것입니다. 그들이 예수님과 같이 앉아 먹고 마시고 이야기를 나누던 당시의 광경은 이후에도 계속해서 그들의 뇌리에 맴돌았을 텐데, 그것이 제자들 각각에게 어떤 모습으로 남았을지는 우리로선 상상해볼 따름입니다. 그 광경은 오늘 아침 우리가 함께 읽은 요한복음 본문처럼 제자들이 그 일에 대해 남긴 여러 기록과 밀라노에 있는 반쯤 망가진 다빈치의 프레스코화처럼 그 일을 그린 온갖 그림들과 2천 년에 걸쳐 교회가 그 일을 재연해온 성찬을 통해 우리의 뇌리에도 깊숙이 각인되었습니다. 또 최후의 만찬은 먼 과거의 사건에 대한 어슴푸레한 꿈 정도가 아니라 그리 멀지 않은 미래에 있을 사건의 예시로도 다가옵니다. 우리 각 사람이 맞이할 최후의 만찬, 가장 가까운 친구 몇 명과 함께 앉을 마지막 시간 말입니다.

소중한 친구들과 함께할 다음 기회, 다른 날은 언제까지나 있을 것만 같습니다. 그래서 우리는 마지막 자리에 앉아서도 그것이 마지막인 줄 모를 테고, 예수님의 최후의 만찬 때 깃들었을 지독한 슬픔이 그 자리에는 아마도 없을 것입니다. 그러나 마지막 자리가 마지막인 줄 모른다는 것 자체도 슬픈 일입니다. 그 만찬이 얼마나 소중한 자리인지, 마지막으로 식사를 같이하는 친구들이 얼마나 소중한 존재인지 모를 거라는 뜻이기 때문입니다.

여러분의 이 소중한 친구들은 누구입니까? 저에게는 누구일까요? 물론 각자 떠올려봐야 합니다. 그들의 얼굴을 보고 그들의 목소리를 듣고 그들과 함께 있을 때의 기분을 상상해봐야 합니다. 그들은 우리와 가장 가깝고 가장 소중한 사람들입니다. 남편이나 아내, 아이들. 그들 없는 우리의 삶이나 우리 없는 그들의 삶을 상상할 수 없는 소수의 사람들입니다. 그런데 여기에도 슬픔이 있습니다. 우리가 그들을 너무나 오랫동안 알아왔고 너무 잘 알기 때문에 오히려 그들의 참모습을 더 이상 알아보지 못한다는 것입니다. 그들이 우리에게 어떤 존재이며, 우리가 그들에게 어떤 존재인지 못 알아보는 것은 말할 나위도 없겠지요. 어느 날 밤 영화를 보고 난 후 부엌에서 함께 먹는 콘프레이크 한 그릇이 전부라 해도 그들과 함께하는 모든 만찬의 이루 말할 수 없는 귀중함을 알아보지 못하는 것도 슬픈 일입니다. 더 이상 그들과 만찬을 함께하지 못할 날이 올 것이기 때문입니다. 우리에게도 시간이 다 되는 때가 올 것입니다. 이 사실을 인식하게 되면 우리의 모든 만찬이 생명의 소중함과 죽음의 확실성을 동시에 가리킨다는 사실을 깨닫게 됩니다. 맥도 날드에 있는 열여덟 살 청년에게도 실버타운 구내식당에 있는 노인에게도 적용되는 사실입니다. 죽음이 생명을 더 귀한 것으로 만들고 그 자체로도 귀한 이유는 그 그늘 아래서 우리가 빛을 더욱더 열심히 찾게 되는 까닭입니다.

그곳, 그 그늘진 방에서 제자들은 빛이신 예수님을 그 어느 때보다 절실하고 뜨겁게 바라보았습니다. 당장이라도 난장판이 펼쳐질 것 같은 상황에서 그들에게는 달리 바라볼 데가 없었습니다. 그들은 예수님이 자신의 피라고 하신 포도주를 마셨고 자신의 몸이라 하신 빵을 입에 넣었습니다. 그렇게 그분의 용기의 일부분을 몸에 넣고 나서 그때까지 감히 드러내놓고 여쭤본 적이 없었던 질문을 했습니다. 묻는 역할은 시몬 베드로가 맡았습니다. "주여, 어디로 가시나이까?"

마치 그들은 모른다는 듯이 물었습니다. 자기들은 모른다는 듯이 말입니다. 여러분과 저도 그분이 어디로 가시는지, 우리 모두가 어디로 가고 있는지 모른다는 듯이 묻습니다. 그분은 계단을 내려가 문밖으로 나가셨습니다. 밤이 찾아온 바깥으로 나가셨습니다. 동산에 가서 평소 아버지라 부르시던 하나님께 기도하시려는 것이었습니다. 이미 시작되었다는 것을 아는 그 끔찍한 일을 피하게 해 달라고 기도하셨지만 사복음서에는 응답이 있었다는 기록이 없습니다. 속삭임조차 없었습니다. 그분은 혼자 가셨고, 내키지 않지만 가셨고, 반쯤 정신이 나갈 만큼 두려워하셨습니다. 사복음서의 기록에 따르면 그분은 땀을 핏방울처럼 흘리셨습니다.

최후의 만찬은 언젠가 어디선가 있게 될 우리의 마지막 만찬을 예시하는 데 그치지 않습니다. 그것은 우리의 최후의 만찬이기도 합니다. 그 기록을 읽으면 어느 정도 그 자리에 있게 됩니다. 그분이 친구들과 함께 앉으신 식탁이 우리의 식탁이고, 그들이 그분의 빛으로 바싹 다가갈 때 우리도 그렇게 다가갑니다. 결국 그분이 우리와 가장 가깝고 우리에게 가장 귀한 분이라는 듯 말이지요. 아니면 가장 멀면서도 가장 귀한 분이라고 해야 할지도 모르겠습니다. 그분은 너무 멀리 계셔서 잘 보이지 않고 잡을 수도 없으니까요. 너무 멀리 계셔서 그분이 우리를 보신다고 확신할 수가 없으니까요. 만약 우리에게 희망이 있다면, 그분이 바로 우리의 희망입니다. 베드로가 "주여, 어디로 가시나이까?"라고 물었을 때 그 질문에는 이런 의미가 담겨 있었습니다. "주님은 어딘가로 가십니까, 아니면 빛이 꺼지듯 그냥 사라지십니까?" 이것은 그분에 대한 질문이자 우리 자신에 대한 우리의 질문이기도 합니다. 시간이 다될 때, 생명도 끝나는 것일까요? 예수님의 생명도 끝났을까요? 여러분과 저도 그렇게 끝나는 걸까요?

예수님은 "너희가 나를 찾을" 것이라고 하셨습니다. 그분의 말씀 중에 이보다 더 가슴에 와 닿는 말씀도 없습니다. 우리는 여러 질문의 답을 찾아다닙니다. 생명에 대한 질문, 죽음에 대한 질문, 옳고 그름에 대한 질문, 세상에서 벌어지는 이루 말할 수 없는 일들에 대한 질문의 답을. 우리는 힘과 평화, 숲 속에 난 길을 찾아다닙니다. 그러나 그리스도인들은 그 무엇보다 그리스도를 추구하는 사람들입니다. 인적이 끊긴 곳에 날림으로 지은 초라하고 작은 예배당부터 거대한 대성당에 이르기까지 모든 곳의 모든 교회는 바로 그곳에서 우리가 찾는 그분을 어떻게든 발견할 수 있을 거라는 무모한 소망을 품고 우리 같은 사람들이 세운 것입니다.

제 친구가 어느 성공회 교회의 관할신부로 참여했던 성탄절 행사에 대해 들려주었습니다. 구유는 늘 있는 자리인 강단 아래 계단 밑에 있었습니다. 마리아는 파란 망토를 걸쳤고 요셉은 솜으로 된 턱수염을 붙였습니다. 동방박사들이 몇몇 목자들과 함께 자리를 잡았고, 그 모든 사람들 한복판에 그리스도 역할을 맡은 아이가 지푸라기 위에 누워 있었습니다. 제 친구가 그리스도 탄생 이야기를 큰 소리로 읽었고 적절한 시점마다 캐럴이 울려 퍼졌습니다. 모든 것이 착착 진행되었고 드디어 천군 천사들이 도착할 시간이 되었습니다. 천사 역을 맡은 어린이들은 미리 흰옷을 입고 부모들과 함께 회중석 곳곳에 흩어져 있었습니다.

아이들은 미리 정해진 때에 앞으로 나와 구유 주위에 둘러서서 "지극히 높은 곳에서는 하나님께 영광, 땅에서는 평화, 사람들 사이에는 선의(善意)"라고 말하게 되어 있었습니다. 그대로 잘 진행되긴 했는데, 아이들의 수가 너무 많고 서로 좋은 자리를 차지하려고 다투다 보니 결과적으로 다른 아이들보다 작은 아홉 살배기 소녀 천사 하나가 저 뒤로 밀려나고 말았습니다. 아이가 아무리 목을 빼고

까치발을 해도 저 앞에서 벌어지는 광경이 보이지가 않았습니다. "지극히 높은 곳에서는 하나님께 영광, 땅에서는 평화, 사람들 사이에는 선의." 아이들이 신호에 맞춰 노래한 다음 잠시 조용해졌을 때, 아무것도 볼 수 없었던 어린 소녀가 짜증과 불만과 큰 슬픔이 가득한 목소리로 이렇게 소리쳤습니다. "예수님이 안 보이잖아!" 교회 전체가 깜짝 놀라고 말았지요.

아직 순서가 많이 남아 있었지만, 제 친구 신부는 거기서 예배를 끝냈고, 그것이 자기가 평생 동안 가장 잘한 일 중 하나라고 말했습니다. "예수님이 안 보이잖아!"라는 아이의 외침으로 교인들이 어안이 벙벙한 상태로 아무 말 못하고 그대로 앉아 있는 동안 그는 축복기도를 했고 교인들은 잊을 수 없는 그 외침이 귀에 쟁쟁한 채로 교회를 나섰습니다.

우리에겐 예수님을 가리는 것들이 너무나 많습니다. 교회 자체가 그분을 가리고, 교회의 요란한 활동들 한복판에서 목사들도 나머지 교인들과 똑같이 길을 잃어 교회의 거룩함이 사라졌습니다. 자칫하면 예배의 여러 순서가 일종의 공연—어떤 주일에는 좀 낫고 어떤 주일에는 좀 못한—으로 전락하게 될 지점에까지 이르렀습니다. 그 어린 소녀의 외침처럼 사람의 마음을 속속들이 울리는 일이 교회에서 일어나는 것은 아주 드문 경우가 되었습니다. 그때 소녀의 외침을 들은 사람들은 예수님이 그 자리의 누구에게도 보이지 않았음을 깨닫게 되었습니다. 우리에게 온갖 비범한 요구를 하시고 온갖 비범한 약속을 하시는 예수님의 신비와 기적은 그 자리에 없었던 것입니다.

그렇다면 우리가 예수님을 위해 세운 교회 안에서 그분이 드러나시게 합시다. 설교와 찬양과 스테인드글라스 창 안에 우리가 입맛대로 줄여놓은 예수님이 아니라, 호흡에서 포도주 향이 느껴지고 수염에는 빵가루를 묻힌 채 친구들과 함께 앉아 아홉 살배기 천사도 능히 이해했을 말로 본인의 죽음과 우리의 죽음에 대해 진심을 담아 말씀하셨을 예수님이 드러나시게 합시다. "너희는 마음에 근심하지 말라." 예수님은 근심하고도 남을 만큼 끔찍한 상황에서 이렇게 말씀하셨습니다. 진정해라. 진정해. 용기를 내라. "하나님을 믿고 또 나를 믿으라."

여러분과 저, 우리는 신자입니다. 그래서 이 자리에 있는 것이지요. 신자가 되고 싶은 마음 정도만 있거나, 하루 중 몇 시간만 신자이거나, 뒤로는 딴생각을 할지라도 신자는 신자입니다. 그분을 믿는다는 것은 그분이 처녀의 몸에서 태어나셨고 죽은 나사로를 살리셨다는, 그분에 대한 내용을 믿는 것과는 다릅니다. 그분을 믿는다는 것은 우리 마음을 그분께 드리는 것이요, 아이가 엄마와 아빠를 믿듯이, 엄마와 아빠가 아이를 믿듯이 무슨 일이 있더라도 그분을 신뢰하는 것입니다.

"주여, 어디로 가시나이까?" 베드로는 앉은 채로 여쭈었고 예수님은 이렇게 말씀하셨습니다. "내가 너희를 위하여 거처를 예비하러 가노니 … 나 있는 곳에 너희도 있게 하리라." 그 말씀을 확실히 믿습니까? 이 말씀을 어린아이의 귀로 들을 만큼 우리는 순전합니까? 아이만 믿을 수 있는 것을 믿을 정도의 신자입니까?

3년 전, 어느 여름 오후였습니다. 하나뿐인 남동생 제이미가 세상을 떠난 지 얼마 안 되었을 때였습니다. 저는 동생이 너무 보고 싶고 그리워서 동생이 살던 뉴욕 아파트에 전화를 걸었습니다. 거기에 전화 받을 사람이 없다는 것을 너무나 잘 알았습니다만, 확실하다고 말할 수는 없었습니다. 세상에 정말 확실한 것은 아무것도, 아무것도 없으니까요. 누구도 제 동생의 메아리라고도 할 수 있는 것이 거기에 없다고, 동생의 목소리와 그 멋들어진 웃음소리를 다시 들을 일이 절대 없다고는 장담할 수 없을 테니까요. 그래서 회의적인 이 늙은 신자, 믿음을 가진 이 늙은 회의자는 버몬트의 햇살을 받으며 앉아서 전화벨이 자꾸만 울리고 또 울리도록 내버려두었습니다.

제이미가 전화를 받았을까요? 기적이 일어나 동생이 전화를 받았고 제가 그의 목소리를 다시 들었다고 말할 수 있다면 얼마나 좋겠습니까만, 동생은 전화를 받지 않았고, 받지 않았고, 받지 않았습니다. 제가 들은 것은 동생의 부재가 전하는 침묵뿐이었습니다. 하지만 누가 알겠습니까? 세상의 신비에 대해 누가 확실히 알 수 있겠습니까? "내 아버지 집에 거할 곳이 많도다." 예수님은 그렇게 말씀하셨고, 저는 그 많은 방 중 하나에서 정말 전화가 울렸고 누군가 그 소리를 들었다는 데 가진 것을 몽땅 걸겠습니다. 저는 어떤 의미에서 전화벨 소리 안에 제 남동생의 목소리가 들어 있었고, 예수님의 음성도 들어 있었다고 믿습니다.

예수님이 "내가 너희를 위하여 거처를 예비하러 가노니 … 나 있는 곳에 너희도 있게 하리라"고 하신 것은 죽음에 대한 말씀이었습니다. 그것이 그분의 마음에서 가장 먼저 떠오른 생각이었던 것입니다. 마지막 만찬을 함께했던 모든 이들의 마음에도 죽음이 가장 먼저 떠올랐고, 우리가 잘 인정하지 않지만 우리도 죽음을 맨 먼저 떠올릴 때가 많다고 봅니다. 그분은 자신이 빛이 꺼지듯 그냥 사라지지 않는다고 말씀하십니다. 계속 존재하신다고 말씀하십니다. 먼저 가신다고 말씀하십니다. 우리도 우리 때가 오면 그곳에 가게 될 거라고 하십니다. 그 말씀을 듣고 어떻게 우리가 그분께 마음을 바치지 않을 수 있겠습니까?

"내가 어디로 가는지 그 길을 너희가 아느니라." 예수님이 말씀하시자 도마가 우리 모두를 대표해서, 제 추측에 따르면 그 어린 소녀의 짜증과 불만과 슬픔이 모두 담긴 목소리로 이렇게 묻습니다. "주여, 주께서 어디로 가시는지 우리가 알지 못하거늘 그 길을 어찌 알겠사옵나이까?"

제가 성탄절 행사장의 그 관할신부만큼 용감하다면 더없이 정직한 도마의 이 말로 제 설교를 마칠 것입니다. 생명의 신비를 아는 사람이 없는데 죽음의 신비에 대해 우리 중 누가 무엇인가를 안다고 말할 수 있겠습니까? 지금 우리가 있는 곳 너머의 존재영역, 예수님이 누구시며 그분이 우리와 온 세계에 어떤 분이 되시는가와 어떻게든 관련이 있는 영역이 있다면, 그리로 우리를 데려다줄 길을 우리가 어떻게 알 수 있을까요?

"내가 곧 길이요 진리요 생명이니." 이것이 예수님의 답변입니다. 교회가 길이라고 하시지 않습니다. 그분의 가르침이나 수 세기에 걸쳐 사람들이 그분에 대해 가르친 내용이 길이라고 하시지 않습니다. 종교가 길이라고 하시지 않습니다. 그분의 이름을 딴 종교도 마찬가지입니다. 예수님은 그분 자신이 바로 길이라고 하십니다. 그리고 진리는 말이 아니라고, 그분의 말도 다른 누구의 말도 아니라고 하십니다. 참사람이셨던 그분처럼 참사람이 되는 것, 그와 동시에 참 하나님의 사람이 되는 것이 진리입니다. 그리고 우리를 매혹시키고 우리의 뇌리에서 떠나지 않고 우리에게 양분을 공급하는 그분 안의 생명은 생기와 빛으로 가득하여 죽음의 어둠도 그것을 이길 수 없습니다.

그분이 계신 곳에 어떻게 갈까요? 밤중에 집으로 가는 길을 찾는 것도 힘겨운 우리가 어떻게 그분의 길, 길이신 그분을 찾을 수 있을까요? 우리 중 누가 말할 수 있겠습니까마는, 우리 중 우리의 가장 깊은 곳에서 답을 찾아보지 않는 사람이 또 누구이겠습니까?

제가 볼 때, 우리가 해야 할 일은 전화를 걸고 또 걸고 다시 거는 것입니다. 그 전화벨 소리, 그리고 전화를 계속 걸게 만드는 갈망과 믿음과 직관은 우리 안에도 실현을 모색하는 진리의 음악이기 때문입니다. 제가 볼 때 우리가 해야 할 일은 가능한 한 모든 방식으로 그분에게 가까이 다가가고 서로에게 가까이 가기 위해 노력하는 것입니다. 그것이 그분이 우리에게 남기신 마지막 요구이기 때문입니다. "내가 너희를 사랑한 것같이 너희도 서로 사랑하라"(요

15:12). 이것이 바로 그분이 말씀하신 길이고, 그 성탄절에 어린 소녀가 요구했던 바로 그것입니다. 믿을 수 없는 중에 믿고 사랑할 수 없는 상황에서도 사랑해야 합니다. 그것이야말로 예수님을 세상에 드러내는 방법이자 세상을 변화시키는 방법입니다.

야이로의 딸

33

예수께서 배를 타시고 다시 맞은편으로 건너가시니 큰 무리가 그에게로 모이거늘 이에 바닷가에 계시더니 회당장 중의 하나인 야이로라 하는 이가 와서 예수를 보고 발 아래 엎드리어 간곡히 구하여 이르되 내어린 딸이 죽게 되었사오니 오셔서 그 위에 손을 얹으사 그로 구원을 받아 살게 하소서 하거늘 이에 그와 함께 가실새 큰 무리가 따라가며 에워싸 밀더라. … 회당장의 집에서 사람들이 와서 회당장에게 이르되 당신의 딸이 죽었나이다. 어찌하여 선생을 더 괴롭게 하나이까. 예수께서 그 하는 말을 곁에서 들으시고 회당장에게 이르시되 두려워하지 말고 믿기만 하라 하시고 베드로와 야고보와 야고보의 형제 요한 외에 아무도 따라옴을 허락하지 아니하시고 회당장의 집에 함께 가사 떠드는 것과 사람들이 울며 심히 통곡함을 보시고 들어가서 그들에게 이르시되 너희가 어찌하여 떠들며 우느냐. 이 아이가 죽은 것이 아니라 잔다 하시니 그들이 비웃더라. 예수께서 그들을 다 내보내신 후에 아이의 부모와 또 자기와 함께한 자들을 데리시고 아이 있는 곳에 들어가사 그 아이의 손을 잡고 이르시되 달리다굼 하시니 번역하면 곧 내가 네게 말하노니 소녀야 일어나라 하심이라. 소녀가 곧 일어나서 걸으니 나이가 열두 살이라. 사람들이 곧 크게 놀라고 놀라거늘 예수께서 이 일을 아무도 알지 못하게 하라고 그들을 많이 경계하시고 이에 소녀에게 먹을 것을 주라 하시니라.

마가복음 5:22-24, 35하-43

마가가 들려주는 이야기는 갈릴리 바다 서쪽 해안에서 벌어진 일입니다. 물론 갈릴리 바다는 바다가 아니라 길이가 20킬로미터, 폭이 13킬로미터 정도 되는 큰 담수호로 높은 산들에 둘러싸였고 대략 심장의 모양을 하고 있습니다. 곰곰이 생각해보면 근사합니다. 이 모든 일이 벌어진 심장부에 심장 모양의 호수라니요. 나사렛을 떠나신 후 예수님은 짧은 여생의 대부분을 가버나움에서 보내셨습니다. 호수의 북쪽 해안에 자리 잡은 그곳은 지역 어업의 중심지였습니다. 예수님의 가장 가까운 친구들 중 상당수가 그곳에 살았는데, 세베대의 두 아들 야고보와 요한, 베드로와 그의 동생 안드레 등이 모두 어업의 동업자들이고 이름이 알려지지 않은 여러 사람들을 고용했으며 배도 두 채 이상 보유했던 것 같습니다.

마가는 이날 호숫가에서 벌어진 일을 기록하면서, 마태의 평행 기록에 빠져 있는 세부 내용들을 아주 많이 밝히고 있습니다. 당시에 그가 현장에 있었거나 하다못해 그곳에 있었던 사람과 이야기를 나눴을 가능성을 짐작하게 하는 대목입니다. 다시 말해, 이 기록에는 목격담 특유의 분위기가 있고, 그 덕분에 많은 세월이 지났어도 우리 눈으로 그 광경을 보기가 그다지 어렵지 않습니다. 저는 예수님 이야기를 대할 때마다 늘 자기 눈으로 직접 보려고 노력해야 한다고 생각합니다. 해마다 교회에서 설교를 듣거나 고지식해 보이는 2단 편집 성경을 읽는 식으로 그 이야기들을 접하다 보면 그것들이 원래 따분한 것처럼 생각하기 쉽습니다. 신학의 재료로 삼거나 도덕적 교훈을 끌어내기에는 적합할지 몰라도 그 안에 생기도 별로 없고 삶의 현실이나 우리 자신과도 별다른 연관성이 없는 박제된 이야기로 보이는 것입니다.

그러나 마가가 여기서 들려주는 것은 그런 이야기가 아닙니다. 내용을 한번 생각해보시거나, 그냥 귀 기울여 들으면서 이야기가 흐르는 대로 따라가보십시오. 조용하고 차분하고 짧은 이 이야기는 여러 면에서 아주 불분명하고 모호해서 마가가 이 이야기를 왜 들려주는지, 우리가 이 이야기를 어떻게 해석하기를 바라는지, 본인은 이 이야기를 어떻게 해석했는지도 알기가 어렵습니다. 이 이야기에 나오는 사람들은 스테인드글라스에 들어 있는 인물이 아니라 실제로 존재했고 호흡하고 땀 흘리고 사랑을 나누고 어둠 속에서 가구에 발이 걸리면 욕을 내뱉고 때로는 어떻게 해야 할지 모르는 문제들에 맞닥뜨리고 때로는 아무것도 아닌 일로 바보같이 웃던, 여러 면에서 나머지 우리와 많이 닮은 사람들이었습니다.

마가의 기록에 따르면 예수님은 배를 타고 호수를 막 건너가셨고, 호숫가에 있던 여러 사람들이 그분을 둘러쌌습니다. 그곳에는 사람들이 그물을 매달아 말리고 물고기의 내장을 제거한 뒤 비늘을 벗기고 있었고, 길고양이들이 건질 만한 것을 찾아 사방을 두리번거리고 있었습니다. 마가는 사람들이 왜 예수님을 찾아오는지 밝히지 않습니다. 아마도 그들은 예수님에 대한 이야기를 들었을 테고—그중에는 그분을 아는 이들도 있었을 것입니다—그분을 구경하러 왔을 것입니다. 몇몇 사람들이 말하는 그분의 정체와 그분이 시골지역을 다니며 행한 일, 전한 말에 대한 터무니없는 이야기들이 많이 떠돌고 있었기 때문입니다. 그들은 이번에는 그가 어떤 무모한 생각을 전하고 무슨 일을 할지 보려고 온 것이었습니다.

예수님 주위로 사람들이 너무 많아서 누가 그분인지 알아보기가 쉽지 않지만 시도해볼 만한 가치는 있습니다. 군중의 반대쪽 끝으로 넘어갈 수 없다는 수신호를 누군가에게 보내는 사람일까요? 오사마 빈 라덴과 비슷해 보이는 슬픈 눈의 마른 사람일까요? 한 아이가 건네는 어떤 것을 받으려고 허리를 굽히고 손을 뻗는 사람일까요? 만약 우리가 그분과 몸이 닿을 만큼 가까운 거리에 있었다면 어떤 기분이었을까요? 그분과 한동안 눈이 마주쳤다면, 뭐라고 했을까요? 그 많은 사람들이 떠들어대고 서로 밀치는 한복판에서 그분이 여러분의 음성을 들으셨다면 뭐라고 대답하셨을까요? 그분이 어깨를 밀치며 군중을 빠져나와 여러분과 마주했다면, 그래서 짧은 시간이나마 여러분이 그분의 단단한 살과 피를 실제로 느끼고 그분의 냄새를 맡았다면 어땠을까요?

저는 이것이 예수님에 대해 사복음서에 실린 온갖 이야기가 우리에게 들려주려 하는 내용의 일부라고 생각합니다. 우리는 귀만 열고 있으면 됩니다. 이 이야기들은 그분이 누구셨고 그분과 함께 있는 것이 어떠했는지 들려주려 합니다. 그분에게 무엇이 있었기에 적어도 그날 호숫가에 있던 사람들 중 일부가 그저 그분 곁에 있고 자 자신이 가진 것 또는 가지기를 바랐던 모든 것을 포기하고, 때로 는 자신의 인생까지 송두리째 포기하게 되었는지 들려주려 합니다.

마태의 기록에 나오지 않는 야이로라는 이름이 마가의 기록에는 나옵니다. 마가는 야이로라는 사람이 사람들을 헤치고 어찌어찌 예 수님 앞까지 나와 그 발 앞에 엎드렸다고 적고 있습니다. 예수님 앞 에 무릎을 꿇었거나, 이마를 땅에 대고 엎드린 것 같습니다. 마가에 따르면 그는 회당에서 모종의 직책을 맡고 있었고, 그 직책이 정확 히 무엇인지는 몰라도 하여간 중요한 사람이었습니다. 그가 지나 가도록 군중이 길을 내어준 것이 그 때문일 수도 있을 것 같습니다. 하지만 그는 중요한 사람처럼 행동하지 않습니다. 그는 두려움이나 슬픔, 공포, 또는 하나님만 아실 그 무엇에 사로잡혀 히스테리 상태 에 놓이게 된 절박한 사람처럼 행동합니다.

딸이 죽을 지경에 처했기 때문이라고 야이로는 말합니다. 그런 데 그는 "내 딸"이라고 하지 않고 "내 어린 딸"이라고 말합니다. 아 이는 열두 살이고 열세 살이 되어가니 사실 그렇게 어린 것은 아니 었지만, 야이로에게는 아마도 언제까지나 어린 딸로 남아 있을 것 입니다. 자녀들이 장성하여 독립해 나간 지 오랜 후에도 우리가 계 속 그들을 아이라고 부르는 것과 같습니다. 우리가 그들을 처음 알고 처음 사랑했을 때 그들이 아이였기 때문입니다.

아이가 죽어가고 있었습니다. 그래서 야이로는 어찌어찌 군중을 헤치고 일부 사람들이 어느 누구와도 다르다고 말하는 그에게 왔습니다. 딸이 죽게 되었다. 마가는 그가 반복해서 이 말을 하는 것을 들려줍니다. 죽게 되었다, 다 죽게 되었다. 그리고 그가 말합니다. "오셔서 그 위에 손을 얹으사 그로 구원을 받아 살게 하소서." 그는 이전에 그렇게 일이 이루어지는 것을 보았습니다. 어쩌면 본인이 직접 그렇게 해봤을 가능성도 있습니다. 하지만 아무런 도움이 되지 않았겠지요. 그가 아는 한, 아마 누가 해도 전혀 도움이 되지 않을 것입니다. 그러나 예수님은 그에게 남은 유일한 카드이기에 그는 그 카드를 씁니다. 그가 말합니다. "그 위에 손을 얹으사 그로 구원을 받아 살게 하소서." 그는 살려달라고 말합니다. 살려주십시오. 아이가 제대로 한번 살아보지도 못하고 죽지 않게 해주십시오. 사람들이 온갖 요구사항들을 가지고 예수님께 소리치는 상황에서 그분이 야이로의 말을 들으셨다는 것이 놀라울 따름입니다만, 어쨌든 예수님은 들으셨고 야이로가 집이 있는 곳으로 앞장서 나갈 때 뒤를 따르던 무리 중 상당수도 들었습니다.

그들이 따라간 이유는 아마도 당시 예수님이 가장 인기 있는 유명인이었던 데다 그 순간에 그보다 나은 볼일이 없었고 그분이 정말 소문대로 대단한 사람인지 확인하고 싶었기 때문일 것입니다. 그러나 그들은 얼마 가기도 전에 반대쪽에서 오는 몇 사람과 마주칩니다. 새로 등장한 이들은 단순한 사람들 특유의 지독한 무신경

함으로 불쑥 이렇게 말해버립니다. "당신의 딸이 죽었나이다." 그들은 방금 야이로의 집에서 왔는데, 그곳에서 아이가 죽었습니다. 그들은 그 광경을 직접 보았습니다. 이제 누구도 할 수 있는 일이 없습니다. 너무 늦어버린 것입니다. "어찌하여 선생을 더 괴롭게 하나이까?" 그 사람들은 아이 아버지에게 말합니다. 이때 마침내 침묵을 깨고 말씀하시는 분은 예수님입니다. 그런데 그분은 야이로에게만 말씀하십니다.

"두려워하지 말라"고 하십니다. 두려워하지 말라. 두려워하지 말라. 그다음에 이렇게 덧붙이십니다. "믿기만 하라."

하지만 문제가 있습니다. 눈앞에서 인생이 통째로 날아가버린 사람이 무엇을 믿는단 말입니까? 열두 살배기 딸이 죽은 상황에서도 인생은 어떻게든 의미가 있음을 믿어라? 무슨 일이 있어도 상상할 수 없는 모종의 방식으로 모든 일이 잘될 거라고 믿어라? 하나님을 믿어라? 예수님을 믿어라? 야이로는 무엇을 어떻게 믿으라는 것인지 묻지 않고 예수님은 거기 길 위에 섰을 때 말씀해주시지 않습니다. "믿기만 하라"고 말씀하실 뿐입니다. 어쩌면 이것은 "아무것도 두려워할 것이 없음을 믿어라"는 뜻인지도 모릅니다. 그다음 그분은 모든 사람에게 집으로 돌아가라 하시고 세 명의 친구만 데리고 가십니다. 마가는 이들이 베드로와 야고보와 요한이었다고 적고 있습니다. 그리고 다른 이들은 모두 집에 돌아갑니다.

예수님 일행 다섯 명이 마침내 야이로의 집에 도착하고 보니 그곳에는 "울며 심히 통곡"하는 사람들이 가득했습니다. 당시는 21세기가 아니라 1세기입니다. 사람들이 아직 "그건 사실 축복이에요" 또는 "따님은 지금 더 좋은 세상에 있습니다" 같은 말을 하기 이전이었습니다. 당시에는 대부분의 경우 더 좋은 세상을 믿은 것이 아니라 땅 밑에 일종의 림보가 있고 거기서 죽은 자들의 영혼이 마른 잎처럼 떠다닌다고 믿었습니다. 그들은 울며 통곡했습니다. 아이의 죽음이 이루 말할 수 없는 비극이 아니라는 듯 가장할 만큼 뻔뻔하지 않았던 것이지요. 예수님은 그들이 생각을 바꾸게 할 만한 말씀을 하시지 않았고, 아이의 죽음이 하나님의 뜻이라고 말씀하시지도 않았습니다. 대신에 그분은 어떻게 이해해야 할지 아리송한 말씀을 하셨습니다.

"이 아이가 죽은 것이 아니라 잔다."

문자 그대로의 말씀일까요? 모종의 혼수상태에 빠졌다는 말씀일까요? 아니면 죽음은 일종의 영원한 잠에 불과하다는 생각으로 아이의 아버지를 위로하려 하신 걸까요? 그분의 본심을 누가 알겠습니까마는, 그때 집에 있던 사람들은 그분이 바보거나 미친 사람이라고 생각한 것 같습니다. 그들은 일이 벌어졌을 때 그 자리에 있었으니까요. 그들은 죽은 아이를 보고 죽음을 알아보았으니까요. 웃음과 울음을 가르는 선은 때로 가늘기 짝이 없는 터라 그들은 울음과 통곡을 그치고 감히 그분을 비웃었다고 마가는 적고 있습니다. 달리 어떻게 반응할지 몰랐던 것입니다. 그러다 마침내 예수님이 "그들을 다 내보내"셨고 세 명의 어부 친구와 야이로, 그리고 아이의 엄마만 그 자리에 예수님과 함께 남았습니다. 그들은 함께 아이가 누워 있는 방으로 들어갔습니다.

방 안의 광경을 한마디로 표현하면 귀청이 터질 듯한 정적이라고 할 수 있을 것입니다. 두 손으로 얼굴을 가린 엄마, 침상 옆에 무릎을 꿇은 야이로, 머리를 빗기고 얼굴을 씻기고 두 손은 가슴 위에 포개놓아 밀랍인형 같은 아이.

그때 마법 같은 순간이 찾아옵니다. 마법이라는 말이 적절하다면 말입니다. 예수님이 아이에게 말씀하십니다. 그분은 손을 뻗어 아이의 손을 잡으시고, 마가는 그분이 하신 말씀을 마가복음의 기록언어인 그리스어가 아니라 예수님이 실제로 쓰셨던 아람어로 기록합니다. 당시 그 자리에 있던 누군가가 그 말씀을 듣고 기억해둔 것이겠지요. 그분이 아이의 손을 잡고 당기며 하신 말씀 말입니다.

"달리다 굼." 예수님이 말씀하십니다. "달리다 굼." 별다른 번역이 없어도 능히 이해할 만한 말입니다. "어린 소녀야('달리다') 일어나라." 마가에 따르면 "소녀가 곧 일어나서 걸으니 … 사람들이 곧 크게 놀라고" 놀랐습니다.

아이는 생명을 돌려받았고 부모도 생명을 돌려받았습니다. 그들은 무슨 말을 해야 할지 모른 채 그 자리에 서 있었습니다. 그들에게 닥친 최악의 일이 최고의 일로 갑자기 바뀌었습니다. 충분히 상상이 됩니다. 그들은 마법이 깨어지면 어쩌나 싶어 숨도 제대로 쉬지 못했을 것입니다. 아이가 방을 돌아다니며 의자, 빗, 누군가 놓아둔 꽃, 이가 빠진 접시 등의 친숙한 물건들을 만지는 모습을 상상할 수 있습니다. 세상을 돌려받겠다는 듯, 자신을 돌려받으려는 듯.

이유가 무엇인지 몰라도, 예수님은 그들에게 방금 벌어진 일을 누구에게도 말하지 말라고 하셨습니다. 자신이 누구인가 하는 비밀을 아직 알릴 준비가 되지 않았던 것일까요, 아니면 본인이 자신의 정체를 아직 확신하지 못하셨던 것일까요? 모르겠습니다. 누가 확실히 말할 수 있겠습니까? 그다음 예수님은 아이의 부모에게 말씀하셨습니다. 아이에게 먹을 것을 주어라, 먹을 것을 주어라. 거기서 마가의 이야기는 끝이 납니다.

도대체 이것이 어떤 이야기입니까? 어린 소녀가 집에 있던 사람들이 생각한 대로 정말 죽었던 것이라면, 이것은 나사로를 살리신 일 못지않게 눈부신 기적 이야기이고 가장 어두운 최후의 세력인 죽음까지 제압하시는 예수님의 능력을 증언합니다. 소녀가 예수님의 말씀처럼 잠든 것일 뿐이라면—혼수상태이건 다른 어떤 상태를 말씀하신 것이건—이것은 치유의 이야기이고, 만지는 것만으로 눈먼 자를 보게 하고 귀 먹은 사람들을 듣게 하고 저는 사람을 걷게 만드는 예수님의 능력을 보여줍니다. 어느 쪽이건 기적에 대한 이야기이지만, 이 기적은 우리가 기대할 법한 감탄부호로 끝나지 않습니다. 물음표로 끝나지요. 아니면 미해결이나 미완료 상태, 또는 결말을 어떻게든 스스로 알아내야 하는 상태를 뜻하는 말줄임표로 끝납니다.

야이로가 살던 그 집에서 예수님이 어떤 일을 하신 것인지, 그 일을 하시기 위해 어둠 속으로 얼마나 깊숙이 손을 뻗으셔야 했는지 누가 확실히 말할 수 있겠습니까? 하지만 어떤 면에서 소녀의 부모는 그 문제에 전혀 개의치 않았습니다. 그들은 딸을 돌려받았습니다. 딸이 다시 살아났습니다. 다시 건강해졌습니다. 그것만이 중요했습니다. 저는 소녀의 모습이 우리가 아는 안네 프랑크와 비슷할 것 같습니다. 아이러니와 재치가 가득하고 유쾌함과 장난기가 엿보이는 어린 유대인 소녀의 갸름한 얼굴입니다. 닫혀버린 강제수용소의 문을 등지고 서 있던 안네 프랑크를 어떻게든 다시 돌려받을 수 있다면 어떨까 상상해봅니다. 어떤 식으로건 그런 일이 벌어진다면 우리 모두 무릎을 꿇을 것입니다. 온 세계가 무릎을 꿇을 것입니다.

우리는 마가가 여기서 무슨 이야기를 하고 있는지 압니다. 하지만 제가 볼 때 이 이야기에서 어마어마하게 감동적인 부분은 따로 있습니다. 예수님이 어린 소녀의 손을 잡고 "달리다 굼"(소녀야 일어나라)이라고 말씀하시고 우리가 바로 그 소녀임을 깨닫게 되는 부분입니다.

어린 소녀. 나이 든 소녀. 나이 든 소년. 고혈압에 관절염이 있는 나이 든 소년소녀들, 문신과 피어싱을 한 젊은 소년소녀들. 믿는 여러분, 때로는 믿고 때로는 아무것도 믿지 않는 여러분, 그리고 믿을 수만 있다면 무엇이라도 내어놓을 마음이 있는 여러분. 행복한 여러분과 행복의 기억조차 가물가물한 여러분. 자신이 어디로 가고 있으며 어떻게 가는지 아는 여러분과 늘 지지부진 제자리걸음이라는 생각에 시달리는 여러분. 예수님이 여러분 모두에게 말씀하십니다. "일어나라." 여러분 모두에게 말입니다! 그분 안에 있는 능력은 그 아이처럼 죽은 사람뿐 아니라 일부분만 간신히 살아 있는 사람들에게도 생명을 줍니다. 우리가 살아가는 매일매일의 야성적 아름다움과 기적, 그리고 우리 자신의 아름다움과 기적에 문을 닫아걸고 살아가는 여러분과 저 같은 이들도 그 능력이 주는 생명을 받을 수 있다는 말이지요.

그 능력은 야이로와 그가 사랑했던 딸에 대한 이 그늘진 이야기의 핵심이자 제가 믿기로 우리의 모든 이야기의 핵심입니다. 바로 이 새 생명, 새 소망, 새 존재의 능력에 이끌려 우리는 알게 모르게 해마다 이런 예배처로 계속 되돌아오는 것입니다. 그 능력 덕분에 우리는 일어나기 힘든 때에도 일어나고, 우리의 생애 동안 계속 손을 내밀어 우리 손을 잡아주는 그 무엇 또는 그 누구를 향해 계속 나아갈 수 있는 것입니다.

기다림

34

"그리고 해와 달과 별들에서 징조들이 나타나고, 땅에서는 민족들이 바다와 파도의 성난 소리 때문에 어쩔 줄을 몰라서 괴로워할 것이다. 사람들은 세상에 닥쳐올 일들을 예상하고, 무서워서 기절할 것이다. 하늘의 세력들이 흔들릴 것이기 때문이다. 그때에 사람들은 인자가 큰 권능과 영광을 띠고 구름을 타고 오는 것을 볼 것이다. 이런 일들이 일어나기 시작하거든, 일어서서 너희의 머리를 들어라. 너희의 구원이 가까워지고 있기 때문이다." 예수께서 그들에게 비유를 하나 말씀하셨다. "무화과나무와 모든 나무를 보아라. 잎이 돋으면, 너희는 스스로 보고서, 여름이 벌써 가까이 온 줄을 안다. 이와 같이 너희도 이런 일들이 일어나는 것을 보거든, 하나님의 나라가 가까이 온 줄로 알아라."

누가복음 21:25-31(새번역)

저에게는 사복음서에서 예수님의 재림에 대한 이 말씀보다 더 이해하기 어렵고 공감하기 어렵고 어떻게 반응해야 할지 판단하기 어려운 대목이 없습니다. 예수님은 세상의 종말 및 역사의 절정이자 마지막 장면에 해당하는 하나님나라의 도래에 대해 말씀하고 계십니다. 주제도 낯설거니와 우리의 사고방식에는 낯선 단어와 이미지들이 등장합니다. 그날이 다가옴에 따라 우주적 대격변이 일어나 해와 달과 별들이 징조를 보일 것이고 하늘의 세력들이 흔들릴 거라고 하십니다. 이 말씀은 문자 그대로의 의미일까요, 아니면 시적 과장법일까요? 한 번도 본 적이 없는 진정한 일식과 월식이 일어나고 이상한 혜성들이 나타나며 별자리가 재구성되어 밤하늘에 빛나는 별들이 운명적인 메시지를 전달할 거라는 말씀일까요? 아니면 바깥세상의 격변이 아니라 내면의 격변, 즉 인류의 마음과 정신과 영혼의 격변을 상징적으로 말씀하시는 것일까요? 예수님은 바다가 미쳐 날뛸 것이고 그 성난 소리에 민족들이 당장 벌어지는 일이나 앞으로 벌어질 일 때문에 크게 두려워할 거라고 하십니다. 그다음, 이전에 벌어진 모든 일의 원인이자 절정이신 인자(人子)가 구름을 타고 "큰 권능과 영광을 띠고" 나타나는 더없이 비범한 일이 있을 거라고 하십니다.

예수님이 말씀하시는 '인자'의 의미는 무엇일까요? 누구를 가리키는 것일까요? 성경에서 '인자'는 모호하게 쓰이는 용어이고 다양한 시대에 다양한 것을 의미할 수 있습니다. 여기서 예수님은 '인자'라는 용어로 메시아이신 자신을 지칭하신 것일까요? 본인이 마지막 때에 영광스럽게 나타나실 거라는 뜻일까요? 만약 그렇다면, 왜 그 내용을 직접 선언하시지 않고 이런 수수께끼 같은 표현을 쓰시는 것일까요? 예수님은 자신이 누구라고 믿으시며, 우리가 그분을 누구라고 믿게 하시는 것일까요?

그분의 말씀 앞에 우리는 혼란스럽고 불안한 상태가 됩니다. 게다가 예수님이 이 격변적 사건들이 초래할 결과를 모순된 방식으로 묘사하시는 것처럼 보이기 때문에 혼란은 더 심해집니다. 한편으로, 예수님은 사람들이 그것을 보고 "닥쳐올 일들을 예상하고, 무서워서 기절할 것"이라고 하십니다. 다른 한편으로는 "일어서서 너희의 머리를 들어라. 너희의 구원이 가까워지고 있기 때문"이라고 하시면서 그 일을 봄철에 무화과나무가 잎을 내어 결실과 성취의 시간인 여름이 가까웠다는 징조를 보이는 것에 비유하십니다. 그분의 말씀은 재림이 어떤 이들에게는 무시무시한 것이 되고 다른 이들에게는 구원을 가져다줄 거라는 뜻일까요? 하나님나라가 마침내 임할 때 어떤 이들은 그 안에 들어가고 어떤 이들은 그렇지 못할 거라는 뜻일까요? 아니면 구원 자체에 공포의 요소가 담겨 있다는 뜻일까요? 영혼이 병들었건 마음이 아프건 자신에게 염증이 났건, 여러 해 동안 병들었다가 갑자기 건강해지면 그 건강으로 무엇을 해야 할지 몰라 무섭지 않을까요? 평생 우리를 사람보다 못하게 만들었던 모든 것, 예를 들어 우리의 냉담함과 절망적인 자기중심성에서 벗어나 마침내 진정한 사람이 되면 무섭지 않을까요? 예수님이 무슨 의도로 이런 어려운 말씀을 하셨는지 누가 알겠습니까? 미래에 펼쳐질 일에 대해 그분이 하시는 말씀을 누가 헤아릴 수 있습니까?

예수님이 뇌리에서 떠나지 않던 세월, 우리의 어려움 가운데 그분을 부르고 적어도 그분을 믿고 따르고자 노력했던 시간들이 지나 마침내 우리가 예수님을 이해하고 그분이 우리 호주머니에 딱 들어왔다고 생각하고 싶은 유혹이 찾아올 때마다, 이와 같은 말씀들이 등장하여 그분이 우리의 이해력을 뛰어넘는 신비로 늘 남으실 거라는 사실을 떠올리게 해줍니다. 하지만 저는 이 묵시록적 구절의 심장부에 우리가 이해할 수 있는 것이 있다고 생각합니다. 그것이 그리스도인으로서 우리가 경험하는 일들의 핵심과 가깝고, 이곳과 같은 교회들이 증언하는 내용이기도 하기 때문입니다.

햇살이 비쳐들 때 불처럼 타오르는 창, 그리스도와 그분을 따르는 성자들의 모습, 제단의 꽃들과 초를 보십시오. 사면이 벽으로 둘러싸인 조용한 공간과 오르간, 찬양하거나 기도하는 자신의 목소리, 이 강단에 서서 최선을 다해 복음을 선포하는 남녀들의 목소리를 생각해보십시오. 이 모든 것이 모여 무엇을 보여줍니까? 이 건물 안에서 우리가 하고 있는 일의 본질은 무엇입니까? 즉각적인 답은 분명합니다. 우리는 이곳에서 하나님을 예배하고 있습니다. 여기에서 하나님께 말씀드리고 하나님에 대해 말하려고 애씁니다. 하나님의 말씀에 귀를 기울입니다. 하나님의 평화를 일부나마 추구하고 포도주와 빵을 입속에 넣듯이 하나님을 어떻게든 우리 삶에 모시려고 노력합니다. 그러나 저는 이 모든 일 아래 깊숙한 곳, 마음 가장 깊은 곳에서 우리가 뭔가 다른 일을 하고 있다고 생각합니다.

우리는 기다리고 있습니다. 이것이 핵심입니다. 우리가 기다리고 있음을 모르는 순간에도, 우리는 기다립니다. 무엇을 기다리는지 알려줄 말을 찾지 못할 때도 우리는 기다리고 있습니다. 오래된 대강절(성탄절 이전 4주의 기간—옮긴이) 기도문 안에 그 말이 있습니다. "우리에게 은혜를 베푸소서. 그리하여 우리가 어둠의 일을 벗어버리고 빛의 갑옷을 입게 하소서." 대부분의 시간을 어둠 속에서 살아가는 우리는 대강절(Advent)만이 아니라 빛의 도래(advent)도 늘 기다립니다. 구원을 가져다주지만 두렵기도 한 궁극적 빛의 도래를 기다립니다. 그것이 구원을 가져다주는 이유는 어둠을 끝장내기 때문이고, 무시무시한 이유는 어둠이 너무나 오랫동안, 거의 평생토록 우리의 집이었기 때문입니다. 그리고 집을 떠나는 것은 언제나 두려운 일입니다.

이곳과 같은 교회에는 어둠과 빛으로 가득 차 있습니다. 이곳의 빛은 아름다움입니다. 이곳의 빛은 창, 음악, 촛불, 침묵이고 이 모두가 자기 너머에 있는 상상도 못할 아름다움 자체를 가리킵니다. 저와 같은 설교자들은 다른 모든 사람 못지않게 어둠 속에 있고 대개는 자신이 선포하는 신비에 대해 교인들보다 더 모릅니다. 그 신비를 이해할 수 있는 것으로 만들려고 끊임없이 시도한 끝에 어찌어찌 그 내용을 이해하게 되었다고 믿기 때문입니다. 그러나 그런 경우에도 가끔 설교자들이 강단에서 하는 어떤 말이 우리가 갈망하고 기다리는 거룩함을 살려내고 그 진리로 우리에게 감동을 주는데, 그것 역시 이 공간에 있는 빛의 일부입니다. 우리는 늘 하나님께 말씀을 드리지만 가끔 하나님이 우리의 말을 들으셨다고 느껴지는 순간들이 있습니다. 늘 하나님께 귀를 기울이지만 가끔 하나님이 우리에게 말씀하셨다고 느껴지는 순간들과 우리가 갈망하는 하나님이 포도주 한 모금이나 빵 한 조각 이상의 것으로 우리를 먹이셨다고 느껴지는 순간들이 있습니다.

반면, 그런 순간들이 드물다는 것이 교회의 어둠입니다. 그래서 모든 아름다움이 인위적인 연극처럼 보이고, 우리 가운데 계신 하나님의 임재를 증언하는 대신 이곳과 우리 안에서 드러나는 하나님의 부재만을 강하게 증언합니다. 이보다 더한 어둠은 교회가 우리에게 줄 수 있는 이런 생각입니다. '교회는 그 자체의 목적이다, 찬양과 기도와 설교를 포함한 교회 안의 온갖 종교적 활동이 존재하는 유일한 빛이다, 그런 것들은 하나님나라를 암시하는 데 그치지 않고 실제로 하나님이 가진 그 나라의 전부일 것이다.' 절대로 잊지 맙시다. 요한계시록 말씀에 따르면, 하늘나라가 신랑을 위해 치장한 신부처럼 마침내 임할 때, 그곳에는 교회가 없을 것입니다. 하늘나라에서는 하나님의 임재 자체가 교회이고, 우리가 예배를 드리는 온갖 방식들, 찬양과 스테인드글라스와 설교로 하나님의 영광을 나타내려는 모든 시도는 잘해야 영광을 가리키는 손가락일 뿐이기 때문입니다. 우리는 그 영광을 어떻게 압니까? 무엇보다 그것을 사모하는 마음과 그에 대한 마음속 갈망을 통해서 압니다. 우리가 그것을 갈망하는지도 모를 때에도 말이지요.

예수님은 "해와 달과 별들에서 징조들이 나타"날 거라고 말씀하십니다. 여러분은 "인자가 큰 권능과 영광을 띠고 구름을 타고 오는 것을 볼 것"입니다. 무화과나무에 잎이 돋으면, 여름이 올 것임을 압니다. 있을 것이고, 볼 것이고, 올 것입니다. 예수님의 말씀을 그분이 우리에게 요구하시는 것처럼 진지하게 받아들인다면, 우리가 그리스도인으로서 할 수 있는 가장 실질적이고 참되고 순전한 일은 기다리는 것임을 알게 됩니다. 예수님의 이 신비로운 말씀이 성취되기를 열정적으로 기다리고, 바랄 수 없는 중에 바라며 기다리는 것입니다. 우리가 기다리고 있음을 잊어버리고, 이 그늘 속에서 하나님에 대해 발견한 최고의 것 그 이상은 존재하지 않는다고 믿게 된다면, 하나님이 우리에게 가장 원하시는 것이 교회에서 보여주는 종교적인 모습이라고 믿게 된다면, 그렇다면 우리는 살아 있고 깊이 있는 믿음과의 접촉을 잃어버린 것입니다.

　예수님은 우리가 어린아이처럼 되어야 한다고 말씀하셨는데, 그 말씀의 부분적 의미는 어린아이처럼 기다리는 법을 배워야 한다는 것이 아닐까 싶습니다. 남동생과 제가 다가오는 성탄절을 기다리던 어린 시절이 생각납니다. 할머니 할아버지께서는 매년 대강절을 맞아 카드를 보내시곤 했습니다. 카드 속 작은 마을의 지붕들에는 눈 대신 반짝이 조각들이 뿌려져 있었고, 하루에 하나씩 그날의 창을 열면 지팡이 모양의 사탕이나 곰 인형이나 흔들목마가 보였습니다. 카드를 전등갓 위에 걸어 빛이 비쳐 나오게 만들었던 기억도 나고, 크리스마스가 가까워질수록 뱃속 깊은 곳에서 전해지던 흥분을 지금도 느낄 수 있습니다. 그러다 24일이 되면 카드 속 그날의 창이 아니라 마구간의 문을 열었고, 마구간 안에는 짚 위에서 잠든 아기가 있었습니다. 드디어 크리스마스 아침이 되면 우리 가족은 차를 몰고 할아버지 할머니가 사시던 뉴욕 시의 아파트로 갔습니다. 우리는 두 분 작은아버지의 가족들과 함께 원형탁자 위에 티파니램프가 놓여 있고 거실로 통하는 유리문에 커튼이 쳐진 할아버지 댁의 침침한 복도에서 또다시 기다렸습니다. 그러다 어느 순간 할아버지가 구세군의 산타클로스처럼 핸드벨을 울리며 나타나 거실의 문을 열어주셨습니다. 그 안에는 이루 말할 수 없는 마법이 펼쳐져 있었습니다. 《아라비안나이트》에 나오는 것만큼 값진 보물들이 사방에 펼쳐져 있었지요. 반짝이는 트리의 불빛들. 사과 주스와 독일 크리스마스 쿠키. 그 수가 너무 많아 거실의 사방 벽을 따라 죽 늘어놓아야 했던 선물들. 그 위에는 선물 주인의 이름이 각각 적혀 있었습니다. 날짜를 꼽아가며 기다린 몇 주는 정말 그럴 만한 가치가 충분했습니다. 그때 받았던 선물들은 오래전에 잊어버렸지만, 그곳의 휘황찬란한 빛과 제가 사랑했고 저를 사랑했던 사람들의 존재와 이보다 더 좋을 수는 없을 것 같은 느낌, 그리고 그로 인한 참을 수 없는 흥분 등은 지금도 기억이 납니다.

그것은 그 집의 빛이었습니다. 그러나 구석에 감추어진 곳과 커튼이 드리워진 방들 너머에는 물론 어둠도 있었습니다. 인생이 그런 것이기 때문입니다. 제 열 번째 크리스마스를 한 달 앞두고 아버지가 자살을 하셨습니다. 그로부터 며칠 뒤 벨을 울리며 문을 열어주시던 할아버지께서 상심 끝에 돌아가셨습니다. 그리고 몇 년 후,

막내 작은아버지도 자살을 하셨습니다.

지금 제가 생각하는 것은 그 일들이 벌어지기 전에도 어둠은 그 마법의 방 안에 우리와 함께 어떤 식으로건 있었다는 것입니다. 어둠은 크리스마스트리와 선물과 삼촌들과 이모들과 사촌들과 함께 있으면서 그 모든 일이 이루어지기를 기다렸습니다. 그 방 안에 있던 모든 사랑은 그 일들이 벌어지는 것을 막기에 충분하지 않았습니다. 문제를 해결하기에 충분한 크리스마스가 없었습니다. 충분한 그리스도가 없었습니다. 충분한 그리스도는 단 한 번도 없었습니다. 그때 당시 우리 가족에게도 그랬고 지금도 그렇습니다. 우리 모두에게 충분하지 않습니다. 하지만 미래의 알 수 없는 어떤 시점에 충분한 그리스도께서 나타나실 것입니다. 이것이 바로 우리의 본문인 이 묵시적 대목에서 예수님이 말씀하시는 바입니다. 이것이 우리의 무모하고도 아름다운 소망입니다.

문제를 해결하기에 충분한 그리스도가 없는 동안에는, 적어도 버틸 만하게 해줄 정도의 그리스도께서 계십니다. 교회에서 벌어지는 일들은 많은 부분 설교 못지않게 천박하고 활기가 없으며, 하나님의 임재를 느끼기를 갈망하며 교회에 나오는 사람들의 절박한 필요와 무관합니다. 대체로 그들은 하나님의 임재를 전혀 발견하지 못합니다. 텔레비전에 등장해 수백만 명의 사람들에게 교회를 대표하는 존재로 보일 사기꾼들과 광대들이 교회의 전부가 아닙니다. 착하고 충성된 사람들도 있습니다. 그들은 교회의 업무를 담당하고 교회의 분주한 일들을 해나가지만 진정한 확신이나 열정이나 기쁨은 찾아보기 어려우니, 해가 갈수록 신도석이 비어가는 것은 당연한 일입니다. 하지만 이 모든 상황에도 불구하고 교회는, 사도 바울의 잊을 수 없는 은유대로 그리스도의 몸입니다. 적어도 이 행성에서는 당분간 그리스도의 유일한 몸이고, 이것은 여러분과 제가 그리스도의 유일한 몸이라는 의미입니다. 그분이 사람들에게 내밀 손은 우리의 손밖에 없고, 그들에게 찾아갈 발은 우리 발밖에 없고, 그들을 바라볼 눈은 우리 눈밖에 없습니다. 그분의 사랑을 사람들에게 보여줄 다른 얼굴은 없습니다.

그러므로 그리스도가 온전하게 임하시기를 기다리는 것은 수동적인 일, 경건하게 기도하면서 교회에서나 하는 일을 의미하지 않습니다. 오히려 이와 반대로, 우리가 아는 방법대로 최대한 그리스도 대신 행하는 것을 의미합니다. 그리스도를 기다리는 것은 우리가 그리스도가 되어주어야 할 사람들에게 최선을 다해 그리스도가 되고, 우리가 가진 그리스도의 치유와 소망의 최대치를 그들에게 전해주는 것입니다. 우리가 전하지 않으면 그것은 결코 전해지지 않을 수도 있습니다. 아주 오래 전, 어린 저와 크리스마스를 함께 보낸 두 젊은이와 한 명의 노인에게 그것이 전해지지 못했던 것처럼 말입니다.

하나님, 그리스도의 진리가 마침내 온전하게 이루어지기를 기다리며 구합니다. 어둠의 일이 무엇이건 우리 각 사람이 그것을 어떻게든 벗어버리고 빛과 조금이나마 가까운 것을 갑옷처럼 입게 하여주옵소서.

생명의 말씀

35

> 태초부터 있는 생명의 말씀에 관하여는 우리가 들은 바요 눈으로 본 바
> 요 자세히 보고 우리의 손으로 만진 바라. 이 생명이 나타내신 바 된지
> 라. 이 영원한 생명을 우리가 보았고 증언하여 너희에게 전하노니 이는
> 아버지와 함께 계시다가 우리에게 나타내신 바 된 이시니라. 우리가 보
> 고 들은 바를 너희에게도 전함은 너희로 우리와 사귐이 있게 하려 함이
> 니 우리의 사귐은 아버지와 그의 아들 예수 그리스도와 더불어 누림이
> 라. 우리가 이것을 씀은 우리의 기쁨이 충만하게 하려 함이라.

요한일서 1:1-4

요한일서의 저자는 편지를 시작하면서 그가 선포해야 할 가장
귀중한 것을 선포합니다. 그가 아는 가장 귀중한 실재, 그의 인생의
가장 귀중한 부분, 인간으로서 자신의 가장 귀중한 부분을 선포합

니다. 이것은 흐릿하고 종잡을 수 없는 그 무엇이 아닙니다. 구원받기 위해 믿어야 할 어떤 것도 아닙니다. 저자는 오히려 정반대라고 말합니다. 이것은 이미 벌어진 일이요 계속 벌어지는 일입니다. 들을 수 있을 정도로 실제적이고, 볼 수 있을 만큼 실제적이고, 서로를 만지듯 손으로 만질 수 있을 정도로 실제적입니다. 저자는 이것에 대해 이야기하는 데 푹 빠진 나머지 같은 말을 반복합니다. 구문이 혼란스러워서 그의 말을 어떻게 번역해야 옳을지 아무도 모를 정도입니다.

그는 자신이 '생명의 말씀'에 대해 말하고 있다고 합니다. 그리스어로 말하면 생명의 '로고스'입니다. 생명의 진리, 생명의 의미, 생명의 가장 깊은 근원과 목적. 그렇게 살도록 생명이 창조된 방식입니다. 그가 예수 그리스도 안에서 들었고 보았고 만졌던 생명입니다. 그는 이것을 선포하는 이유가 우리 모두 이것을 누리며 살게 하려는 것이라고 말합니다. 이것을 누리며 살아라! 그가 말합니다. 그런데 이것을 '어떻게' 누리며 삽니까? 이것과 사랑에 빠지면 됩니다. 이것에 대해 말하고 염려하는 것이 아니라, 바람에 돛을 맡기듯 우리 자신을 이것에 맡기면 됩니다.

그러면 '왜' 이것을 누리며 살라고 합니까? 서로 '코이노니아'를 나누기 위해서입니다. 여기서 '사귐'이라고 번역된 이 단어는 흔히 '친교(fellowship)'로 번역해서 쓰지만, '친교'는 교회에서 너무 많이 사용된 나머지 진부해졌고 주일 오전 11시 예배 후 종이컵에 담긴 커피를 함께 마시는 장면을 연상시키는 단어가 되었습니다. 그러니 그 대신 '우정'이라고 합시다. 저자는 우리에게 자신이 보고 듣고 만진 이 그리스도-생명을 누리며 살라고 강력히 권합니다. 그리하여 우리가 커피를 같이 마시는 정도의 사교적 친구들이 아니라 마침내 진짜 친구들이 되게 하려는 것입니다. 우리끼리 진정한 친구가 되는 정도가 아니라 하나님의 진짜 친구, 그리스도의 진짜 친구가 되게 하려는 것입니다. 그분은 우리의 친구이실 뿐 아니라 우리라면 3미터 장대로도 건드리지 않을 사람들의 친구이시기도 합니다.

요한은 자신이 이 모든 것에 대해 쓰는 이유가 "우리의 기쁨이 충만하게 하려"는 것이라고 밝힙니다. 다른 할 말이 많을 법도 한데, 그는 '기쁨'을 말합니다. 그가 보고 만지고 들은 이 생명은 또 다른 종교적 의무가 아닙니다. 구원받기 위해 무엇을 믿고 행하는 문제가 아닙니다. '기쁨'이 그의 단어입니다. 이 생명으로 부름을 받는 것은 회의실이나 청문회장이나 교회로 부름 받는 것과는 다릅니다. 이것은 큰 잔치에 초대받는 것과 같습니다. 그런데 이 잔치의 참석자들은 주인을 포함해 모두가 오래전부터 가깝게 알고 지낸 사람들입니다. 편지의 뒷부분에서 그가 "사랑하는 자들아 우리가 서로 사랑하자"(4:7)고 말한 것도 이와 같은 의미입니다. 그는 우리의 공통점뿐 아니라 다양성도 즐거워하며 함께 멋진 시간을 보내자고 말합니다. 하나님이 친히 시간을 아름답게 만드셨고, 놀랍게도 그분이 우리의 친구시기 때문입니다. 다른 곳에서 그는 "사랑하지 아니하는 자는 사망에 머물러 있느니라"(3:14)고 말합니다. 이보다 더 강하고 분명하게 표현할 수는 없습니다. 이것이 바로 생명의 말씀입니다.

이 편지의 수신자는 분열된 교회, 쪼개진 교회였는데, 그런 점에서 우리 교회와 상당히 비슷한 교회, 우리와 상당히 비슷한 교회라고 할 수 있습니다. 지금 우리를 보면 낙태 문제부터 성경을 어떻게 읽을 것인가, 누가 목사 안수를 받아야 하는가에 이르기까지 온갖 문제에서 의견이 분분하지 않습니까. 요한은 우리에게 "친구가 되라"고 말합니다. 이 말이 우리의 견해 차이를 어떻게든 감추라는 뜻은 아닐 것입니다. 그렇게 덮어버리기에는 너무나 심각하고 중요한 문제이며, 해결책을 찾아서 어떻게든 풀어내야 합니다. 그의 말뜻은 우리가 어떤 수준에서는 서로 적이지만 더 깊은 차원에서는 친구가 되어야 한다는 것입니다. "사랑하는 자들아 우리가 서로 사랑하자"고 그는 말합니다. 지인들 중에는 툭하면 우리와 의견을 달리하지만 그래도 우리가 여전히 사랑하는 사람들이 있지 않습니까. 그는 우리에게 그와 같은 친구들이 되라고 촉구합니다.

때로는 하나님의 은혜로 그와 같은 우정을 어떻게든 꾸려가기도 합니다. 우리가 하는 온갖 일이나 하지 않는 온갖 일에도 불구하고 하나님의 은혜로 그와 같은 우정이 우리 사이에서 어떤 식으로든 생겨난다고 말하는 것이 더 정확할지도 모르겠습니다. 여기에서 제가 직접 보고 듣고 만지고 그로 인해 깊이 감동을 받았던 사례를 하나 소개할까 합니다.

지난 봄, 아내와 저는 결혼식 비슷한 자리에 갔습니다. 하지만 초대장에 의하면 결혼식이 아니라 축하행사였습니다. 초대장에는 '사랑과 헌신을 기념하는 축하행사'라고 적혀 있었습니다. '결혼식'이라는 단어가 쓰이지 않았던 이유는 해당 커플이 남자와 여자가 아니라 두 여자였기 때문이었습니다. 그중 한 사람은 제 막내딸과 어린 시절부터 알고 지낸 친구였습니다. 땋은 머리에 주근깨가 많고 통통하던 다섯 살짜리 꼬마는 마음이 따뜻하고 주도적이고 외향적인 삼십 대 여성으로 자랐습니다. 우리가 사는 곳 근처에서 중학교 교사와 코치로 큰 성공을 거두었지요. 그녀의 친구는 한두 살 더 많은 지적이고 교육을 잘 받은 여성이었는데, 처음 만날 때에는 내성적인 경향이 있지만 잘 알게 되면 재치와 힘과 따뜻한 인간미를 발휘하는 사람입니다.

초대장이 도착했을 때 제가 느낀 복잡한 감정을 어떻게 설명해야 할까요. 한편으로는 기뻐할 수밖에 없었습니다. 제가 좋아하고 존경하는 두 사람이 남은 평생을 함께 보낼 반려자를 찾았다는 사실이 기뻤고, 그 사실을 두 사람만의 비밀로 하고 죄책감에 시달리는 대신 이 나라의 어떤 소도시나 다른 어떤 곳 못지않게 두 사람이 용납받거나 이해받기 어려운 지역 한복판에서 당당하게 선언하고 나선 것도 기뻤습니다.

저는 이 두 사람을 바라보며 서로에 대해 다짐하는 정직하고 용감한 헌신의 관계를 예수님이 축복하지 않으실 거라고 믿기 어렵습니다. 성경은 매춘과 음욕과 착취의 형태로 이루어지는 이성애에 대해 엄히 말씀하시는 것과 똑같이, 매춘과 음욕과 착취의 형태로 이루어지는 동성애를 엄하게 꾸짖습니다. 하지만 이 두 여인의 경우처럼 사랑과 신의를 다하는 배타적 관계의 동성애에 대해서는 우리 마음을 살펴야 할 문제로 남겨두는 듯합니다. 그리고 제 마음의 일부분을 놓고 보자면 그들로 인해 행복할 따름이었고 사심 없이 그들의 행복을 빌었습니다.

그러나 이것은 제 마음 한 부분의 이야기일 뿐입니다. 제 마음의 다른 부분은 두 사람을 걱정했습니다. 그들이 벌이는 일에 대한 좋은 마음과 거리낌이 온통 뒤섞여 있었고 그런 저 자신의 이중적 반응에 혼란스러웠습니다. 저는 누구 못지않게 제가 속한 세대의 영향을 많이 받은 사람이고, 그로 인한 선입견과 편견과 콤플렉스를 고스란히 안고 있습니다. 저는 두 사람의 인생이 다른 식으로 풀렸다면 좋았을 거라는 마음을 피할 수가 없었습니다. 딸아이의 소꿉친구가 제 딸처럼 한 남자를 만나 사랑에 빠지고 아기를 갖게 되었으면 얼마나 좋았을까, 하고 아쉬워했습니다. 안 그래도 충분히 위험하고 복잡한 이 세상에서 그녀와 그 친구가 좀 더 안전하고 단순하고 명확한 길을 택했다면 참 좋았겠다고 말이지요. 우리가 초대를 받은 축하행사를 생각하자 그들의 부모와 친구, 그들을 사랑하는 모든 이들도 상당수 같은 마음일 것이라는 생각이 자꾸만 들었습니다. 이 모든 생각이 펼쳐지는 가운데 저는 불안을 잔뜩 안고 행사장에 갔습니다. 마음이 불편하고 마음이 둘로 나뉘었습니다. 거기 가서 할 말도 마땅치 않은 데다 머리가 복잡한 채로 그 자리에 있을 생각을 하니 거북하기 짝이 없었습니다.

그 자리에서 보게 될 거라고 생각했던 사람들 중 몇몇은 보이지 않았습니다. 그들도 거북해서 그 자리를 피한 것일까요? 분개한 나머지, 또는 그 자리에 참석한 자신을 다른 사람들이 어떻게 생각할까 두려워 일부러 참석하지 않은 것일까요? 어쩌면 그들은 단순히 초대받지 못한 것일 수도 있습니다. 누가 알겠습니까? 그러나 많은 사람들이 왔고 하객은 백 명이 훌쩍 넘었습니다. 행사장은 딸아이 친구의 부모님 집 바깥 잔디밭이었습니다. 우리는 그런 자리에서 흔히 그러듯 서성거리고 잡담을 늘어놓으며 음악가들이 도착하기를 기다렸습니다. 피로연을 위한 천막이 세워져 있었습니다. 날씨는 금방이라도 비가 내릴 기세였지만 마지막 순간에 해가 나왔습니다. 예식을 진행한 사람은 참석자 대부분이 아는 목사 부부였고, 룻이 나오미에게 한 말에 근거한 설교가 진행되었습니다. "당신께서 가시는 곳에 나도 가고 당신께서 머무시는 곳에서 나도 머물겠나이다. 당신의 백성이 나의 백성이 되고 당신의 하나님이 나의 하나님이 되시리니 당신께서 죽으시는 곳에서 나도 죽어 거기 묻힐 것이라"(룻 1:16-17). 커플은 서약을 주고받은 뒤 포옹했고 목사는 그들을 축복했습니다.

하고많은 장소 중에서도 버몬트에서 이루어진 행사였습니다. 노먼 록웰(1894-1978, 미국의 화가, 삽화가—옮긴이)의 그림에서 막 튀어나온 것 같은 사람들과 노먼 록웰은 들어보지도 못한 것 같은 모습의 사람들, 그리고 그를 안다면 분명히 멸시했을 사람들 앞에서 이루어진 그 행사를 어떻게 묘사할 수 있을까요? 그들이 그 자리에서 어떤 느낌을 받았을지 어떻게 추측할 수 있을까요? 다들 느낌이 달랐을 거라는 것 정도만 추측할 수 있겠지요. 그러나 참석자 모두가 한 가지 느낌만은 공유했을 거라고 저는 확신합니다. 눈앞에서 뭔가 정직하고 사랑스럽고 용감한 일이 벌어지고 있다는 느낌, 지켜보는 이들의 내면에서 뭔가 친절하고 긍정적이고 소망스러운 일이 일어나고 있다는 느낌, 우리가 호흡하던 공기에 참으로 놀랍게도 은혜가 스며 있다는 느낌입니다. 다시 말해, 그 여름 오후의 몇 분간 저는 그 자리에서 우리 모두가 창조 목적에 합당한 교회의 모습을 이루는 것 같았습니다.

우리는 교회의 모습이 언제나 그와 같기를 갈망합니다. 우리는 하나님의 임재를 느끼기를 갈망합니다. 버몬트에서 벌어진 그 색다른 소규모 축하행사에서처럼 하나님의 은혜가 손에 잡힐 듯 구체적으로 다가오기를 갈망합니다. 그 행사가 축하하는 두 사람의 관계를 두고 이런저런 불안이 없었던 것은 아니지만, 그 자리에서 우리 모두는 그리스도 안의 진짜 친구였고 그리스도께서 참으로 우리의 친구이셨을 뿐 아니라 그분의 이름으로 축복을 받은 두 젊은 여성의 친구이셨습니다. 우리가 갈망하는 것은 사도 요한의 '생명의 말씀'이고 사도 요한의 기쁨입니다. 그러나 우리가 아는 교회들은 아무런 생기도 기쁨도 없는 경우가 너무나 많습니다. 허다한 경우, 말씀을 전하는 설교자들은 자신이 선포하는 거룩한 진리에 대해 아는 것 같기는 한데 그것을 삶에서 듣고 보고 만지지는 못하고, 살아 있는 그 진리의 심장과 접촉하지도 못하는 것 같습니다. 그 진리의 내용은 우리가 많은 부분에서 다른 데도 불구하고 하나님이 우리를 사랑하시는 것처럼, 우리가 온갖 방식으로 다른 서로를 사랑하도록 창조되었다는 것입니다.

그날 구름 뒤에서 해가 나왔을 때 집 앞 잔디밭에 펼쳐진 광경처럼 교회가 관대하고 개방적이고 자유로울 수 있다면 좋겠습니다. 우리가 그곳에서 그랬던 것처럼, 사람들이 서로를 사랑하고 서로에게 진실하고 서로를 위해 모험을 감수하는 자리라면 바로 거기에 하나님이 계시고 그들을 지지하시고 그들은 하나님의 뜻을 행하고 있다고 참으로 인정할 수 있게 되면 좋겠습니다.

250번째 생일 감사기도

36

그날 저물 때에 제자들에게 이르시되 우리가 저편으로 건너가자 하시니
그들이 무리를 떠나 예수를 배에 계신 그대로 모시고 가매 다른 배들도
함께하더니 큰 광풍이 일어나며 물결이 배에 부딪쳐 들어와 배에 가득
하게 되었더라. 예수께서는 고물에서 베개를 베고 주무시더니 제자들이
깨우며 이르되 선생님이여 우리가 죽게 된 것을 돌보지 아니하시나이까
하니 예수께서 깨어 바람을 꾸짖으시며 바다더러 이르시되 잠잠하라
고요하라 하시니 바람이 그치고 아주 잔잔하여지더라. 이에 제자들에
게 이르시되 어찌하여 이렇게 무서워하느냐. 너희가 어찌 믿음이 없느
냐 하시니 그들이 심히 두려워하여 서로 말하되 그가 누구이기에 바람
과 바다도 순종하는가 하였더라.

마가복음 4:35-41

1997년은 프린스턴 대학교 설립 250주년일 뿐 아니라 저희 동기생들의 50주년 동창회도 열리는 해인지라 저는 대학 예배당 중에서도 가장 아름다운 이곳을 다시 찾게 되었습니다. 학부생 시절에는 저도 대부분의 친구들처럼 이곳을 전염병 피하듯 피해 다녔습니다. 이곳에 다시 서니 역사의식이 강하게 느껴져 프린스턴의 역사, 제 동기생들의 역사, 그리고 오늘 아침 이곳에 모인 우리 모두의 역사를 떠올리게 됩니다. 오랜 세월이 지난 우리의 졸업식에 대해서는 남아 있는 기억이 거의 없지만 몇 가지는 기억이 납니다. 제 기억이 틀리지 않았다면, 그때 오마 브래들리(1893-1981) 장군이 명예학위를 받았고 캐서린 코넬(1893-1974, 여배우)도 명예학위를 받았습니다. 졸업식 순서지에 제가 매너상(Manners Prize)이라는 정체불명의 작문상을 받게 되었다고 나온 것을 보고 깜짝 놀랐던 기억이 납니다. 다들 제가 엘리베이터에서 숙녀를 볼 때마다 모자를 벗고 음식을 씹을 때는 늘 입을 다무는 사람일 거라고 생각했지요. 때는 아름다운 6월의 어느 날이었습니다.

그러나 제 기억에 가장 선명하게 남아 있는 것은 학사모를 쓰고 가운을 걸친 우리가 나소홀(Nassau Hall) 뒤에 줄지어 선 채 학사모 술이 눈을 가리지 않게 계속 걷어내던 때의 일이었습니다. 우리는 헨리 퍼셀의 음악 또는 그날 연주된 음악에 맞추어 행사장 앞쪽에 놓인 좌석으로 이동할 신호를 기다리고 있었습니다. 그때, 정확히 누구였는지는 아쉽게도 기억나지 않지만, 동기생 중 누군가가 길게 늘어선 그 줄을 차례차례 지나치며 모든 친구에게 같은 질문을 했습니다. "이제 너는 뭐할 거야?"

거북한 질문이었습니다. 저는 그 친구의 의도가 어떤 일자리를 구할 것인지, 어느 대학원에 갈 것인지, 어떤 여행 계획이 있는지 등 상대적으로 단순한 것이라고 생각했습니다. 그리고 준비된 답변이 있었지요. 저는 가을부터 로렌스빌 고등학교에서 영어를 가르칠 거라고 했고 실제로 그렇게 되었습니다. 그런데 제가 잘못 본 것이 아니라면, 제가 서 있던 줄의 많은 친구들은 대답을 확실하게 하지 못하는 것 같았습니다. 아직 할 일이 정해지지 않았다는 뜻일 수도 있고, 그들이 그 질문을 훨씬 더 운명적인 것으로 받아들였다는 뜻일 수도 있습니다.

제가 보기에 그들은 그 질문이 당장에 할 일이 아니라 남은 평생 동안 할 일을 묻는 것으로 이해했던 것 같은데, 만약 그 동기생의 의도가 정말 그런 것이었다면, 모두가 입을 다문 것은 당연한 일이었습니다. 질문을 그렇게 이해했다면 저 역시 입을 다물었을 것입니다. 저도 남은 평생 무엇을 할 것인지에 대해서는 전혀 알지 못했을 것 같습니다. 부모님들과 친구들과 여러 축하객들이 순서지를 부채 삼아 부치며 접이식 의자에 앉아 행사가 시작되기를 기다리는 가운데 사각모를 쓰고 뉴저지의 뜨거운 햇살을 맞으며 현실감을 못 느낀 채 거기 서 있던 어느 누구도 그 답을 몰랐지 싶습니다. 물론 이제는 우리가 그때 이후 인생에서 무엇을 했는가로 질문이 바뀌었고, 그것은 마음을 더욱 불편하게 만드는 질문입니다.

글쎄요, 우리가 한 가지 해낸 것은 살아남은 것입니다. 우리 중 어떤 이들은 다른 이들보다 더 오래 살아남았는데, 이것은 결코 무시할 만한 일이 아닙니다. 우리는 육체적으로 살아남았고 인간으로서도 살아남았다고 할 수 있습니다. 이것은 절대 작은 일이 아닙니다. 우리가 사는 세상은 인간보다 못한 존재가 되도록 우리를 끝없이 유혹하거나, 우리가 도무지 이를 수 없는 방식으로 인간 이상의 모습을 갖추기를—영웅이 되거나, 성자가 되거나 대성공을 거두거나 한결같이 지혜롭고 사랑을 베풀고 용감하기를—끝없이 기대하기 때문입니다. 그러나 우리에게 가능한 최선은 가끔 그런 존재가 되면서 나머지 시간에는 절망스럽고 가망 없는 우리의 실제 모습에 넘치지도 모자라지도 않게 안주하는 것입니다.

우리 중 일부는 결혼도 했지요. 인생의 풍파를 함께 헤쳐나갈 다른 사람을 발견했습니다. 그렇게 해서 잘된 경우도 있고 잘 안 된 경우도 있을 것입니다. 너무나 슬프게 끝나거나 너무나 슬프게 이어지는 부부관계가 얼마나 많은지, 인생의 풍파를 혼자서 헤쳐나가기로 선택한 이들이 자신이 똑똑했다고 믿고 안도할 수도 있을 것 같습니다. 그 생각이 정말 옳을 수도 있고요. 누가 알겠습니까? 그랬을지도 모르는 가정의 세계에 대한 지식이 주어지지 않는 것은 인생의 가장 큰 자비 중 하나입니다.

수십 년 전 졸업을 앞둔 젊은이들이었던 우리는 또 무엇을 했습니까? 우리 중에는 자녀를 얻은 이들이 있습니다. 그들은 다른 이의 목숨을 구하기 위해 자신의 목숨을 주저 없이 내놓을 만큼 상대를 소중히 여기는 것이 무엇인지 알게 되었습니다. 아마도 다른 방식으로는 그것을 알 수 없었을 것입니다. 우리 중에서 자녀를 가져보지 못한 사람들이 가장 멀리까지 미치는 사랑, 세상을 향한 하나님의 사랑에 가장 근접할 성싶은 사랑을 알지 못하는 것도 사실이지만, 사랑하는 자녀가 고통을 당할 때 부모가 겪는 고통은 혼자 당할 수 있는 그 어떤 고통보다 비할 수 없이 크다는 사실을 깨닫는 아픔은 면할 수 있습니다. 그러니까 무자식에도 보상이 있는 셈이지요.

우리 모두는 어떤 식으로건 할 일을 찾았습니다. 아마도 전날 밤의 파티로 몸도 좀 휘청대고 숙취도 있었을 상태로 질문을 해대던 그 이름 모를 동기생도 찾았을 것입니다. 그런데 우리는 그 일을 자신의 유익을 위해서만 찾았을까요, 아니면 그 선택이 적어도 조금은 세상의 유익을 위한 것이기도 했을까요? 우리가 찾은 일에 우리의 마음도 있었을까요, 아니면 일하지 않을 때 즐길 수 있도록 충분한 돈을 벌기 위해서만 그 일을 했을까요?

여러분은 남들에게 깊은 인상을 심어줄 것 같고 설득력 있을 것 같고, 내면의 실제 모습을 가장 잘 숨겨줄 것 같은 목소리가 아니라 자신의 진짜 목소리로 말하는 법을 배웠습니까?

우리 이후 세대의 사람들은 자신의 성(性)에 대해 개방적이고 자연스럽게 받아들이고 기뻐하는 것처럼 보입니다만, 우리 중 일부는 자신의 성에 대해 자신감 없고 불편하게 여긴 나머지 인간됨의 큰 부분을 차지하는 그 측면을 어느 정도 억압한 것 같습니다. 과연 그로 인해 잃은 것보다 얻은 것이 더 많을까요?

종교를 믿는 사람들의 경우, 교회 출석에 머물지 않고 우리 모두의 개별적 생명을 포함하는 생명의 신비와 거룩함을 어느 정도 느끼기에 이르렀습니까?

종교를 미신적이고 부적절한 것으로 치부한 사람이라면, 그것은 종종 그런 수준에 그치는 종교의 실상을 알아보는 분별력이 있어서였을까요, 아니면 어떤 이유로건 종교가 가리키는 곳, 우리의 겉모습 아래 천사와 악마의 전투가 펼쳐지고 영혼을 구하거나 잃는 일이 이루어지는 내면 깊은 곳을 보기를 주저하기 때문이었을까요?

어쨌거나 이 모든 것은 생각해볼 만한 문제입니다. 프린스턴도 그렇습니다. 저는 조나단 에드워즈가 알았고 제임스 매디슨과 우드로 윌슨, 더 나아가 스콧 피츠제럴드와 지미 스튜어트가 알았던 이 숭엄하고 오래된 캠퍼스를 생각합니다. 챈슬러그린 도서관에 책이 가득하던 시절 너무 조용해서 책장 넘기는 소리까지 들리던 것도 생각이 나고, 맥코쉬 50에서 알베르트 아인슈타인 바로 뒷자리에 앉아 우연의 법칙에 대한 버트런드 러셀의 강연을 들었는데 한마디도 이해할 수 없었던 기억도 납니다. 눈 내리는 날의 알렉산더홀, 유니버시티 거리(University Palce)에 핀 목련, 키 큰 느릅나무를 오르내리며 서로 쫓아다니는 다람쥐들도 생각이 납니다. 그러나 무엇보다 여러 세대의 선생님들이 생각이 납니다. 그중에는 그야말로 제정신이 아닌 것 같은 분들도 있었고, 지루하기 짝이 없는 분들도 있었습니다. 잊을 수 없을 만큼 참을성이 많고 유창하고 학식이 풍부한 분들도 있었지요. 어떤 선생님들은 수십 년에 걸쳐 온 힘을 다해 수 세대의 학생들에게 인류의 축적된 지혜를 전수했습니다. 어떤 분들은 그보다는 좀 여유 있게 그 일을 하기도 하셨지요.

그래서 250년에 걸친 이 모든 일들이 어떤 결과를 낳았습니까? 여기서 공부한 젊은이들은 이곳에 오기 전보다 더 똑똑해졌을 뿐 아니라 더 지혜로워지기도 했습니까? 남은 평생에 걸쳐 감당할 일을 희미하게나마 파악하고, 세상의 고통을 조금이라도 줄일 만한 일, 정의롭고 아름답고 살 만한 곳이 되려는 세상의 꺼질 줄 모르는 잠재력에다 뭔가를 보탤 만한 일을 더 명예롭고 용기 있고 굳은 의지로 감당할 수 있는 사람이 되었습니까? 우리 모두 세상 속에서 살아왔고 언젠가 세상 속에서 죽을 것 아닙니까? 이 대학 예배당과 이전에 있던 대학 예배당들은 분칠에 불과하고 50년 전의 저에게 그랬던 것처럼 많은 이들에게 현실성 없고 미심쩍어 보이는 신앙의 유물에 지나지 않을까요, 아니면 우리 중 일부에게 자기 너머 내면 가장 깊은 곳의 실재, 해가 뜨는 동쪽과 달이 뜨는 서쪽, 새벽 별들이 함께 노래하고 하나님의 아들딸들이 다 기쁘게 노래하는 곳을 가리키는 역할을 감당했을까요? 이 부분에 대해서는 각자 알아서 대답하는 수밖에 없습니다.

그러나 이 모두는 과거와 관련이 있습니다. 그런데 사각모를 쓰고 맥주 냄새를 풍기던 그 동기생이 염두에 두었던 것은 과거가 아니었습니다. "이제 너는 뭐할 거야?"라고 물었던 그의 질문은 지금도 여전히 유효하며, 이것은 6월의 첫 번째 주일인 오늘, 우리가 봉독한 복음서 말씀에 함축된 질문이기도 합니다. 예수님은 갈릴리 바다 옆에서 평소처럼 모여든 군중에게 하루 종일 가르치신 것 같습니다. 저녁이 되어 주위가 잠잠해지자 이제 무엇을 할 것인가 하는 문제가 제기되었습니다.

집으로 떠나게 될까요? 몸을 누이고 휴식을 취할 곳을 찾고 하루 일을 마쳐야 할까요? 길고 힘든 날이었고 누구도 영원히 계속 갈 수 없다는 것을 하나님도 아시니까요. 그러나 현장의 주인공이자 누구보다 하루 일과를 끝내고 싶으셨을 예수님은 그렇게 말씀하시지 않았습니다. 그분은 지친 어부 친구들과 함께 물가에 서서 그들에게 말씀하십니다. "우리가 저편으로 건너가자." 다음에 무엇을 할 것인가, 남은 인생으로 무엇을 할 것인가에 대한 예수님의 답변은 간단합니다. 그분은 그들에게 이렇게 말씀하십니다. "가라."

50번째 동창회에 참석한 칠십 대가 되었는데 가라고요? 좋든 싫든 할 일은 대체로 끝나가고 인생이 거의 다 지나갔는데 가라고요? 아직 젊고 인생의 대부분이 남아 있고 평생 무슨 일을 하며 살지 정하지도 못했는데 가라고요? 어디로 어떻게 왜 가야 하는지 모르는데 가라고요? 250년이나 되어 더 이상 자신을 입증할 필요가 없고 마침내 과거의 영광에 안주할 수 있는 명문 대학인데 가라고요? 그렇다, 바로 그 말이다. 예수님이 말씀하십니다. 하나님을 위해, 너를 위해, 세상을 위해, 가라. 너의 작은 배에 올라타 계속해서 가라. 그리고 예수님은 우리에게도 그렇게 말씀하십니다. 복음서의 이 이야기는 꿈과 같습니다. 우리의 꿈이 그렇듯 이 이야기는 우리에 대한 것이고, 꿈속의 모든 것이 그렇듯 여기 나오는 모든 것도 우리가 누구인지 말해줍니다.

여기서부터 여러분은 자신에게 나름의 설교를 할 수 있습니다. 설교자가 필요하지 않습니다. 지난 세월 여러분이 지나온 길을 기억해보십시오. 거듭거듭 저와 여러분을 진로에서 벗어나게 만들었던 광풍들을 기억해보십시오. 달을 가렸던 구름들과 뱃전을 휘감던 파도의 잔인하고 하얀 입술을 기억하십시오. 자신의 무력함 앞에서, 그리고 많은 경우 스스로 만들어낸 폭풍 속에서 길을 잃고 느끼던 두려움을 기억하십시오. 죽음을 앞둔 노인의 상태가 어떠하며 인생을 앞에 둔 젊은이의 상태가 어떠한지 기억하십시오. 우리 각 사람은 이런 폭풍들에 대해 자신에게 설교해야 합니다. 우리는 그 폭풍에서 어떤 식으로든 살아남았고, 우리 안에는 최악의 상황에서도 생명의 소중함을 알고 그것을 필사적으로 붙드는 그 무엇이 남아 있었다는 사실을 늘 기억하면서 말이지요.

예수님은 계속해서 가라고 말씀하십니다. 계속해서 가는 것은 삶을 이어가는 것이고 가기를 멈추는 것은 중요한 방식의 삶을 일체 중단하는 것입니다. "우리가 저편으로 건너가자"고 예수님은 말씀하십니다. 저편이 얼마나 먼지, 거기 도착하면 무엇이 우리를 기다리는지 아무도 모르지만 그래도 용감하게 가야 합니다. 우리가 배이고 폭풍이고 무력한 어부들이라면 우리 안에도 고물에서 베개를 베고 주무시는 거룩한 분이 계시기 때문입니다. 그분의 함께하심이 우리에게 소망과 용기를 줍니다.

우리 중에는 기독교인도 있고 유대인도 있고, 이런저런 이름의 신을 믿는 이들도 있고 딱히 믿을 만한 것을 발견하지 못한 사람들도 있습니다. 하지만 상관없습니다. 제 생각에 우리 모두의 가슴속에는 거룩함이 잠들어 있습니다. 우리가 그 이름을 모르고 알려고 하지도 않는다 해도 그 점에는 변함이 없습니다. 저는 우리 모두가 아주 희미하게라도 그 거룩함을 엿보았다고 생각합니다. 우리가 아는 자신의 모습보다 우리가 더 지혜롭거나 용감하거나 사랑이 많은 순간에, 삶의 기쁨과 슬픔과 그보다 더 깊은 곳에 자리 잡은 삶의 파괴할 수 없는 아름다움과 거룩함에 압도되는 순간에 특히 더 그렇습니다. 그에 대한 우리의 갈망, 그것을 향한 우리의 귀 기울임이 우리 안에 있는 그 거룩함을 자극하여 살아나게 할 수 있다고 저는 생각합니다. 그러니 그것을 갈망합시다. 그것에 귀를 기울입시다. 바람 속의 불꽃처럼 그것을 우리 손으로 보호합시다. 그것이 인간인 우리 존재의 가장 깊은 신비이자 우리를 인간으로 만드는 것이기 때문입니다. 그것은 우리가 사랑하며 명예롭고 우아하게 살게 해주는 우리 안의 힘이자, 부담스러운 어떤 곳으로도 가고 싶지 않고 더 멀리 가고 싶지 않을 때도 계속해서 나가게 하는 힘입니다.

"너의 남은 인생으로 무엇을 할 거야?" 반세기 전에 한 소년이 물었습니다. 그가 그 끔찍한 질문으로 의도한 것이 바로 그것이었다면 말이지요. 우리 중에 그 질문에 어떻게 대답할지 아는 사람이 있었습니까? 인생이 몇 년밖에 안 남았건 앞으로 수십 년이 남았건, 지금 그 질문에 어떻게 대답할지 아는 사람이 있습니까? 저는 제 자신은 물론이고 우리 중 누군가가 어떻게 할지도 전혀 모릅니다. 그러나 이것 한 가지는 안다고 생각합니다.

저는 압니다. 우리가 깨닫건 깨닫지 못하건, 우리 모두의 자아 가장 깊은 곳에 그리스도께서 잠들어 계십니다. 얼마나 남았는지 모를 우리의 남은 시간에 우리가 무엇을 하건, 어디로 가건, 배에 타고 있던 그 어부들처럼 우리가 할 수 있는 방식으로 그리스도께 구할 수 있기를 빕니다. 우리 안에서 깨어나셔서 우리에게 용기를 주시고 소망을 주시고 우리 각 사람에게 길을 보여달라고 말입니다. 살아 있는 동안에는 바람이 미친 듯이 불고 파도가 거칠게 뛰놀 때가 있을 것인데, 그런 순간에 그리스도께서 우리와 함께해주시도록 구하기를 빕니다. 그리하여 그 한복판에서도 평화를 찾고 그리스도를 찾을 수 있기를 빕니다.

올해 이백오십 살을 맞은 프린스턴을 위해서도 같은 것을 빕니다. 너무나 아름다워 마음을 찢어놓을 것만 같은 이곳의 키 큰 나무들과 이 봄날에도 그리스도께서 함께하시기를. 이 오래된 건물들과 퀴퀴한 여러 강의실과 푸른 운동장에도 그분이 계시기를.

특히 이곳에서 가르치는 모든 이들과 배우는 모든 일들의 마음에 그리스도께서 거하시기를 빕니다. 그들이 그분의 이름을 부르건 그렇지 않건 그분의 이름을 높이건 그렇지 않건 말입니다. 그리스도 없이는 이곳에서 진행되는 모든 일이 결국 헛될 뿐이기 때문입니다. 그분이 이곳에 살아 계셔서 진리를 말하고 듣고 세상에 전하는 일이 이루어지기를. 그래서 사랑을 행하게 되기를 빕니다.

만물의 새로움
37

율리시스 S. 그랜트 대통령 2기 행정부 시절만큼 까마득하게 느껴집니다만, 제가 여러분처럼 명문 사립고 학생이었을 때는 9월 신학기를 지독한 신음소리로 맞이하는 것이 유행이었습니다. 늘 하던 똑같은 일과가 처음부터 다시 시작될 테니까요. 변함없이 무능하고 악독한 교사들이 돌아와 변함없이 지루하기 짝이 없는 수업을 진행할 테고 변함없이 기괴할 만큼 부당한 점수를 주겠지요. 식당에서는 사춘기에 접어든 학생들의 성욕을 억제할 작정으로 언제나처럼 질산칼륨이 잔뜩 들어간 못 먹을 음식이 나올 것이었습니다. 모든 것이 다시 우리에게 밀려들 터였습니다. 시시콜콜한 규칙들과 금지규정들, 애교심을 강조하는 짜증스런 잔소리, 초라한 교정, 학교가 자리 잡은 시시한 동네에다 말도 안 되는 날씨까지. 당시 저는 안 그래도 별종이라는 소리를 듣고 있었던 터라 더 튀기 싫어서 옆에 있는 다른 학생들과 같이 신음소리를 냈지요. 하지만 그것은 위장이었습니다. 진실을 말하자면 저는 9월에 학교로 돌아가는 것이 좋았습니다.

무엇보다, 가을이면 학교뿐 아니라 생명 자체가 다시 시작되는 것 같았습니다. 전통적으로는 크로커스가 피고 첫 개똥지빠귀가 우는 봄을 생명이 시작되는 때로 여깁니다만, 저에게 봄은 시작이라기보다는 아름답고 모호한 중간 시기처럼 보였습니다. 그러다 여름이 길고 몽롱한 꿈처럼 찾아와 하루하루가 구름처럼 끝없이 흘러가고 뒤섞였지요. 모든 것이 졸리고 푸르고 인동 속의 벌처럼 윙윙댔고, 다들 별다른 것을 해내지 못했습니다. 물론 저도 그랬지요. 그러나 가을이 오면 저를 포함한 모든 것이 다시 굴러가기 시작했습니다. 상쾌한 가을 공기에는 흥분과 약속이 한껏 느껴졌는데, 제게 가을을 맞아 가장 신나는 일은 다시 학교로 돌아간다는 것이었습니다. 물론 저는 그 사실을 세상 사람들 앞에서 대놓고 인정하지는 않았을 것입니다. 어떤 면에서 학교는 신음하는 학생들이 불평하는 대로 똑같은 일과가 그대로 다시 시작됩니다. 그러나 학교는 다른 면에서 제게 언제나 멋지도록 새롭게 보였습니다. 오늘 아침, 저는 여러분이 이 새로움에 관심을 기울이셨으면 합니다.

먼저, 새 연필에 한번 관심을 가져볼까요? 지금도 연필 모양은 제가 기억하는 것과 같을 거라 생각합니다. 길고 노란 연필 끝에 아직 씹지도 닳지도 않은 분홍색 지우개가 달려 있고, 그 부드러운 심으로 무엇을 쓰건 독립선언문처럼 보입니다. 연필이 아니라 펜을 쓰는 분이라면 사용자를 절망적으로 고지식해 보이게 만드는 고루한 파란색이나 검은색 펜에서 벗어나시라고 말씀드리고 싶습니다. 특히 저처럼 펠트펜을 좋아하는 분들이라면 초록펜이나 자주색 펜이나 핑크색 펜을 써보시라고 권하고 싶습니다. 더없이 심심한 과목도 오마르 하이얌(1048-1131, 페르시아의 수학자, 천문학자, 시인—옮긴이)의《루바이야트》(하이얌의 4행시집. 영국의 시인 피츠제럴드의 의역으로 유명해졌다—옮긴이)로 바뀌게 될 것입니다. 동생과 제가 어릴 때, 우리는 두어 명의 친구를 끌어다 '동물애호클럽(Be Kind to Animals Club)'을 결성했습니다. 제가 기억하는 한 우리가 돌아다니며 한 마리 동물이라도 찾아내어 애호정신을 표현한 적은 없습니다. 다만 우리는 그런 인도적 목적에 필수적이라고 여겼던 사무용품을 모으는 일을 좋아했습니다. 눈처럼 하얀 새 종이묶음, 바인더형 공책, 색인카드, 종이클립, 고무줄 같은 용품들 말이지요. 이후에도 저는 그런 물건들을 좋아했고 여러분도 그런 것들을 학년이 시작되는 며칠 동안의 마법 같은 새로움의 일부로 즐겨보시라고 권하고 싶습니다.

또, 여러분이 읽게 될 책들의 새로움에도 빠져보시길 추천합니다. 책을 펼쳐서 내용이 인쇄된 종이의 황홀한 냄새를 음미해보시고, 혹시 딸려 있다면 반들거리는 유리건판(플라스틱 필름과 인화지가 나오기 전 유리판을 이용했던 사진 감광재료—옮긴이) 사진과 그윽하고 진한 잉크, 빳빳하고 짱짱한 제본도 느껴보십시오. 전 세계의 어느 누구도 아직 넘겨보지 않았을 책장을 쭉 넘겨보고, 새로운 개념이나 새로운 사실, 이미 완전히 안다고 생각했던 친숙한 사실을 바라보는 새로운 관점 등 그 안에 나오는 내용에 감탄해보십시오. 그리고 인체를 포함한 물질의 본질을 한번 생각해보십시오. 저는 물체가 가지나 맨홀뚜껑처럼 단단하고 단순하다고 생각했었습니다. 그런데 여러분과 저도 다른 모든 것과 마찬가지로 아원자 입자들로 이루어져 있고, 그 입자들은 상대적 크기로 보면 태양계의 행성들이 서로 떨어져 있는 것만큼 먼 간격을 두고 있다는 것을 알게 되었습니다. 그렇다면 우리를 있는 그대로 보면 다양한 크기와 모양의 개별적 몸들의 집합이 아니라, 우리가 사는 우주만큼이나 크고 신비로운 상호의존적 우주 전체일 것입니다. 여러분의 새 책들 중 일부는 이 항방정식이나 문법—마크 트웨인은 독일어 명사 하나를 외워야 할 바에는 술집에서 주는 공짜 술 석 잔을 포기하겠다고 말한 바 있지요—을 대할 때의 흥미 정도밖에 주지 못하겠지만, 그 안에서 언제 무엇을 발견할지는 모르는 일입니다. 뱀이 "햇살 아래 풀어져 있는 채찍" 같다는 에밀리 디킨슨의 시구처럼 소름이 돋게 만드는 시 한 줄을 새로 만날 수도 있습니다. "사랑하지 아니하는 자는 사망에 머물러 있느니라"(요일 3:14)라는 사도 요한의 글처럼 여러분의 인생경로를 통째로 바꿔놓을지 모르는 먼 옛날의 어떤 글을 새롭게 만날 수도 있습니다.

그리고 물론 여러분의 새로운 선생님들이 계시지요. 교사들은 특이한 부류의 사람들입니다. 오랜 세월 많은 교사들을 지켜보고 저도 드문드문 교사로 지내본 경험에서 드리는 말씀입니다. 대체로 그들은 말이 너무 많고 좀처럼 듣지는 못하는 종족입니다. 그들은 자신이 실제보다 훨씬 많이 안다고 생각하고 학생들은 훨씬 모른다고 생각하며 진부한 농담을 늘어놓고 예고도 없이 악랄한 시험을 치게 합니다. 제가 학교 다니던 시절에는 학생들에게 분필을 던지거나, 학생이 틀린 답을 내놓을 경우 책상 밑으로 기어가 수탉처럼 울부짖는 반사회적 행동을 하는 교사도 있었습니다. 그러나 그들 대부분은 어쨌거나 자신이 가르치는 과목에 매료되었기 때문에 가르치는 일을 하고 있고, 가끔 여러분이 주의하지 않으면 (혹은 어쩌면 여러분이 주의하면) 해당 과목에 매료되는 증세가 일부 옮을 수도 있습니다. 그렇게 되면 그것에 이끌려 여러분이 어디에 이르게 될지 아무도 모릅니다. 그리고 가끔 교실에서는 아주 비범한 일도 벌어집니다. 교사들과 학생들 사이에 존재하는 거대한 틈이 어떤 신비로운 이유로 메워지고 갑자기 여러분과 선생님이 모두 마음을 활짝 열고 자의식 없이 서로 존중하는 태도로 몰입하여 이야기를 나누는 것입니다. 이것은 다른 어떤 일과도 비교할 수 없는 일이요, 그 무엇보다 인간됨의 본질을 엿보게 하는 귀중한 기회입니다.

그리고 여러분 혼자서는 당연히 진정한 인간이 될 수 없습니다. 이야기를 주고받고, 비밀을 털어놓고, 같이 신나게 웃을 사람들, 서로를 정말 잘 알게 되면 아무 말 없이 같이 있어도 전혀 민망하지 않을 수 있는 사람들이 필요합니다. 설명할 필요도 없지만 이런 사람들이 바로 친구입니다. 이번 신학년에 여러분은 새로운 학용품과 새 책들과 새 교사들을 만나게 될 것입니다. 그리고 운이 좋으면 새 친구들도 몇 명 생길지 모릅니다. 새 친구가 될 상대를 첫눈에 알 수 있는 경우도 있지만, 일이 늘 그런 식으로 풀리는 것은 아닙니다. 때로는 처음 만난 장소가 학교건 그 외의 다른 곳이건 다시 돌아보게 되는 요소가 전혀 없는 사람들이 있을 수 있습니다. 여러분과 다른 세계 출신이고 관심사가 다르고 거의 모든 것에 대해 견해를 달리하고 서로 다른 언어를 쓴다고 말할 수 있는 사람들입니다. 그러나 언제 그들 중 한 사람이 여러분과 남은 평생 동안 우정을 나눌 사람으로 드러날지 모릅니다. 중절모를 쓴 로렐과 하디 콤비를 생각해보십시오. 모든 것을 잘못 파악하고 조금만 어려움이 닥쳐도 우는 소리를 내며 눈물을 터뜨리는 말라깽이 로렐과, 자신은 뭐든지 잘한다고 생각하고 숙녀를 보면 넥타이를 만지작거리는 뚱뚱보 하디 말입니다. 그들은 거의 모든 면에서 정반대지만, 그렇기 때문에 둘이 멋진 코미디 팀을 이루어 옥신각신하고 실수를 연발하면서 가는 곳마다 아수라장을 연출하는 것입니다. 그러나 제가 볼 때 그들이 재미있는 코미디 팀 이상의 콤비가 되고 그들의 영화가 지금까지 살아 있게 만든 비결은 그들 사이의 온갖 차이점에도 불구하고 서로를 사랑한다는 느낌을 전하는 데 성공했다는 것입니다. 그러니 신학년이 시작될 때 눈을 뜨고 계십시오. 어떤 뜻밖의 새 친구 후보가 여러분과 짝을 이룰 로렐 또는 하디가 될지 모르는 일이기 때문입니다.

이번 1997-1998학년도는 신학년이지만 언제나 그렇지는 않을 것입니다. 이것은 생각해볼 만한 문제입니다. 지금부터 몇백 년 후, 역사가들과 고고학자들은 지금 우리가 사는 1997년을 큰 매력을 느끼며 돌아보게 될 것입니다. 우리가 율리우스 카이사르나 빌리 더 키드(1859-1881, 본명은 윌리엄 보니. 미국의 범죄자. 총잡이로 이름을 떨쳤고 21명의 사람을 살해했다―옮긴이)의 세상을 뒤돌아볼 때 느끼는 것처럼 말입니다. 그들은 21세기를 앞둔 미국이 어떤 모습이었는지 알기 위해 어떤 대가라도 치를 것입니다. 윌리엄 클린턴이 대통령으로 있었고 아직 우주공간에 식민지가 생기기 전의 시대, 마틴 루터 킹의 암살을 기억하고 카루소가 노래하는 것을 직접 들은 시대, 조 디마지오가 뉴욕양키스에서 활약하던 것을 지켜본 사람들이 아직 살아 있던 시대를 엿볼 수만 있다면 말입니다. 수 세기 후의 사람들이 우리 시대의 대단한 공적 사건들과 슈퍼스타들, 그리고 그 오랜 세월 전, 펜실베이니아 주의 머서스버그에 사는 것과 같은 일들을 직접 목격할 수 있다면 무엇인들 못하겠습니까? 1997년은 어떤 모습이었고 그때 어떤 소리, 어떤 맛이 났을까요? 무엇보다 20세기의 자동차를 타고 돌아다니는 것과 달에 맥도날드 체인점이 생기기 전에 지구에서 달을 올려다보는 것은 어떤 기분이었을까요? 미래 세대들은 그런 것들을 알기 위해 분투하겠지만, 여러분에게는 그런 것들을 손바닥 보듯 훤히 아는 지식이 주어져 있습니다. 그러니 아무리 단조롭고 사소해 보이더라도 이 신학년에 벌어지는 일에 관심을 기울이십시오. 눈과 귀를 열어두십시오. 여러분이 사는 동안에는 오늘이 언제나 새로운 것처럼 보이겠지만, 지금부터 몇 년만

지나면 그 시간은 여러분의 기억 속에서만 존재할 것이고, 몇 세기 후에는 꿈처럼 사라져버릴 것이기 때문입니다.

지금부터 15년 후에 여러분은 지금으로선 상상이 안 될 삼십 대가 될 것인데, 그것도 생각해볼 가치가 있습니다. 여러분은 올해에 대해 무엇을 기억하게 될까요? 여러분은 중요한 것들을 기억할까요, 아니면 저처럼 영화의 일부분이나 체육관에서 돌아오는 길에 천둥번개를 동반한 폭우를 만난 일 같은 기억의 파편들만 떠올리게 될까요? 지금부터 15년 후의 자신에게 편지를 써보십시오. 적어도 몇 가지 중요한 일들에 대한 기억을 되살려 그 편지에 적어보십시오. 지금 당장 어느 누구보다 함께 시간을 보내고 싶은 사람이 누구인지 적으십시오. 지금부터 15년 후에 하고 있기를 바라는 일과 하지 않기를 바라는 일을 적어보십시오. 신이 있다고 하는 사람도 있고 없다고 하는 사람들도 있습니다. 오늘 여러분이 어느 쪽에 판돈을 걸겠는지, 그 이유는 무엇인지 쓰십시오. 여러분을 마지막으로 울린 것이 무엇인지, 여러분이 이제까지 본 가장 아름다운 장소, 이제껏 누군가가 여러분에게 해준 가장 좋은 일, 여러분이 다른 사람을 위해 했던 가장 좋은 일을 적으십시오. 그런 내용을 잊어버리지 않도록 편지에 적으십시오. 그리고 누군가에게 맡겨서 2012년경에 여러분에게 부쳐달라고 부탁하십시오. 장담컨대 그 편지는 여러분이 사는 동안 받게 될 편지 중 가장 흥미롭고 유용한 것이 될 것입니다.

마지막으로, 그 편지 끝에 이렇게 추신을 다십시오. 1997년은 학교에 새로운 교장선생님이 부임하신 날이라고. 저는 이분 이야기로 강연을 마칠까 합니다.

첫째, 이분은 말을 잘할 뿐 아니라 잘 듣는 사람입니다. 남의 말을 잘 듣는 사람은 쉽게 만날 수 없습니다. 제가 겪어본 바에 따르면, 제가 아는 대부분의 사람은 상대의 말을 좀처럼 듣지를 않고 그저 본인이 다시 말할 차례만 기다리는 것 같습니다. 저는 그런 사람과 함께 있을 때 지독한 외로움을 느낍니다. 제가 누구이며 무슨 생각을 하는지에 관심을 갖는 사람은 저밖에 없는 것만 같거든요. 그러나 헤일 교장선생님께 뭐라도 말해보십시오. 자신에 대한 이야기, 머릿속에 들어 있는 생각, 어떤 것에 대한 느낌을 말해보십시오. 이분은 귀를 기울입니다. 남부의 신사라서 예의가 바른 것도 있지만, 무엇보다 여러분의 말에 정말 관심이 있고 경청해서 듣고 기억하기 때문입니다. 그래서 다음번에 교장선생님을 만나면 처음부터 다시 이야기할 필요가 없고 지난번에 하던 이야기를 그대로 이어나갈 수 있습니다. 이것이야말로 친구에게 필요한 핵심적인 특징입니다.

제가 이분을 친구로서 높이 평가하는 두 번째 이유는 다른 사람들처럼 연기를 하지 않는다는 느낌을 받기 때문입니다. 이분은 그럴듯해 보이거나 괜찮은 사람이라는 인상을 심어주거나 여러분이 좋아할 만한 말을 하려고 애쓰지 않습니다. 오히려, 제가 볼 때는 제가 아는 그 누구보다 진실한 자신의 모습에서 우러나는 말을 하고 자신의 생각과 감정에 충실하게 말하는 사람입니다. 그냥 그렇게 만들어진 사람 같습니다.

세 번째, 이분은 친절합니다. 친절하지 못한 모습이 속에 가득하면서 겉으로만 드러내는 친절이 아닙니다. 인기나 표를 얻을 요량으로 연출하는 친절, 자신은 친절해야 한다는 의무감에서 나오는 친절이 아닙니다. 제가 지켜본 바로 이분은 사람들이 정말 잘되기를 바라고 그들의 행복을 위해 할 수 있는 일을 기꺼이 하려 합니다. 때로는 그 일이 사람들이 이분에게 원하는 일이 아닌 경우도 있지만 말입니다. 이분도 우리처럼 친절하기 힘든 순간들이 있을 텐데도 표가 안 나는 것을 보면 그런 때가 자주 있지는 않은 모양이고 그런 때를 잘 넘어가려고 노력을 하시는 것 같습니다.

이분에 대해 제가 드릴 수 있는 말이 아직 많지만 한 가지만 더 말하고 마치겠습니다. 이분의 부인은 제가 말씀드린 남편의 장점을 모두 갖춘 사람인데 외모는 이분보다 훨씬 낫다는 것입니다. 그러니 여러분은 지금 한 번에 새 친구 둘을 얻는 셈입니다. 여러분과 함께 새 학년을 시작하고 학교 역사와 여러분 개개인의 역사에서 새 장을 여는 이분들을 잘 대해주십시오. 제가 장담할 수 있습니다. 이분들은 여러분에게 잘할 것입니다. 그것이 이분들의 천성이니까요. 끝으로, 하나님이 이분들과 여러분과 여기서 가르치고 배우는 모든 이에게 복을 주셔서 여러분 모두가 은혜와 진리 가운데 자라가기를 기원합니다.

별을 보듯, 들꽃을 보듯

할머니는 자신이 더할 나위 없는 숙녀라고 생각한다. 자동차를 탈 때도, 혹시 사고가 나서 죽으면 사람들이 자신의 시체를 보고 숙녀였음을 알 수 있도록 갖춰 입을 정도다.

할머니는 아들과 며느리, 어린 손자손녀들과 함께 휴가를 떠난다. 그런데 고양이를 집에 남겨두고 갈 수 없어서 몰래 바구니에 숨겨 간다. 가는 도중에 젊은 시절 딱 한 번 가본 대저택이 생각나면서 그곳에 다시 한 번 들어가보고 싶어진다. 할머니는 차 안의 분위기를 적절히 조성해서, 즉 아이들이 떼를 쓰게 만들어서 그곳으로 향하게 된다.

그런데 할머니는 불현듯 그 저택이 다른 주에 있다는 사실을 깨닫고 소스라치게 놀란다. 어찌나 놀랐는지 그만 발 앞에 놓인 바구니를 걷어차버렸고, 발길질에 놀란 고양이가 바구니에서 뛰어올라 운전 중이던 아들의 얼굴에 달라붙는 바람에 차가 뒤집어진다. 그 바람에 며느리는 한쪽 어깨를 크게 다친다.

사고가 난 곳에는 다른 사람들이 있었다. 할머니가 그중 한 사람을 알아보고 기어이 한마디하고 만다. "당신은 미스핏이야."

미스핏은 현상 수배 중인 흉악한 탈옥범이다. 그의 얼굴을 알아본 것을 선전한 꼴이니 그들이 살아남을 가망은 이제 사라졌다. 그리고? 미스핏과 할머니 사이에 긴 대화가 펼쳐진다. 할머니는 미스핏에게 '당신은 좋은 사람'이라는 취지의 말을 계속하고 미스핏은 그렇지 않다는 사실을 여러모로 알려준다. 할머니는 미스핏에게 예수님에게 기도하라고 거듭 말한다.

미스핏의 부하들에게 아들과 손자가 끌려가고 총소리가 난다. 그다음으로 아기를 안은 며느리와 손녀까지 끌려가고 비명과 함께 총소리가 난다. 그 와중에도 할머니는 아들 외의 다른 사람의 죽음에는 크게 개의치 않고 미스핏에게 '숙녀를 쏘는 게 아니'라는 말만 반복한다.

미스핏이 들려주는 인생 드라마와 종교관의 막바지에는 '비열한 짓 말고는 즐거운 일이 없다'는 그의 인생철학이 등장한다. 대화가 이어질수록 할머니의 자기 확신은 약해지고 마침내 그토록 독실한 할머니가 "예수님이 부활하지 않으신 건지도 몰라"라고 말하는 지경에 이른다. 그렇게 인생에서나 자기 이해에서 나락에 떨어진 할머니는 미스핏을 보고 문득 이렇게 말한다. "너도 내 아들이구나. 너도 내 아들이야."

할머니는 숙녀의 화신이라 믿었던 자신이 실은 미스핏과 다를 바 없는 존재라는 자기 인식에 이른 것이다. 그리고 미스핏은 자기에게 손을 내미는 할머니의 뜻밖의 행동에 당황하여 거의 반사적으로 할머니를 쏘아 죽인다.

소설의 마지막 부분에서 미스핏은 부하에게 이제는 "재밌는 일이 없다"고 말한다. 비열한 짓도 이제 그에게 재미를 줄 수 없게 된 것이다. 그에게도 아주 작은 틈이 열렸다.

미국의 가톨릭 작가 플래너리 오코너(1925-1964)의 단편소설 〈좋은 사람은 찾기 힘들다〉의 줄거리다. 그녀의 소설은 흔히 이렇게 극단적이고 폭력적인 방식으로 펼쳐진다. 그리고 그런 극단의 한 지점에서 현 상태인 자기만족에 균열이 일어나고 희미한 구원의 서광이 번득이는 것으로 마무리된다.

프레드릭 비크너의 설교를 읽으며 오코너의 작품을 처음 접했을 때와 비슷한 느낌을 받았다. 초행길을 가는 것 같은 긴장감, 뜻밖의 순간에 예측하지 못한 방향에서 날아오는 한 방. 그리고 긴 여운. 아주 작은 균열. 먹구름을 뚫고 나온 한 줄기의 빛.

도시에서 밤하늘의 별을 올려다본 적이 있는지 모르겠다. 처음에는 잘 안 보인다. 그런데 계속 보고 있으면 별이 하나둘 나타나기 시작하다가 어느 순간에 우후죽순처럼 여기저기서 눈에 들어온다. 들꽃을 바라본 적이 있다면 비슷한 경험을 해봤을 것이다. 처음에는 풀만 가득해 보이는데, 자그마한 들꽃, 노랗고 하얀 들꽃에 눈을 주면 어느 순간부터 들꽃이 여기저기서 막 피어나는 것처럼 모습을 드러낸다. 비크너의 설교를 들을 때도 이와 비슷한 경험을 하게 된다. 전에 보지 못하던 것, 내가 알지 못하던 다른 것이 하나둘 보이고, 다른 기운이 여기저기서 조금씩 느껴진다. 이곳이 내가 알고 있던 그곳인가, 내가 생각하던 세상은 다른 곳이었나, 하고 돌아보게 된다.

비크너는 어찌 보면 사소하고 그냥 지나쳐버릴 수 있는 경험들이 사실은 신비하고 경이로운 일이며 신비와 경이를 보게 해주는 기회가 되기도 함을 드러낸다. 우리가 처한 상황, 우리가 겪는 고통, 우리가 누리는 은혜가 가진 의미와 중대성을 드러내준다. 그리고 우리가 그것과 정직하고 진지하게 대면할 기회를 제공한다. 그 중요성과 가치를 목도하게 해준다.

미리 경고하지만 여러모로 비크너의 설교는 안전하지 않다. 안정된 교리의 틀 속에서 논의되는 설교가 아니다. 오히려 그 틀에 들어맞지 않는 사례들과 그 틀에 들어오지 않은 사람들, 교리에 귀를 기울일 마음이 전혀 없는 사람들이 그의 관심사인 듯하다. 그의 설교는 사람을 무장 해제시키고, 흔들어놓고, 내가 알던 것이 전부인지, 나는 제대로 서 있는지, 성찰하게 만든다.

비크너는 모든 이야기를 다 하려고 하지 않는다. 그럴 필요가 어디 있겠는가. 그냥 창을 조금 열어놓아서 시원한 바람이 들어오게 하고, 커튼을 살짝 걷어 한줄기 빛이 새어 들어오게 한다고 할까.
설교 한 편에 그 정도면 괜찮다. 아껴 보시길.

홍종락

SECRETS IN THE DARK